2023-24年版 イチから身につく FP2級 AFP 合格のトリセツ 速習問題集

FP2級は
ここから
はじまります！

LEC専任講師が丁寧に解説！
無料解説動画 全16回

アクセスは
こちらから！

https://www.lec-jp.com/fp/2fp_afp/book/member/torisetsu2023_mondai.html

はじめに

この度は『FP2級・AFP　合格のトリセツ　速習問題集　2023-24年版』をご購入いただき、ありがとうございます。

本書は同時に発刊のテキスト『FP2級・AFP　合格のトリセツ　速習テキスト　2023-24年版』の姉妹本で、2冊を併読してもらうことで、より効果的な学習ができるよう、配慮してあります。

各問題には、テキストの該当ページが出ていますから、わからない部分を確認するときや復習するときには、すぐ必要なページにアクセスできます。

本書は、問題集ということもあり、「読む」というよりは「使う」ことに重点を置いています。このため、1ページあたりの見やすさを考え、文字数で圧倒されないよう適度に空白をあけた作りになっています。何度も見て、何度も解くことで理解を深め、余白に書き込みやチェックを入れていくことで自分の到達度を確認できるようにしてあります。何度も見返すページにはフセンを貼ってもいいでしょうし、ページに折り目を付けても見やすくなります。解答がどうしても目に入ってしまう場合は、「解答かくしシート」を使いましょう。

各問題には3つのチェックボックスがあります。
これは「最低でも3回は解いてくださいね」という意味です。もちろん、3回以上解くこともおすすめします。
このチェックボックスは、解いた回数を確認するだけでなく、苦手な問題や、わからなかった問題などを見つけるのにも役立ちます。

使っていくうちに「自分だけの問題集」になっていくはず。フセンだらけ、折り目だらけになるかもしれませんが、それだけ勉強した、ということ。苦手な問題を一つずつ潰して、合格を手にしてもらえればこれに勝る喜びはありません！

2023年・初夏
レック先生
こと、LEC東京リーガルマインドFP講座講師陣

本書を使った勉強の仕方

本書は『FP2級・AFP 合格のトリセツ 速習テキスト 2023-24年版』に準拠した問題集です。テキストの該当ページへのリンクなど、2冊を併読することで効果的に学習できるようになっています。

チェックボックス

何度も解くことが、効果的な学習方法です。そのため、ここでは、解いた回数をチェックする□を付けてあります。回数が多いほど苦手な問題のはず。最低でも3回は解いてみましょう。

重要度

A〜Cまで、出題数による重要度を付けてあります。

●分析対象
2018年1月〜2023年1月
（15回の試験）

A：8回以上出題
　　（5割超）

B：4〜7回出題
　　（5割以下）

C：3回以下の出題
　　（2割以下）

問題と解答がひと目でわかる！

ページをめくる必要はなく、わからなければパッと横を見るだけ。
すぐに解答がわかります。
「解答かくしシート」も有効に使いましょう。

```
3）①転換前の契約時
20  ☑☑☑
本年中に契約した生命保険
保険料控除の対象となる。
```

本書では、
「本年」とは2023年、
「本年度」とは2023年度のことを指します。

---

3 が不適切　　　　　　　　テキスト6章 P553-555

1. 適切　土地所有者の自宅の敷地であるため、Aさんの宅地は**自用地**として評価します。
2. 適切　借地権者が貸家を建てて貸し付けているため、土地所有者であるAさんの宅地は**貸宅地**として評価します。なお、Bさんの権利は**貸家建付借地権**として評価します。
3. 不適切　土地所有者が使用貸借により子に貸し付けているため、借地権が発生せず、Aさんの宅地は**自用地**として評価します。
4. 適切　土地所有者が貸家を建てて貸し付けているため、Aさんが所有する宅地は**貸家建付地**として評価します。

レック先生のワンポイント
自用地と貸宅地、貸家建付地の定義について整理しておきましょう。

レック先生のワンポイント

さらにもう一押し、覚えておいたほうがいいこと、出題されるポイントはコラムで補足してあります。
ここもあわせて頭に入れておきましょう。

---

2 が不適切　　　　　　　　テキスト6章 P553-555

1. 適切　普通借地権が「自用地評価額×借地権割合」により評価される点と大きく異なります。
2. 不適切　貸家の価額は、「自用家屋としての評価額×（1－借家権割合×賃貸割合）」により評価します。
3. 適切　自用家屋の価額は、「固定資産税評価額×1.0」により評価します。
4. 適切　なお、建築中の家屋の価額は、その家屋の費用現価の100分の70に相当する金額によって評価します。

この問題で、自用家屋と貸家、借家権の評価について整理しておきましょう。

テキストへのリンク

問題を解いてみて、さらに詳しく調べてみたいと思ったらテキストの該当ページへすぐにアクセスできます。

アプリの利用方法

本書に収載されている「学科問題」全問題については、アプリと併せて学習ができます。
スマートフォンで問題演習が可能です。

利用期間

利用開始日　2023年6月1日
登録期限　　2024年5月31日
利用期限　　2024年5月31日

動作環境（2023年3月現在）

【スマートフォン】
- Android 8 以降
- iOS 14.0以降

※ご利用の端末の状況により、動作しない場合があります。
　OSのバージョンアップをされることで正常にご利用いただけるものもあります。

利用方法

1 スマートフォンからGooglePlay または AppStore にアクセスし、**「FPトリセツ合格アプリ」** と検索し、アプリをダウンロードしてください。

「FPトリセツ合格アプリ」

アプリの利用方法

2　アプリをダウンロードしたら、問題集の選択画面から購入された問題集を選択してください。
次に「アクセスコード入力」画面に進み、「アクセスコード」入力欄にアクセスコードを入力します。
記載事項に同意した上で「上記に同意してはじめる」ボタンをクリックします。

アクセスコード
LECt2324fp2X

3　「問題集を選択」の画面に進んだら、本書「FP2級・AFP合格のトリセツ 速習問題集 2023-24年版」をクリックすると、アプリが利用できるようになります。

※画像はイメージです。

○「FPトリセツ合格アプリ」お問い合わせ方法のご案内

ログインやアプリの操作方法のお問い合わせ、内容の正誤についての確認方法は、こちらの専用ページからご確認ください。
https://lec.jp/fp/info/torisetsu.html
お電話でのお問い合わせはお受けしておりませんので、予めご了承ください。

2023-2024年 FP2級資格試験 学科と実技のポイント攻略

学科試験	共通	
実技試験	日本FP協会 （NPO法人 日本ファイナンシャル・プランナーズ協会）	資産設計提案業務
	金財 （一般社団法人 金融財政事情研究会）	個人資産相談業務 生保顧客資産相談業務 等

金財で受検する場合、4つの実技試験がありますが、いずれかを選択することになるので受検する実技試験は1つだけです。
このうち「生保顧客資産相談業務」の試験は、「リスク管理」のウエイトを高くしたもので、「金融資産運用」と「不動産」からは出題されません。一方、「個人資産相談業務」は「金融資産運用」と「不動産」は出題されますが、「リスク管理」からは出題されません。

試験は、学科と実技の両方に合格しなければなりません。

学科試験
〈午前〉試験時間 120分

学科試験は、実施団体である金財・日本FP協会とも共通です
- **出題形式**：マークシート方式　4択式60問
- **合格基準**：6割以上（計60点満点で36点以上）

実技試験
〈午後〉試験時間 共通/90分

実施団体である金財と日本FP協会で試験内容が異なります

金財
- **出題形式**：事例形式5題
- **出題科目**：個人資産相談業務、生保顧客資産相談業務等から1つを選択
- **合格基準**：6割以上（50点満点で30点以上）

日本FP協会
- **出題形式**：記述式40問
- **出題科目**：資産設計提案業務
- **合格基準**：6割以上（100点満点で60点以上）

合格への道　学科編

学科試験の出題傾向

FP2級で出題される6つの分野の出題傾向を事前に知っておくことで、効率よく勉強を進めましょう。重要ポイントを絞り、集中して勉強に取り組めば合格への道がグッと近づくはずです。

1．ライフプランニングと資金計画 …………………………………… 10問

コンプライアンス／雇用保険／公的医療保険／公的年金／確定拠出年金／国の教育ローンと奨学金／損益計算書と貸借対照表／財務分析

2．リスク管理 …………………………………………………………… 10問

生命保険（死亡保障）／個人年金保険／第三分野の保険／傷害保険／自動車保険／生命保険料控除／個人契約の生命保険金等の税金／法人契約の生命保険料、保険金等の経理処理／個人契約の損害保険金等の税金

3．金融資産運用 ………………………………………………………… 10問

経済指標／株式の信用取引・投資尺度／（新）NISA、金融商品の税金／ETF／外貨建て金融商品／デリバティブ／ポートフォリオ／セーフティネット／金融商品の取引に関する法律

4．タックスプランニング ……………………………………………… 10問

所得税の概要／10種類の所得／損益通算／所得控除／住宅ローン控除／青色申告／法人税の概要／法人税の損金／会社・役員間の取引／消費税

5．不動産 ………………………………………………………………… 10問

不動産登記／不動産の価格／不動産の売買契約／借地借家法／建物区分所有法／都市計画法／建築基準法／不動産の取得と税金／不動産の保有と税金／不動産の譲渡所得／居住用財産の譲渡の特例／土地の有効活用

6．相続・事業承継 ……………………………………………………… 10問

相続人、相続分／遺言／相続税の計算／相続税の延納・物納／贈与契約／贈与税の非課税財産／贈与税の基礎控除、配偶者控除／相続時精算課税制度／宅地の評価

9

早わかり！ 2023-2024年版　2級実技試験（日本FP協会）

資産設計提案業務の重要ポイント

「資産設計提案業務」とはどんな試験？

「ライフプランニングと資金計画」の項目をベースに、幅広い出題がなされます。実技試験ですので、資料として記載されている不動産登記や保険証券の内容を読み解いたり、総合問題では、実務で直面しそうな相談内容の設定から各問に答えていく構成になっています。

出題傾向と対策は？

「ライフプランニングと資金計画」以外の5分野からもそれぞれ複数問、出題されます。金融、不動産、リスク、タックス、相続の問題について右の出題傾向の表に記載されている過去問題を重点的に取り組みましょう。これで十分合格に手が届くはずです。

この試験の特徴は？

必ず出題される問題がたくさんあります。具体的には、コンプライアンス、キャッシュフロー表の計算、建築基準法、保険証券の分析、相続人・相続分、個人バランスシート、6つの係数など。右のページの「ここもチェック！」までやると、学科試験の得点力も大幅にアップします。

合格への道　実技編 ❶

出題分野	問題数	この項目を押さえよう！
第1問 コンプライアンス	2	コンプライアンス（各業法） ここもチェック！ 業務の6ステップ、消費者契約法
第2問 金融	3〜4	株式等の税金（購入単価、譲渡所得）、株式の投資尺度、投資信託（手数料、分配金、税金）、外貨預金の利回り ここもチェック！ 預金保険、債券の利回り、財形貯蓄
第3問 不動産	3〜4	建築基準法、不動産登記、不動産の譲渡所得 ここもチェック！ 4つの価格、不動産所得・利回り、借家契約
第4問 リスク	3〜4	生命保険の証券分析、生命保険料控除 ここもチェック！ 自動車保険、地震保険、火災保険、個人の生命保険契約の保険金等の税金
第5問 タックス	3〜4	総所得金額、損益通算、所得控除、減価償却費 ここもチェック！ 所得税のしくみ
第6問 相続	3〜4	相続人、相続分・遺留分、贈与税の計算（基礎控除、配偶者控除、相続時精算課税）、路線価方式による評価額の計算、小規模宅地等の特例、相続開始後の手続き ここもチェック！ 相続税の課税価格、住宅取得等資金の非課税制度
第7問 キャッシュ フロー表	3	○年度の金額、金融資産残高
第8問 係数計算	3	6つの係数を使った計算
第9問 総合問題	6前後	教育資金（奨学金と教育ローン）、住宅ローン（繰上げ返済、ペアローン、収入合算）、遺族年金、老後資金準備（（新）NISAつみたて投資枠とiDeCo）、消費税の計算、失業等給付 ここもチェック！ 社会保険料、健康保険の傷病手当金、収入保障保険
第10問 総合問題	6前後	バランスシート、退職所得、老後の年金、公的医療保険 ここもチェック！ 事業所得、相続税の計算（非課税金額、相続税の総額）、相続後の金融資産の計算

早わかり！ 2023-2024年版 2級実技試験（金財）

個人資産相談業務の重要ポイント

「個人資産相談業務」とはどんな試験？

学科試験で出題される6分野のうち、「リスク管理」を除く5分野から出題されます。社会保険は年金の計算、タックスは所得や所得税の計算、不動産は建蔽率や容積率の計算、相続は相続税の基礎控除や、相続税の総額の計算など、計算問題を確実に得点できるように学習しましょう。

よく覚えてね！

ここが大事！

出題傾向と対策は？

上記の計算以外にも知識とその応用を問う問題が出題されます。正誤問題や穴埋め問題もありますが、正確な知識がなければ解答できません。実技試験の問題に取り組むことで、学科試験の得点力もアップさせましょう。

この試験の特徴は？

右の出題傾向の表のように、よく出題される問題には、一定の傾向があります。例えば金融では、株式の問題が多く出題されています。まずは、よく出る問題を取り組み、自信がついたら「ここもチェック！」まで取り組みましょう。なお、この実技試験では「リスク管理」からの出題は基本的にありません。

がんばろっと！

合格への道　実技編 ❷

出題分野	問題数	この項目を押さえよう！
第1問 社会保険	3	老齢基礎年金、老齢厚生年金の計算、受給要件 繰上げ支給、繰下げ支給 **ここもチェック！** 遺族基礎年金、遺族厚生年金、国民年金の被保険者の種別、保険料等、公的医療保険（高額療養費、傷病手当金等、任意継続被保険者）、老後資金を増やす方法（付加年金、国民年金基金、小規模企業共済、確定拠出年金）、雇用保険の給付
第2問 金融	3	株式の投資尺度（PER、PBR、ROE、配当利回り等） 株式の譲渡所得、配当所得・（新）NISA **ここもチェック！** 株式の売買のルール（受渡し、手数料、権利付最終日）、債券（利回り、税金、リスク）、外貨預金
第3問 タックス	3	総所得金額（給与所得、一時所得、雑所得等） 所得控除（基礎控除、配偶者控除、扶養控除、医療費控除等） 損益通算、繰越控除 **ここもチェック！** 退職所得、住宅ローン控除、青色申告
第4問 不動産	3	建築基準法 土地の有効活用 **ここもチェック！** 譲渡所得（自己居住用、空き家）
第5問 相続	3	相続分・遺留分 遺言 相続税の計算（基礎控除、相続税の総額） 宅地の評価、小規模宅地等の特例 **ここもチェック！** 生命保険金の非課税、配偶者の税額軽減、相続後の手続き、贈与税の基礎控除・非課税財産、相続時精算課税制度

早わかり！ 2023-2024年版　2級実技試験（金財）

生保顧客資産相談業務の重要ポイント

ポイントを把握しよう！

「生保顧客資産相談業務」とはどんな試験？

金財には4つの実技試験があり、そのうち保険業に携わっている方や、就職・転職などで保険に関わる方が受検することが多い試験です。その名のとおり、生命保険に関する比重が高く、「リスク管理」からの出題は必須ですから、ここを重点的にマスターしましょう。

そうか！

出題傾向と対策は？

この試験の性格上、「リスク管理」は最重要項目です。全15問中6問程度がリスク管理として出題されます。「個人に関する生命保険（公的医療保険や公的介護保険・生命保険の税務など）」と「法人に関する生命保険（終身保険や養老保険、定期保険などの保険料の経理処理、保険金や解約返戻金の経理処理や退職所得）」が頻出論点です。

この試験の勉強法は？

保険に特化した試験なので、「金融資産運用」「不動産」からの出題が基本的にありません。4分野を集中して勉強すればいいということになりますが、その分、保険に関する広い知識が必要になります。

がんばろうね！

合格への道　実技編 ❸

出題分野	問題数	この項目を押さえよう！
第1問 社会保険	3	老齢基礎年金、老齢厚生年金の計算、受給要件 繰上げ支給、繰下げ支給、老後の資金を増やす方法 （付加年金、国民年金基金、小規模企業共済、確定拠出年金等） **ここもチェック！** 国民年金の被保険者の種別、保険料等
第2問 保険・個人	3	公的介護保険（加入者、自己負担割合、給付要件） 生命保険料控除、生命保険金等の税金 生命保険・第三分野の商品の特徴、証券分析 **ここもチェック！** 公的医療保険（高額療養費、傷病手当金等、任意継続被保険者）、必要保障額、約款
第3問 保険・法人	3	退職所得、法人契約の経理処理 法人向け生命保険の特徴・活用法 **ここもチェック！** 中小企業退職金共済制度
第4問 タックス	3	総所得金額（給与所得、一時所得、雑所得等） 所得控除（配偶者控除、扶養控除、基礎控除等） 所得税額 **ここもチェック！** 所得控除（医療費控除、寄附金控除等）、確定申告、青色申告
第5問 相続	3	生命保険金の非課税、相続税の基礎控除 相続税の総額、小規模宅地等の特例 相続税の申告 相続後の手続き **ここもチェック！** 遺言、遺留分、非上場株式の評価、納税猶予・免除、被相続人の居住用財産（空き家）の譲渡所得の特別控除、贈与税の基礎控除、相続時精算課税制度、非課税財産

Contents

第1章 ライフプランニングと資金計画

●学科試験問題&解答

FPの仕事とコンプライアンス ………………………… 22

資産計算で使う6つの係数 …………………………… 26

教育資金 …………………………………………………… 28

住宅資金 …………………………………………………… 30

社会保険の基本 ………………………………………… 32

公的年金の基本 ………………………………………… 40

企業・個人事業主の年金 ……………………………… 50

中小法人の資金計画 …………………………………… 56

クレジットカード ………………………………………… 66

●実技試験問題&解答

[日本FP協会] 資産設計提案業務 …………………… 68

[金財] 個人資産相談業務・生保顧客資産相談業務 ………… 92

第2章 リスク管理

●学科試験問題&解答

保険の基本 ………………………………………………… 126

生命保険のしくみと保険の契約 ……………………… 128

生命保険の種類と契約 ………………………………… 130

個人契約の生命保険と税金の関係 ………………… 138

法人契約の生命保険の経理処理 …………………… 140

損害保険の種類と契約〜税金 ……………………… 144

第三分野の保険 ………………………………………… 160

●実技試験問題&解答

[日本FP協会] 資産設計提案業務 …………………… 162

[金財] 生保顧客資産相談業務（個人向け保険） ………… 190

[金財] 生保顧客資産相談業務（法人向け保険） ………… 218

第 **3** 章　金融資産運用

●学科試験問題＆解答

経済・金融市場の基礎 ……………………………………… 246

金融資産・顧客の保護と法律 …………………………… 248

貯蓄型金融商品 …………………………………………… 252

債券 ………………………………………………………… 256

株式 ………………………………………………………… 262

投資信託 …………………………………………………… 268

外貨建て金融商品 ………………………………………… 276

金融商品と税金 …………………………………………… 278

ポートフォリオ理論 ……………………………………… 282

デリバティブ取引 ………………………………………… 284

●実技試験問題＆解答

［日本 FP 協会］資産設計提案業務 …………………… 288

［金財］個人資産相談業務 ……………………………… 314

第 4 章　タックスプランニング

●学科試験問題＆解答

税金の分類と所得税の基本 ……………………………… 342

各所得金額の計算 ………………………………………… 344

損益通算と損失の繰越控除 ……………………………… 350

所得控除 …………………………………………………… 354

税額計算と税額控除 ……………………………………… 360

確定申告と納税 …………………………………………… 362

個人住民税と個人事業税 ………………………………… 368

法人税等 …………………………………………………… 370

消費税 ……………………………………………………… 378

●実技試験問題＆解答

[日本FP協会] 資産設計提案業務 ……………………… 382

[金財] 個人資産相談業務・生保顧客資産相談業務 ……… 400

第 5 章　不動産

●学科試験問題＆解答

不動産の基本 ……………………………………………… 434

不動産の取引 ……………………………………………… 440

不動産に関する法令上の規制 …………………………… 444

不動産にかかる税金と特例 ……………………………… 454

不動産の有効活用と投資分析 …………………………… 464

●実技試験問題＆解答

[日本FP協会] 資産設計提案業務 ……………………… 470

[金財] 個人資産相談業務 ………………………………… 492

第 6 章　相続・事業承継

●学科試験問題＆解答
相続の基礎知識 …………………………………… 518
相続税 …………………………………………… 528
贈与税 …………………………………………… 536
財産の評価 ……………………………………… 548
事業承継対策 …………………………………… 560

●実技試験問題＆解答
［日本FP協会］資産設計提案業務 ……………… 564
［金財］個人資産相談業務・生保顧客資産相談業務 ……… 584

特別編　総合問題 I・II

●実技試験問題＆解答
［日本FP協会］資産設計提案業務 ……………… 616

第1章 傾向と対策

ライフプランニングと資金計画の出題範囲は、FPの基礎から社会保険、公的年金などです。出題範囲が広く、FPの基本的な知識が詰まっている分野なので、様々なカテゴリーに関連しているのが特徴になります。

頻出問題のキーワード

＜学科試験＞
コンプライアンス、雇用保険、公的医療保険、公的年金、国民年金基金、小規模企業共済、中小企業退職金共済、確定拠出年金、国の教育ローンと奨学金、損益計算書と貸借対照表・財務分析、資金調達、年代別のライフプラン、ライフプランの作成、住宅ローンの返済額の計算

＜実技試験＞
【日本FP協会】コンプライアンス（各業法、個人情報保護法、著作権法等）、6ステップ、金融サービス提供法・消費者契約法

【金財】●個人資産相談業務：老齢基礎年金、老齢厚生年金の計算、受給要件、繰上げ支給、繰下げ支給、遺族基礎年金、遺族厚生年金、国民年金の被保険者の種別、保険料等、公的医療保険（高額療養費、傷病手当金等、任意継続被保険者）、老後資金を増やす方法（付加年金、国民年金基金、小規模企業共済、確定拠出年金）、雇用保険の給付
●生保顧客資産相談業務：老齢基礎年金、老齢厚生年金の計算、受給要件、繰上げ支給、繰下げ支給、老後の収入を増やす方法（付加年金、国民年金基金、小規模企業共済、確定拠出年金等）、国民年金の被保険者の種別、保険料等

第1章 ライフプランニングと資金計画

学科試験問題&解答
FPの仕事とコンプライアンス
資産計算で使う6つの係数
教育資金
住宅資金
社会保険の基本
公的年金の基本
企業・個人事業主の年金
中小法人の資金計画
クレジットカード
実技試験問題&解答
[日本FP協会]資産設計提案業務
[金財]個人資産相談業務・生保顧客資産相談業務

※金財の実技試験は、「個人資産相談業務」「生保顧客資産相談業務」など4つがありますが、共通する科目での出題傾向は似ています。
本書では効率よくかつ幅広く論点を学習するため、試験問題を分けず、横断式で出題しています。
※解説は特に断りがない限り、所得税の税率には復興特別所得税を含めて表記しています。

学科試験[日本FP協会・金財] 共通

FPの仕事とコンプライアンス

1 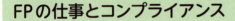 重要度 A　　　　　　　　　　　　　　　　[2022年9月]

ファイナンシャル・プランナー（以下「FP」という）の顧客に対する行為に関する次の記述のうち、関連法規に照らし、最も不適切なものはどれか。

1. 社会保険労務士の登録を受けていないFPのAさんは、ライフプランの相談に来た顧客に対して、老齢基礎年金や老齢厚生年金の受給要件や請求方法の概要を有償で説明した。
2. 弁護士の登録を受けていないFPのBさんは、資産管理の相談に来た顧客の求めに応じ、有償で、当該顧客を委任者とする任意後見契約の受任者となった。
3. 金融商品取引業の登録を受けていないFPのCさんは、金融資産運用に関心のある不特定多数の者に対して、有価証券の価値の分析に基づき、インターネットを利用して個別・相対性の高い投資情報を有償で提供した。
4. 生命保険募集人の登録を受けていないFPのDさんは、ライフプランの相談に来た顧客に対して、生命保険の一般的な商品性や活用方法を有償で説明した。

2 　　　　　　　　　　　　　　[2022年1月]

「個人情報の保護に関する法律」（以下「個人情報保護法」という）に関する次の記述のうち、最も不適切なものはどれか。

1. 個人情報保護法に定める個人識別符号には、指紋認証データや顔認証データといった個人の身体の一部の特徴をデータに変換した符号が含まれる。
2. 個人情報取扱事業者は、個人情報データベース等を事業の用に供している者のうち、5,000件超の個人データを取り扱う事業者に限られる。
3. 個人情報取扱事業者が、本人との契約を通じて契約者本人の個人情報を取得する場合、原則として、契約締結前に、本人に対し、その利用目的を明示しなければならない。
4. 個人情報取扱事業者が、人の生命、身体または財産の保護のために、本人の病歴や犯罪の経歴などの要配慮個人情報を取得する場合、取得に当たって本人の同意を得ることが困難であるときは、あらかじめ本人の同意を得る必要がない。

3 が不適切　　　　　　　　　　　　　　　　　　　　　　　　　テキスト1章　P4-7

1. 適切　　なお、労働社会保険諸法令に基づき行政機関等に提出する**書類の作成や提出の代行**は**社会保険労務士の独占業務**とされます。

2. 適切　　**任意後見受任者**となるために、特段、**資格を必要としません。**

3. **不適切**　金融商品取引業の登録を受けていない者が、**有償で有価証券の価値の分析に基づき、個別・相対性の高い投資情報を提供すると、金融商品取引法に抵触**します。

4. 適切　　なお、**生命保険募集人の登録を受けていない者**は、**生命保険の募集・勧誘**はできません。

2 が不適切　　　　　　　　　　　　　　　　　　　　　　　　　テキスト1章　P4

1. 適切

2. **不適切**　件数を問わず、個人情報取扱事業者となります。

3. 適切

4. 適切

3   重要度 B　　　　　　　　　　　　　　　　　　[2019年1月]

ライフプランニングにおけるライフステージ別の一般的な資金の活用に関する次の記述のうち、最も不適切なものはどれか。

1. Aさん（22歳）は、将来のために、受け取った初任給に銀行からの借入金を加えた資金を元手として、高い収益が見込める金融商品による積極的な運用を図ることにした。
2. Bさん（30歳）は、将来のために、NISA（少額投資非課税制度）を利用して余裕資金を運用することにした。
3. Cさん（40歳）は、マイホーム購入を念頭に貯蓄を続けてきたが、預貯金の残高が増えてきたので、その一部を頭金として、住宅ローンを利用し、新築マンションを取得することにした。
4. Dさん（63歳）は、勤務先を退職後、収入が公的年金のみとなる見込みなので、資産運用についてはリスクを避け、元本が確保された金融商品を中心とした安定的な運用を図ることにした。

4 重要度 B　　　　　　　　　　　　　　　　　　[2019年5月]

ファイナンシャル・プランナーがライフプランニングに当たって作成する各種の表の一般的な作成方法に関する次の記述のうち、最も不適切なものはどれか。

1. 個人の資産や負債の状況を表すバランスシートの作成において、株式等の金融資産や不動産の価額は、取得時点の価額ではなく作成時点の時価で計上する。
2. キャッシュフロー表の作成において、可処分所得は、「年間の収入金額－（所得税＋住民税）」で計算された金額を計上する。
3. キャッシュフロー表の作成において、各年次の金融資産残高は、「前年末の金融資産残高×（1＋運用利率）±当年の年間収支」で計算された金額を計上する。
4. ライフイベントごとの予算額は現在価値で見積もり、キャッシュフロー表の作成においてはその価額を将来価値で計上する。

1 が不適切

テキスト1章 P8

1. **不適切**
2. 適切
3. 適切
4. 適切

この種の問題は**明らかに「リスクが高い」選択肢があります**ので、問題文をよく読みましょう。

選択肢「1」は、初任給に**借入金を加えて、高い収益が見込める金融商品に投資**すると、予想が外れた場合には、損失を被るだけでなく、借入金の返済に困ってしまいます。

過去には「**退職後に、退職金を積極的に高い収益性が見込めるリスクの高い金融商品で運用**することにした」とする選択肢も出題されています。

2 が不適切

テキスト1章 P9-13

1. 適切　バランスシートの作成において、資産は**時価**、借入額は**借入残高**で計上します。

2. **不適切**　可処分所得は、自分が自由に使うことができる収入をいい、「**年間の収入金額−所得税・住民税、社会保険料**」により求めます。社会保険料も控除する必要があります。

3. 適切　各年次の金融資産残高は、「**前年末の金融資産残高×（1＋運用利率）±当年の年間収支**」で計算された金額を計上します。

4. 適切　一般に、**ライフイベント表**には**現在価値**で記入しますが、**キャッシュフロー表**には、物価変動等を考慮した**将来価値**を計上します。

資産計算で使う6つの係数

5 [2020年9月]

ライフプランの作成の際に活用される下記＜資料＞の各種係数に関する次の記述のうち、最も不適切なものはどれか。

＜資料＞年率2%・期間5年の各種係数

終価係数	1.1041
現価係数	0.9057
年金終価係数	5.2040
減債基金係数	0.1922
年金現価係数	4.7135
資本回収係数	0.2122

1. 現在保有する100万円を5年間、年率2%で複利運用した場合の元利合計額は、「100万円×1.1041」で求められる。
2. 年率2%で複利運用しながら5年後に100万円を得るために必要な毎年の積立額は、「100万円×0.1922」で求められる。
3. 年率2%で複利運用しながら5年間、毎年100万円を受け取るために必要な元本は、「100万円×5.2040」で求められる。
4. 年率2%で複利運用しながら5年後に100万円を得るために必要な元本は、「100万円×0.9057」で求められる。

 アドバイス！

ポイント1：6つの係数は3つに分類できます。保険商品に例えると（　　）のイメージになります。

現価係数	（ゲ）⇔ 終価係数	（シ）（一時払の養老保険をイメージ）
減債基金係数	（ゲ）⇔ 年金終価係数	（シ）（積立型の養老保険をイメージ）
年金現価係数	（ゲ）⇔ 資本回収係数	（シ）（一時払の個人年金保険をイメージ）

ポイント2：**過去・現在の一時金・積立額を求める係数は「ゲ」がつき、将来の一時金・年金を求める係数は「シ」がつきます。ゲ⇔シ**

ポイント3：**過去・現在の金額（一時金）を求める場合は「現価係数」、将来の金額（一時金）を求める場合は「終価係数」、コツコツ貯める場合の将来の金額、コツコツ崩す場合の必要な元本を求める場合は「年金○○係数」**と覚えましょう。後は、問題を解いて慣れるだけです。

3 が不適切   テキスト1章　P16-19

使うべき係数を暗記すればベストですが、この問題は、分かっている金額を「1」、求めたい金額を表した数値を「係数」と考えると答えが導けます。

1. 適切　　現在保有する金額を一定期間にわたり一定の利率で複利運用した場合の将来の金額は「**終価係数**」を乗じて求めます。

　　　　　なお、現在保有する100万円を「1」、5年間、年率2％で複利運用すると約10％（約0.1）増えますので、約1.10となり、「1.1041」を使うと考えます。

2. 適切　　将来準備したい金額を一定期間にわたり一定の利率で複利運用しながら一定金額を積み立てて準備する場合の毎年の積立額は「**減債基金係数**」を乗じて求めます。

　　　　　5年後の100万円を「1」と考えて、5年間で積み立てて準備する場合、必要な毎年の積立額は「1÷5＝0.2」、利息が助けてくれる分、0.2よりやや少なくてよいため、「0.1922」を使うと考えます。

3. **不適切**　一定期間にわたり一定の利率で複利運用しながら一定金額を受け取る場合の当初の必要額は「**年金現価係数**」を乗じて求めます。

　　　　　毎年受け取る100万円を「1」と考えて、5年間受け取る場合の必要原資は「1×5＝5」となり、利息が助けてくれる分、5よりやや少なくてよいため、「4.7135」を使うと考えます。

4. 適切　　将来準備した金額を一定期間にわたり一定の利率で複利運用して準備する場合の現在の必要額は「**現価係数**」を乗じて求めます。

　　　　　5年後の100万円を「1」と考えて、年率2％で5年複利運用すると、約10％（約0.1）利息が付くため、必要な元本は「1－約0.1＝約0.9」となるため、「0.9057」を使うと考えます。

教育資金

6 重要度 A [2021年1月]

日本学生支援機構の貸与型奨学金および日本政策金融公庫の教育一般貸付（以下「国の教育ローン」という）に関する次の記述のうち、最も不適切なものはどれか。

1. 貸与型奨学金の一つである第一種奨学金の貸与を受けられるのは、国内の大学等に在学する特に優れた学生等であって、経済的理由により著しく修学に困難がある者とされている。
2. 国の教育ローンを利用するためには、世帯年収（所得）が申込人の世帯で扶養している子の人数に応じて定められた額以下でなければならない。
3. 国の教育ローンの融資金利は固定金利であり、返済期間は、18年以内とされている。
4. 国の教育ローンの資金使途は、受験にかかった費用（受験料、受験時の交通費・宿泊費など）と学校納付金（入学金、授業料、施設設備費など）に限定されている。

7 重要度 A [2020年9月]

奨学金および教育ローンに関する次の記述のうち、最も適切なものはどれか。

1. 日本学生支援機構の給付型奨学金は、海外留学資金として利用することはできない。
2. 日本学生支援機構の貸与型奨学金は、所定の海外留学資金として利用する場合を除き、連帯保証人および保証人による人的保証と日本国際教育支援協会による機関保証の両方の保証が必要となる。
3. 日本学生支援機構の奨学金と日本政策金融公庫の教育一般貸付（国の教育ローン）は、重複して利用することができる。
4. 日本政策金融公庫の教育一般貸付（国の教育ローン）の融資限度額は、外国の教育施設に3ヵ月以上在籍する資金として利用する場合は学生・生徒1人につき500万円である。

4　4 が不適切

テキスト 1 章　P22-24

1. 適切　なお、日本学生支援機構の貸与型奨学金については、**無利息**で貸与を受けられる第一奨学金と**利息付**（在学中は**無利息**）の第二種奨学金があります。

2. 適切　日本政策金融公庫の国の教育ローン（教育一般貸付）は、**子の数に応じて、世帯所得（収入）の制限**が設けられています。

3. 適切　「**固定金利**」「**18年**以内」はよく出題されます。

4. **不適切**　日本政策金融公庫の国の教育ローン（教育一般貸付）は、**下宿費用や国民年金保険料等に充てる**こともできます。

3　3 が適切

テキスト 1 章　P22-24

1. 不適切　海外留学資金としても利用できます。

2. 不適切　日本学生支援機構の奨学金（貸与型）の場合は、所定の海外留学資金として利用する場合を除き、連帯保証人と保証人を選任する人的保証と、日本国際教育支援協会の機関保証の**いずれかの保証が必要**となります。

3. **適切**　日本政策金融公庫の国の教育一般貸付（国の教育ローン）と日本学生支援機構の奨学金は**重複して利用することができます**。

4. 不適切　日本政策金融公庫の国の教育一般貸付（国の教育ローン）の融資限度額は、学生・生徒1人につき原則**350万円**ですが、自宅外通学、大学院、修業年限5年以上の大学（昼間部）、海外留学資金（3カ月以上、外国の教育施設に在籍）等の場合は**450万円**です。

住宅資金

8  重要度 B　　　　　　　　　　　　　　　　［2018年9月］

住宅ローンの借換えを検討しているAさんが、仮に下記＜資料＞のとおり住宅ローンの借換えをした場合の総返済額（借換え費用を含む）に関する次の記述のうち、最も適切なものはどれか。

＜資料＞

［Aさんが現在返済中の住宅ローン］
・借入残高：2,000万円
・利率：年2％の固定金利
・残存期間：11年
・返済方法：元利均等返済（ボーナス返済なし）
・返済額：毎年2,027,016円

［Aさんが借換えを予定している住宅ローン］
・借入金額：2,000万円
・利率：年1％の固定金利
・返済期間：10年
・返済方法：元利均等返済（ボーナス返済なし）
・返済額：毎年2,102,498円
・借換え費用：40万円

※他の条件等は考慮しないものとする。

1. 完済までに1,272,196円の負担増加となる。
2. 完済までに1,272,196円の負担減少となる。
3. 完済までに872,196円の負担増加となる。
4. 完済までに872,196円の負担減少となる。

4 が適切　　　　　　　　　　　　　　　テキスト1章　P30

現在返済中の住宅ローン＝2,027,016円×**11年**＝22,297,176円

借換え後の住宅ローン＋借換え費用＝2,102,498円×**10年＋40万円**
　　　　　　　　　　　　　　　　　＝21,424,980円

負担額を比較すると、借換え後の方が少なくなり、
22,297,176円－21,424,980円＝872,196円減少しますので、
4.が正解となります。

　レック先生のワンポイント

> 借換え前の残存期間が11年、借換え後の返済期間が10年と異なりますので、気をつけましょう。

9    [2022年1月]

住宅購入に伴って住宅ローンの利用を検討しているAさんに関する次の記述の空欄（ア）、（イ）にあてはまる語句の組み合わせとして、最も適切なものはどれか。なお、フラット35（買取型）を利用するに当たって、記載されたもの以外の要件はすべて満たしているものとする。

> 給与所得者であるAさん（40歳）は将来、相応の金利上昇を見込んで固定金利型の住宅ローンを利用し、返済方法については、毎月の返済額が一定で返済計画を立てやすい（ア）を選ぶつもりである。Aさんは、専有面積50㎡の2DKタイプの居住用マンションの購入を考えており、この場合、住宅金融支援機構と金融機関が提携した住宅ローンであるフラット35（買取型）を利用することは（イ）。

1. （ア）元利均等返済　（イ）できない
2. （ア）元金均等返済　（イ）できない
3. （ア）元利均等返済　（イ）できる
4. （ア）元金均等返済　（イ）できる

社会保険の基本

10    [2019年5月]

公的医療保険に関する次の記述のうち、最も適切なものはどれか。

1. 健康保険の適用事業所に常時使用される75歳未満の者は、原則として、全国健康保険協会管掌健康保険（協会けんぽ）または組合管掌健康保険に加入することになる。
2. 全国健康保険協会管掌健康保険（協会けんぽ）の介護保険料率は、都道府県ごとに定められており、都道府県によって保険料率が異なる。
3. 健康保険の任意継続被保険者となるためには、健康保険の被保険者資格を喪失した日の前日まで継続して6ヵ月以上の被保険者期間がなければならない。
4. 個人事業主や農林漁業者などが被保険者となる国民健康保険は、国が保険者として運営している。

3 が適切
テキスト1章　P27、P29

（ア）**毎回の返済額が一定**である返済方法は、**元利均等返済**です。

（イ）フラット35は、**マンション**の場合、床面積**30㎡以上**の場合に利用できます。なお、**戸建て住宅は70㎡以上**の場合に利用できます。

以上より、3.が正解となります。

---

1 が適切
テキスト1章　P35、P41-45

1. **適切**　なお、**75歳以上の人**は、後期高齢者医療制度に加入します。

2. 不適切　健康保険の介護保険料率（40歳以上65歳未満）は**全国一律**です。一般保険料率は、**都道府県ごと**に定められています。

3. 不適切　健康保険の被保険者期間が継続して**2カ月**以上ある者が、資格喪失日から**20日**以内に手続きをすることで、最長**2年間**、任意継続被保険者となることができます。任意継続被保険者のキーナンバーは「2」です。

4. 不適切　国民健康保険の保険者は、**都道府県と市町村（特別区を含む）または国民健康保険組合**です。国民健康保険には、健康保険とは異なり、被扶養者という制度はなく、**全員が被保険者**となります。

33

11   [2020年1月]

公的介護保険に関する次の記述のうち、最も不適切なものはどれか。

1. 公的介護保険の保険給付は、保険者から要介護状態または要支援状態にある旨の認定を受けた被保険者に対して行われるが、第1号被保険者については、要介護状態または要支援状態となった原因は問われない。
2. 公的介護保険の第2号被保険者のうち、前年の合計所得金額が220万円以上の者が介護サービスを利用した場合の自己負担割合は、原則として3割である。
3. 要介護認定を受けた被保険者の介護サービス計画（ケアプラン）は、一般に、被保険者の依頼に基づき、介護支援専門員（ケアマネジャー）が作成するが、所定の手続きにより、被保険者本人が作成することもできる。
4. 同一月内の介護サービス利用者負担額が、所得状況等に応じて定められている上限額を超えた場合、所定の手続きにより、その上限額を超えた額が高額介護サービス費として支給される。

12   [2021年9月]

労働者災害補償保険（以下「労災保険」という）に関する次の記述のうち、最も適切なものはどれか。

1. 労災保険の適用を受ける労働者には、雇用形態がアルバイトやパートタイマーである者は含まれない。
2. 業務上の負傷または疾病が治癒したときに身体に一定の障害が残り、その障害の程度が労働者災害補償保険法に規定する障害等級に該当する場合、障害補償給付が受けられる。
3. 労災保険の適用事業所の事業主は、その営む事業において使用する労働者数の多寡にかかわらず、労災保険の特別加入の対象となる。
4. 労災保険の保険料を計算する際に用いる保険料率は、適用事業所の事業の種類による差異はない。

34

2 が不適切

テキスト1章 P45-46

1. 適切　なお、**第2号**被保険者は**特定疾病**により要介護状態または要支援状態になった場合に限り、公的介護保険の給付を受けられます。

2. **不適切**　**第2号**被保険者の自己負担割合は、要介護度に応じた支給限度額の範囲内で**一律1割**です。なお、**第1号**被保険者の自己負担割合は、要介護度に応じた支給限度額の範囲内で、原則1割ですが、**一定以上の所得がある人**の自己負担割合は**2割または3割**となります。

3. 適切　なお、ケアプランを作成してもらう場合、**自己負担はありません。**

4. 適切　介護保険の高額介護サービス費に似ている制度として、公的医療保険の高額療養費制度があります。

---

2 が適切

テキスト1章 P47-48

1. 不適切　労災保険の適用を受ける労働者に**アルバイトやパートタイマーも含まれ**ます。

2. **適切**　なお、要件を満たせば、障害基礎年金、障害厚生年金と併給できますが、**障害補償給付は一定の割合で減額**されます。

3. 不適切　特別加入の対象となるのは、一定の人数以下の労働者を使用する中小事業主に限られます。

4. 不適切　労災保険の保険料率は、**事業の種類**により異なります。

13 [2019年9月]

雇用保険の基本手当に関する次の記述のうち、最も適切なものはどれか。

1. 基本手当は、原則として、離職の日以前2年間に雇用保険の一般被保険者であった期間が通算して6ヵ月以上あるときに受給することができる。
2. 基本手当の所定給付日数は、離職理由や被保険者期間、離職時の年齢等に応じて定められており、特定受給資格者等を除く一般の受給資格者は、被保険者期間が20年以上の場合、最長で180日である。
3. 基本手当の受給期間は、原則として、離職の日の翌日から起算して1年である。
4. 正当な理由がなく自己の都合により離職した者に対する基本手当は、待期期間満了後、原則として4ヵ月間の給付制限期間がある。

3 が適切　　　　　　　　　　　　　　　　　　　テキスト1章　P50-52

1. **不適切**　雇用保険の基本手当は、原則として離職の日以前2年間に雇用保険の一般被保険者期間が通算して**12カ月**以上ある者が受給できます。特定受給資格者等は、原則として離職の日以前1年間に雇用保険の一般被保険者期間が通算して6カ月以上ある者が受給できます。試験では、一般受給資格者（自己都合退職、定年退職）の方が多く出題されています。

2. **不適切**　特定受給資格者等を除く一般の受給資格者は、年齢を問わず、被保険者期間で異なり、被保険者期間20年以上の場合、最長で**150日**です。

3. **適切**　なお、基本手当の受給期間中に、負傷、疾病、妊娠、出産、育児等の理由で引き続き30日以上職業に就くことができない者は、所定の申出により受給期間を延長し、**最長4年**とすることができます。

4. **不適切**　正当な理由なく自己の都合により離職した者に対する基本手当は、7日間の待期期間終了後、**原則2カ月（最長3カ月）**の給付制限期間があります。定年退職、倒産・解雇・雇止めの場合は7日間の待期期間終了後、給付制限期間はありません。

14 [2022年5月]

雇用保険に関する次の記述のうち、最も不適切なものはどれか。

1. 雇用保険の保険料のうち、失業等給付・育児休業給付の保険料は、事業主と労働者で折半して負担するのに対し、雇用保険二事業の保険料は、事業主が全額を負担する。
2. 特定受給資格者等を除く一般の受給資格者に支給される基本手当の所定給付日数は、算定基礎期間が20年以上の場合、150日である。
3. 育児休業給付金は、期間を定めずに雇用される一般被保険者が、原則として、その1歳に満たない子を養育するための休業をした場合において、その休業開始日前1年間に賃金支払いの基礎日数が11日以上ある月（みなし被保険者期間）が6ヵ月以上あるときに支給される。
4. 高年齢雇用継続基本給付金の額は、一支給対象月に支払われた賃金の額が、みなし賃金日額に30を乗じて得た額の61％未満である場合、原則として、当該支給対象月に支払われた賃金の額の15％相当額である。

15 [2022年1月]

雇用保険法に基づく育児休業給付および介護休業給付に関する次の記述のうち、最も不適切なものはどれか。なお、記載されたもの以外の要件はすべて満たしているものとする。

1. 一般被保険者や高年齢被保険者が、1歳に満たない子を養育するために休業する場合、育児休業給付金が支給される。
2. 育児休業給付金に係る支給単位期間において、一般被保険者や高年齢被保険者に対して支払われた賃金額が、休業開始時賃金日額に支給日数を乗じて得た額の60％相当額以上である場合、当該支給単位期間について育児休業給付金は支給されない。
3. 一般被保険者や高年齢被保険者が、一定の状態にある家族を介護するために休業する場合、同一の対象家族について、通算3回かつ93日の介護休業を限度とし、介護休業給付金が支給される。
4. 一般被保険者や高年齢被保険者の父母および配偶者の父母は、介護休業給付金の支給対象となる家族に該当する。

3 が不適切　　　　　　　　　　　　　　　　　　　テキスト1章　P50-54

1. 適切　　全体で見れば、労働者の負担は一部負担となります。

2. 適切　　特定受給資格者等を除く一般の受給資格者に支給される基本手当の所定給付日数は、算定基礎期間によって異なります。

3. **不適切**　育児休業給付金は、期間を定めずに雇用される一般被保険者が、原則として、その1歳に満たない子を養育するための休業をした場合において、その休業開始日前2年間に賃金支払いの基礎日数が11日以上等ある月（みなし被保険者期間）が12ヵ月以上あるときに支給されます。

4. 適切　　なお、支給要件は、60歳到達時賃金に対して支給対象月の賃金が75％未満であることとされます。

---

2 が不適切　　　　　　　　　　　　　　　　　　　テキスト1章　P53-54

1. 適切　　なお、**最長2歳に達するまで**の子が育児休業給付の対象となります。

2. **不適切**　育児休業給付金および介護休業給付の支給単位期間において、支払われた賃金額が、休業開始時賃金日額に支給日数を乗じて得た額の**80％**相当額以上である場合、当該支給単位期間について育児休業給付金および介護休業給付金は支給されません。

3. 適切

4. 適切　　介護休業給付金の対象となるのは、配偶者、子、父母、**配偶者の父母**、祖父母・兄弟姉妹・孫です。

39

公的年金の基本

16 重要度 A　　　　　　　　　　　　　　　　　　［2020年9月］

国民年金の保険料に関する次の記述のうち、最も不適切なものはどれか。
1. 第1号被保険者で障害基礎年金または障害等級1級もしくは2級の障害厚生年金を受給している者は、原則として、所定の届出により、保険料の納付が免除される。
2. 第1号被保険者が出産する場合、所定の届出により、出産予定月の前月から4ヵ月間（多胎妊娠の場合は出産予定月の3ヵ月前から6ヵ月間）、保険料の納付が免除される。
3. 第1号被保険者である大学生は、本人の所得金額の多寡にかかわらず、所定の申請により、学生納付特例制度の適用を受けることができる。
4. 学生を除く50歳未満の第1号被保険者は、本人および配偶者の前年の所得（1月から6月までの月分の保険料については前々年の所得）がそれぞれ一定金額以下の場合、所定の申請により、保険料納付猶予制度の適用を受けることができる。

17 重要度 A　　　　　　　　　　　　　　　　　　［2020年1月］

公的年金に関する次の記述のうち、最も不適切なものはどれか。
1. 産前産後休業を取得している厚生年金保険の被保険者の厚生年金保険料は、所定の手続きにより、被保険者負担分と事業主負担分がいずれも免除される。
2. 厚生年金保険の適用事業所に常時使用される者のうち、65歳以上の者は、厚生年金保険の被保険者とならない。
3. 国民年金の保険料免除期間に係る保険料のうち、追納することができる保険料は、追納に係る厚生労働大臣の承認を受けた日の属する月前10年以内の期間に係るものに限られる。
4. 日本国籍を有するが日本国内に住所を有しない20歳以上65歳未満の者は、国民年金の第2号被保険者および第3号被保険者に該当しない場合、原則として、国民年金の任意加入被保険者となることができる。

3　が不適切

テキスト1章　P58-59

1. **適切**　なお、法定免除の期間について保険料を追納しない場合、**保険料免除期間**として扱います。

2. **適切**　なお、第1号被保険者の産前産後保険料免除の期間は、**保険料納付済期間**として扱います。

3. **不適切**　第1号被保険者で一定の大学等の学生である者は、**学生本人の所得が一定金額以下**の場合、学生納付特例制度の適用を受けることができます。

    なお、申請免除は「**本人および世帯主、配偶者**」、50歳未満の納付猶予は「**本人と配偶者**」の所得で判定され、それぞれ「誰」の所得で判定するかが異なります。

4. **適切**　3.の解説参照。

2　が不適切

テキスト1章　P57-59

1. **適切**　なお、育児休業を取得している厚生年金保険の被保険者の厚生年金保険料も、所定の手続きにより、**被保険者負担分および事業主負担分がともに免除**されます。健康保険も同様です。

2. **不適切**　**70歳以上**の者は、厚生年金保険の適用事業所に勤務していても、原則として厚生年金保険の被保険者となりません。ただし、在職老齢年金制度は適用されます。

3. **適切**　**免除・猶予**を受けた保険料は、**10年**前の分まで追納できます。滞納保険料の納付期限が「2年」なので、違いに注意しましょう。

4. **適切**　また、国内に住所を有する者も、**満額の老齢基礎年金を受給できない場合は65歳に達するまで**、65歳時点で受給資格を満たさない者は、受給資格を満たすまで（最長70歳まで）任意加入できます。

18 重要度 C [2021年9月]

年金生活者支援給付金制度に関する次の記述のうち、最も適切なものはどれか。

1. 一定の所得基準以下等の要件を満たす65歳以上の老齢基礎年金の受給者には、受給者の保険料納付済期間等の長短にかかわらず、老齢年金生活者支援給付金として月額5,140円（本年度価額）が支給される。
2. 一定の所得基準以下にある障害基礎年金の受給者には、受給者の障害の程度にかかわらず、障害年金生活者支援給付金として月額5,140円（本年度価額）が支給される。
3. 一定の所得基準以下にある遺族基礎年金の受給者には、月額5,140円（本年度価額）に受給者の扶養親族の人数に応じた額を加算した額が遺族年金生活者支援給付金として支給される。
4. 年金生活者支援給付金は、原則として、毎年2月、4月、6月、8月、10月および12月に、それぞれの前月までの2ヵ月分が支給される。

19 重要度 A [2019年9月]

公的年金に関する次の記述のうち、最も不適切なものはどれか。

1. 国民年金の保険料納付済期間が10年以上あり、厚生年金保険の被保険者期間を有する者は、原則として、65歳から老齢基礎年金および老齢厚生年金を受給することができる。
2. 65歳到達時に老齢厚生年金の受給権を取得した者が、厚生年金保険の被保険者期間を20年以上有し、かつ、所定の要件を満たす配偶者がいる場合、当該受給権者に支給される老齢厚生年金に加給年金額が加算される。
3. 夫の死亡当時に60歳未満の妻が寡婦年金の受給権を取得した場合、寡婦年金は、原則として、妻の60歳到達月の翌月から65歳到達月まで支給される。
4. 老齢厚生年金を受給している者が死亡し、死亡した者によって生計を維持されていた配偶者がいる場合、配偶者は、死亡した者の厚生年金保険の被保険者期間が10年以上あれば、遺族厚生年金を受給することができる。

4 が適切　　　　　　　　　　　　　　　　　　　　　テキスト1章　P60-61

1. **不適切**　一定の所得基準以下等の要件を満たす65歳以上の老齢基礎年金の受給者には、受給者の保険料納付済期間等の長短に応じて、**月額5,140円（本年度価額）を基準に調整**された老齢年金生活者支援給付金が支給されます。

2. **不適切**　一定の所得基準以下にある障害基礎年金の受給者には、障害等級2級は月額5,140円、障害等級1級は2級の金額の**1.25倍**の障害年金生活者支援給付金が支給されます。

3. **不適切**　一定の所得基準以下にある遺族基礎年金の受給者には、**月額5,140円**（本年度価額）が遺族年金生活者支援給付金として支給されます。なお、扶養家族が増えても増額はされません。

4. **適切**　公的年金と同じです。

---

4 が不適切　　　　　　　　　　　　　　　　　テキスト1章　P67-70、P77

1. **適切**　なお、65歳に達するまでの特別支給の老齢厚生年金は、老齢基礎年金の受給資格期間が**10年**以上あり、厚生年金保険の被保険者期間が1年以上あることが要件となっています。

2. **適切**　なお、老齢基礎年金（**10年**）、老齢厚生年金（老齢基礎年金の受給資格に加えて特別支給は**1年**・65歳以降は**1月**）の受給資格期間も整理しておきましょう。

3. **適切**　寡婦年金は、国民年金第1号被保険者期間に係る保険料納付済期間と保険料免除期間を合算した期間が**10年以上**ある夫が障害基礎年金または老齢基礎年金の支給を受けることなく死亡し、その死亡当時、夫によって生計を維持し、かつ、夫との婚姻期間が**10年以上**継続した妻が60歳以上65歳未満の間に受給することができます。2つの10年がポイントです。

4. **不適切**　老齢厚生年金を受給している者が死亡し、死亡した者によって生計を維持されていた配偶者がいる場合、配偶者は死亡した者の受給資格期間（保険料納付済期間、保険料免除期間、合算対象期間の合計）が**25年**以上あれば、原則として遺族厚生年金を受給することができます。老齢基礎年金、老齢厚生年金、寡婦年金の受給資格期間は25年から**10年**に短縮されましたが、遺族基礎年金、遺族厚生年金は**25年のまま**変わっていません。

43

20   [2020年9月]

公的年金の老齢給付に関する次の記述のうち、最も不適切なものはどれか。
1. 1961年（昭和36年）4月2日以降に生まれた男性は、老齢基礎年金の受給資格期間を満たし、厚生年金保険の被保険者期間を1年以上有していても、報酬比例部分のみの特別支給の老齢厚生年金の支給を受けることができない。
2. 国民年金の保険料納付済期間が10年以上あり、厚生年金保険の被保険者期間を有する者は、原則として、65歳から老齢基礎年金および老齢厚生年金を受給することができる。
3. 老齢厚生年金の繰下げ支給を申し出る場合、老齢基礎年金の繰下げ支給と同時に申し出なければならない。
4. 付加年金の受給権者が老齢基礎年金の繰下げ支給の申出をした場合、付加年金の額についても繰下げによって増額される。

21   [2019年9月]

老齢基礎年金の繰下げ支給に関する次の記述のうち、最も適切なものはどれか。
1. 老齢基礎年金の受給権を有する65歳6ヵ月の者は、当該老齢基礎年金の繰下げ支給の申出をすることができる。
2. 付加年金を受給できる者が老齢基礎年金の繰下げ支給の申出をした場合、付加年金の額は繰下げによって増額されない。
3. 2022年4月1日以降に70歳に到達する者の老齢基礎年金の繰下げ支給による年金の増額率は、繰り下げた月数に0.7％を乗じて得た率で、最大84％となる。
4. 老齢厚生年金の受給権を有する者が老齢基礎年金の支給開始年齢を繰り下げる場合は、同時に老齢厚生年金の支給開始年齢も繰り下げなければならない。

3 が不適切

テキスト1章 P63-71

1. **適切** なお、第1号厚生年金被保険者（例：会社員）である**1966年（昭和41年）4月2日以降**に生まれた女性は、老齢基礎年金の受給資格期間を満たし、厚生年金保険の被保険者期間を1年以上有していても、報酬比例部分のみの特別支給の老齢厚生年金の支給を受けることができません。男性より5年遅れで同じ扱いになります。

2. **適切** なお、65歳に達するまでの特別支給の老齢厚生年金は、老齢基礎年金の受給資格期間が**10年**以上あり、厚生年金保険の被保険者期間が**1年**以上あることが要件となっています。65歳に達する前の老齢厚生年金と65歳以降の老齢厚生年金の受給要件の違いを整理しておきましょう。

3. **不適切** 老齢基礎年金と老齢厚生年金は、同時に繰り下げる必要はなく、**一方のみの繰下げ支給**も選択でき、それぞれ**異なる時期から繰下げ支給を選択**することもできます。

4. **適切** 付加年金は老齢基礎年金と**同時に繰上げ・繰下げ**支給となり、**同じ割合で減額・増額**されます。一方、加給年金と振替加算は、老齢厚生年金または老齢基礎年金を繰り上げても、繰上げ支給されず、繰下げ支給を選択しても、繰下げ支給開始までは支給されず、増額もされません。付加年金と加給年金・振替加算の違いを整理しておきましょう。

3 が適切

テキスト1章 P65-71

1. **不適切** 老齢基礎年金および老齢厚生年金の繰下げは**66歳0カ月**以降に繰下げ支給の申出をすることができます。

2. **不適切** 付加年金は老齢基礎年金と**同時に繰上げ・繰下げ**支給となり、**同じ割合で減額・増額**されます。

3. **適切** なお、2022年4月1日以降に60歳に到達する者の老齢基礎年金の繰上げ支給による年金の減額率は、繰り上げた月数に**0.4％**を乗じて得た率で、最大24％となります。

4. **不適切** 老齢基礎年金と老齢厚生年金は、同時に繰り下げる必要はなく、**一方のみの繰下げ支給**も選択でき、それぞれ**異なる時期から繰下げ支給を選択**することもできます。

22  重要度 C [2021年1月]

公的年金制度の障害給付に関する次の記述のうち、最も適切なものはどれか。
1. 障害等級1級に該当する程度の障害の状態にある者に支給される障害基礎年金の額は、障害等級2級に該当する程度の障害の状態にある者に支給される障害基礎年金の額の100分の150に相当する額である。
2. 障害等級2級に該当する程度の障害の状態にある障害厚生年金の受給権者が、所定の要件を満たす配偶者を有する場合、その受給権者に支給される障害厚生年金には加給年金額が加算される。
3. 障害等級3級に該当する程度の障害の状態にある者に支給される障害厚生年金の額については、障害等級2級に該当する程度の障害の状態にある者に支給される障害基礎年金の額の3分の2相当額が最低保障される。
4. 国民年金の被保険者ではない20歳未満の期間に初診日および障害認定日があり、20歳に達した日において障害等級1級または2級に該当する程度の障害の状態にある者には、その者の所得にかかわらず、障害基礎年金が支給される。

23  重要度 C [2021年9月]

公的年金制度の障害給付に関する次の記述のうち、最も適切なものはどれか。
1. 障害厚生年金の額を計算する際に、その計算の基礎となる被保険者期間の月数が300月に満たない場合、300月として計算する。
2. 国民年金の被保険者ではない20歳未満の期間に初診日および障害認定日があり、20歳に達した日において障害等級1級または2級に該当する程度の障害の状態にある者に対しては、その者の前年の所得の額にかかわらず、障害基礎年金が支給される。
3. 障害基礎年金の受給権者が、所定の要件を満たす配偶者を有する場合、その受給権者に支給される障害基礎年金には、配偶者に係る加算額が加算される。
4. 障害手当金の支給を受けようとする者が、同一の傷病により労働者災害補償保険の障害補償給付の支給を受ける場合、障害手当金と障害補償給付の支給を同時に受けることができる。

2 が適切
テキスト1章 P73-75

1. **不適切** 障害等級1級の障害基礎（厚生）年金は、障害等級2級の障害基礎（厚生）年金の**1.25倍**です。

2. **適切** **障害等級1級または2級の障害厚生年金**の受給権者には、**配偶者の加算**がありますが、**3級の障害厚生年金**には**配偶者の加算はありません**。

3. **不適切** 障害等級3級の障害厚生年金は、障害基礎年金の額の**4分の3**相当額が最低保障されます。

4. **不適切** 国民年金の被保険者ではない20歳未満の期間に初診日がある場合、国民年金保険料を納付していないことから、所得によっては障害基礎年金の**全額または2分の1が支給停止**されます。

1 が適切
テキスト1章 P73-75

1. **適切** なお、**300月以上**加入する場合は、**そのまま計算**します。

2. **不適切** **受給者の所得**によっては障害基礎年金の**全額または一部が支給停止**されます。

3. **不適切** 要件を満たす場合、障害基礎年金には子の加算、**障害厚生年金**（障害等級**1級または2級**）には**配偶者の加算**があります。

4. **不適切** 障害厚生年金と障害補償給付を受給する場合、障害補償給付は減額されるものの、**両方を受給**できますが、労働者災害補償保険の障害補償給付の支給を受ける者は、障害手当金の支給を受けることができません。

24 [2020年1月]

公的年金の遺族給付に関する次の記述のうち、最も不適切なものはどれか。

1. 遺族基礎年金を受給することができる遺族は、国民年金の被保険者等の死亡当時その者によって生計を維持し、かつ、所定の要件を満たす「子のある配偶者」または「子」である。
2. 国民年金の第1号被保険者としての保険料納付済期間が36月以上ある者が、老齢基礎年金または障害基礎年金を受けないまま死亡し、その死亡した者によって生計を同じくしていた遺族が遺族基礎年金の支給を受けられない場合は、原則として、遺族に死亡一時金が支給される。
3. 遺族厚生年金の年金額は、原則として、死亡した者の厚生年金保険の被保険者記録を基に計算された老齢厚生年金の報酬比例部分の3分の2相当額である。
4. 厚生年金保険の被保険者である夫が死亡し、子のない30歳未満の妻が遺族厚生年金の受給権を取得した場合、その妻に対する遺族厚生年金の支給期間は、最長で5年間である。

25   [2019年9月]

遺族厚生年金に関する次の記述のうち、最も不適切なものはどれか。

1. 遺族厚生年金を受給することができる遺族の範囲は、厚生年金保険の被保険者または被保険者であった者の死亡の当時、その者によって生計を維持し、かつ、所定の要件を満たす配偶者、子、父母、孫または祖父母である。
2. 厚生年金保険の被保険者が死亡したことにより支給される遺族厚生年金の年金額は、死亡した者の厚生年金保険の被保険者期間が300月未満の場合、300月とみなして計算する。
3. 厚生年金保険の被保険者である夫が死亡し、夫の死亡当時に子のいない40歳以上65歳未満の妻が遺族厚生年金の受給権を取得した場合、妻が65歳に達するまでの間、妻に支給される遺族厚生年金に中高齢寡婦加算額が加算される。
4. 厚生年金保険の被保険者である夫が死亡し、夫の死亡当時に子のいない28歳の妻が取得した遺族厚生年金の受給権は、妻が35歳に達したときに消滅する。

3 が不適切　　　　　　　　　　　　　　　　　　テキスト1章　P76-80

1. **適切**　遺族基礎年金を受給できるのは、以前は「子のある妻」または「子」でしたが、現在は「**子のある配偶者**」または「**子**」です。

2. **適切**　死亡一時金は、遺族基礎年金を受給できない遺族への支給です。**寡婦年金とは選択受給**となります。

3. **不適切**　遺族厚生年金（加算部分を除く）は、原則として報酬比例部分の額の**4分の3**相当額です。

4. **適切**　子のない妻には30歳の壁と40歳の壁があります。**子のない30歳未満の妻**の遺族厚生年金は最長**5年間の有期給付**、**40歳未満の子のない妻**には、遺族厚生年金の**中高齢寡婦加算は支給されません**。

---

4 が不適切　　　　　　　　　　　　　　　　　　テキスト1章　P78-80

1. **適切**　遺族厚生年金を受給することができる遺族の範囲に兄弟姉妹は含まれません。

2. **適切**　なお、300月以上の被保険者期間がある場合は、被保険者期間に基づいた遺族厚生年金が支給されます。

3. **適切**　なお、40歳未満の子のない妻には、遺族厚生年金の中高齢寡婦加算は支給されません。

4. **不適切**　**子のない30歳未満の妻**の遺族厚生年金は最長**5年間**（設問の場合、33歳まで）の有期給付となります。

26 重要度 B　　　　　　　　　　　　　　　　　[2019年9月]

公的年金の併給調整等に関する次の記述のうち、最も不適切なものはどれか。

1. 障害基礎年金と老齢厚生年金の受給権を有している者は、65歳以降、障害基礎年金と老齢厚生年金を同時に受給することができる。
2. 遺族厚生年金と老齢厚生年金の受給権を有している者は、65歳以降、その者の選択によりいずれか一方の年金が支給され、他方の年金は支給停止となる。
3. 障害基礎年金と遺族厚生年金の受給権を有している者は、65歳以降、障害基礎年金と遺族厚生年金を同時に受給することができる。
4. 同一の事由により、障害厚生年金と労働者災害補償保険法に基づく障害補償年金が支給される場合、障害厚生年金は全額支給され、障害補償年金は所定の調整率により減額される。

企業・個人事業主の年金

27 重要度 A　　　　　　　　　　　　　　　　　[2020年9月]

確定拠出年金に関する次の記述のうち、最も不適切なものはどれか。

1. 個人型年金の加入者が国民年金の第3号被保険者である場合、掛金の拠出限度額は年額276,000円である。
2. 企業型年金において、加入者が掛金を拠出できることを規約で定める場合、加入者掛金の額は、その加入者に係る事業主掛金の額を超える額とすることができる。
3. 企業型年金の加入者が60歳未満で退職し、国民年金の第3号被保険者となった場合、企業型年金の個人別管理資産を国民年金基金連合会に移換し、個人型年金加入者または個人型年金運用指図者になることができる。
4. 老齢給付金を年金で受け取った場合、当該給付金は雑所得として所得税の課税対象となり、雑所得の金額の計算上、公的年金等控除額を控除することができる。

50

2 が不適切　　　　　　　　　　　　　　　　　　　テキスト1章　P82-83

1. **適切**　障害基礎年金は老齢基礎年金の満額以上となり、受給者には不利とならない（障害者の生活を支える観点で有益）ため、65歳以降、**障害基礎年金と他の厚生年金（老齢厚生年金または遺族厚生年金）を同時に受給**することができます。

2. **不適切**　**本人の老齢厚生年金を優先的に受給**し、「遺族厚生年金」または「老齢厚生年金×1／2＋遺族厚生年金×2／3」の多い方と、**老齢厚生年金の差額が「遺族厚生年金」として支給**されます。一見、紛らわしいですが、「行政としては税収を期待したいため、課税対象となる老齢厚生年金を受給して欲しい」「ただ、老齢厚生年金が少ない場合には、少なくとも遺族厚生年金の額の支給は保証する」という背景があります。

3. **適切**　1.の解説参照。

4. **適切**　問題のとおりで、障害厚生年金と労働者災害補償保険法に基づく障害補償年金が支給される場合、**障害厚生年金は全額支給**され、**障害補償年金は所定の調整率により減額**されます。

---

2 が不適切　　　　　　　　　　　　　　　　　　　テキスト1章　P85-87

1. **適切**　なお、国民年金の**第1号**被保険者の掛金の拠出限度額（年額**816,000円**）もよく出題されます。

2. **不適切**　**2つの限度**があります。企業型年金において、加入者が掛金を拠出できることを規約で定める場合、企業型年金加入者が拠出する掛金の額は、**「事業主掛金と同額」**が上限とされ、かつ、事業主掛金との合計額が**「拠出限度額の範囲内」**とされます。

3. **適切**　掛金を拠出する者を加入者、運用指図のみをする者を運用指図者といいます。

4. **適切**　なお、老齢給付金を**一時金**で受け取る場合、**退職**所得（退職所得控除の対象）となります。

28   [2018年9月]

確定拠出年金に関する次の記述のうち、最も不適切なものはどれか。
1. 個人型年金の加入者が国民年金の第1号被保険者である場合、掛金の拠出限度額は年額816,000円である。
2. 個人型年金の加入者が国民年金の第3号被保険者である場合、掛金の拠出限度額は年額240,000円である。
3. 確定拠出年金の通算加入者等期間が10年以上である場合、老齢給付金は原則として60歳から受給することができる。
4. 一時金で受け取る老齢給付金は、退職所得として所得税の課税対象となる。

29   [2021年9月]

中小企業退職金共済、小規模企業共済および国民年金基金に関する次の記述のうち、最も不適切なものはどれか。
1. 中小企業退職金共済の掛金は、原則として、事業主と従業員が折半して負担する。
2. 小売業を主たる事業として営む個人事業主が、小規模企業共済に加入するためには、常時使用する従業員数が5人以下でなければならない。
3. 日本国籍を有する者で、日本国内に住所を有しない20歳以上65歳未満の国民年金の任意加入被保険者は、国民年金基金に加入することができる。
4. 国民年金基金の掛金は、加入員が確定拠出年金の個人型年金に加入している場合、個人型年金加入者掛金と合わせて月額68,000円が上限となる。

2 2 が不適切   テキスト1章　P85-87

1. **適切**　個人型年金の掛金拠出限度額について、加入者が国民年金**第1号**被保険者の場合は**年額816,000円**です。

2. **不適切**　個人型年金の掛金拠出限度額について、加入者が国民年金**第3号**被保険者の場合は**年額276,000**円です。

3. **適切**　「**10年**」「**60歳から**」は頻出される数字です。

4. **適切**　一時金で受け取る老齢給付金は**退職**所得です。「一時所得」でひっかける出題もあります。

1 1 が不適切   テキスト1章　P89-91

1. **不適切**　中小企業退職金共済の掛金は、**事業主が全額**負担します。

2. **適切**　なお、小規模企業共済等は、小規模企業の**役員、個人事業主（および共同経営者）が加入**できます。

3. **適切**　なお、**第1号**被保険者のほか、**国内に住所を有する60歳以上65歳未満の任意加入被保険者**も国民年金基金に加入できます。

4. **適切**　なお、**国民年金基金加入者は、付加保険料を納付できません。**

30 重要度 B [2022年5月]

中小企業退職金共済、小規模企業共済および国民年金基金に関する次の記述のうち、最も適切なものはどれか。

1. 小売業に属する事業を主たる事業として営む事業主は、常時使用する従業員の数が100人以下である場合、原則として、中小企業退職金共済法に規定される中小企業者に該当し、共済契約者になることができる。
2. 中小企業退職金共済の退職金は、被共済者が退職した日に年齢が60歳以上であるなどの要件を満たした場合、被共済者の請求により、退職金の全部または一部を分割払いにすることができる。
3. 小規模企業共済の掛金月額は、共済契約者1人につき、3万円が上限となっている。
4. 国民年金基金の給付には、老齢年金、障害年金、死亡一時金がある。

2 が適切

テキスト1章　P89-91

1. 不適切　中小企業退職金共済は、中小企業基本法に定める中小企業の定義に該当する場合に利用でき、小売業に属する事業を主たる事業として営む事業主は、常時使用する**従業員の数が50人以下**である場合、または**資本金等の額が5,000万円以下**のいずれかに該当する場合に利用できます。

2. **適切**　なお、全額分割払い、一部分割払いについては、金額の要件もあります。

3. 不適切　**小規模企業共済**の掛金月額は、共済契約者1人につき、**7万円**が上限となっています。**3万円**が上限とされるのは**中小企業退職金共済**です。

4. 不適切　国民年金基金の給付は、老齢年金および遺族一時金であり、**障害年金はありません**。

中小法人の資金計画

31 重要度 B [2021年1月]

下記＜資料＞に基づき算出される中小企業のA社の財務分析に関する次の記述のうち、最も不適切なものはどれか。なお、変動費は売上原価に等しく、固定費は販売費及び一般管理費に等しいものとする。

また、問題の性質上、明らかにできない部分は「□□□」で示してある。

＜資料＞A社の損益計算書　　（単位：百万円）

売上高	400
売上原価	200
□□□	200
販売費及び一般管理費	100
□□□	100
営業外収益	30
営業外費用	10
□□□	120
特別利益	20
特別損失	10
税引前当期純利益	130
法人税・住民税及び事業税	50
当期純利益	80

1. A社の売上高営業利益率は、25％である。
2. A社の売上高経常利益率は、30％である。
3. A社の限界利益率は、50％である。
4. A社の損益分岐点売上高は、300百万円である。

4 が不適切　　　　　　　　　　　　　　　　　　　　　テキスト1章　P96-97

1. 適切　　売上高営業利益率は、「**営業利益÷売上高×100（%）**」により求めます。

　　　　　営業利益は「売上総利益」から「販売費および一般管理費」を差し引いた金額ですので、200－100＝100となり、売上高営業利益率は、100÷400×100＝25%となります。

2. 適切　　売上高経常利益率は、「**経常利益÷売上高×100（%）**」により求めます。

　　　　　経常利益は「営業利益（前問より100）」に「営業外収益」を足し、「営業外費用」を差し引いて求めますので、100＋30－10＝120となり、売上高経常利益率は、120÷400×100＝30%となります。

3. 適切　　限界利益率は、「**限界利益÷売上高×100（%）**」により求めます。限界利益は「売上高－変動費」により求めますが、設問で「変動費が売上原価に等しい」とあり、限界利益＝売上－売上原価＝売上総利益となりますので、結果的に、**売上高総利益率**を求めることになります。200÷400×100＝50%となります。

4. **不適切**　損益分岐点売上高は、「**固定費÷限界利益率**」により求めます。設問で「固定費は販売費及び一般管理費に等しい」とありますので、100（百万円）÷50%＝200（百万円）となります。

32 重要度 B [2019年5月]

下記＜A社の貸借対照表＞に関する次の空欄（ア）～（エ）にあてはまる語句の組み合わせとして、最も適切なものはどれか。

＜A社の貸借対照表＞　　　　　　　　　　　　　　　　　　（単位：百万円）

項目	金額	項目	金額
（資産の部）		（負債の部）	
流動資産		（イ）	
現金及び預金	300	支払手形	400
（ア）	300	（イ）合計	400
製品及び商品	200	（ウ）	
流動資産合計	800	長期借入金	500
固定資産		（ウ）合計	500
有形固定資産	700	負債合計	900
固定資産合計	700	（純資産の部）	
		株主資本	
		資本金	200
		（エ）	400
		株主資本合計	600
		純資産合計	600
資産合計	1,500	負債・純資産合計	1,500

1. （ア）買掛金　（イ）流動負債　（ウ）固定負債　（エ）社債
2. （ア）買掛金　（イ）固定負債　（ウ）流動負債　（エ）社債
3. （ア）売掛金　（イ）流動負債　（ウ）固定負債　（エ）利益剰余金
4. （ア）売掛金　（イ）固定負債　（ウ）流動負債　（エ）利益剰余金

3 が適切　　　　　　　　　　　　　　　　　　　　　　　　テキスト1章　P95

（ア）**資産**であるため、買掛金は不適切です（選択肢1、2は不適切）。

（イ）（ウ）**長期**借入金は**固定**負債、**支払**手形は流動**負債**となります（選択肢2、4は不適切）。

（エ）株主資本であるため、社債（借入金・**負債**）は不適切です（選択肢1、2は不適切）。

以上より、正解は3.となります。

 レック先生のワンポイント

> 「資産」「負債」は、それぞれ1年以内に現金化されたり支払期限が到来するかで、「流動」と「固定」に分類されます。「流動資産」の代表例が営業取引上の債権である受取手形と売掛金、「流動負債」は同じく営業取引上の債務である支払手形と買掛金があります。

33 重要度 B　　　　　　　　　　　　　　　　[2022年5月]

決算書に基づく経営分析指標に関する次の記述のうち、最も適切なものはどれか。

1. 損益分岐点比率は、実際の売上高に対する損益分岐点売上高の割合を示したものであり、一般に、この数値が低い方が企業の収益性が高いと判断される。
2. 自己資本比率は、総資本に対する自己資本の割合を示したものであり、一般に、この数値が低い方が財務の健全性が高いと判断される。
3. 固定長期適合率は、自己資本に対する固定資産の割合を示したものであり、一般に、この数値が低い方が財務の健全性が高いと判断される。
4. ＲＯＥは、自己資本に対する当期純利益の割合を示したものであり、一般に、この数値が低い方が経営の効率性が高いと判断される。

| 1 | が適切 | テキスト 1 章　P95-97 |

1. **適切**　なお、損益分岐点売上高は、**固定費÷限界利益率**で計算されます。
2. 不適切　自己資本比率は、**総資本に対する自己資本の割合**を示したものであり、一般に、この**数値が高い方が財務の健全性が高い**と判断されます。
3. 不適切　固定長期適合率は、**「固定負債と自己資本の合計額」に対する固定資産の割合**を示したものであり、一般に、この**数値が低い方が財務の健全性が高い**と判断されます。
4. 不適切　ＲＯＥは、**自己資本に対する当期純利益の割合**を示したものであり、一般に、この**数値が高い方が経営の効率性が高い**と判断されます。

34 重要度 B [2020年1月]

下記＜A社の貸借対照表＞に関する次の記述のうち、最も不適切なものはどれか。なお、A社の平均月商は100百万円であるものとする。

＜A社の貸借対照表＞ （単位：百万円）

科目	金額	科目	金額
（資産の部）		（負債の部）	
流動資産		流動負債	
現金及び預金	200	支払手形	140
受取手形	120	買掛金	160
売掛金	180	短期借入金	200
商品	100	流動負債合計	500
流動資産合計	600	固定負債	
固定資産		固定負債合計	200
固定資産合計	400	負債合計	700
		（純資産の部）	
		株主資本	
		株主資本合計	300
		純資産合計	300
資産合計	1,000	負債・純資産合計	1,000

1. A社の売上債権回転期間は、3ヵ月である。
2. A社の所要運転資金（経常運転資金）は、100百万円である。
3. A社の当座比率は、120％である。
4. A社の固定長期適合率は、80％である。

3 が不適切

テキスト1章　P95-97

1. 適切　　売上債権回転期間は「**（受取手形＋売掛金）÷平均月商**」により求めます。

（120＋180）÷100＝3（カ月）

2. 適切　　所要運転資金は「**（受取手形＋売掛金＋商品）－（支払手形＋買掛金）**」により求めます。

（120＋180＋100）－（140＋160）＝100（百万円）

3. **不適切**　当座比率は「**当座資産÷流動負債×100（%）**」により求めます。

当座資産には、流動資産のうち、現金及び預金、受取手形、売掛金が含まれますが、商品は含まれません。

（200＋120＋180）÷500×100＝100％

4. 適切　　固定長期適合率は「**固定資産÷（固定負債＋純資産）×100（%）**」により求めます。

400÷（200＋300）×100＝80％

難易度が高い問題ですが、「流動比率」「当座比率」の違いをしっかり整理しておきましょう。

35　　[2022年1月]

中小法人の資金計画等に関する次の記述のうち、最も不適切なものはどれか。
1. 貸借対照表における有形固定資産である建物や機械装置は、所定の耐用年数に応じた減価償却が行われる。
2. 掛取引とは、商品の受渡し時点ではなく、取引の当事者で取り決めた将来の期日までに代金決済を行う取引である。
3. 自己資本比率とは、総資本に対する自己資本の割合を示したものである。
4. 固定比率とは、総資産に対する固定資産の割合を示したものである。

36　　[2021年5月]

中小企業による金融機関からの資金調達に関する次の記述のうち、最も不適切なものはどれか。
1. 手形貸付は、借入れについての内容や条件等を記載した金銭消費貸借契約証書によって資金を調達する方法である。
2. インパクトローンは、米ドル等の外貨によって資金を調達する方法であり、その資金使途は限定されていない。
3. ABL（動産・債権担保融資）は、企業が保有する売掛債権等の債権や在庫・機械設備等の動産を担保として資金を調達する方法である。
4. 信用保証協会保証付融資（マル保融資）の対象となる企業には、業種に応じた資本金または常時使用する従業員数の要件がある。

4 が不適切

テキスト1章　P95-97

1. 適切　　なお、土地は減価償却できません。

2. 適切　　「売掛金」「買掛金」は掛取引に係る勘定です。

3. 適切　　自己資本比率とは、総資本に対する自己資本の割合を示したものです。自己資本比率が高いほど、財務の健全性が高いといえます。

4. **不適切**　固定比率とは、自己資本に対する固定資産の割合です。流動比率が「流動資産÷流動負債×100」で求めるため、「固定資産÷固定負債×100」と勘違いしやすいため、気をつけましょう。

---

1 が不適切

テキスト1章　P94

1. **不適切**　選択肢は**証書貸付**の説明です。手形貸付は約束手形を金融機関に振り出して融資を受ける資金調達手段です。

2. 適切　　「使途が限定されている」とひっかける出題が想定されます。

3. 適切　　ABLは「Asset Based Lending」の略称です。

4. 適切　　資本金や従業員数の要件は、中小企業退職金共済にも設けられています。

65

クレジットカード

37 重要度 C [2021年9月]

クレジットカード会社（貸金業者）が発行するクレジットカードの一般的な利用に関する次の記述のうち、最も不適切なものはどれか。

1. クレジットカード会員規約では、クレジットカードは他人へ貸与することが禁止されており、クレジットカード会員が生計を維持している親族に対しても貸与することはできない。
2. クレジットカードで無担保借入（キャッシング）をする行為は、貸金業法上、総量規制の対象となるが、クレジットカードで商品を購入（ショッピング）する行為は、総量規制の対象とならない。
3. クレジットカードで商品を購入（ショッピング）した場合の返済方法の一つである定額リボルビング払い方式は、カード利用時に代金の支払回数を決め、利用代金をその回数で分割して支払う方法である。
4. クレジットカード会員は、クレジットカード会社が加盟する指定信用情報機関により管理されている自己の信用情報について、所定の手続きにより開示請求することができる。

3 が不適切　　　　　　　　　　　　　　　　　　　　テキスト1章　P98-99

1. 適切　　クレジットカードの**所有権はクレジットカード会社**にあり、会員に貸与されているものであり、他人へ貸与することはできません。

2. 適切　　その他、**カーローン**や銀行が発行するカードによるローンも**総量規制の対象となりません**。

3. **不適切**　選択肢は分割払いの説明です。定額リボルビング払いは、毎月の支払額を定額とする支払い方法であり、**支払回数は残高に応じて決まります**。

4. 適切　　なお、**信用情報機関に加入する事業者**は、**利用者の信用情報を調査することができます**。

67

実技試験[日本FP協会] 資産設計提案業務

第1問   重要度 ［2019年1月］

個人情報の保護に関する法律（以下「個人情報保護法」という）に関する次の記述のうち、最も不適切なものはどれか。

1. 個人事業主であるファイナンシャル・プランナーが、事業の用に供する目的で100名分の顧客名簿を作成している場合であれば、個人情報保護法の適用対象とはならない。
2. 個人番号（マイナンバー）、基礎年金番号、健康保険の被保険者証の記号番号のいずれも、個人情報として取り扱う必要がある。
3. 個人情報取扱事業者が、税務署の職員による税務調査に応じ、個人情報を提出する場合には、第三者提供に関する本人の同意は不要である。
4. 個人情報取扱事業者が、本人との契約書を通じて、契約者本人の個人情報を取得する場合、原則として、契約締結前に本人に対し、その利用目的を明示する必要がある。

正解 1 が不適切 テキスト1章 P4

1. **不適切** 個人情報を管理する事業者は**件数を問わず**、個人情報保護法の適用対象となります。
2. **適切** 氏名、住所、生年月日のほか、記号番号も個人を特定できる情報を含むものであれば、個人情報保護法の適用対象となります。
3. **適切** 個人情報を第三者に提供する場合は、**原則として本人の同意が必要**となりますが、**犯罪捜査等や税務調査等**は、その目的を考慮して、**本人の同意は必要とされません**。
4. **適切** 試験では「契約締結後に‥」と出題されれば、「×」となります。

第2問   重要度 C [2018年5月]

「金融サービス提供法」に関する次の記述の空欄（ア）、（イ）にあてはまる語句の組み合わせとして、正しいものはどれか。

・金融商品販売業者等が重要事項の説明を怠り、そのために顧客に損害が生じた場合、顧客は損害賠償を請求することができ、その場合（ア）が損害額として推定される。
・顧客が個人であり、その顧客から重要事項の説明は不要であるという申出があった場合、金融商品販売業者等は、原則として重要事項の説明を（イ）。

1. （ア）元本額　　　（イ）省略することができる
2. （ア）元本額　　　（イ）省略することができない
3. （ア）元本欠損額　（イ）省略することができる
4. （ア）元本欠損額　（イ）省略することができない

正解 3 が正しい

テキスト1章 P5

ポイント：金融サービス提供法・消費者契約法

	金融サービス提供法	消費者契約法
保護対象	個人、法人（機関投資家等を除く）	個人消費者
保護内容	重要事項（信用リスク、価格変動リスク等）の説明を義務づけ、重要説明義務違反があり、顧客が損失を被った場合、**元本欠損額**（ア）の損害賠償を請求できる（無過失責任）	消費者が事業者の行為により誤認・困惑して契約した場合には**取り消す**ことができる 消費者に一方的に不利な契約は**無効**

（イ）顧客が個人であり、その顧客から**重要事項の説明は不要**であるという申出があった場合、金融商品販売業者等は、原則として**重要事項の説明を省略**することはできません。

以上より、3.が正解となります。

第3問  [2020年9月]

「消費者契約法」に関する次の（ア）～（エ）の記述について、適切なものには○、不適切なものには×を解答欄に記入しなさい。

（ア）消費者契約法では、個人および法人を保護の対象としている。

（イ）事業者が、将来の受取額が不確実な商品について、「確実に儲かる」と断言し、消費者がそれを信じて結んだ契約は、取り消すことができる。

（ウ）消費者契約の申込み等に係る取消権は、原則として消費者が追認をすることができる時から1年間行わないとき、または契約締結の時から10年を経過したときは、時効によって消滅すると定められている。

（エ）事業者が消費者に重要事項について事実と異なることを告げ、消費者がそれを事実と信じて結んだ契約は、取り消すことができる。

正解　（ア）×　（イ）○　（ウ）×　（エ）○　　　　テキスト1章　P5

（ア）不適切　消費者契約法は、個人（事業者または事業を目的とする者を除く）を保護の対象としており、法人は保護の対象となりません。

（イ）適切　消費者が、事業者の行為により、誤認（不実告知（エ）、断定的判断の提供（イ）、不利益事実の不告知等）、困惑（不退去、退去妨害）等したために結んだ契約は、取り消すことができます。

（ウ）不適切　消費者契約の申込み等に係る取消権は、原則として消費者が追認をすることができるときから**1年**間行わないとき、または契約の締結のときから**5年**を経過したときは、時効によって消滅します。

（エ）適切　（イ）の解説参照。

第4問 重要度 [2020年9月]

ファイナンシャル・プランナーには執筆や講演などの業務もあり、著作権についての理解が必要である。著作権法に基づく著作権の保護に関する次の記述のうち、最も適切なものはどれか。

1. 50名のファイナンシャル・プランナーが参加する勉強会において、他人の著作物をコピーして教材に使用することは私的使用目的に当たり、著作権者の許諾は必要ない。
2. 新聞記事をコピーし、生活者向け講演会の資料として配布する場合、参加費が無料であれば、当該新聞社の許諾は必要ない。
3. 官公庁の通達を自分の著作物に引用する場合、官公庁の許諾は必要ない。
4. 公表された他人の著作物を自分の著作物に引用する場合、内容的に引用部分が「主」で自ら作成する部分が「従」でなければならない。

正解 **3** が適切　　　　　　　　　　　　　　　　テキスト1章 P6

1. **不適切**　勉強会において、他人の著作物をコピーして教材に使用する場合、私的使用目的に当たりませんので、著作権者の許諾が必要となります。
2. **不適切**　新聞記事をコピーし、生活者向け講演会の資料として配布する場合は、当該**新聞社の許諾が必要**です。なお、**法律、条例、通達、判決には著作権がありません**ので、自由に引用できます。
3. **適切**　2.の解説参照。
4. **不適切**　選択肢の記述は逆です。公表された他人の著作物を自分の著作物に引用する場合、内容的に**引用部分が「従」、自ら作成する部分が「主」**でなければなりません。

第5問 　　　　　　　　　　　　　　　　　　　　［2021年1月］

ファイナンシャル・プランナー（以下「FP」という）が、ファイナンシャル・プランニング業務を行ううえでは関連業法等を順守することが重要である。FPの行為に関する次の（ア）～（エ）の記述について、適切なものには○、不適切なものには×を解答欄に記入しなさい。

（ア）生命保険募集人・保険仲立人の登録をしていないFPが、生命保険契約を検討している顧客のライフプランに基づき、有償で必要保障額を具体的に試算した。

（イ）税理士資格を有していないFPが、相続対策を検討している顧客に対し、有料の相談業務において、仮定の事例に基づく一般的な解説を行った。

（ウ）社会保険労務士資格を有していないFPが、有償で顧客である個人事業主が受ける雇用関係助成金申請の書類を作成して手続きを代行した。

（エ）弁護士資格を有していないFP（遺言者や公証人と利害関係はない成年者）が、顧客から依頼されて公正証書遺言の証人となり、顧客から適正な報酬を受け取った。

正解　（ア）○　（イ）○　（ウ）×　（エ）○　　　テキスト1章　P6-7

（ア）適切　なお、生命保険募集人・保険仲立人の登録をしていないFPは、生命保険の募集・勧誘はできません。

（イ）適切　なお、税理士資格を有していないFPが、**税務代理、税務書類の作成、個別具体的な事例に基づき税務相談を行うことは無償であっても税理士法に抵触**します。

（ウ）不適切　社会保険労務士資格を有していないFPは、**有償で労働社会保険関係の書類の作成や提出の代行**をすることはできません。なお、公的年金の受給見込額を試算したり、年金制度について説明することはできます。

（エ）適切　推定相続人、受遺者、またはその配偶者、直系血族等の欠格事由に該当しなければ、公正証書遺言の証人になることができます。

第6問 　　　　　　　　　　　　　　　　　　　　　　　　　［2022 年 5 月］

フィデューシャリー・デューティー（受託者責任）を遂行する軸として金融庁が公表した「顧客本位の業務運営に関する原則」（以下「本原則」という）に関する次の記述のうち、最も不適切なものはどれか。

1. 本原則では、金融事業者は顧客の資産状況、取引経験、知識等を把握し、当該顧客にふさわしい金融商品の販売、推奨等を行うべきだとしている。
2. 本原則は、金融庁が原則のみを示し、金融事業者が各々の置かれた状況に応じて自主的に方針の策定に取り組むように促すものである。
3. 本原則を採択する場合、金融事業者が策定した業務運営に関する方針は、一貫して継続する必要があるため、定期的な見直しは不要である。
4. 金融事業者が、本原則を採択したうえで、自らの状況等に照らし、本原則の一部を実施しない場合は、その理由や代替策を十分に説明することが求められる。

正解 **3** が不適切　　　　　　　　　　　　　　　　テキスト3章　P221

1. 適切　　適合性の原則と同様です。
2. 適切　　プリンシプルベース・アプローチといいます。
3. **不適切　定期的な見直しが必要**です。
4. 適切　　原則から外れる場合の背景や対応策を伝えることが顧客本位の業務です。

第7問  [2019年9月]

ファイナンシャル・プランニングのプロセスに従い、次の（ア）～（カ）を6つのステップの順番に並べ替えたものとして、最も適切なものはどれか。

（ア）顧客の目標を達成するために必要なプランを作成し、顧客に提案書を提示して説明を行う。
（イ）顧客のキャッシュフロー表などを作成し、将来の財政状況の予測・分析等を行う。
（ウ）顧客の家族構成などの環境の変化、税制や法律改正の内容を考慮し、定期的にプランの見直しを行う。
（エ）作成したプランに従い、顧客が行う金融商品の購入、不動産売却等の実行を支援する。
（オ）顧客にファイナンシャル・プランニングで提供するサービス内容や報酬体系などを説明し、了解を得る。
（カ）面談やヒアリングシートにより顧客および家族の情報、財政的な情報等を収集し、顧客の財政的な目標を明確化する。

1. （オ）→（カ）→（イ）→（ア）→（エ）→（ウ）
2. （オ）→（カ）→（イ）→（エ）→（ア）→（ウ）
3. （カ）→（イ）→（オ）→（ア）→（エ）→（ウ）
4. （カ）→（イ）→（オ）→（エ）→（ア）→（ウ）

正解 **1** が適切　　　　　　　　　　　　　　テキスト1章　P8

第1ステップ
　（オ）顧客との関係の確立とその明確化（信頼関係を作り上げます）

第2ステップ
　（カ）顧客情報の収集と目標の明確化（お客様から情報を提供いただき、目標を定めます）

第3ステップ
　（イ）顧客のファイナンス状態の分析と評価（キャッシュフロー分析、バランスシート分析、保障分析、税金分析等を行います）

第4ステップ
　（ア）プランの検討・作成・提示（プランの内容（リスクを含む）をできる限り数値を使って説明します）

第5ステップ
　（エ）プランの実行援助（お客様が採用したプランを実行するために必要なサポートを行います）

第6ステップ
　（ウ）定期的見直し（家族の状況、経済状況、税制や法律改正に応じて、必要な見直しを行います）

以上より、1.が正解となります。

 レック先生のワンポイント

「並べ替えの問題のパターン」と「○番目はどれか」という出題パターンがあります。

第8問

[2021年1月]

下記の（問1）～（問3）について解答しなさい。

＜浜松家の家族データ＞

氏名	続柄	生年月日	備考
浜松 賢人	本人	19xx年 6月14日	会社員
未来	妻	19xx年10月 9日	パートタイマー
菜々	長女	20xx年 7月22日	
竜太郎	長男	20xx年 4月18日	

＜浜松家のキャッシュフロー表＞　　　　　　　　　　　　　　（単位：万円）

経過年数			基準年	1年	2年	3年	4年
家族構成／年齢	浜松 賢人	本人	32歳	33歳	34歳	35歳	36歳
	未来	妻	32歳	33歳	34歳	35歳	36歳
	菜々	長女	3歳	4歳	5歳	6歳	7歳
	竜太郎	長男	0歳	1歳	2歳	3歳	4歳
ライフイベント				菜々 幼稚園入園	住宅購入		菜々 小学校入学 竜太郎 幼稚園入園
		変動率					
収入	給与収入（夫）	1%	468				
	給与収入（妻）	0%	80	80	80	80	80
	収入合計	－	548				
支出	基本生活費	1%	204				（ ア ）
	住居費	－	102	102	168	168	168
	教育費	－	35	40	40	40	60
	保険料	－	48	40	40	40	40
	一時的支出	－			1,000		
	その他支出	1%	30	30	31	31	31
	支出合計	－	419	418	1,487	489	
年間収支		－	129	135	▲930	73	56
金融資産残高		1%			171	（ イ ）	

※年齢および金融資産残高は各年12月31日現在のものとする。
※給与収入は可処分所得で記載している。
※記載されている数値は正しいものとする。
※問題作成の都合上、一部を空欄としている。

| 問1 | | 重要度 A |

浜松家のキャッシュフロー表の空欄（ア）に入る数値を計算しなさい。なお、計算過程においては端数処理をせず計算し、計算結果については万円未満を四捨五入すること。

| 正解 | **212**（万円） | テキスト1章 P10-11 |

ある金額が毎年一定割合で上昇した場合における将来の金額は、「現在の金額×（1＋上昇率）年数」により求められます。

2,040,000円×1.01^4≒2,122,832円→212万円（万円未満四捨五入）

| 問2 | | 重要度 A |

浜松家のキャッシュフロー表の空欄（イ）に入る数値を計算しなさい。なお、計算過程においては端数処理をせず計算し、計算結果については万円未満を四捨五入すること。

| 正解 | **246**（万円） | テキスト1章 P10-11 |

当該年の金融資産残高は「前年の金融資産残高×（1＋運用利率）±当該年の年間収支」により求めます。

171万円×（1＋0.01）＋73万円＝245.71万円
→246万円（万円未満四捨五入）

 レック先生のワンポイント

「○年後の金額」と「金融資産残高」は過去100％出題されていますので、ミスしないように！

問3 重要度 B

キャッシュフロー表を作成するうえでは、収入や支出などの変動率、金融資産の運用利回りの予測が重要である。運用利回り等の変動に影響を与える要因についての次の記述のうち、最も不適切なものはどれか。

1. 為替が円安になると、輸入物価を押し上げる要因となり得る。
2. 公的年金の老齢給付におけるマクロ経済スライドにおいて、給付水準の調整に用いられるのは物価の変動のみである。
3. 消費者物価指数の算出では、消費税率が引き上げられて消費者の支払価格が増大すれば、消費者物価指数を押し上げることになる。
4. 変動金利型住宅ローンの適用金利は、短期プライムレートを基準にする金融機関が主流である。

| 正解 | **2** | が不適切 | テキスト1章　P10-11、P26、P61、テキスト3章　P206-209 |

1. **適切**　円安＝**外貨高**ですから、**輸入物価は高く**なる要因となります。
2. **不適切**　公的年金は従来、**物価と賃金**に応じて改定されてきましたが、マクロ経済スライドでは、**現役世代（被保険者数）の減少と平均余命の伸び**に応じて、給付水準を調整しています。
3. **適切**　消費者物価指数は**消費税込**で算出されています。
4. **適切**　なお、長期固定金利ローンは長期金利を基準にしており、新発10年もの国債利回りは、国内長期金利の代表的な指標とされています。

第9問 [2020年1月]

下記の（問1）〜（問3）について解答しなさい。

＜小田家の家族データ＞

氏名	続柄	生年月日	備考
小田 龍太	本人	19xx年 6月26日	会社員
亜子	妻	19xx年10月 2日	派遣社員
梨奈	長女	20xx年 5月11日	大学生
奏太	長男	20xx年11月20日	大学生

＜小田家のキャッシュフロー表＞

（単位：万円）

経過年数			基準年	1年	2年	3年	4年
家族構成／年齢	小田 龍太	本人	47歳	48歳	49歳	50歳	51歳
	亜子	妻	47歳	48歳	49歳	50歳	51歳
	梨奈	長女	21歳	22歳	23歳	24歳	25歳
	奏太	長男	19歳	20歳	21歳	22歳	23歳
ライフイベント		変動率	奏太 大学入学		繰上げ 返済	住宅の リフォーム	
収入	給与収入（夫）	1%	634	640	647		660
	給与収入（妻）	0%	168	168	168		168
	収入合計	−	802	808	815		828
支出	基本生活費	1%	302			（ア）	
	住居費	−	183	183	183	183	183
	教育費	−	200	180	150	100	
	保険料	−	40	40	40	40	40
	一時的支出	−			200	200	
	その他支出	1%	25				26
	支出合計	−	750	733	907		
年間収支		−	52	75	▲92	▲39	265
金融資産残高		1%	765	（イ）			

※年齢および金融資産残高は各年12月31日現在のものとする。
※給与収入は可処分所得で記載している。
※記載されている数値は正しいものとする。
※問題作成の都合上、一部を空欄としている。

問1　　　　　　　　　　　　　　　　　　　　　　　　　重要度

小田家のキャッシュフロー表の空欄（ア）に入る数値を計算しなさい。なお、計算過程においては端数処理をせず計算し、計算結果については万円未満を四捨五入すること。

| 正解 | **311**（万円） | テキスト1章　P10-11 |

ある金額が毎年一定割合で上昇した場合における将来の金額は、「現在の金額×（1＋上昇率）^{年数}」により求めます。

3,020,000円×1.01^3≒3,111,509円→311万円（万円未満四捨五入）

問2　　　　　　　　　　　　　　　　　　　　　　　　　重要度

小田家のキャッシュフロー表の空欄（イ）に入る数値を計算しなさい。なお、計算過程においては端数処理をせず計算し、計算結果については万円未満を四捨五入すること。

| 正解 | **848**（万円） | テキスト1章　P10-11 |

当該年の金融資産残高は「前年の金融資産残高×（1＋運用利率）±当該年の年間収支」により求めます。

765万円×（1＋0.01）＋75万円＝847.65万円
→848万円（万円未満四捨五入）

レック先生のワンポイント

「変動率」に注意！　1％、2％等、毎回変わります。

問3 重要度

龍太さんは、現在居住している自宅の住宅ローン（全期間固定金利、返済期間35年、元利均等返済、ボーナス返済なし）の繰上げ返済を検討しており、ＦＰの東さんに質問をした。龍太さんが住宅ローンを208回返済後に、100万円以内で期間短縮型の繰上げ返済をする場合、この繰上げ返済により短縮される返済期間を解答欄に記入しなさい。なお、計算に当たっては、下記＜資料＞を使用し、繰上げ返済額は100万円を超えない範囲での最大額とすること。また、繰上げ返済に伴う手数料等は考慮しないものとし、解答に当たっては、解答用紙に記載されている単位に従うこと（解答用紙に記載されているマス目に数値を記入すること）。

＜資料：小田家の住宅ローンの償還予定表の一部＞

返済回数（回）	毎月返済額（円）	うち元金（円）	うち利息（円）	残高（円）
207	123,987	66,482	57,505	19,649,739
208	123,987	66,676	57,311	19,583,063
209	123,987	66,870	57,117	19,516,193
210	123,987	67,065	56,922	19,449,128
211	123,987	67,261	56,726	19,381,867
212	123,987	67,457	56,530	19,314,410
213	123,987	67,654	56,333	19,246,756
214	123,987	67,851	56,136	19,178,905
215	123,987	68,049	55,938	19,110,856
216	123,987	68,248	55,739	19,042,608
217	123,987	68,447	55,540	18,974,161
218	123,987	68,646	55,341	18,905,515
219	123,987	68,846	55,141	18,836,669
220	123,987	69,047	54,940	18,767,622
221	123,987	69,249	54,738	18,698,373
222	123,987	69,451	54,536	18,628,922
223	123,987	69,653	54,334	18,559,269
224	123,987	69,856	54,131	18,489,413
225	123,987	70,060	53,927	18,419,353

| 正解 | 1年2カ月 | テキスト1章　P28 |

繰上げ返済した金額は**全額が元本の返済に充当**されます。

208回返済後の残高は「19,583,063円」であり、100万円以内で期間短縮型の繰上げ返済をする場合、

「19,583,063円－1,000,000円＝18,583,063円」よりも少し多い残高の回数を探します。

その結果、222回目の「18,628,922円」が該当しますので、222回－208回＝14回（1年2カ月）、返済期間が短縮されることが分かります。

レック先生のワンポイント

ピンポイントの知識で解ける問題。丁寧に解きましょう！

第 10 問

[2021 年 1 月]

下記の（問1）～（問3）について解答しなさい。

下記の係数早見表を乗算で使用し、各問について計算しなさい。なお、税金は一切考慮しないこととし、解答に当たっては、解答用紙に記載されている単位に従うこと。

[係数早見表（年利1.0%）]

	終価係数	現価係数	減債基金係数	資本回収係数	年金終価係数	年金現価係数
1年	1.010	0.990	1.000	1.010	1.000	0.990
2年	1.020	0.980	0.498	0.508	2.010	1.970
3年	1.030	0.971	0.330	0.340	3.030	2.941
4年	1.041	0.961	0.246	0.256	4.060	3.902
5年	1.051	0.951	0.196	0.206	5.101	4.853
6年	1.062	0.942	0.163	0.173	6.152	5.795
7年	1.072	0.933	0.139	0.149	7.214	6.728
8年	1.083	0.923	0.121	0.131	8.286	7.652
9年	1.094	0.914	0.107	0.117	9.369	8.566
10年	1.105	0.905	0.096	0.106	10.462	9.471
15年	1.161	0.861	0.062	0.072	16.097	13.865
20年	1.220	0.820	0.045	0.055	22.019	18.046
25年	1.282	0.780	0.035	0.045	28.243	22.023
30年	1.348	0.742	0.029	0.039	34.785	25.808

※記載されている数値は正しいものとする。

問1　✓✓✓　　　　　　　　　　　　　　　　　　　　重要度

岡さんは、将来の生活費の準備として新たに積立てを開始する予定である。毎年年末に40万円を積み立てるものとし、30年間、年利1.0％で複利運用しながら積み立てた場合、30年後の合計額はいくらになるか。

正解　**13,914,000（円）**　　　　　　　　　　テキスト1章　P17-19

一定期間にわたり複利運用しながら、毎年一定額を積み立てた場合の将来の金額は、「毎年の積立額×年金終価係数」により求めます。

30年、年利1.0％の年金終価係数は34.785です。

40万円×34.785＝13,914,000円

 レック先生のワンポイント

係数を使った計算は「分かっている金額×係数」で答えを求めます。

覚えるのが苦手な人は、分かっている金額を「1」としたとき、求めたい金額の割合を表したものが係数と考えましょう。

問題の場合は「1」を30回積み立てるので、30年後の積立額は1×30年＝30、加えて利息が付くため「30＋α」となり、30年で30より少し大きい数値を係数早見表から探すと「34.785」を使うことが分かります。

問2   重要度 A

増田さんは、独立開業の準備資金として、5年後に1,000万円を用意しようと考えている。年利1.0％で複利運用しながら毎年年末に一定額を積み立てる場合、毎年いくらずつ積み立てればよいか。

正解　**1,960,000**（円）　　　　テキスト1章　P17-19

将来、ある金額を貯めるために、一定期間にわたり複利運用しながら一定額を積み立てる場合、毎年の積立額は「将来必要な金額×減債基金係数」により求めます。5年、年利1.0％の減債基金係数は0.196です。

1,000万円×0.196＝1,960,000円

 レック先生のワンポイント

> 係数を使った計算は「分かっている金額×係数」で答えを求めます。
>
> 覚えるのが苦手な人は、分かっている金額を「1」としたとき、求めたい金額の割合を表したものが係数と考えましょう。
>
> 問題の場合は5年後に貯めたい金額「1」を5回に分けて積み立てるため、毎回の積立額は1÷5年＝0.2、利息が助けてくれる分、少なくてよいため「0.2－α」となり、5年で0.2より小さい数値を係数早見表から探すと「0.196」を使うことが分かります。

問3 重要度 A

大久保さんは、退職金として受け取った1,000万円を将来の有料老人ホームの入居金のために運用しようと考えている。これを20年間、年利1.0％で複利運用した場合、20年後の合計額はいくらになるか。

| 正解 | **12,200,000**（円） | テキスト1章　P17-19 |

現在手元にある金額を一定期間にわたり複利運用する場合の将来の金額は「手元にある金額×終価係数」により求めます。20年、年利1.0％の終価係数は1.220です。
1,000万円×1.220＝12,200,000円

 レック先生のワンポイント

係数を使った計算は「分かっている金額×係数」で答えを求めます。

覚えるのが苦手な人は、分かっている金額を「1」としたとき、求めたい金額の割合を表したものが係数と考えましょう。

今ある金額「1」を20年、1％で複利運用すると約20％（約0.2）増えますので、20年後の金額はおよそ「1.2」となり、複利で運用するため、1.2より少し多い数値を係数早見表から探すと、「1.220」を使うことが分かります。

　　過去・現在　　　　　将来
　　現価係数　　⇔　　終価係数
　　　（ゲ）　　　　　　（シ）

　　過去・現在　　　　　将来
　　減債基金係数　⇔　年金終価係数
　　　（ゲ）　　　　　　（シ）

　　過去・現在　　　　　将来
　　年金現価係数　⇔　資本回収係数
　　　（ゲ）　　　　　　（シ）

将来の金額を求める場合は「シ」のつく係数、
過去・現在の金額を求める場合は「ゲ」の係数を使います。

第 11 問

[2020 年 9 月]

下記の（問1）〜（問3）について解答しなさい。

下記の係数早見表を乗算で使用し、各問について計算しなさい。なお、税金は一切考慮しないこととし、解答に当たっては、解答用紙に記載されている単位に従うこと。

[係数早見表（年利1.0％）]

	終価係数	現価係数	減債基金係数	資本回収係数	年金終価係数	年金現価係数
1年	1.010	0.990	1.000	1.010	1.000	0.990
2年	1.020	0.980	0.498	0.508	2.010	1.970
3年	1.030	0.971	0.330	0.340	3.030	2.941
4年	1.041	0.961	0.246	0.256	4.060	3.902
5年	1.051	0.951	0.196	0.206	5.101	4.853
6年	1.062	0.942	0.163	0.173	6.152	5.795
7年	1.072	0.933	0.139	0.149	7.214	6.728
8年	1.083	0.923	0.121	0.131	8.286	7.652
9年	1.094	0.914	0.107	0.117	9.369	8.566
10年	1.105	0.905	0.096	0.106	10.462	9.471
15年	1.161	0.861	0.062	0.072	16.097	13.865
20年	1.220	0.820	0.045	0.055	22.019	18.046
25年	1.282	0.780	0.035	0.045	28.243	22.023
30年	1.348	0.742	0.029	0.039	34.785	25.808

※記載されている数値は正しいものとする。

問1 ☒☑☑ 重要度

広尾さんは、老後の旅行用資金として、毎年年末に100万円を受け取りたいと考えている。受取期間を15年間とし、年利1.0%で複利運用をした場合、受取り開始年の初めにいくらの資金があればよいか。

正解 **13,865,000（円）** テキスト1章 P17-19

一定期間にわたり複利運用しながら一定額を受け取る場合の受取り開始時点の金額は「毎年の受取額×年金現価係数」により求めます（過去・現在に遡って求めるので「ゲ」の付く係数です）。

15年、年利1.0%の年金現価係数は13.865です。

100万円×13.865＝13,865,000円

レック先生のワンポイント

係数を使った計算は「分かっている金額×係数」で答えを求めます。

覚えるのが苦手な人は、分かっている金額を「1」としたとき、求めたい金額の割合を表したものが係数と考えましょう。

15年間にわたり毎年「1」を受け取りたい場合、利息を考えない場合は、1×15＝15が必要となりますが、利息が付く分、少なくてよいため、15年で15よりやや少ない13.865を乗じると分かります。

問2　☒ ☐ ☐　重要度 A

杉野さんは、現在、老後の生活資金として2,000万円を保有している。これを25年間、年利1.0％で複利運用しながら毎年1回、年末に均等に取り崩すこととした場合、毎年年末に取り崩すことができる最大金額はいくらになるか。

正解　**900,000**（円）　テキスト1章　P17-19

現在ある金額を一定期間にわたり年1回、均等に取り崩す場合、毎年の取崩額は「現在の金額×資本回収係数」により求めます**（将来の金額を求めるので「シ」の付く係数です）**。

25年、年利1.0％の資本回収係数は、0.045です。

2,000万円×0.045＝900,000円

　レック先生のワンポイント

係数を使った計算は「分かっている金額×係数」で答えを求めます。

覚えるのが苦手な人は、分かっている金額を「1」としたとき、求めたい金額の割合を表したものが係数と考えましょう。

現在ある金額「1」を25年にわたり取り崩す場合、毎年の取崩額（元本）は1÷25＝0.04、利息が付くと「0.04＋α」となりますので、25年で0.04より少し多い数値を係数早見表から探すと「0.045」を使うことが分かります。

問3　☑☒☑　　　　　　　　　　　　　　　　　　　重要度

工藤さんは、退職後は地方でゆっくり暮らすことを希望しており、そのための資金として、10年後に2,000万円を準備したいと考えている。10年間、年利1.0％で複利運用する場合、現在いくらの資金があればよいか。

正解　**18,100,000**（円）　　　　　　　　　テキスト1章　P17-19

将来、ある金額を貯めるために、一定期間にわたり複利運用する場合に現時点で準備しておくべき金額は「将来の必要金額×現価係数」により求めます（過去・現在に遡って求めるので「ゲ」の付く係数です）。

10年、年利1.0％の現価係数は、0.905です。

2,000万円×0.905＝18,100,000円

　レック先生のワンポイント

係数を使った計算は「分かっている金額×係数」で答えを求めます。

覚えるのが苦手な人は、分かっている金額を「1」としたとき、求めたい金額の割合を表したものが係数と考えましょう。

10年後の資金を「1」、10年間、年利1.0％で複利運用すると約10％（約0.1）の利息が付くため、現在の必要額はおよそ「1－約0.1＝約0.9」となります。10年でおよそ約0.9の数値を係数早見表から探すと「0.905」を使うことが分かります。

1章 ● ライフプランニングと資金計画

実技試験

【日本FP協会】 資産設計提案業務

実技試験[金財] 個人資産相談業務・生保顧客資産相談業務

第1問

[2022年9月 生保]

次の設例に基づいて、下記の各問（《問1》～《問3》）に答えなさい。

《設 例》

X株式会社（以下、「X社」という）に勤務するAさん（59歳）は、妻Bさん（59歳）との2人暮らしである。Aさんは、大学卒業後、X社に入社し、現在に至るまで同社に勤務している。Aさんは、X社の継続雇用制度を利用して65歳まで働く予定である。

Aさんは、今後の資金計画を検討するにあたり、公的年金制度から支給される老齢給付について知りたいと思っている。

そこで、Aさんは、ファイナンシャル・プランナーのMさんに相談することにした。

＜Aさん夫妻に関する資料＞

(1) Aさん（1964年6月11日生まれ・会社員）

・公的年金加入歴：下図のとおり（65歳までの見込みを含む）

　　　　　　　　　20歳から大学生であった期間（34月）は国民年金に任意加入していない。

・全国健康保険協会管掌健康保険、雇用保険に加入中

20歳	22歳		65歳
国民年金 未加入期間 （34月）	厚　生　年　金　保　険		
	192月	314月	
	2003年3月以前の 平均標準報酬月額25万円	2003年4月以後の 平均標準報酬額40万円	

(2) 妻Bさん（1964年4月20日生まれ・専業主婦）

・公的年金加入歴：18歳でX社に就職してからAさんと結婚するまでの10年間（120月）、厚生年金保険に加入。結婚後は、国民年金に第3号被保険者として加入している。

・全国健康保険協会管掌健康保険の被扶養者である。

※妻Bさんは、現在および将来においても、Aさんと同居し、Aさんと生計維持関係にあるものとする。

※Aさんおよび妻Bさんは、現在および将来においても、公的年金制度における障害等級に該当する障害の状態にないものとする。

※上記以外の条件は考慮せず、各問に従うこと。

問 1 重要度 A

Mさんは、Aさんに対して、Aさんが65歳以後に受給することができる公的年金制度からの老齢給付について説明した。《設例》の＜Aさん夫妻に関する資料＞および下記の＜資料＞に基づき、次の①、②を求め、解答用紙に記入しなさい（計算過程の記載は不要）。なお、年金額は本年度価額に基づいて計算し、年金額の端数処理は円未満を四捨五入すること。

① 原則として、Aさんが65歳から受給することができる老齢基礎年金の年金額
② 原則として、Aさんが65歳から受給することができる老齢厚生年金の年金額

＜資料＞

○老齢基礎年金の計算式（4分の1免除月数、4分の3免除月数は省略）

$$795{,}000円 \times \frac{保険料納付済月数 + 保険料半額免除月数 \times \frac{\square}{\square} + 保険料全額免除月数 \times \frac{\square}{\square}}{480}$$

○老齢厚生年金の計算式（本来水準の額）

ⅰ）報酬比例部分の額（円未満四捨五入）＝ⓐ＋ⓑ

ⓐ 2003年3月以前の期間分

$$平均標準報酬月額 \times \frac{7.125}{1{,}000} \times 2003年3月以前の被保険者期間の月数$$

ⓑ 2003年4月以後の期間分

$$平均標準報酬額 \times \frac{5.481}{1{,}000} \times 2003年4月以後の被保険者期間の月数$$

ⅱ）経過的加算額（円未満四捨五入）＝1,657円×被保険者期間の月数

$$-795{,}000円 \times \frac{1961年4月以後で20歳以上60歳未満の厚生年金保険の被保険者期間の月数}{480}$$

ⅲ）加給年金額＝397,500円（要件を満たしている場合のみ加算すること）

| 正解 | ① **738,688** (円) | ② **1,087,087** (円) | テキスト１章　P63-69 |

① $795,000円 \times \dfrac{446月}{480月} = 738,687.5 \cdots 円 \rightarrow 738,688円$

（円未満四捨五入）

老齢基礎年金は何らかの公的年金に**10年以上**加入している者に対して支給されます。

設問の場合、20歳以上60歳未満のうち、国民年金未加入期間34月は年金額に反映されません。また、厚生年金被保険者期間のうち、20歳以上60歳未満の期間は老齢基礎年金が増えますが、**20歳未満60歳以降の期間は老齢基礎年金が増えません**。

したがって、老齢基礎年金に反映される期間は、厚生年金保険の被保険者期間192月＋314月－60月（60歳以降65歳に達するまでの５年間）＝446月となります。

②老齢厚生年金の計算では、**厚生年金保険の被保険者期間のみに着目**します。

ⅰ）報酬比例部分の額

2003年３月以前の期間分

$$250,000円 \times \dfrac{7.125}{1,000} \times 192月 = 342,000円$$

2003年４月以後の期間分

$$400,000円 \times \dfrac{5.481}{1,000} \times 314月 = 688,413.6円$$

$342,000円 + 688,413.6円 = 1,030,413.6円 \rightarrow 1,030,414円$

（円未満四捨五入）

ⅱ）経過的加算額

$$1,657円 \times 480月 - 795,000円 \times \dfrac{446月}{480月} = 56,672.5 \cdots 円 \rightarrow 56,673円$$

（円未満四捨五入）

ポイント１：1,657円×被保険者期間の月数

特別支給の老齢厚生年金の定額部分に該当する部分です。

従来、**60歳から65歳に達するまでの期間、老齢基礎年金とほぼ同等額を支給**するという位置づけで支給されていました。実際の厚生年金保険の被保険者月数は192月＋314月＝506月ありますが、老齢基礎年金とほぼ同等額を支給するという趣旨により、厚生年金被保険者月数は**480月が上限**となります。

ポイント２：式の後半は「厚生年金保険の被保険者期間で計算した老齢基礎年金」です。

①の解説のとおり、厚生年金保険の被保険者期間のうち20歳以上60歳未満の期間は老齢基礎年金に反映されますが、**60歳以上の期間（60月）は反映されません**ので、分子に入る数値は「192月＋314月－60月＝446月」となります。

ⅲ）加給年金
主な配偶者加給年金の要件
①原則として厚生年金保険の被保険者期間が**20年以上**あること
②老齢厚生年金の受給開始時（**設問の場合は65歳時**）に、生計を維持されている配偶者が65歳未満である
③加入年金の対象となる配偶者が厚生年金保険の被保険者期間が20年以上である場合は、配偶者の老齢厚生年金が支給開始年齢になると支給停止
設例の場合、**Aさんが65歳に達したとき、妻Bさんは既に65歳に達している**ため、加給年金は支給されません。

以上より、老齢厚生年金は、1,030,414円＋56,673円＝1,087,087円となります。

ポイント：老齢厚生年金の報酬比例部分・定額部分・経過的加算

報酬比例部分	実際の厚生年金保険の被保険者期間で計算
定額部分	実際の厚生年金保険の被保険者期間で計算（上限480月）
経過的加算	定額部分－厚生年金保険の被保険者期間で計算した老齢基礎年金

ポイント：老齢厚生年金の配偶者加給年金

厚生年金保険の被保険者期間要件	20年以上
支給時期（原則）	定額部分の支給開始または被保険者が65歳から配偶者が65歳に達するまで
主な支給されないケース（今後、65歳に達する場合）	厚生年金保険の被保険者期間が20年未満 独身 生計を維持する配偶者が年上

問2

Mさんは、Aさんに対して、老齢基礎年金について説明した。Mさんが説明した以下の文章の空欄①～③に入る最も適切な語句または数値を、下記の〈語句群〉のなかから選び、その記号を解答用紙に記入しなさい。

「老齢基礎年金の支給開始年齢は原則65歳ですが、Aさんが希望すれば、60歳以上65歳未満の間に老齢基礎年金の繰上げ支給を請求することができます。ただし、繰り上げた月数に応じて年金額は減額されます。Aさんが63歳0カ月で老齢基礎年金の繰上げ支給を請求した場合、年金の減額率は（ ① ）％となります。なお、Aさんが老齢基礎年金の繰上げ支給を請求する場合、その請求と同時に老齢厚生年金の繰上げ支給の請求を（ ② ）。

また、老齢基礎年金の支給開始を繰り下げることもできます。支給開始を繰り下げた場合は、繰り下げた月数に応じて年金額が増額されます。Aさんが75歳0カ月で老齢基礎年金の繰下げ支給の申出をした場合、年金の増額率は（ ③ ）％となります」

〈語句群〉
イ．9.6　ロ．12　ハ．14.4　ニ．42　ホ．60　ヘ．84
ト．しなければなりません　チ．するかどうか選択できます

正解　①イ　②ト　③ヘ　　テキスト1章　①P65、②③P71

① 2022年4月1日以降に60歳に到達する者が**繰上げ支給**を請求した場合、**1カ月につき0.4％減額**されますので、63歳0カ月で繰上げ支給を請求した場合、24月×0.4％＝9.6％減額されます。

② **繰上げ**支給は、老齢基礎年金と老齢厚生年金を**同時に請求**しなければなりません。なお、**繰下げ**支給は、**一方のみを繰り下げる**ことも、**別々の時期から繰り下げる**こともできます。

③ 繰下げ支給は支給開始を**1カ月遅らせるごとに0.7％増額**され、2022年4月1日以降に70歳に到達する者は75歳0カ月まで繰り下げることができますので、老齢基礎年金の繰下げ支給の申出をすると0.7％×120月＝84％増額されます。

問3 重要度 A

Mさんは、Aさんに対して、公的年金制度からの老齢給付について説明した。Mさんが説明した次の記述①～③について、適切なものには○印を、不適切なものには×印を解答用紙に記入しなさい。

① 「Aさんおよび妻Bさんには、特別支給の老齢厚生年金の支給はありません。原則として、65歳から老齢基礎年金および老齢厚生年金を受給することになります」

② 「妻Bさんは、60歳以後、国民年金に任意加入し、国民年金の保険料を納付することにより、老齢基礎年金の年金額を増やすことができます」

③ 「Aさんが、65歳以後も引き続き厚生年金保険の被保険者としてX社に勤務し、かつ、65歳から老齢厚生年金を受給する場合、Aさんの老齢厚生年金の報酬比例部分の額に基づく基本月額と総報酬月額相当額との合計額が48万円（支給停止調整額、本年度価額）以下のときは調整が行われず、老齢厚生年金は全額支給されます」

| 正解 | ① × | ② × | ③ ○ | テキスト1章 ① P67、② P63-64、③ P71 |

①不適切	民間企業の会社員（厚生年金保険第1号被保険者）の年金支給開始年齢について、**男性は1961年4月2日以降生まれ、女性は1966年4月2日以降生まれの者**は、**65歳**となります。設問の場合、妻は1964年4月20日であるため、64歳から特別支給の老齢厚生年金が支給されます。
②不適切	妻Bさんは**20歳から60歳に達するまで全部保険料納付済期間**であるため、60歳以降に国民年金に任意加入することはできません。
③適切	なお、**48万円を超える部分の2分の1の金額が支給停止**となります。

第2問

[2021年9月　生保]

次の設例に基づいて、下記の各問（《問1》～《問3》）に答えなさい。

《設 例》

X株式会社（以下、「X社」という）に勤務するAさん（61歳）は、妻Bさん（61歳）との2人暮らしである。Aさんは、大学卒業後、X社に入社し、現在に至るまで同社に勤務している。

X社では、65歳定年制を導入しており、Aさんは、65歳の定年までX社で働きたいと考えている。Aさんは、今後の資金計画を検討するにあたり、公的年金制度から支給される老齢給付について知りたいと思っている。

また、Aさんは、最近、体調を崩すことが多くなったこともあり、公的医療保険についても理解を深めたいと思っている。

そこで、Aさんは、ファイナンシャル・プランナーのMさんに相談することにした。

＜Aさん夫妻に関する資料＞

(1) Aさん（1961年11月11日生まれ・会社員）
  ・公的年金加入歴：下図のとおり（65歳までの見込みを含む）
  　　　　　　　　　　20歳から大学生であった期間（29月）は国民年金に任意加入していない。
  ・全国健康保険協会管掌健康保険、雇用保険に加入中

20歳　　　　　　　22歳		65歳
国民年金 未加入期間（29月）	厚　生　年　金　保　険 228月	283月
	2003年3月以前の 平均標準報酬月額25万円	2003年4月以後の 平均標準報酬額50万円

(2) 妻Bさん（1962年5月6日生まれ・専業主婦）
  ・公的年金加入歴：18歳でX社に就職してからAさんと結婚するまでの11年間（132月）、厚生年金保険に加入。結婚後は、国民年金に第3号被保険者として60歳まで加入。
  ・全国健康保険協会管掌健康保険の被扶養者である。

※妻Bさんは、現在および将来においても、Aさんと同居し、Aさんと生計維持関係にあるものとする。
※Aさんおよび妻Bさんは、現在および将来においても、公的年金制度における障害等級に該当する障害の状態にないものとする。
※上記以外の条件は考慮せず、各問に従うこと。

問1 重要度 A

はじめに、Mさんは、Aさんに対して、Aさんおよび妻Bさんが65歳になるまでに受給することができる公的年金制度からの老齢給付について説明した。Mさんが説明した以下の文章の空欄①〜③に入る最も適切な語句を、下記の〈語句群〉のなかから選び、その記号を解答用紙に記入しなさい。

「老齢厚生年金の支給開始年齢は原則として65歳ですが、経過措置として、老齢基礎年金に係る（ ① ）の受給資格期間を満たし、かつ、厚生年金保険の被保険者期間が（ ② ）以上あることなどの所定の要件を満たしている方は、65歳到達前に特別支給の老齢厚生年金を受給することができます。

なお、1962年5月生まれの妻Bさんは、原則として（ ③ ）から報酬比例部分のみの特別支給の老齢厚生年金を受給することができます」

〈語句群〉
イ．1カ月　ロ．1年　ハ．10年　ニ．20年　ホ．25年
ヘ．62歳　ト．63歳　チ．64歳

正解　① ハ　② ロ　③ ト　　　テキスト1章　P63、P67-68

①老齢基礎年金は何らかの公的年金に**10年**以上加入している者に対して支給されます。

②**特別支給の老齢厚生年金**は、老齢基礎年金の受給資格期間を満たし、厚生年金保険の被保険者期間が**1年**以上ある者に対して支給されます。なお、**65歳以降の老齢厚生年金**は、厚生年金保険の被保険者期間が「1年」ではなく「**1月**」以上あれば支給されます。

③1962年（昭和37年）5月6日生まれの女性は受給資格要件を満たせば、63歳から特別支給の老齢厚生年金が支給されます。

問2 重要度 B

次に、Mさんは、Aさんに対して、公的医療保険について説明した。Mさんが説明した次の記述①～③について、適切なものには○印を、不適切なものには×印を解答用紙に記入しなさい。

① 「Aさんが同一月内に同一の医療機関等に支払った医療費の一部負担金等の額が自己負担限度額を超える場合、所定の手続により、その支払った一部負担金等の全額が高額療養費として支給されます」

② 「仮に、AさんがX社に引き続き勤務し、業務外の事由による負傷または疾病の療養のために労務に服することができず、連続して3日間休業し、かつ、4日目以降の休業した日について事業主から賃金の支払がなかった場合、所定の手続により、4日目以降の休業した日について、傷病手当金が支給されます」

③ 「傷病手当金の支給額は、休業1日につき、原則として、傷病手当金の支給を始める日の属する月以前の直近の継続した12カ月間の各月の標準報酬月額を平均した額の30分の1に相当する額の3分の2に相当する額となり、その支給を開始した日から2年を限度として支給されます」

正解 ① ✕　② ○　③ ✕　　テキスト1章　① P38-39、②③ P40

①不適切　高額療養費は、同一月の医療費の一部負担金が所得金額等に応じて定められた自己負担限度額を超える場合、自己負担限度額を超える部分の一部負担金が払い戻される（支給される）制度です。

②適切　健康保険の傷病手当金は、業務外の病気やケガにより**連続した3日間**会社を休んだ場合、休業4日目から支給されます。

③不適切　傷病手当金は、休業1日につき以下の金額が支給されます。
直近の継続した被保険者期間12カ月の標準報酬月額の平均額÷30×2／3。
なお、支給期間は支給開始日から通算**1年6カ月**が限度です。

問3 重要度 A

最後に、Mさんは、Aさんに対して、Aさんが65歳以後に受給することができる公的年金制度からの老齢給付について説明した。《設例》の＜Aさん夫妻に関する資料＞ および下記の＜資料＞に基づき、次の①、②を求め、解答用紙に記入しなさい（計算過程の記載は不要）。なお、年金額は本年度価額に基づいて計算し、年金額の端数処理は円未満を四捨五入すること。

①原則として、Aさんが65歳から受給することができる老齢基礎年金の年金額
②原則として、Aさんが65歳から受給することができる老齢厚生年金の年金額

＜資料＞

○老齢基礎年金の計算式（4分の1免除月数、4分の3免除月数は省略）

$$795{,}000円 \times \frac{保険料納付済月数 + 保険料半額免除月数 \times \frac{\square}{\square} + 保険料全額免除月数 \times \frac{\square}{\square}}{480}$$

○老齢厚生年金の計算式（本来水準の額）

ⅰ）報酬比例部分の額（円未満四捨五入）＝ⓐ＋ⓑ

ⓐ 2003年3月以前の期間分

$$平均標準報酬月額 \times \frac{7.125}{1{,}000} \times 2003年3月以前の被保険者期間の月数$$

ⓑ 2003年4月以後の期間分

$$平均標準報酬額 \times \frac{5.481}{1{,}000} \times 2003年4月以後の被保険者期間の月数$$

ⅱ）経過的加算額（円未満四捨五入）＝1,657円×被保険者期間の月数

$$- 795{,}000円 \times \frac{1961年4月以後で20歳以上60歳未満の厚生年金保険の被保険者期間の月数}{480}$$

ⅲ）加給年金額＝397,500円（要件を満たしている場合のみ加算すること）

正解　① 746,969（円）　② 1,627,578（円）

テキスト1章　① P63-64、② P67-70

① $795,000円 \times \dfrac{451月}{480月} = 746,968.75\cdot\cdot円 \rightarrow 746,969円$
（円未満四捨五入）

老齢基礎年金は何らかの公的年金に10年以上加入している者に対して支給されます。

設問の場合、20歳以上60歳未満のうち、国民年金未加入期間29月は年金額に反映されません。また、厚生年金被保険者期間のうち、20歳以上60歳未満の期間は老齢基礎年金が増えますが、**20歳未満60歳以降の期間は老齢基礎年金が増えません**。

したがって、老齢基礎年金に反映される期間は、厚生年金保険の被保険者期間228月＋283月－60月（60歳以降65歳に達するまでの5年間）＝451月となります。

 レック先生のワンポイント

老齢基礎年金の計算において、
・未加入期間、学生納付特例期間、50歳未満の納付猶予期間
・20歳未満、60歳以降の厚生年金被保険者期間
は1円も増えません。

② 老齢厚生年金の計算では、厚生年金保険の被保険者期間のみに着目します。

ⅰ）報酬比例部分の額
2003年3月以前の期間分

$250,000円 \times \dfrac{7.125}{1,000} \times 228月 = 406,125円$

2003年4月以後の期間分

$500,000円 \times \dfrac{5.481}{1,000} \times 283月 = 775,561.5円$

$406,125円 + 775,561.5円 = 1,181,686.5円 \rightarrow 1,181,687円$
（円未満四捨五入）

ⅱ）経過的加算額

$1,657円 \times 480月 - 795,000円 \times \dfrac{451月}{480月} = 48,391.25\cdot\cdot円 \rightarrow 48,391円$
（円未満四捨五入）

ポイント1：1,657円×被保険者期間の月数
　　　　　特別支給の老齢厚生年金の定額部分に該当する部分です。
　　　　　従来、60歳から65歳に達するまでの期間、老齢基礎年金とほぼ同等
　　　　　額を支給するという位置づけで支給されていました。実際の厚生年金
　　　　　保険の被保険者月数は228月＋283月＝511月ありますが、老齢基礎
　　　　　年金とほぼ同等額を支給するという趣旨により、厚生年金被保険者月
　　　　　数は**480月が上限**となります。
ポイント2：式の後半は「厚生年金保険の被保険者期間で計算した老齢基礎年金」
　　　　　です。
　　　　　①の解説のとおり、厚生年金保険の被保険者期間のうち20歳以上60
　　　　　歳未満の期間は老齢基礎年金に反映されますが、**60歳以上の期間**
　　　　　（60月）は反映されませんので、分子に入る数値は「228月＋283月
　　　　　－60月＝451月」となります。

ⅲ）加給年金
主な配偶者加給年金の要件
①原則として厚生年金保険の被保険者期間が20年以上あること
②老齢厚生年金の受給開始時（**設問の場合は65歳時**）に、生計を維持されている配
　偶者が65歳未満である
③加入年金の対象となる配偶者が厚生年金保険の被保険者期間が20年以上である
　場合は、配偶者の老齢厚生年金が支給開始年齢になると支給停止
設例の場合、**Aさんが65歳に達したとき、妻Bさんは既に65歳に達していません**
ので、加給年金は支給されます。

以上より、老齢厚生年金は、1,181,687円＋48,391円＋397,500円＝1,627,578
円となります。

第3問

[2022年1月　個人]

次の設例に基づいて、下記の各問（《問1》～《問3》）に答えなさい。

《設 例》

X株式会社（以下、「X社」という）に勤務するAさん（59歳）は、市役所に勤務する長女Cさん（29歳）との2人暮らしである。長女Cさんの父親Bさんとは、長女 Cさんが5歳のときに離婚している。

Aさんは、高校を卒業後、X社に入社し、現在に至るまで同社に勤務している。X社には、65歳になるまで勤務することができる継続雇用制度がある。Aさんは、継続雇用制度を利用せず、60歳以後は仕事をしないつもりでいるが、X社の社長からは「人材の確保が難しく、Aさんがいなくなると非常に困る。しばらくは継続して働いてもらえないだろうか」と言われている。

Aさんは、老後の生活資金の準備にあたって、将来、どれくらいの年金額を受給することができるのか、公的年金制度について知りたいと思っている。

そこで、Aさんは、懇意にしているファイナンシャル・プランナーのMさんに相談することにした。

＜X社の継続雇用制度の雇用条件＞
・1年契約の嘱託雇用で、1日8時間（週40時間）勤務
・賃金月額は60歳到達時の70％（月額25万円）で賞与はなし
・厚生年金保険、全国健康保険協会管掌健康保険、雇用保険に加入

＜Aさんとその家族に関する資料＞
（1）Aさん（1964年4月13日生まれ、59歳、会社員）
　　・公的年金加入歴：下図のとおり（60歳定年時までの見込みを含む）
　　・全国健康保険協会管掌健康保険、雇用保険に加入している。

18歳		60歳
厚　生　年　金　保　険		
240月		252月
2003年3月以前の 平均標準報酬月額28万円		2003年3月以前の 平均標準報酬月額40万円

（2）長女Cさん（19XX年12月27日生まれ、29歳、地方公務員）

※Aさんは、現在および将来においても、長女Cさんと同居し、生計維持関係にあるものとする。
※Aさんおよび長女Cさんは、現在および将来においても、公的年金制度における障害等級に該当する障害の状態にないものとする。
※上記以外の条件は考慮せず、各問に従うこと。

問1 重要度 A

Mさんは、Aさんに対して、Aさんが65歳になるまでに受給することができる公的年金制度からの老齢給付について説明した。Mさんが説明した次の記述①～③について、適切なものには○印を、不適切なものには×印を解答用紙に記入しなさい。

① 「1964年4月生まれのAさんは、63歳から報酬比例部分のみの特別支給の老齢厚生年金を受給することができます。また、仮に、X社の継続雇用制度を利用して63歳になるまで働き、同社退職後、再就職をしない場合、長期加入者の特例により、63歳から特別支給の老齢厚生年金の定額部分も受給することができます」

② 「厚生年金保険の被保険者に支給される特別支給の老齢厚生年金は、当該被保険者の総報酬月額相当額と基本月額に応じて調整が行われますが、2022年4月以降、60歳台前半の在職老齢年金の仕組みが変更され、支給停止とならない範囲が拡大されました」

③ 「Aさんが希望すれば、60歳から老齢基礎年金の繰上げ支給を請求することができます。2022年4月以降、繰上げによる当該年金額の減額率は引き上げられ、仮に、Aさんが61歳8カ月で老齢基礎年金の繰上げ支給を請求した場合、当該年金額の減額率は28％となります」

正解 ① ×　② ○　③ ×　　テキスト1章　① P68、②③ P71

①不適切　**1964年4月生まれの女性**は、報酬比例部分のみの特別支給の老齢厚生年金が**64歳から支給**されます。

②適切　2022年4月以降、**60歳台前半の在職老齢年金による支給調整は、65歳以降と同じ仕組みとなり、総報酬月額相当額と基本月額の合計が48万円を超える場合、48万円を超える部分の2分の1が支給停止**になります。

③不適切　**2022年4月1日以降に60歳に到達する者が繰上げ支給を請求**する場合、繰上げ月数**1月につき0.4％減額**されるため、61歳8カ月で老齢基礎年金の繰上げ支給を請求する場合、0.4％×40月（65歳－61歳8カ月＝3年4カ月）＝16％の減額となります。

問2 重要度 A

Mさんは、Aさんに対して、社会保険に係る各種の取扱いについて説明した。Mさんが説明した以下の文章の空欄①～③に入る最も適切な語句または数値を、下記の〈語句群〉のなかから選び、その記号を解答用紙に記入しなさい。

I 「AさんがX社の継続雇用制度を利用し、60歳以後もX社に勤務した場合、Aさんは雇用保険の高年齢雇用継続基本給付金を受給することができます。60歳以後の各月（支給対象月）に支払われる賃金額が60歳到達時の賃金月額の（ ① ）未満となる場合、高年齢雇用継続基本給付金の額は、支給対象月ごとに、賃金額の低下率に応じて一定の方法により算定されます」

II 「Aさんが継続雇用制度を利用せず、X社を定年退職した場合、Aさんは、所定の手続を行うことにより、最長で（ ② ）年間、全国健康保険協会管掌健康保険に任意継続被保険者として加入することができます。なお、任意継続被保険者の保険料は、（ ③ ）負担します」

〈語句群〉
イ. 2　ロ. 3　ハ. 5　ニ. 75%　ホ. 80%　ヘ. 85%
ト. Aさんと事業主が折半で　チ. Aさんが全額を　リ. 事業主が全額を

正解　①ニ　②イ　③チ　　テキスト1章　①P54、②③P41

①高年齢雇用継続基本給付金は、雇用保険の一般被保険者期間が**通算して5年以上**ある者の賃金月額が、60歳時点の賃金月額に比べて**75%未満**に低下した場合に、**最長で65歳に達する月**まで支給されます。

②健康保険の被保険者期間が継続して**2カ月**以上ある者が、離職後**20日以内**に手続きをすることで、最長**2年**間、任意継続被保険者となることができます。

③全国健康保険協会管掌健康保険の保険料は、**在職中**は**労使折半**となりますが、**任意継続被保険者**となった場合は**全額自己負担**です。

問3 重要度

Aさんが、60歳でX社を定年退職し、その後再就職をせず、また、継続雇用制度も利用しない場合、原則として65歳から受給することができる老齢基礎年金および老齢厚生年金の年金額（本年度価額）を計算した次の〈計算の手順〉の空欄①～④に入る最も適切な数値を解答用紙に記入しなさい。計算にあたっては、《設例》の＜Aさんとその家族に関する資料＞および下記の＜資料＞に基づくこと。なお、問題の性質上、明らかにできない部分は「□□□」で示してある。

〈計算の手順〉
1. 老齢基礎年金の年金額（円未満四捨五入）
　　　（　①　）円
2. 老齢厚生年金の年金額
　　（1）報酬比例部分の額　　：（　②　）円（円未満四捨五入）
　　（2）経過的加算額　　　　：（　③　）円（円未満四捨五入）
　　（3）基本年金額（②+③）　：□□□円
　　（4）加給年金額（要件を満たしている場合のみ加算すること）
　　（5）老齢厚生年金の年金額：（　④　）円

＜資料＞

○老齢基礎年金の計算式（4分の1免除月数、4分の3免除月数は省略）

$$795{,}000円 \times \frac{保険料納付済月数 + 保険料半額免除月数 \times \frac{\bigcirc}{\square} + 保険料全額免除月数 \times \frac{\triangle}{\square}}{480}$$

○老齢厚生年金の計算式（本来水準の額）
　ⅰ）報酬比例部分の額（円未満四捨五入）＝ⓐ+ⓑ
　　ⓐ2003年3月以前の期間分

$$平均標準報酬月額 \times \frac{7.125}{1{,}000} \times 2003年3月以前の被保険者期間の月数$$

　　ⓑ2003年4月以後の期間分

$$平均標準報酬額 \times \frac{5.481}{1{,}000} \times 2003年4月以後の被保険者期間の月数$$

　ⅱ）経過的加算額（円未満四捨五入）＝1,657円×被保険者期間の月数

$$-795{,}000円 \times \frac{1961年4月以後で20歳以上60歳未満の厚生年金保険の被保険者期間の月数}{480}$$

　ⅲ）加給年金額
　　配偶者：397,500円（特別加算額を含む）
　　　　子：228,700円

107

| 正解 | ① 795,000(円) | ② 1,031,285(円) | ③ 360(円) | ④ 1,031,645(円) |

テキスト1章　P63-69

① $795,000円 \times \dfrac{480月}{480月} = 795,000円$

老齢基礎年金は何らかの公的年金に**10年以上**加入している者に対して支給されます。

設問の場合、20歳以上60歳未満の期間が全て厚生年金保険の被保険者（＝保険料納付済期間）ですので、480月分（満額）が支給されます。

② 老齢厚生年金の計算では、**厚生年金保険の被保険者期間のみに着目**します。

報酬比例部分の額

　2003年3月以前の期間分

　　$280,000円 \times \dfrac{7.125}{1,000} \times 240月 = 478,800円$

　2003年4月以後の期間分

　　$400,000円 \times \dfrac{5.481}{1,000} \times 252月 = 552,484.8円$

　　$478,800円 + 552,484.8円 = 1,031,284.8円 \rightarrow 1,031,285円$

　　　　　　　　　　　　　　　　　　　　　（円未満四捨五入）

③

経過的加算額

　　$1,657円 \times 480月 - 795,000円 \times \dfrac{480月}{480月} = 360円$

ポイント1：1,657円×被保険者期間の月数

　　　　　　特別支給の老齢厚生年金の定額部分に該当する部分です。
　　　　　　従来、**60歳から65歳に達するまでの期間、老齢基礎年金とほぼ同等額を支給**するという位置づけで支給されていました。実際の厚生年金保険の被保険者月数は240月＋252月＝492月ありますが、老齢基礎年金とほぼ同等額を支給するという趣旨により、厚生年金被保険者月数は**480月**が**上限**となります。

ポイント2：式の後半は「厚生年金保険の被保険者期間で計算した老齢基礎年金」です。

　　　　　①の解説のとおり、厚生年金保険の被保険者期間のうち**20歳以上60歳未満の期間は老齢基礎年金に反映**されますので、設問の場合、分子に入る数値は「480月」となります。

④

加給年金は、原則として厚生年金保険の被保険者期間が**20年（240月）以上**あることであり、この要件は満たしていますが、**65歳時点で配偶者はおらず、18歳到達年度末までの子もいません**ので、加給年金は支給されません。

したがって、老齢厚生年金の年金額は1,031,285円＋360円＝1,031,645円となります。

109

第4問

[2021年1月　個人]

次の設例に基づいて、下記の各問（《問1》～《問3》）に答えなさい。

《設 例》

　会社員のAさん（46歳）は、妻Bさん（42歳）、長女Cさん（8歳）および二女Dさん（6歳）との4人暮らしである。Aさんは、住宅ローンの返済や教育資金の準備など、今後の資金計画を考えるうえで、自分が死亡した場合に公的年金制度から遺族給付がどのくらい支給されるのかを知りたいと思っている。そこで、Aさんは、懇意にしているファイナンシャル・プランナーのMさんに相談することにした。

＜Aさんとその家族に関する資料＞

（1）Aさん（19xx年11月13日生まれ・46歳・会社員）
　　・公的年金加入歴：下図のとおり（20xx年12月までの期間）
　　・全国健康保険協会管掌健康保険、雇用保険に加入中

20歳	22歳		46歳
国民年金 保険料納付済期間 （29月）	厚　生　年　金　保　険		
	被保険者期間 （36月）	被保険者期間 （249月）	
	（2003年3月以前の 平均標準報酬月額28万円）	（2003年4月以後の 平均標準報酬額40万円）	

（2）妻Bさん（19xx年10月15日生まれ・42歳・パート従業員）
　　・公的年金加入歴：20歳から22歳の大学生であった期間（30月）は国民年金の第1号被保険者として保険料を納付し、22歳からAさんと結婚するまでの8年間（96月）は厚生年金保険に加入。結婚後は、国民年金に第3号被保険者として加入している。
　　・全国健康保険協会管掌健康保険の被扶養者である。

（3）長女Cさん（20xx年4月16日生まれ・8歳）

（4）二女Dさん（20xx年12月22日生まれ・6歳）

※妻Bさん、長女Cさんおよび二女Dさんは、現在および将来においても、Aさんと同居し、Aさんと生計維持関係にあるものとする。
※家族全員、現在および将来においても、公的年金制度における障害等級に該当する障害の状態にないものとする。

※上記以外の条件は考慮せず、各問に従うこと。

問1 重要度

Mさんは、Aさんに対して、Aさんが本年度の現時点で死亡した場合に妻Bさんが受給することができる公的年金制度からの遺族給付について説明した。Mさんが説明した以下の文章の空欄①～④に入る最も適切な語句または数値を、下記の〈語句群〉のなかから選び、その記号を解答用紙に記入しなさい。なお、問題の性質上、明らかにできない部分は「□□□」で示してある。

Ⅰ「Aさんが現時点において死亡した場合、妻Bさんに対して遺族基礎年金および遺族厚生年金が支給されます。遺族基礎年金を受けられる遺族の範囲は、死亡した被保険者によって生計を維持されていた『子のある（ ① ）』または『子』です。『子』とは、18歳到達年度の末日までの間にあるか、20歳未満で障害等級1級または2級に該当する障害の状態にあり、かつ、現に婚姻していない子を指します。妻Bさんが受給することができる遺族基礎年金の額は（ ② ）円（本年度価額）となり、長女Cさんの18歳到達年度の末日終了後は（ ③ ）円（本年度価額）となります」

Ⅱ「遺族厚生年金の額は、Aさんの厚生年金保険の被保険者記録を基礎として計算した老齢厚生年金の報酬比例部分の額の（ ④ ）相当額になります。ただし、その計算の基礎となる被保険者期間の月数が□□□月に満たないときは、□□□月とみなして年金額が計算されます」

〈語句群〉
イ．795,000　ロ．1,023,700　ハ．1,099,900　ニ．1,252,400　ホ．妻
ヘ．配偶者　ト．2分の1　チ．3分の2　リ．4分の3

正解　①ヘ　②ニ　③ロ　④リ　　　　テキスト1章　P76-79

レック先生のワンポイント

ポイント：遺族基礎年金

支給対象遺族	死亡した者に生計を維持されていた**子のある配偶者**（①）または子 子＝18歳到達年度末まで、または20歳未満で障害等級1級または2級に該当する状態にある未婚の子
支給期間	子が**18歳**到達年度末（1級、2級障害の場合は20歳）まで
支給額 （新規裁定）	配偶者が受給する場合 ②③**795,000円＋228,700円／人**（子2人目まで）＋76,200円／人（子3人目以降）

①子のある配偶者が受給できます。「子のある妻」に限らず「子のある夫」にも支給されます。

②Aさん死亡後、長女Cさん18歳到達年度末まで
　795,000円＋228,700円×2＝1,252,400円

③長女Cさん18歳到達年度末の後、二女Dさんが18歳到達年度末まで
　795,000円＋228,700円＝1,023,700円

レック先生のワンポイント

ポイント：遺族厚生年金

支給額	死亡時点で計算した報酬比例部分の**4分の3**相当額（④） 短期要件に該当し、厚生年金加入期間が300月未満の場合は**300月分**を保障

問2 重要度 B

Aさんが本年度の現時点で死亡した場合、《設例》の＜Aさんとその家族に関する資料＞および下記の＜資料＞に基づき、妻Bさんが受給することができる遺族厚生年金の年金額を求め、解答用紙に記入しなさい（計算過程の記載は不要）。なお、年金額は本年度価額に基づいて計算し、年金額の端数処理は円未満を四捨五入すること。

＜資料＞

遺族厚生年金の年金額（本来水準の額）＝（ⓐ＋ⓑ）× $\dfrac{□□□月}{□□□月}$ × $\dfrac{△}{○}$

ⓐ 2003年3月以前の期間分

平均標準報酬月額 × $\dfrac{7.125}{1,000}$ × 2003年3月以前の被保険者期間の月数

ⓑ 2003年4月以後の期間分

平均標準報酬額 × $\dfrac{5.481}{1,000}$ × 2003年4月以後の被保険者期間の月数

※問題の性質上、明らかにできない部分は「□□□」「○」「△」で示してある。

正解　**487,680**（円）　　　　　テキスト1章 P79

前問のポイントのとおり、遺族厚生年金は、死亡時点で計算した報酬比例部分の**4分の3**相当額となります。なお、厚生年金被保険者が死亡した場合、厚生年金保険の被保険者月数が300月未満の場合は**300月分が保障**されます。

2003年3月以前の期間分

280,000円 × $\dfrac{7.125}{1,000}$ × 36月 ＝ 71,820円

2003年4月以後の期間分

400,000円 × $\dfrac{5.481}{1,000}$ × 249月 ＝ 545,907.6円

遺族厚生年金の年金額（本来水準の額。円未満四捨五入）

（71,820円 ＋ 545,907.6円）× $\dfrac{300月}{285月}$ × $\dfrac{3}{4}$ ≒ 487,679.6··· → 487,680円

問3 ☑☑☐　　　　　　　　　　　　　　　　重要度 **B**

Mさんは、Aさんに対して、妻Bさんに係る遺族給付の各種取扱い等について説明した。Mさんが説明した次の記述①～③について、適切なものには○印を、不適切なものには×印を解答用紙に記入しなさい。なお、各選択肢において、ほかに必要とされる要件等はすべて満たしているものとする。

①「Aさんの死亡後、妻Bさんが厚生年金保険の被保険者として働くことは可能性として考えられると思います。遺族厚生年金の年金額は、妻Bさんの総報酬月額相当額と基本月額との合計額が48万円（本年度価額）を超えなければ、全額支給されますので、支給停止となるケースを過度に心配されることはないと思います」

②「二女Dさんの18歳到達年度の末日が終了し、妻Bさんの有する遺族基礎年金の受給権が消滅したときは、妻Bさんが65歳に達するまでの間、妻Bさんに支給される遺族厚生年金の額に中高齢寡婦加算が加算されます」

③「妻Bさんが受け取る遺族基礎年金および遺族厚生年金の年金額は、所得税法上、非課税所得となります」

114

| 正解 | ① ✕ | ② ◯ | ③ ◯ | | テキスト1章　①P71、②P80、③P76 |

①不適切　給与（**総報酬月額相当額**）を受け取りながら、**老齢厚生年金**（基本月
　　　　　額）を受給する場合には、在職老齢年金制度により、年金額の一部ま
　　　　　たは全部が支給停止となることがありますが、遺族厚生年金を受け取
　　　　　りながら給与を受け取っても、在職老齢年金制度による支給調整はあ
　　　　　りません。

②適切　　遺族厚生年金の中高齢寡婦加算は、遺族厚生年金を受給できる妻が
　　　　　・夫の死亡当時、**40歳以上65歳未満**で子がいない
　　　　　・夫の死亡後、**40歳に達した当時**、**18歳到達年度末までの未婚の子**
　　　　　（または障害等級1級または2級の状態にある20歳未満の未婚の
　　　　　子）**がいる**
　　　　　のいずれかである場合に、妻が65歳に達するまで支給されます。
　　　　　なお、**遺族基礎年金の受給中**は遺族厚生年金の**中高齢寡婦加算は支**
　　　　　給停止となります。

③適切　　**老齢**給付は**雑**所得として課税されますが、**遺族**年金、**障害**年金は**非課**
　　　　　税です。

第5問

[2019年1月　個人]

次の設例に基づいて、下記の各問（《問1》～《問3》）に答えなさい。

《設 例》

会社員のAさん（45歳）は、妻Bさん（41歳）、長男Cさん（10歳）および二男Dさん（6歳）との4人暮らしである。Aさんは、住宅ローンの返済や教育資金の準備など、今後の資金計画を再検討したいと考えている。その前提として、自分が死亡した場合に公的年金制度から遺族給付がどのくらい支給されるのかを知りたいと思っている。また、公的年金制度からの障害給付や公的介護保険についても確認したいと考えている。そこで、Aさんは、懇意にしているファイナンシャル・プランナーのMさんに相談することにした。

Aさんとその家族に関する資料は、以下のとおりである。

<Aさんとその家族に関する資料>
(1) Aさん（197x年9月13日生まれ・45歳・会社員）
- 公的年金加入歴：下図のとおり（本年12月までの期間）
- 全国健康保険協会管掌健康保険、雇用保険に加入中

20歳	22歳		45歳
国民年金 保険料納付済期間 （31月）	厚 生 年 金 保 険		
	被保険者期間 （24月）	被保険者期間 （249月）	
	2003年3月以前の 平均標準報酬月額28万円	2003年4月以後の 平均標準報酬額40万円	

(2) 妻Bさん（197x年8月10日生まれ・41歳・専業主婦）
- 公的年金加入歴：20歳から22歳の大学生であった期間（32月）は国民年金の第1号被保険者として保険料を納付し、22歳からAさんと結婚するまでの7年間（84月）は厚生年金保険に加入。結婚後は、国民年金に第3号被保険者として加入している。
- 全国健康保険協会管掌健康保険の被扶養者である。

(3) 長男Cさん（20xx年7月16日生まれ・10歳）

(4) 二男Dさん（20xx年11月27日生まれ・6歳）

※妻Bさん、長男Cさんおよび二男Dさんは、現在および将来においても、Aさんと同居し、Aさんと生計維持関係にあるものとする。
※家族全員、現在および将来においても、公的年金制度における障害等級に該当する障害の状態にないものとする。

※上記以外の条件は考慮せず、各問に従うこと。

問1 　〇✕✓ 　重要度 B

Mさんは、Aさんに対して、遺族基礎年金について説明した。Mさんが説明した以下の文章の空欄①～③に入る最も適切な語句または数値を、下記の〈語句群〉のイ～リのなかから選び、その記号を解答用紙に記入しなさい。なお、問題の性質上、明らかにできない部分は「□□□」で示してある。

Ⅰ 「遺族基礎年金を受給することができる遺族の範囲は、死亡した被保険者によって生計を維持されていた『子のある（　①　）』または『子』です。『子』とは、18歳到達年度の末日までの間にあるか、（　②　）歳未満で障害等級1級または2級に該当する障害の状態にあり、かつ、現に婚姻していない子を指します」

Ⅱ 「子のある（　①　）の遺族基礎年金の額（本年度価額、新規裁定）は、『795,000円＋子の加算』の式により算出され、子の加算は第1子・第2子までは1人につき（　③　）円、第3子以降は1人につき76,200円となります。したがって、仮に、Aさんが本年度現時点で死亡した場合、妻Bさんが受給することができる遺族基礎年金の額は、年額□□□円となります」

〈語句群〉
イ．20　　ロ．25　　ハ．30　　ニ．228,700　　ホ．397,500　　ヘ．596,300
ト．妻　　チ．妻または55歳以上の夫　　リ．配偶者

| 正解 | ① リ | ② イ | ③ ニ | テキスト1章　P76-77 |

ポイント：遺族基礎年金

支給対象遺族	死亡した者に生計を維持されていた子のある配偶者（①）または子 子：18歳到達年度末まで、または20（②）歳未満で障害等級1級または2級に該当する状態にある未婚の子
支給期間	子が18歳到達年度末（20歳未満で1級、2級障害に該当する状態にある子の場合は20歳）まで
支給額 （新規裁定）	配偶者が受給する場合 795,000円＋228,700円（③）／人（子2人目まで） ＋76,200円／人（子3人目以降）

③なお、228,700円は障害基礎年金、遺族基礎年金の子の加算（2人目まで）、障害厚生年金（1級、2級）の配偶者の加算、「ホ」の397,500円は老齢厚生年金の配偶者加給年金の額、「ヘ」の596,300円は中高齢寡婦加算の額です。通常の試験では問われることが少ない数値を問う難問でした。

補足：Aさん死亡後、長男Cさん18歳到達年度末まで

795,000円＋228,700円×2＝1,252,400円

長男Cさん18歳到達年度末の後、二男Dさんが18歳到達年度末まで

795,000円＋228,700円＝1,023,700円

の遺族基礎年金が支給されます。

問2 重要度 B

Mさんは、Aさんに対して、遺族厚生年金について説明した。Mさんが説明した以下の文章の空欄①～③に入る最も適切な数値を解答用紙に記入しなさい。なお、年金額は本年度価額に基づいて計算し、年金額の端数処理は円未満を四捨五入すること。

Ⅰ「Aさんが厚生年金保険の被保険者期間中に死亡した場合、遺族厚生年金の額は、Aさんの厚生年金保険の被保険者記録を基礎として計算した老齢厚生年金の報酬比例部分の額の4分の3相当額になります。ただし、その計算の基礎となる被保険者期間の月数が（ ① ）月に満たないときは、（ ① ）月とみなして年金額が計算されます。仮に、Aさんが本年度現時点で死亡した場合、《設例》の＜Aさんとその家族に関する資料＞および下記＜資料＞の計算式により、妻Bさんが受給することができる遺族厚生年金の額は、年額（ ② ）円となります」

Ⅱ「二男Dさんの18歳到達年度の末日が終了し、妻Bさんの有する遺族基礎年金の受給権が消滅したときは、妻Bさんが（ ③ ）歳に達するまでの間、妻Bさんに支給される遺族厚生年金の額に中高齢寡婦加算が加算されます」

＜資料＞

遺族厚生年金の年金額（本来水準の額）＝（ⓐ＋ⓑ）× $\dfrac{\square\square\square 月}{\square\square\square 月}$ × $\dfrac{3}{4}$

ⓐ 2003年3月以前の期間分

平均標準報酬月額 × $\dfrac{7.125}{1,000}$ × 2003年3月以前の被保険者期間の月数

ⓑ 2003年4月以後の期間分

平均標準報酬額 × $\dfrac{5.481}{1,000}$ × 2003年4月以後の被保険者期間の月数

※問題の性質上、明らかにできない部分は「□□□」で示してある。

| 正解 | ① **300**（月） | ② **489,385**（円） | ③ **65**（歳） |

テキスト1章　P78-80

①②遺族厚生年金は、死亡時点で計算した報酬比例部分の**4分の3**相当額となります。なお、厚生年金被保険者が死亡した場合、厚生年金保険の被保険者月数が**300月未満の場合は300月分が保障**されます。

2003年3月以前の期間分

$$280{,}000円 \times \frac{7.125}{1{,}000} \times 24月 = 47{,}880円$$

2003年4月以後の期間分

$$400{,}000円 \times \frac{5.481}{1{,}000} \times 249月 = 545{,}907.6円$$

遺族厚生年金の年金額（本来水準の額。円未満四捨五入）

$$(47{,}880円 + 545{,}907.6円) \times \frac{300月}{273月} \times \frac{3}{4} ≒ 489{,}385.3\cdots \rightarrow 489{,}385円$$

③遺族厚生年金の中高齢寡婦加算は、遺族厚生年金を受給できる妻が

・夫の死亡当時、40歳以上65歳未満で子がいない

・夫の死亡後、**40歳に達した当時、18歳到達年度末までの未婚の子**（または障害等級1級または2級の20歳未満の未婚の子）**がいる**

のいずれかである場合に、妻が**65歳**に達するまで支給されます。設問の場合は後者の要件に該当します。

なお、**遺族基礎年金の受給中**は遺族厚生年金の**中高齢寡婦加算は支給停止**となります。

問3 　　　　　　　　　重要度 C

Mさんは、Aさんに対して、公的年金制度からの障害給付および公的介護保険（以下、「介護保険」という）の保険給付について説明した。Mさんが説明した次の記述①〜③について、適切なものには○印を、不適切なものには×印を解答用紙に記入しなさい。なお、各選択肢において、ほかに必要とされる要件等はすべて満たしているものとする。

① 「仮に、Aさんが現時点で疾病等により重度の障害状態となり、その障害の程度が障害等級1級または2級と認定された場合、Aさんは障害基礎年金を受給することができます。Aさんの障害の程度が障害等級1級に該当する場合、障害基礎年金の額（本年度価額）は、『795,000円×1.5＋子の加算』の式により算出されます」

② 「仮に、Aさんが現時点で疾病等により重度の障害状態となり、その障害の程度が障害等級1級から3級のいずれかに認定された場合、Aさんは障害厚生年金を受給することができます。Aさんの障害の程度が障害等級1級または2級に該当する場合、障害厚生年金には配偶者の加給年金額が加算されます」

③ 「介護保険の保険給付を受けるためには、都道府県から、要介護認定または要支援認定を受ける必要があります。ただし、Aさんのような40歳以上60歳未満の第2号被保険者は、要介護状態または要支援状態となった原因が、末期がんや脳血管疾患などの加齢に伴う特定疾病によって生じたものでなければ給付は受けられません」

正解　① ✗　② ○　③ ✗　　　テキスト1章　①② P74-75、③ P45-46

①不適切　障害基礎年金、障害厚生年金（加算部分を除く）について、1級障害は2級障害の年金額の **1.25倍** となります。

②適切　障害基礎年金では子の加算、障害厚生年金 **（1級、2級に限る）** は配偶者の加算があります。
なお、障害等級3級の場合、障害厚生年金は支給されますが、配偶者の加算はありません。

③不適切　介護保険の第1号被保険者は65歳以上、第2号被保険者は40歳以上65歳未満の公的医療保険の加入者です。なお、介護保険の給付は、第1号被保険者は原因を問いませんが、第2号被保険者は特定疾病による要介護・要支援に該当する場合に限られます。要介護認定は **市町村（特別区を含む）** で行います。

レック先生のワンポイント

介護保険

	第1号被保険者	第2号被保険者
保険者・手続先	市町村（特別区を含む）	
対象年齢	65歳以上	40歳以上65歳未満の公的医療保険加入者
給付事由	理由は問わない 要支援1～2 要介護1～5	左記のうち、特定疾病が原因である場合 （事故が原因の場合は対象外）
自己負担	自己負担割合は、利用限度額の範囲内で1割 第1号被保険者のうち、一定の高所得者は2割または3割 ケアプラン作成は無料 施設における食費、水道光熱費は原則、全額自己負担	

1章 ● ライフプランニングと資金計画

実技試験

【金財】 個人資産相談業務・生保顧客資産相談業務

123

第2章 傾向と対策

生命保険や損害保険の商品の特徴、法人向け保険の特徴や税務の出題が大半を占めます。また、保険証券の読み解き方も必須です。
金財の個人資産相談業務では出題されません。

頻出問題のキーワード

＜学科試験＞
生命保険（死亡保障）、個人年金保険、第三分野の保険、生命保険料控除、個人契約の生命保険金等の税金、法人契約の生命保険料、保険金等の経理処理、法人向け団体生命保険等、傷害保険、自動車保険、火災保険、法人向け損害保険、賠償責任保険、地震保険料控除、個人契約の損害保険金等の税金、個人事業主・法人契約の損害保険料・保険金等の経理

＜実技試験＞
【日本FP協会】生命保険の証券分析、生命保険料控除、個人の生命保険契約の保険金等の税金、自動車保険、地震保険、火災保険

【金財】●個人向け保険：公的医療保険、公的介護保険（加入者、自己負担割合、給付要件）、証券分析、必要保障額、生命保険の商品の特徴、約款、生命保険料控除、生命保険金等の税金
●法人向け保険：退職所得、法人契約の経理処理、法人向け生命保険の特徴・活用法、中小企業退職金共済制度

リスク管理

学科試験問題&解答
- 保険の基本
- 生命保険のしくみと保険の契約
- 生命保険の種類と契約
- 個人契約の生命保険と税金の関係
- 法人契約の生命保険の経理処理
- 損害保険の種類と契約〜税金
- 第三分野の保険

実技試験問題&解答
- [日本FP協会] 資産設計提案業務
- [金財] 生保顧客資産相談業務（個人向け保険）
- [金財] 生保顧客資産相談業務（法人向け保険）

※解説は特に断りがない限り、所得税の税率には復興特別所得税を含めて表記しています。

学科試験[日本FP協会・金財] 共通

保険の基本

1 　　[2021年1月]

わが国の保険制度に関する次の記述のうち、最も不適切なものはどれか。

1. 保険業法上、保険期間が1年以内の保険契約の申込みをした者は、契約の申込日から8日以内であれば、書面により申込みの撤回等をすることができる。
2. 保険業法で定められた保険会社の健全性を示すソルベンシー・マージン比率が200％を下回った場合、監督当局による業務改善命令などの早期是正措置の対象となる。
3. 保険法は、生命保険契約、損害保険契約だけでなく、保険契約と同等の内容を有する共済契約も適用対象となる。
4. 日本国内で事業を行う生命保険会社が破綻した場合、生命保険契約者保護機構による補償の対象となる保険契約については、高予定利率契約を除き、原則として、破綻時点の責任準備金等の90％まで補償される。

2 　　[2018年5月]

保険法に関する次の記述のうち、最も不適切なものはどれか。

1. 保険法では、保険金等の支払時期に関する規定が設けられており、同法の施行日後に締結された保険契約に限って適用される。
2. 保険法では、告知義務に関して、同法の規定よりも保険契約者、被保険者にとって不利な内容である約款の定めは、適用除外となる一部の保険契約を除き、無効となる旨が定められている。
3. 保険法は、保険契約と同等の内容を有する共済契約についても適用対象となる。
4. 保険契約者と被保険者が異なる死亡保険契約は、その加入に当たって、被保険者の同意が必要である。

1 　が不適切 　　　　　　　　　　　　　　テキスト2章　P113-116

1. **不適切**　保険期間**1年以内**の保険契約は、クーリング・オフ（申込みの撤回等）をすることはできません。なお、クーリング・オフをする場合、契約の申込日、申込みの撤回に関する事項を記載した書面を交付された日のいずれか遅い日から起算して**8日以内**に、**書面**を発することが必要となります。

2. 適切　　ソルベンシー・マージン比率とは、保険会社が将来の保険金等の支払いのために積み立てている責任準備金を超えて保有する支払い余力を指標としたものです。

3. 適切　　共済は保険法は適用されます。なお、**保険契約者保護機構は適用されません。**

4. 適切　　生命保険契約者保護機構は、**国内で事業を行う生命保険会社（外資系も含む）が加入**します。

1 　が不適切 　　　　　　　　　　　　　　テキスト2章　P115-116

1. **不適切**　保険法の規定は**原則として、施行日以後に締結された保険契約等に適用**されますが、保険金等の支払時期等の**一部の規定は、施行日前に締結された保険契約等にも適用**されます。

2. 適切　　このような規定を片面的強行規定といいます。なお、事業リスクのための契約等は除外されます。

3. 適切　　共済は、保険法は適用されますが、保険契約者保護機構に加入しません。

4. 適切　　この規定は、総合福祉団体定期保険でもよく出題されます。

3   ［2022年1月］

少額短期保険に関する次の記述のうち、最も適切なものはどれか。

1. 少額短期保険業者と締結した保険契約は保険法の適用対象となるが、少額短期保険業者は保険業法の適用対象とならない。
2. 少額短期保険業者が同一の被保険者から引き受けることができる保険金額の合計額は、原則として、1,500万円が上限となる。
3. 少額短期保険業者と締結する保険契約は、生命保険契約者保護機構または損害保険契約者保護機構による保護の対象となる。
4. 保険契約者（＝保険料負担者）および被保険者を被相続人、保険金受取人を相続人とする少額短期保険において、相続人が受け取った死亡保険金は、相続税法における死亡保険金の非課税金額の規定の適用対象となる。

生命保険のしくみと保険の契約

4 ［2022年9月］

生命保険の保険料等の一般的な仕組みに関する次の記述のうち、最も不適切なものはどれか。

1. 保険料は、大数の法則および収支相等の原則に基づき、予定死亡率、予定利率および予定事業費率の3つの予定基礎率を用いて算定される。
2. 保険料は、将来の保険金・給付金等の支払い財源となる純保険料と、保険会社が保険契約を維持・管理していくために必要な経費等の財源となる付加保険料で構成される。
3. 所定の利率による運用収益をあらかじめ見込んで保険料を割り引く際に使用する予定利率を低く設定した場合、新規契約の保険料は高くなる。
4. 保険会社が実際に要した事業費が、保険料を算定する際に見込んでいた事業費よりも多かった場合、費差益が生じる。

4 が適切　　　　　　　　　　　　　　　　　　テキスト2章　P114、P116

1. **不適切**　少額短期保険業者と締結した保険契約は保険法の適用対象となり、少額短期保険業者は保険業法の適用対象にもなります。

2. **不適切**　少額短期保険業者が同一の被保険者から引き受けることができる保険金額の合計額は、原則として、1,000万円が上限となります。

3. **不適切**　少額短期保険業者と締結する保険契約は、生命保険契約者保護機構または損害保険契約者保護機構による保護の対象となりません。

4. **適切**　　なお、少額短期保険の掛金は、生命保険料控除の対象となりません。

---

4 が不適切　　　　　　　　　　　　　　　　　テキスト2章　P119-121

1. **適切**　　保険料は、**予定死亡率、予定利率**および**予定事業費率**の3つの予定基礎率を用いて算定されます。

2. **適切**　　**純保険料**は**予定死亡率、予定利率**を、**付加保険料**は**予定事業費率**を用いて算定されます。

3. **適切**　　**予定利率を低く設定**した場合、**運用益見込みが少ない**分、新規契約の**保険料は高く**なります。

4. **不適切**　費差益は、保険会社が実際に要した事業費が、見込んでいた事業費よりも少ない場合に生じます。

5 [2020年1月]

生命保険の一般的な商品性に関する次の記述のうち、最も不適切なものはどれか。

1. 低解約返戻金型終身保険は、他の契約条件が同じで低解約返戻金型ではない終身保険と比較して、保険料払込期間中の解約返戻金が低く抑えられており、割安な保険料が設定されている。
2. 養老保険は、被保険者に高度障害保険金が支払われた場合、保険期間満了時に満期保険金から高度障害保険金相当額が控除された金額が支払われる。
3. 収入保障保険の死亡保険金を年金形式で受け取る場合の受取総額は、一時金で受け取る場合の受取額よりも多くなる。
4. 定期保険特約付終身保険（更新型）では、定期保険特約を同額の保険金額で自動更新すると、更新後の保険料は、通常、更新前よりも高くなる。

生命保険の種類と契約

6   [2019年5月]

死亡保障を目的とする生命保険の一般的な商品性に関する次の記述のうち、最も適切なものはどれか。なお、特約については考慮しないものとする。

1. 逓減定期保険は、保険期間の経過に伴い所定の割合で保険料が逓減するが、保険金額は一定である。
2. 特定疾病保障定期保険は、被保険者がガン、急性心筋梗塞、脳卒中以外で死亡した場合には、死亡保険金は支払われない。
3. 終身保険の保険料は、被保険者の年齢、死亡保険金額、保険料払込期間など契約内容が同一の場合、一般に、被保険者が女性である方が男性であるよりも高くなる。
4. 変額保険（終身型）は、一般に、契約時に定めた保険金額（基本保険金額）が保証されている。

2　が不適切

テキスト2章　1)4)P131、2)P133、3)P129

1. **適切**　なお、低解約返戻金型終身保険においても、**保険料払込期間満了後の解約返戻金は、通常の終身保険と同程度**となります。

2. **不適切**　養老保険は、死亡・高度障害保険金が支払われると契約は終了します。高度障害保険金が支払われた場合、被保険者が保険期間満了時まで生存していても満期保険金は支払われません。

3. **適切**　一時金で受け取る場合は、年金で受け取るはずの部分を一括前倒しで受給するため、**一時金の方が少なく、年金で受け取る方が多く**なります。

4. **適切**　更新後の更新部分の保険料は、**更新時点**の年齢・保険料率で再計算されますので、契約時よりも、年齢が上がっているため、通常、高くなります。

4　が適切

テキスト2章　1)P129、2)P146、3)P130、4)P136-137

1. **不適切**　逓減定期保険は、保険期間の経過に伴い**保険金額は逓減**しますが、**保険料は一定**です。

2. **不適切**　特定疾病保険金を受け取ることなく、保険期間中に被保険者が死亡した場合、**死亡事由が特定疾病でなくても、死亡保険金が支払われます**。なお、ガン、急性心筋梗塞、脳卒中に罹患し、所定の状態に該当すると特定疾病保険金が支払われ、契約は**消滅**します。

3. **不適切**　**女性の方が長生き**です（予定死亡率が低い）ので、他の条件が同一である場合、終身保険の保険料は、被保険者が女性である方が安くなります。

4. **適切**　なお、運用実績による保険金額（死亡・高度障害保険金額）が、契約時に定めた保険金額を上回る場合には、運用実績による保険金額が支払われます。

7 [2022年9月]

生命保険の一般的な商品性に関する次の記述のうち、最も不適切なものはどれか。なお、記載のない特約については考慮しないものとする。

1. 養老保険では、被保険者が高度障害保険金を受け取った場合、保険契約は消滅する。
2. 積立利率変動型終身保険では、契約後に積立利率が高くなった場合、契約時に定めた保険金額（基本保険金額）を上回る保険金額を受け取れることがある。
3. 外貨建て個人年金保険では、年金を円貨で受け取る場合、外貨と円貨の為替レートの変動により、年金受取総額が払込保険料相当額を下回ることがある。
4. 外貨建て終身保険では、円換算支払特約を付加することで、当該保険契約の締結後から保険金を受け取るまでの為替リスクを回避することができる。

8   [2020年1月]

個人年金保険の一般的な商品性に関する次の記述のうち、最も不適切なものはどれか。

1. 変額個人年金保険では、保険料の特別勘定による運用成果によって、将来受け取る年金額等が変動するが、死亡給付金については基本保険金額が最低保証されている。
2. 終身年金では、被保険者が同年齢で、基本年金額や保険料払込期間、年金受取開始年齢など契約内容が同一の場合、保険料は被保険者が女性の方が男性よりも高くなる。
3. 確定年金では、年金受取開始日前に被保険者（＝年金受取人）が死亡した場合、死亡給付金受取人が契約時に定められた年金受取総額と同額の死亡給付金を受け取ることができる。
4. 保証期間のない有期年金では、年金受取期間中に被保険者（＝年金受取人）が死亡した場合、それ以降の年金は支払われない。

4 が不適切　　　　　　　　　　　　　　　テキスト2章　P132-133、P142

1. 適切　　**高度障害保険金が支払われると**、その後、**死亡しても死亡保険金は支払われません。**

2. 適切　　積立利率変動型終身保険では、**契約後に積立利率が高くなった場合、積立保険料に対する運用益が増えます**ので、結果として、契約時に定めた保険金額（基本保険金額）を上回る保険金額を受け取ることができる可能性が高まります。

3. 適切　　外貨で運用されるため、**外貨安が進行**すると、**契約価値が下がり**、年金受取総額が払込保険料相当額を下回ることがあります。

4. **不適切**　　外貨建て終身保険は、**外貨で運用**されるため、**為替変動リスクは回避できません。**円換算支払特約は円で保険金を受け取るという特約にすぎません。

3 が不適切　　　　　　　　　　　　　　　テキスト2章　P130、P141-142

1. 適切　　変額個人年金保険は、特別勘定の運用実績に基づいて将来受け取る年金額や解約返戻金等が変動しますが、**年金受取開始前の死亡給付金は基本保険金額が最低保証**されています。

2. 適切　　**女性の方が寿命が長い**（男性の方が寿命が短い）ため、他の条件が同一である場合、終身年金の保険料は被保険者が女性の方が男性よりも高くなります。終身「保険」の場合と異なるので、注意しましょう。

3. **不適切**　　確定年金では、**年金受取開始前**に被保険者（＝年金受取人）が死亡した場合、**契約時に定めた死亡給付金（例：払込保険料相当額）**が支払われます。

4. 適切　　なお、保証期間付有期年金は、年金受取期間のうち、保証期間内に被保険者（＝年金受取人）が死亡した場合、年金継続受取人が保証期間満了まで年金を受け取ることができます。

9 [2020年9月]

総合福祉団体定期保険の一般的な商品性に関する次の記述のうち、最も不適切なものはどれか。

1. 総合福祉団体定期保険は、原則として、企業（団体）が保険料を負担し、役員・従業員を被保険者とする定期保険である。
2. 総合福祉団体定期保険は、被保険者の死亡または所定の高度障害に対して保険金が支払われるため、被保険者が定年退職した場合に支払う退職金の準備としては適さない。
3. 総合福祉団体定期保険の保険期間は、1年から10年の範囲内で、被保険者ごとに設定することができる。
4. 総合福祉団体定期保険のヒューマン・ヴァリュー特約は、被保険者の死亡等による企業（団体）の経済的損失に備えるものであり、その特約死亡保険金等の受取人は、企業（団体）となる。

10 [2022年9月]

団体生命保険等の一般的な商品性に関する次の記述のうち、最も適切なものはどれか。

1. 団体定期保険（Bグループ保険）は、従業員等が任意に加入する1年更新の保険であり、毎年、保険金額を所定の範囲内で見直すことができる。
2. 総合福祉団体定期保険では、ヒューマン・ヴァリュー特約を付加した場合、当該特約の死亡保険金受取人は被保険者の遺族となる。
3. 住宅ローンの利用に伴い加入する団体信用生命保険では、被保険者が住宅ローン利用者（債務者）、死亡保険金受取人が住宅ローン利用者の遺族となる。
4. 勤労者財産形成貯蓄積立保険（一般財形）には、払込保険料の累計額385万円までにかかる利子差益が非課税となる税制上の優遇措置がある。

3 が不適切　　　　　　　　　　　　　　　　　　テキスト2章　P138-139

1. 適切　　総合福祉団体定期保険は、企業が保険料を負担し、原則として役員・従業員を被保険者とする**1年更新の定期保険**です。企業が負担した保険料は、その全額を損金に算入することができます。

2. 適切　　1.の解説のとおり1年更新の定期保険ですので、**貯蓄性はなく**、定年退職の退職金準備には適しません。

3. **不適切**　1.の解説のとおり**1年更新**の定期保険です。

4. 適切　　ヒューマン・ヴァリュー特約の保険金の受取人は契約者である**企業（団体）**となります。なお、死亡保険金の保険金受取人は、通常、被保険者の遺族となりますが、契約者である企業（団体）とすることもできます。

---

1 が適切　　　　　　　　　　　　　　　　　　テキスト2章　P138-139

1. **適切**　団体定期保険（Bグループ保険）の**保険料は従業員等が負担**します。

2. 不適切　ヒューマン・ヴァリュー特約は死亡した被保険者の代替雇用者の採用・育成費用を目的とした特約ですので、**受取人は企業**となります。

3. 不適切　団体信用生命保険の被保険者は住宅ローン利用者（債務者）、**契約者および死亡保険金受取人は金融機関等**となります。したがって、生命保険料控除の対象となりません。

4. 不適切　**財形住宅、財形年金には非課税制度があります**が、**一般財形には非課税制度はありません**。選択肢は財形年金（保険型）の説明です。

135

11   [2019年9月]

生命保険の保険料の払込みが困難になった場合に、保険契約を有効に継続するための方法に関する次の記述のうち、最も不適切なものはどれか。

1. 保険金額を減額することにより、保険料の負担を軽減する方法がある。
2. 保険料を払い込まずに保険料払込猶予期間が経過した場合、保険会社が解約返戻金の範囲内で保険料を自動的に立て替えて、契約を有効に継続する自動振替貸付制度がある。
3. 保険料の払込みを中止して、その時点での解約返戻金相当額を基に、元の契約の保険金額を変えずに一時払定期保険に変更する延長保険がある。
4. 保険料の払込みを中止して、その時点での解約返戻金相当額を基に、元の契約よりも保険金額が少なくなる保険（元の主契約と同じ保険または養老保険）に変更する払済保険があり、特約はすべて継続される。

4 が不適切　　　　　　　　　　　　　　　　　　　　テキスト2章　P147-149

1. 適切　　なお、反対に、保険金額を増額する場合、告知・診査が必要となり、増額部分の保険料は増額時の年齢・保険料率で計算されます。

2. 適切　　自動振替貸付を受けた保険料は**生命保険料控除の対象**となります。保険料を払い込まずに保険料払込猶予期間が経過した場合、保険会社が解約返戻金の範囲内で保険料を立て替えて、契約を有効に継続します。

3. 適切　　保険料の払込みを中止して、その時点の解約返戻金相当額を基に、元の**保険金額を変えずに**一時払の定期保険に変更する方法を延長保険といいます。延長保険に変更した場合、元の保険契約に付保されている特約は**消滅**します。

4. **不適切**　保険料の払込みを中止して、その時点の解約返戻金相当額を基に、元の**保険期間を変えずに**、元の主契約と同じ保険または養老保険や終身保険に変更する方法を払済保険といい、特約は**リビング・ニーズ特約等を除き消滅**します。

個人契約の生命保険と税金の関係

12 ☑◎☑ 重要度 **A** ［2022年1月］

生命保険料控除に関する次の記述のうち、最も適切なものはどれか。なお、各選択肢において、ほかに必要とされる要件等はすべて満たしているものとする。

1. 養老保険の月払保険料について、保険料の支払いがなかったため、自動振替貸付により保険料の払込みに充当された金額は、生命保険料控除の対象となる。
2. 終身保険の月払保険料のうち、本年1月に払い込まれた昨年12月分の保険料は、昨年分の生命保険料控除の対象となる。
3. 本年に加入した特定（三大）疾病保障定期保険の保険料は、介護医療保険料控除の対象となる。
4. 本年に加入した一時払定額個人年金保険の保険料は、個人年金保険料控除の対象となる。

13 ☑☒☑ 重要度 **A** ［2020年1月］

生命保険料控除に関する次の記述のうち、最も適切なものはどれか。

1. 終身保険の保険料の払込みがないために自動振替貸付となった場合、それによって立て替えられた金額は、生命保険料控除の対象とならない。
2. 2011年12月31日以前に締結した医療保険契約を2012年1月1日以後に更新した場合、更新後の保険料は介護医療保険料控除の対象とならず、一般の生命保険料控除の対象となる。
3. 2012年1月1日以後に締結した生命保険契約に付加された傷害特約の保険料は、一般の生命保険料控除の対象となる。
4. 変額個人年金保険の保険料は、個人年金保険料控除の対象とならず、一般の生命保険料控除の対象となる。

1 1 が適切

テキスト2章　P152-154

1. **適切**　**自動振替貸付**により保険料の払込みに充当された金額は、**生命保険料控除の対象**となります。

2. 不適切　**支払った年の生命保険料控除**の対象となりますので、**本年分**の生命保険料控除の対象となります。

3. 不適切　特定疾病保障保険は**死亡・高度障害保険金と特定疾病保険金が同額**ですので、**一般の生命保険料控除**の対象となります。

4. 不適切　個人年金保険料控除の要件の1つに「**保険料払込期間が10年以上であること**」があるため、一時払定額個人年金保険の保険料は、個人年金保険料控除の対象とならず、**一般の生命保険料控除**の対象となります。

4 4 が適切

テキスト2章　P152-154

1. 不適切　生命保険料控除の要件を満たせば、**自動振替貸付**を受けて、立て替えられた金額も生命保険料控除の対象となります。誰から借りても、保険料を支払ったことに変わりはないからです。

2. 不適切　更新後は**その月から契約全体が新制度**の対象となるため、2011年12月31日までに締結した医療保険（更新型）の保険料は、介護医療保険料控除の対象となります。その他、疾病入院特約、成人病（生活習慣病）入院特約、先進医療特約等も同様です。

3. 不適切　**傷害特約、災害割増特約、災害入院特約は、通常の病気を保障しない**ため、旧契約では一般の生命保険料控除でしたが、新制度（2012年1月1日以後）では、生命保険料控除の対象外となります。

4. **適切**　なお、外貨建ての定額個人年金保険の保険料は、所定の要件を満たせば個人年金保険料控除の対象となります。

14 [2021年1月]

生命保険の税金に関する次の記述のうち、最も適切なものはどれか。なお、いずれも契約者（＝保険料負担者）および保険金・給付金等の受取人は個人であるものとする。

1. 契約者と被保険者が同一人である終身保険において、被保険者がリビング・ニーズ特約に基づいて受け取った特約保険金は、一時所得として課税の対象となる。
2. 一時払終身保険を保険期間の初日から4年10ヵ月で解約して契約者が受け取った解約返戻金は、一時所得として課税の対象となる。
3. 契約者と被保険者が同一人である養老保険において、被保険者の相続人ではない者が受け取った死亡保険金は、贈与税の課税対象となる。
4. 契約者と被保険者が同一人である医療保険において、被保険者が疾病の治療のために入院したことにより受け取った入院給付金は、一時所得として課税の対象となる。

法人契約の生命保険の経理処理

15   [2021年1月]

契約者（＝保険料負担者）を法人、被保険者を役員とする生命保険に係る保険料等の経理処理に関する次の記述のうち、最も不適切なものはどれか。なお、いずれの保険契約も新たに締結し、他に加入している保険契約はなく、保険料は年払いであるものとする。

1. 法人が受け取った医療保険の入院給付金は、その全額を益金の額に算入する。
2. 死亡保険金受取人が法人である終身保険の支払保険料は、その全額を資産に計上する。
3. 給付金受取人が法人で、解約返戻金相当額のない短期払いの医療保険の支払保険料は、その事業年度に支払った保険料の額が被保険者1人当たり30万円以下の場合、その支払った日の属する事業年度の損金の額に算入することができる。
4. 死亡保険金受取人が法人で、最高解約返戻率が65％である定期保険（保険期間20年）の支払保険料は、保険期間の前半4割相当期間においては、その60％相当額を資産に計上し、残額を損金の額に算入することができる。

2　が適切

テキスト2章　P156、P158-160

1. 不適切　被保険者や指定代理請求人が受け取るリビング・ニーズ特約保険金、特定疾病保険金等の生前給付保険金は、**非課税**となります。

2. **適切**　一時払**終身**保険、一時払**終身**年金保険の解約返戻金は、解約時期を問わず、源泉分離課税の対象とならず、**一時所得として総合課税**の対象となります。

3. 不適切　契約者と被保険者が同一人である生命保険から支払われる死亡保険金は、**受取人が相続人であるか否かにかかわらず相続税**の課税対象となります。なお、相続人が受け取る場合には「500万円×法定相続人の数」の金額が非課税となります。

4. 不適切　被保険者、配偶者、直系血族、その他生計を一にする親族が受け取る医療保険の入院（手術・通院）給付金は**非課税**となります。

4　が不適切

テキスト2章　P163、P165-166、P168

1. 適切　給付金受取人が法人である医療保険の**保険料は、全額を損金に算入**するため、法人が受け取る入院給付金は**全額を益金に算入**します。

2. 適切　死亡保険金受取人が法人である終身保険の保険料は、**全額を資産（保険料積立金）**に計上します。

3. 適切　2019年7月8日以降に契約した定期保険等の保険料の経理処理の改正点からの出題です。

4. **不適切**　2019年7月8日以降に契約した定期保険等の保険料の経理処理の改正点からの出題です。死亡保険金受取人が法人、最高解約返戻率が50%超70%以下（年換算保険料が30万円超）である定期保険（保険期間20年）の保険料は、**前半4割**期間は、支払保険料の**40%を前払保険料として資産**計上し、**60%を損金に算入**します。なお、最高解約返戻率70%超85%以下である定期保険の保険料は、前半4割期間は、支払保険料の60%を前払保険料として資産計上し、40%を損金に算入します。

16 重要度 A　　　[2020年9月]

法人を契約者（＝保険料負担者）とする生命保険に係る保険料の経理処理に関する次の記述のうち、最も不適切なものはどれか。なお、いずれも保険料は年払いで、いずれの保険契約も新たに締結したものとする。

1. 被保険者が役員・従業員全員、死亡保険金受取人が被保険者の遺族、満期保険金受取人が法人である養老保険の支払保険料は、その2分の1相当額を資産に計上し、残額を損金の額に算入することができる。
2. 被保険者が役員、死亡保険金受取人が法人である終身保険の支払保険料は、その全額を資産に計上する。
3. 被保険者が役員、死亡保険金受取人が法人で、最高解約返戻率が80％である定期保険（保険期間10年）の支払保険料は、保険期間の前半4割相当期間においては、その40％相当額を資産に計上し、残額を損金の額に算入することができる。
4. 被保険者が役員、給付金受取人が法人である解約返戻金のない医療保険の支払保険料は、損金の額に算入することができる。

17 重要度 A　　　[2019年5月]

契約者（＝保険料負担者）を法人とする生命保険契約の保険料や給付金等の経理処理に関する次の記述のうち、最も不適切なものはどれか。なお、特約については考慮しないものとし、いずれも保険料は毎月平準払いで支払われているものとする。

1. 被保険者が役員、死亡保険金受取人および満期保険金受取人が法人である養老保険の支払保険料は、その2分の1相当額を資産に計上し、残額を損金の額に算入することができる。
2. 被保険者が役員、死亡保険金受取人が法人である終身保険を解約して受け取った解約返戻金は、資産に計上していた保険料積立金との差額を雑収入または雑損失として計上する。
3. 被保険者が役員・従業員全員、死亡給付金受取人が被保険者の遺族、年金受取人が法人である個人年金保険の支払保険料は、その10分の9相当額を資産に計上し、残額を損金の額に算入することができる。
4. 給付金受取人である法人が受け取った医療保険の入院給付金は、全額を雑収入として益金の額に算入する。

3 が不適切　　　　　　　　　　　　　　　　テキスト2章　P163-166

1. 適切　　被保険者が役員・従業員**全員**、死亡保険金受取人が被保険者の遺族、満期保険金受取人が法人である養老保険の保険料は、**2分の1**相当額を**保険料積立金**として資産に計上し、**2分の1**を**福利厚生費**として損金に算入します。なお、被保険者が役員のみなど、福利厚生目的といえない場合は、「福利厚生費」の部分が「**給与**」となります。

2. 適切　　被保険者が役員、死亡保険金受取人が法人である終身保険の保険料は、**全額を資産**に計上します。

3. **不適切**　最高解約返戻率70％超85％以下である定期保険の保険料は、**前半4割**期間は、支払保険料の**60％**を**前払保険料として資産**計上し、**40％を損金**に算入します。

4. 適切　　給付金受取人が法人である医療保険の保険料（解約返戻金はない）は、掛捨てとなるので、全額を損金に算入します。

1 が不適切　　　　　　　　　　　　　　テキスト2章　P164-165、P168

1. **不適切**　被保険者が役員、死亡保険金および満期保険金の受取人が法人である養老保険の保険料は、**全額を保険料積立金として資産**に計上します。2分の1を保険料積立金として資産に計上し、2分の1を福利厚生費として損金に算入するのは、被保険者が役員・従業員全員、死亡保険金受取人が被保険者の遺族、満期保険金受取人が法人である養老保険の保険料です。

2. 適切　　死亡保険金受取人が法人である終身保険の保険料は全額を保険料積立金として資産に計上するため、中途解約により法人が受け取る**解約返戻金は、資産計上額を差し引いた差額がプラスであれば雑収入（マイナスであれば雑損失）**として益金（マイナスであれば損金）に算入されます。

3. 適切　　被保険者が役員・従業員全員、**死亡給付金受取人が被保険者の遺族、年金受取人が法人**である個人年金保険の保険料は、**10分の9を保険料積立金として資産**に計上し、**10分の1を福利厚生費として損金**に算入します。

4. 適切　　給付金受取人が法人である医療保険の保険料は、**全額を損金**に算入しますので、資産計上額はありません。そのため、法人が受け取る**入院給付金は、全額を雑収入として益金**の額に算入します。

損害保険の種類と契約～税金

18 [2022年5月]

損害保険による損害賠償等に関する次の記述のうち、最も不適切なものはどれか。

1. 政府の自動車損害賠償保障事業による損害の塡補は、自動車損害賠償責任保険と同様に、人身事故による損害が対象となり、物損事故による損害は対象とならない。
2. 自動車保険の対人賠償保険では、被保険者が被保険自動車の運転中に起こした事故が原因で、兄弟姉妹がケガをしたことにより法律上の損害賠償責任を負った場合、補償の対象となる。
3. 失火の責任に関する法律によれば、失火により他人に損害を与えた場合、その失火者に重大な過失がなかったときは、民法第709条（不法行為による損害賠償）の規定が適用される。
4. 生産物賠償責任保険（PL保険）では、被保険者が製造した商品の欠陥が原因で、商品を使用した者がケガをしたことにより法律上の損害賠償責任を負った場合、補償の対象となる。

19   [2018年9月]

住宅用建物および家財を保険の対象とする火災保険の一般的な商品性に関する次の記述のうち、最も適切なものはどれか。なお、特約については考慮しないものとする。

1. 家財を保険の対象として契約した場合、自宅で飼っている犬や猫などのペットも補償の対象となる。
2. 家財を保険の対象として契約した場合、同一敷地内の車庫にある自動車が火災により被った損害は補償の対象となる。
3. 住宅用建物を保険の対象として契約した場合、急激な気象変化により生じた竜巻による損害は補償の対象となる。
4. 住宅用建物を保険の対象として契約した場合、時間の経過によりその建物の壁に発生したカビによる損害は補償の対象となる。

3 が不適切　　　　　　　　　　　　　テキスト2章　P175、P178-179、P183

1. 適切　　自賠責保険および政府の自動車損害賠償保障事業による損害の塡補は、人身事故による損害が対象となります。

2. 適切　　自動車保険の対人賠償保険および対物賠償保険は、本人、配偶者、父母、子の身体、生命、財産に損害を与えた場合は、補償の対象となりませんが、兄弟姉妹は補償の対象となります。

3. **不適切**　　軽過失（重過失ではない）の失火により、他人（隣家）に損害を与えた場合には、民法第709条の不法行為による損害賠償の規定は適用されず、失火責任法が適用され、損害賠償責任を負いません。

4. 適切　　生産物賠償責任保険（PL保険）では、被保険者が製造・販売した生産物の欠陥が原因で、身体・生命・財産に対して損害を与え、法律上の損害賠償責任を負った場合、補償の対象となります。

---

3 が適切　　　　　　　　　　　　　　　　　テキスト2章　P173

1. 不適切　　家財を保険の対象として契約しても、自宅で飼っている犬や猫等の**ペット**（選択肢1）、**自動車**（選択肢2）は補償の対象となりません。

2. 不適切　　1.の解説参照。

3. **適切**　　4.の解説参照。

4. 不適切　　損害保険の補償の基本は「急激・偶然・外来」の3要素ですので、選択肢3.の「**急激な気象変化**」による損害（選択肢3）は補償されますが、「**時間の経過**」**による損害**（選択肢4）は補償対象外となります。

145

20 [2022年9月]

住宅用建物および家財を保険の対象とする火災保険の一般的な商品性に関する次の記述のうち、最も不適切なものはどれか。なお、特約については考慮しないものとする。

1. 火災保険の保険料は、対象となる住宅用建物の構造により、M構造、T構造、H構造の3つに区分されて算定される。
2. 保険金額が2,000万円（保険価額と同額）の火災保険に加入した後、火災により住宅用建物が損害を被り、損害保険金1,000万円が支払われた場合、保険契約は継続するが、保険期間満了日までの保険金額が1,000万円に減額される。
3. 火災保険では、隣家の火災の消火活動により住宅用建物に収容されている家財が損壊した場合、補償の対象となる。
4. 火災保険では、雪災により住宅用建物の屋根が損壊して100万円の損害が発生した場合、補償の対象となる。

21 [2020年1月]

地震保険に関する次の記述のうち、最も適切なものはどれか。

1. 地震保険は、火災保険の加入時に付帯する必要があり、火災保険の保険期間の中途では付帯することはできない。
2. 地震保険には、「建築年割引」「耐震等級割引」「免震建築物割引」「耐震診断割引」の4種類の保険料割引制度があり、重複して適用を受けることができる。
3. 地震保険では、地震が発生した日の翌日から10日以上経過した後に生じた損害は、補償の対象とならない。
4. 地震保険では、保険の対象である居住用建物が大半損に該当する損害を受けた場合、保険金額の75％を限度（時価額の75％を限度）として保険金が支払われる。

2 が不適切　　　　　　　　　　　　　　　　　　テキスト2章　P173-175

1. 適切　　3つの構造のうち、**保険料はM構造が最も安く**、次いでT構造、**最も高いのがH構造**です。

2. **不適切**　　一定程度（例：80％、全損）に至らない保険金が支払われても、**保険金額は元通り自動回復**します。

3. 適切　　選択肢の記述のとおりです。

4. 適切　　台風・竜巻による損壊も補償の対象でが、地震による損壊は補償されません。

---

3 が適切　　　　　　　　　　　　　　　　　　テキスト2章　P176-177

1. 不適切　　地震保険は、**火災保険に付帯**して申し込みます。なお、火災保険の保険期間の中途で付帯することもできます。

2. 不適切　　地震保険の複数の割引要件を満たす場合、**いずれか1つのみ**を適用することができます。

3. **適切**　　なお、地震を原因とする火災、損壊、埋没、流失が補償対象ですが、地震発生の翌日から10日以上経過した後の損害は補償対象外となります。

4. 不適切　　地震保険では**大半損**に該当する損害を受けた場合、保険金額の**60％**（時価額の60％を限度）の保険金が支払われます。なお、全損は**100％、小半損は30％、一部損は5％**（いずれも保険金額に対する割合で、時価額の100％、30％、5％を限度とする）です。

22   [2019年9月]

任意加入の自動車保険の一般的な商品性に関する次の記述のうち、最も不適切なものはどれか。

1. 対物賠償保険では、被保険者が被保険自動車の運転中の事故により他の自動車に損害を与えた場合、損害賠償として支払われる保険金の額は、被害者の過失割合に応じて減額される。
2. 人身傷害補償保険では、被保険者が被保険自動車の運転中の事故により死傷した場合、被保険者の過失部分を除いた損害についてのみ、補償の対象となる。
3. 対人賠償保険では、被保険者が被保険自動車の運転中の事故により配偶者にケガをさせた場合、補償の対象とならない。
4. 車両保険では、特約を付帯しなければ、地震・噴火およびそれらに起因する津波による被保険自動車の損害は、補償の対象とならない。

23   [2019年5月]

任意加入の自動車保険の一般的な商品性に関する次の記述のうち、最も適切なものはどれか。

1. 自動車を被保険者の父の家の車庫に入れるとき、誤って門柱を損傷した場合、その損害は対物賠償保険の補償の対象となる。
2. 自動車を運転中に交通事故で被保険者が重傷を負った場合、その損害のうち被保険者自身の過失割合に相当する部分を差し引いたものが人身傷害補償保険の補償の対象となる。
3. 運転免許失効中の被保険者が自動車を運転中に交通事故で他人を死傷させてしまった場合、その損害は対人賠償保険の補償の対象となる。
4. 車両保険を契約した場合、他に特約を付帯していなくても地震・噴火およびそれらに起因する津波による車両の損害は補償の対象となる。

2 が不適切　　　　　　　　　　　　　　　　　　　　　テキスト2章　P179

1. 適切　　　2.の解説参照。

2. **不適切**　相手がある事故の場合、対人賠償保険、対物賠償保険の補償は、自己の過失割合に応じて保険金が減額されますが、人身傷害補償保険は**自己の過失があっても**、保険金額の範囲内であれば、**損害額の全額が補償**されます。

3. 適切　　　対人賠償保険、対物賠償保険では、被保険者が被保険自動車の運転中の事故により、被保険者の**配偶者、父母、子**の身体、財産に損害を与えた場合、**補償対象外**となります。

4. 適切　　　車両保険では、**地震・噴火**またはこれらによる**津波により損害**を被った場合、特約を付帯しない限り、**補償対象外**となります。

3 が適切　　　　　　　　　　　　　　　　　　　　　　テキスト2章　P179

1. 不適切　対人賠償保険、対物賠償保険では、被保険者が被保険自動車の運転中の事故により、被保険者の**配偶者、父母、子**の身体、財産に損害を与えた場合、**補償対象外**となります。

2. 不適切　相手がある事故の場合、通常は自己の過失割合に応じて保険金が減額されますが、人身傷害補償保険は**自己の過失があっても**、保険金額の範囲内であれば、**損害額の全額が補償**されます。

3. **適切**　**無免許運転（運転免許失効中を含みます）や酒酔い運転**をした被保険者が起こした対人賠償事故、対物賠償事故は、被害者救済の見地から、対人賠償保険、対物賠償保険の**補償の対象**となります。

4. 不適切　車両保険では、**地震・噴火**またはこれらによる**津波**により損害を被った場合、特約を付帯しない限り、**補償対象外**となります。

149

24 [2019年9月]

傷害保険の一般的な商品性に関する次の記述のうち、最も適切なものはどれか。

1. 家族傷害保険の被保険者は、被保険者本人、配偶者、被保険者本人または配偶者と生計を共にする同居の親族および別居の未婚の子であり、その続柄は保険契約時におけるものによる。
2. 国内旅行傷害保険では、国内旅行中にかかった細菌性食中毒は補償の対象とならない。
3. 普通傷害保険では、日本国外における業務中の事故によるケガも補償の対象となる。
4. 海外旅行傷害保険では、日本を出国してから帰国するまでの間の事故によって被った損害を補償の対象としており、国内移動中の事故によって被った損害は補償の対象とならない。

25 [2018年9月]

傷害保険の一般的な商品性に関する次の記述のうち、最も不適切なものはどれか。なお、特約については考慮しないものとする。

1. 普通傷害保険では、細菌性食中毒は補償の対象となる。
2. 家族傷害保険では、被保険者本人または配偶者と生計を共にする別居の未婚の子は補償の対象となる。
3. 交通事故傷害保険では、道路通行中または交通乗用具に搭乗中の交通事故および交通乗用具の火災によるケガを補償の対象としており、エレベーターも交通乗用具に含まれる。
4. 海外旅行傷害保険では、海外旅行中の地震によるケガは補償の対象となる。

3 が適切   テキスト2章　P181

1. 不適切 家族傷害保険の被保険者は、被保険者本人、**傷害発生時**の配偶者、本人または配偶者と生計を一にする同居の親族および別居の未婚の子となります。契約時ではありません。

2. 不適切 普通傷害保険では**細菌性食中毒、ウイルス性食中毒は補償対象外**となりますが、国内（海外）旅行傷害保険では、**細菌性食中毒、ウイルス性食中毒は補償の対象**となります。

3. **適切** **国内外を問わず、日常生活・業務中を問わず**、傷害を補償対象とします。なお、地震・噴火・津波による傷害は、特約を付保しない限り補償の対象となりません。

4. 不適切 海外旅行傷害保険では、**自宅を出発してから、自宅に帰宅するまで**が保険期間となりますので、国内移動中の傷害等の損害も補償対象となります。

---

1 が不適切   テキスト2章　P181

1. **不適切** **普通**傷害保険は細菌性食中毒は**補償しません**。なお、**国内（海外）旅行**傷害保険では、細菌性食中毒は**補償対象となります**。

2. 適切 家族傷害保険の被保険者は、被保険者本人、傷害発生時の配偶者、本人または配偶者と生計を一にする同居の親族および別居の未婚の子となります。**契約時ではありません。**

3. 適切 交通事故傷害保険は、被保険者の交通事故等によるケガは補償対象となります。交通乗用具には、電車・自動車・航空機等のほか、エレベーター、エスカレーター等も含まれます。

4. 適切 **地震・噴火・津波による傷害**について、**普通**傷害保険、**国内旅行**傷害保険は、原則**補償対象外**となりますが、**海外旅行**傷害保険は**基本契約で補償対象**となります。

26   [2018年5月]

損害保険を活用した家庭のリスク管理に関する次の記述のうち、最も不適切なものはどれか。

1. 子が自転車を運転中の事故により他人にケガをさせて法律上の損害賠償責任を負うリスクに備え、家族傷害保険に個人賠償責任補償特約を付帯して契約した。
2. 国内旅行中の飲食による細菌性食中毒で入院や通院をするリスクに備え、国内旅行傷害保険を契約した。
3. 勤めている会社が倒産することにより、失業して所得を失うリスクに備えて、所得補償保険を契約した。
4. 海岸近くに自宅を新築したので、地震による津波で自宅が損壊するリスクに備えて、火災保険に地震保険を付帯して契約した。

27 [2020年1月]

損害保険を利用した事業活動のリスク管理に関する次の記述のうち、最も不適切なものはどれか。なお、特約については考慮しないものとする。

1. 仕出し弁当を調理して提供する事業者が、食中毒を発生させて法律上の損害賠償責任を負うことによる損害に備えて、生産物賠償責任保険（PL保険）を契約した。
2. 製造業を営む事業者が、業務中の災害により従業員やパート従業員がケガを負う場合に備えて、労働者災害補償保険（政府労災保険）の上乗せ補償を目的として労働災害総合保険を契約した。
3. 建設業を営む事業者が、請け負った建築工事中に誤って器具を落とし第三者にケガを負わせて法律上の損害賠償責任を負うことによる損害に備えて、請負業者賠償責任保険を契約した。
4. 貸しビル業を営む事業者が、火災により所有するビル内に設置した機械が損害を被る場合に備えて、機械保険を契約した。

3 **3** が不適切　　　　　　　　　　　　　　テキスト2章　P176、P181、P183、P190

1. 適切　　個人賠償責任補償特約は、本人、配偶者、生計を一にする同居親族、別居の未婚の子が被保険者となります。**自転車**の運転による賠償事故は補償対象となりますが、**自動車、原動機付自転車**の運転による賠償事故は補償対象外となります。

2. 適切　　**国内（海外）旅行傷害**保険は、細菌性食中毒、ウイルス性食中毒は**補償の対象**となります。なお、**普通**傷害保険では、細菌性食中毒、ウイルス性食中毒は**補償対象外**です。

3. **不適切**　所得補償保険は、**病気やケガ**により働くことができない期間の所得を補償する保険であり、**出産、育児、失業**等により働くことができない期間の所得は補償されません。

4. 適切　　地震保険は、自宅建物および家財が、地震・噴火・津波を直接または間接の原因として火災・損壊・埋没・流失等の損害を受けた場合に補償する保険であり、**火災保険に付帯**して申し込みます。

---

4 **4** が不適切　　　　　　　　　　　　　　　　　テキスト2章　P183-185

1. 適切　　なお、生産物賠償責任保険は、製造・販売した家電が発火して身体、財産に損害を与えた場合にも補償します。

2. 適切　　労働災害総合保険は、政府労災の上乗せ補償、使用者賠償責任の補償を目的とした保険です。

3. 適切　　建設業を営む事業者が、請け負った建設工事中の第三者に対する損害賠償責任に備えるには請負業者賠償責任保険、建設工事の目的物に損害を与えた場合に備えるには建設工事保険が適しています。

4. **不適切**　機械保険は、**火災による損害は補償対象外**です。機械保険は、電気的現象、設計・製作の欠陥、折損・亀裂等の機械的現象、物理的原因による破裂・爆発等の偶発的な事故により、機械設備が被る損害に対して保険金が支払われます。
　　　　　過去問題の多くは「火災は補償対象外」に関する出題です。

153

28 重要度 B [2019年9月]

地震保険料控除に関する次の記述のうち、最も適切なものはどれか。

1. 居住用家屋を保険の対象とする地震保険の保険料は、その家屋の所有者と契約者（＝保険料負担者）が同一人である場合に限り、地震保険料控除の対象となる。
2. 店舗併用住宅の所有者が、当該家屋を保険の対象とする火災保険に地震保険を付帯して契約した場合、当該家屋全体の50％以上を居住の用に供しているときは、支払った地震保険料の全額が地震保険料控除の対象となる。
3. 地震保険の保険期間が1年を超える長期契約で、地震保険料を一括で支払った場合、その全額が支払った年分の地震保険料控除の対象となる。
4. 地震保険料控除の控除限度額は、所得税では50,000円、住民税では25,000円である。

29 重要度 A [2021年1月]

個人を契約者（＝保険料負担者）とする損害保険の税金に関する次の記述のうち、最も不適切なものはどれか。

1. 新たに加入した所得補償保険の保険料は、介護医療保険料控除の対象となる。
2. 新たに住宅用建物および家財を保険の対象とする火災保険に地震保険を付帯して加入した場合、地震保険に係る保険料のみが地震保険料控除の対象となる。
3. 契約者と被保険者が同一人である自動車保険の人身傷害（補償）保険において、被保険者が自動車事故で死亡した場合、その遺族が受け取った死亡保険金は、過失割合にかかわらず、その全額が非課税となる。
4. 契約者の配偶者が不慮の事故で死亡したことにより、契約者が受け取った家族傷害保険の死亡保険金は、一時所得として課税の対象となる。

4 が適切

テキスト2章 P186

1. **不適切** 地震保険料控除は、**契約者**（＝保険料負担者）または本人と生計を一にする**配偶者、その他親族**が所有する**居住用家屋、生活用動産（家財）**が対象となります。

2. **不適切** 店舗併用住宅は、原則として**住宅に使用している面積割合の部分**の地震保険料が地震保険料控除の対象となりますが、当該家屋の90％以上が居住用である場合は、支払った地震保険料の全額が地震保険料控除の対象となります。

3. **不適切** 地震保険の保険期間が1年を超える長期契約で、地震保険料を一括で支払った場合、支払保険料を保険期間で除した各年分の支払保険料相当額が**毎年、地震保険料控除の対象**となります。

4. **適切** 地震保険料控除の控除限度額は、所得税では支払った全額（最高**5万円**）、住民税では支払った保険料の2分の1（最高**25,000円**）です。

3 が不適切

テキスト2章 P153、P186

1. **適切** 損害保険会社との契約ですが、**病気も保障対象**ですので、新たに契約した所得補償保険の保険料は生命保険料控除のうち、**介護医療**保険料控除の対象となります。

2. **適切** 新たに住宅用建物および家財を保険の対象とする火災保険に地震保険を付帯して加入した場合、**火災保険部分は地震保険料控除の対象となりません**。

3. **不適切** 契約者と被保険者が同一人である自動車保険の人身傷害（補償）保険において、被保険者が自動車事故で死亡した場合、その遺族が受け取った死亡保険金は、**相手の過失相当部分**は損害賠償金としての性格を有するため**非課税、自分の過失相当部分**は**課税**対象（設問の場合は契約者保険料・保険料負担者＝被保険者であるため、相続税）となります。死亡保険金、満期保険（返戻）金、解約返戻金、老後の年金は原則課税されますが、正確に理解していないと間違える出題です。

4. **適切** 死亡保険金であり、契約者（保険料負担者）＝受取人ですので、一時所得として所得税の課税対象となります。

30 ☒☒☒ 重要度 A   [2020年1月]

個人を契約者（＝保険料負担者）とする損害保険の課税関係に関する次の記述のうち、最も適切なものはどれか。

1. 自動車の運転中の交通事故により契約者が入院したことで家族傷害保険から受け取る保険金は、非課税となる。
2. 配偶者が不慮の事故で死亡したことにより契約者が家族傷害保険から受け取る死亡保険金は、相続税の課税対象となる。
3. 契約者が年金払積立傷害保険から毎年受け取る給付金（年金）は、一時所得として課税対象となる。
4. 個人事業主が一部を事業の用に供している自宅を保険の対象として契約した火災保険の保険料は、事業所得の金額の計算上、その全額を必要経費に算入することができる。

31 ☒◯◯ 重要度 B   [2021年1月]

契約者（＝保険料負担者）を法人とする損害保険に係る保険料等の経理処理に関する次の記述のうち、最も不適切なものはどれか。

1. 法人が所有する建物を対象とする長期の火災保険に加入し、保険料を一括で支払った場合、支払った保険料のうち当該事業年度に係る部分を損金の額に算入することができる。
2. 法人が所有する業務用自動車が交通事故で全損となり、受け取った自動車保険の車両保険の保険金で同一事業年度内に代替車両を取得した場合、所定の要件に基づき圧縮記帳が認められる。
3. 業務中の事故で従業員が死亡し、普通傷害保険の死亡保険金が保険会社から従業員の遺族へ直接支払われた場合、法人は死亡保険金相当額を死亡退職金として損金の額に算入することができる。
4. 積立普通傷害保険の満期返戻金と契約者配当金を法人が受け取った場合、いずれも全額を益金の額に算入し、それまで資産計上していた積立保険料の累計額を取り崩して損金の額に算入することができる。

1 が適切   テキスト2章 P186

1. **適切** 個人としての損害保険の契約において、死亡保険金、満期返戻金、解約返戻金、老後の年金以外の保険金（例：入院保険金、火災保険金、車両保険金）は、**非課税**となります。

2. 不適切 死亡保険金であり、契約者・保険料負担者＝受取人ですので、**一時所得**として所得税の課税対象となります。

3. 不適切 契約者（＝保険料負担者）が受け取る年金払積立傷害保険の年金は**雑所得**として所得税の課税対象となります。一時所得となるのは契約者（＝保険料負担者）が一時金で受け取る死亡保険金、満期返戻金、解約返戻金等です。

4. 不適切 事業に供している部分の火災保険料は必要経費に算入できますが、その他部分は、**必要経費にも所得控除の対象にもなりません**。

3 が不適切   テキスト2章 P187

1. 適切 法人が一括で支払った火災保険料のうち、**当該事業年度の部分は損金**に算入し、**その他の部分は前払保険料として資産**に計上します。

2. 適切 圧縮記帳（保険差益の課税繰延べ）は、法人が事業の用に供する**建物や自動車、機械設備**等に損害を受け、一定期間内に代替資産を取得した場合に適用できます。なお、個人事業主は適用できず、法人が所有する販売用資産、棚卸資産に損害を被った場合にも適用できません。

3. **不適切** **普通傷害保険の保険料は、支払った全額を損金**に算入しているため、普通傷害保険の死亡保険金が遺族に直接支払われた場合、保険料（資産）の取り崩しもなく、**死亡保険金の経理処理も不要**となります。

4. 適切 積立普通傷害保険の満期返戻金と契約者配当金を法人が受け取った場合、受け取った全額を益金の額に算入し、それまで資産計上していた積立保険料の累計額を損金に算入します。なお、満期返戻金のある積立型の損害保険（保険期間3年以上）の保険料は、貯蓄性の高い生命保険とは少し異なり、**積立保険料は資産**に計上し、**その他の部分は損金**に算入します。

32   [2020年1月]

法人を契約者（＝保険料負担者）とする損害保険の保険料や保険金の経理処理に関する次の記述のうち、最も不適切なものはどれか。

1. すべての役員・従業員を被保険者とする普通傷害保険を契約した場合、支払った保険料の全額を損金の額に算入することができる。
2. すべての役員・従業員を被保険者とする積立普通傷害保険を契約した場合、支払った保険料の全額を損金の額に算入することができる。
3. 法人が所有する自動車で従業員が業務中に起こした対人事故により、その相手方に保険会社から自動車保険の対人賠償保険金が直接支払われた場合、法人は当該保険金に関して経理処理する必要はない。
4. 法人が所有する倉庫建物が火災で焼失し、受け取った火災保険の保険金で同一事業年度内に代替の倉庫建物を取得した場合、所定の要件に基づき圧縮記帳が認められる。

2 が不適切   テキスト2章　P187

1. 適切　　役員・従業員を被保険者とする普通傷害保険の保険料は、支払った全額を損金に算入します。

2. **不適切**　満期返戻金のある積立型の損害保険（保険期間3年以上）の保険料は、**積立保険料部分は資産**に計上し、その他の部分は損金に算入します。

3. 適切　　対人事故、対物事故により、相手方に対人賠償保険金、対物賠償保険金が直接支払われた場合、法人は当該保険金に関して経理処理は不要です。

4. 適切　　圧縮記帳（保険差益の課税繰延べ）は、法人が事業の用に供する建物や自動車、機械設備等に損害を受け、一定期間内に代替資産を取得した場合に適用できます。なお、個人事業主は適用できず、法人が所有する販売用資産、棚卸資産に損害を被った場合にも適用できません。

第三分野の保険

33 [2020年1月]

第三分野の保険や特約の一般的な商品性に関する次の記述のうち、最も適切なものはどれか。

1. ガン保険の入院給付金には、1回の入院での支払限度日数や保険期間を通じて累計した支払限度日数が定められている。
2. 所得補償保険では、ケガや病気によって就業不能となった場合であっても、所定の医療機関に入院しなければ、補償の対象とならない。
3. 医療保険では、退院後に入院給付金を受け取り、その退院日の翌日から180日を超えた後に前回と同一の疾病により再入院した場合、1回の入院での支払日数は前回の入院での支払日数と合算されない。
4. 先進医療特約では、契約時点において厚生労働大臣により定められていた先進医療が給付の対象となり、契約後に定められた先進医療は、給付の対象とならない。

34   [2019年9月]

第三分野の保険の一般的な商品性に関する次の記述のうち、最も適切なものはどれか。

1. 特定疾病保障保険は、ガンに罹患して特定疾病保険金が支払われた後も契約が存続し、ガンが再発した場合には、特定疾病保険金が再度支払われる。
2. 所得補償保険は、被保険者が保険会社所定の病気により就業不能になった場合には補償の対象となるが、ケガにより就業不能になった場合には補償の対象とならない。
3. 医療保険(更新型)は、所定の年齢の範囲内であれば、保険期間中に入院給付金を受け取ったとしても、契約を更新することができる。
4. ガン保険は、契約日の翌日に被保険者がガンと診断された場合、診断給付金が支払われる。

3 が適切

テキスト2章　P189-190

1. **不適切**　ガン保険の**入院給付金の支払日数、手術給付金の回数に限度はありません**。医療保険の入院給付金は一般に1入院および通算の入院給付金の支払日数に限度が設けられています（一部、限度がない商品もあります）。

2. **不適切**　所得補償保険は、**病気**やケガにより就業不能となった場合、**自宅療養も含めて補償の対象**となります。

3. **適切**　言い換えると、医療保険では、入院給付金の対象となる入院をし、その退院日の翌日から180日以内に前回と同一の疾病により再入院をした場合、1入院の支払日数は前回の入院の支払日数と合算されます。なお、180日以内の再入院であっても、異なる原因による場合は、前回の入院の支払日数と合算されません。

4. **不適切**　先進医療特約は、**療養**時点で厚生労働大臣により定められている先進医療が給付の対象となり、契約後に新たに指定された先進医療も給付の対象となります。

---

3 が適切

テキスト2章　P146、P189-190

1. **不適切**　特定疾病保障保険は、ガン、急性心筋梗塞、脳卒中に罹患し、所定の状態に該当すると特定疾病保険金が支払われ、契約は**消滅**します。

2. **不適切**　所得補償保険は、**病気やケガ**により就業不能となった場合、自宅療養も含めて、就業不能期間の所得を補償します。なお、**出産、育児、失業は補償対象外**です。

3. **適切**　医療保険（更新型）では、所定の年齢の範囲内であれば、保険期間中に**入院給付金を受け取っていても、新規契約できない健康状態であっても、更新できます**。

4. **不適切**　ガン保険には、契約後責任開始日まで**3カ月または90日程度の免責期間**がありますので、契約日の翌日にガンと診断されても診断給付金は支払われません。

実技試験[日本FP協会] 資産設計提案業務

第1問 重要度 A

[2021年1月]

妹尾ゆかりさん（55歳）が保険契約者（保険料負担者）および被保険者として加入している生命保険（下記＜資料＞参照）の保障内容等に関する次の記述の空欄（ア）～（ウ）にあてはまる数値を解答欄に記入しなさい。なお、保険契約は有効に継続しているものとし、ゆかりさんはこれまでに＜資料＞の保険から、保険金・給付金を一度も受け取っていないものとする。また、各々の記述はそれぞれ独立した問題であり、相互に影響を与えないものとする。

＜資料／保険証券1＞

保険種類	医療保険	契約日（保険期間の始期）
証券番号	＊＊＊＊＊＊＊＊	2002年10月1日

保険契約者	妹尾　ゆかり　様	保険契約者印
被保険者	妹尾　ゆかり　様 1965年10月1日生　女性　契約年齢　37歳	妹尾
受取人	（給付金）被保険者　様 （死亡保険金）妹尾　達也　様（夫）	
指定代理請求人	妹尾　達也　様（夫）	

◇保障内容

疾病入院給付金	日額5,000円（入院1日目から保障）
災害入院給付金	日額5,000円（入院1日目から保障）
女性疾病入院給付金	日額5,000円（入院1日目から保障）
手術給付金	1回につき　手術の種類に応じて入院給付金日額の10倍、20倍、40倍
通院給付金	日額3,000円（退院後の通院に限る）
死亡保険金	100万円

◇保険期間・保険料

保険期間	終身	保険料	毎回＊,＊＊＊円
保険料払込期間	終身	保険料払込方法	月払い

<資料／保険証券2>

終身がん保険		保険証券記号番号　○○-○○○○○	
保険契約者	妹尾　ゆかり　様	保険契約者印 妹尾	◇契約日 　1995年11月1日
被保険者	妹尾　ゆかり　様 1965年10月1日生　女性		◇主契約の保険期間 　終身
受取人	給付金　被保険者　様 死亡給付金　妹尾　達也　様（夫）	受取割合 10割	◇主契約の保険料払込期間 　終身

◇ご契約内容

がん診断給付金	初めてがんと診断されたとき	100万円
がん入院給付金	1日目から日額	1万円
がん手術給付金	1回につき	20万円
がん死亡給付金	がんによる死亡	20万円
死亡給付金	がん以外による死亡	10万円

◇お払い込みいただく合計保険料

毎回　△,△△△円
［保険料払込方法］ 月払い

・ゆかりさんが現時点で、交通事故で死亡（入院・手術なし）した場合、保険会社から支払われる保険金・給付金の合計は（　ア　）万円である。

・ゆかりさんが現時点で、糖尿病で12日間入院し（手術は受けていない）、退院日の翌日から約款所定の期間内に10日間通院した場合、保険会社から支払われる保険金・給付金の合計は（　イ　）万円である。

・ゆかりさんが現時点で、初めてがん（乳がん・悪性新生物）と診断されて16日間入院し、その間に約款所定の手術（給付倍率40倍）を1回受けた場合、保険会社から支払われる保険金・給付金の合計は（　ウ　）万円である。

正解	（ア）**110**（万円）	（イ）**9**（万円）	（ウ）**172**（万円）

テキスト2章　P192-194

（ア）交通事故で死亡した場合、支払われる保険金・給付金は以下のとおりです。

　＜保険証券1＞

　　死亡保険金　100万円－①

　＜保険証券2＞

　　死亡給付金　10万円－②（がん以外による死亡）

　　①＋②＝110万円

（イ）糖尿病（疾病、生活習慣病）の治療のため、12日間入院し、退院日の翌日から約款所定の期間内に10日間通院した場合、支払われる保険金・給付金は以下のとおりです。

　＜保険証券1＞

　　疾病入院給付金　　5,000円×12日＝6万円－①

　　通院給付金　　　　3,000円×10日＝3万円－②

　　①＋②＝9万円

　なお、保険証券2はがん保険ですので、糖尿病による入院、通院に対する給付金はありません。

（ウ）初めてがん（乳がん・悪性新生物）（**疾病、女性疾病、がん**）と診断されて16日間入院し、その間に約款所定の手術（給付倍率40倍）を1回受けた場合、支払われる保険金・給付金は以下のとおりです。

　＜保険証券1＞

　　疾病入院給付金　　　　5,000円×16日＝8万円－①

　　女性疾病入金給付金　　5,000円×16日＝8万円－②

　　手術給付金　　　　　　5,000円×40倍＝20万円－③

　＜保険証券2＞

　　診断給付金　　　　100万円－④

　　入院給付金　　　　1万円×16日＝16万円－⑤

　　手術給付金　　　　20万円－⑥

　　①＋②＋③＋④＋⑤＋⑥＝172万円

レック先生のワンポイント

「何で」「どうした」をしっかり読みましょう。

「何で」

何で	保険金・給付金が支払われる例	
病気 突発性 難聴	医療保険の入院給付金 約款で定める手術給付金 通院特約の通院給付金 （入院給付金が支払われる入院の退院後の約款所定の期間内の通院特約の通院給付金）	疾病入院特約
がん		疾病入院特約、特定疾病保障保険、がん保険、生活習慣病（成人病）入院特約
乳がん		疾病入院特約、女性疾病特約、がん保険、生活習慣病（成人病）入院特約
糖尿病		疾病入院特約、生活習慣病（成人病）入院特約
交通事故 骨折		災害入院特約

「どうした」

どうした	
入院	入院給付金
通院	通院給付金
手術	手術給付金
がんと診断	診断給付金、特定疾病保険金
死亡	終身保険、定期保険特約、特定疾病保障定期保険特約、医療保険 がん保険（がん死亡、がん以外の死亡で金額が異なる場合がある） 傷害特約、災害割増特約（事故死亡の場合）

第2問  [2020年9月]

中井洋子さん（52歳）が保険契約者（保険料負担者）および被保険者として加入している生命保険（下記＜資料＞参照）の保障内容に関する次の記述の空欄（ア）～（ウ）にあてはまる数値を解答欄に記入しなさい。なお、保険契約は有効に継続し、かつ特約は自動更新しているものとし、洋子さんはこれまでに＜資料＞の保険から、保険金・給付金を一度も受け取っていないものとする。また、各々の記述はそれぞれ独立した問題であり、相互に影響を与えないものとする。

＜資料／保険証券1＞

無配当定期保険特約付終身保険			保険証券記号番号　△×－××××	
保険契約者	中井　洋子　様	保険契約者印 ㊞中井	◇契約日 　2003年6月1日	
被保険者	中井　洋子　様 1968年7月27日生　女性		◇主契約の保険期間 　終身	
受取人	死亡保険金 中井　亜子　様（子）	受取割合 10割	◇主契約の保険料払込期間 　25年間 ◇特約の保険期間 　10年 　（80歳まで自動更新）	

◇ご契約内容

終身保険金額（主契約保険金額）	200万円
定期保険特約保険金額	2,800万円
特定疾病保障定期保険特約保険金額	500万円
傷害特約保険金額	500万円
災害入院特約　入院5日目から　　　日額　5,000円	
疾病入院特約　入院5日目から　　　日額　5,000円	
※約款所定の手術を受けた場合、手術の種類に応じて入院給付金日額の10倍・20倍・40倍の手術給付金を支払います。	
生活習慣病入院特約　入院5日目から　日額　5,000円	

※入院給付金の1入院当たりの限度日数は120日、通算限度日数は1,095日です。

◇お払い込みいただく合計保険料

毎回　△△，△△△円

［保険料払込方法］
月払い

<資料／保険証券2＞

終身ガン保険		保険証券記号番号	○○-○○○○○

保険契約者	中井　洋子　様	保険契約者印 中井	◇契約日 　2002年7月1日
被保険者	中井　洋子　様 1968年7月27日生　女性		◇主契約の保険期間 　終身
受取人	給付金　被保険者　様 死亡給付金　中井　亜子　様（子）	受取割合 10割	◇主契約の保険料払込期間 　終身

◇ご契約内容

ガン診断給付金	初めてガンと診断されたとき	200万円
ガン入院給付金	1日目から日額	1万円
ガン通院給付金	1日目から日額	5,000円
ガン死亡給付金	ガンによる死亡	20万円
死亡給付金	ガン以外による死亡	10万円

◇お払い込みいただく合計保険料

毎回　×,×××円
［保険料払込方法］ 月払い

・洋子さんが現時点で、糖尿病で12日間入院した場合（手術は受けていない）、保険会社から支払われる保険金・給付金の合計は（　ア　）万円である。

・洋子さんが現時点で、初めてガン（悪性新生物）と診断され、治療のため26日間入院し、その間に約款所定の手術（給付倍率20倍）を1回受けた場合、保険会社から支払われる保険金・給付金の合計は（　イ　）万円である。

・洋子さんが現時点で、交通事故で死亡（入院・手術なし）した場合、保険会社から支払われる保険金・給付金の合計は（　ウ　）万円である。

正解	（ア）**8**（万円）	（イ）**758**（万円）	（ウ）**4,010**（万円）

テキスト2章　P192-194

（ア）糖尿病（疾病、生活習慣病）で12日間入院した場合、支払われる保険金・給付金は以下のとおりです。

　＜保険証券1＞
　　疾病入院特約　　5,000円×（12日－4日）＝4万円－①
　　生活習慣病入院特約　5,000円×（12日－4日）＝4万円－②
　　ガン、糖尿病、高血圧性疾患、脳血管疾患、心疾患で入院した場合に入院給付金が支払われます。
　　①＋②＝8万円

（イ）初めてガン（疾病、特定疾病、生活習慣病）と診断され、治療のため26日間入院し、約款所定の手術（給付倍率20倍）を1回受けた場合、**支払われる保険金・給付金は以下のとおりです。**

　＜保険証券1＞
　　特定疾病保障定期保険特約　500万円－①
　　死亡・高度障害の保障のほか、保険期間中にガン、急性心筋梗塞、脳卒中に罹り所定の状態となった場合には、死亡・高度障害保険金に代えて、特定疾病保険金が支払われます。
　　疾病入院特約　　5,000円×（26日－4日）＝11万円－②
　　手術給付金（給付倍率20倍）　5,000円×20倍＝10万円－③
　　生活習慣病入院特約　5,000円×（26日－4日）＝11万円－④

　＜保険証券2＞
　　診断給付金　200万円－⑤
　　入院給付金　1万円×26日＝26万円－⑥

　　①＋②＋③＋④＋⑤＋⑥＝758万円

（ウ）交通事故で死亡した場合、支払われる保険金・給付金は以下のとおりです。

＜保険証券1＞

終身保険　　　200万円－①

定期保険特約　2,800万円－②

特定疾病保障定期保険特約　500万円－③

三大疾病（ガン、急性心筋梗塞、脳卒中）に係る保険金を受け取る前に死亡した場合、病気・事故を問わず、死亡保険金が支払われます。

傷害特約　500万円－④

不慮の事故や特定感染症により180日以内に死亡した場合、災害死亡保険金が支払われます。

＜保険証券2＞

死亡給付金　10万円－⑤

ガン以外による死亡のため、10万円が支払われます。

①＋②＋③＋④＋⑤＝4,010万円

第3問

[2022年1月]

高倉邦治さんが契約している第三分野の保険（下記＜資料＞参照）の契約に関する次の（ア）～（エ）の記述について、適切なものには○、不適切なものには×を解答欄に記入しなさい。なお、保険契約は有効に成立しており、記載のない事項については一切考慮しないこととする。

＜資料1：保険証券（一部抜粋）＞

[特定（三大）疾病保障保険A] 契約日：2015年9月1日 保険契約者：高倉　邦治 被保険者：高倉　邦治 死亡保険金受取人：高倉　千鶴子（妻） 特定疾病保険金または死亡・高度障害保険金：1,000万円	[介護保障保険B] 契約日：2018年3月1日 保険契約者：高倉　邦治 被保険者：高倉　邦治 死亡保険金受取人：高倉　千鶴子（妻） 介護保険金・死亡保険金：500万円 特約等：リビングニーズ特約

＜資料2：介護保障保険B約款（一部抜粋）＞

名称	支払事由
介護保険金	保険期間中に次のいずれかに該当したとき ①公的介護保険制度に定める要介護2以上の状態 ②会社の定める要介護状態 　次の（1）および（2）をともに満たすことが、医師によって診断確定されたこと 　（1）被保険者が、責任開始時以後の傷害または疾病を原因として、要介護状態（別表1）に該当したこと 　（2）被保険者が、（1）の要介護状態（別表1）に該当した日からその日を含めて180日以上要介護状態が継続したこと

別表1

要介護状態	次のいずれかに該当したとき 1）常時寝たきり状態で、下表の（a）に該当し、かつ、下表の（b）～（e）のうち2項目以上に該当して他人の介護を要する状態 2）器質性認知症と診断確定され、意識障害のない状態において見当識障害があり、かつ、他人の介護を要する状態
	（a）ベッド周辺の歩行が自分ではできない （b）衣服の着脱が自分ではできない （c）入浴が自分ではできない （d）食物の摂取が自分ではできない （e）大小便の排泄後の拭き取り始末が自分ではできない

（ア）邦治さんが、がん（悪性新生物）と診断され、特定疾病保障保険Aから特定疾病保険金が支払われた場合、特定疾病保障保険Aの契約は終了となる。

（イ）邦治さんが、疾病により余命1年以内と診断された場合、介護保障保険Bから死亡保険金の一部または全部を受け取ることができる。

（ウ）邦治さんが、公的介護保険制度の要介護3に認定された場合、介護保障保険Bから介護保険金を受け取ることができる。

（エ）邦治さんが、常時寝たきり状態で、ベッド周辺の歩行、入浴および大小便の排泄後の拭き取り始末が自分ではできなくなり、他人の介護を要する状態が180日以上継続した場合、介護保障保険Bから介護保険金を受け取ることができる。

正解　（ア）〇　（イ）✕　（ウ）〇　（エ）〇　　　　テキスト2章　P146、P192-194

（ア）適切　　特定疾病保障保険は、特定疾病保険金、死亡保険金、高度障害保険金が支払われると契約は終了します。

（イ）不適切　リビング・ニーズ特約は余命6カ月以内と診断された場合に、リビング・ニーズ特約保険金が支払われます。

（ウ）適切　　介護保障保険Bは、公的介護保険制度の要介護2以上に認定された場合、介護保険金が支払われます。

（エ）適切　　＜資料2＞の支払事由②（2）、別表1の1）が定める（a）に該当し、かつ（c）（e）に該当します。

第4問   [2019年1月]

下記＜資料＞は、吉田さんが加入したガン保険（免責期間3ヵ月）の契約の流れを示したものである。この保険契約のガンに対する保障が開始する日として、最も適切なものはどれか。なお、保険料の支払い方法は月払いを選択するものとする。

＜資料＞

・202x年10月10日　申込書および告知書提出 ↓ ・202x年10月15日　第1回保険料の支払い（代理店に直接払い込んでいる） ↓ ・202x年10月25日　保険会社の引受けの承諾 ↓ ・202x年10月30日　保険証券の受取り

1. 加入した年の10月25日
2. 加入した年の10月30日
3. 加入した年の翌年の1月15日
4. 加入した年の翌年の1月25日

正解 が適切　　　　　　　　テキスト2章　P122

生命保険の責任開始日（期）は、保険会社の引き受けの承諾を前提として、通常、**申込み、告知（または診査）、第1回保険料の払込みの3つが完了したとき**となります。なお、ガン保険はこの3つが完了したときから**3カ月間は免責**となり、この期間にガンに関する保険事故が発生しても保険金は支払われません。

申込み、告知書の提出、第1回保険料の払込みの3つが完了するのが10月15日ですので、その3カ月後である翌年1月15日からガンに対する保障が開始しますので、3.が正解となります。

第 5 問  重要度 C [2019年9月]

荒木さんは、疾病Xおよび疾病Y（前後に入院した疾病Xとは無関係）により入院をした。下記＜資料＞に基づき、荒木さんが契約している医療保険の入院給付金の日数に関する次の記述の空欄（ア）、（イ）に入る数値を解答欄に記入しなさい。なお、荒木さんは、入院Aについてはこの医療保険から所定の入院給付金を受け取っているが、それ以外にこの医療保険から一度も給付金を受け取っていないものとする。

＜資料＞

［荒木さんの医療保険の入院給付金（日額）の給付概要］
・給付金の支払い条件　　：入院1日目から（日帰り入院含む）支払う。
・1入院限度日数　　　　：60日
・通算限度日数　　　　　：1,095日
・180日以内に同じ疾病で再入院した場合には、1回の入院とみなす。

荒木さんが請求することができる入院給付金の日数は、入院Bについては（ア）日分であり、入院Cについては（イ）日分である。

正解　（ア）28（日分）　（イ）15（日分）　テキスト2章　P189

(ア) 入院Bは、**入院Aとは別の原因の入院**であり、入院日数28日は1入院限度日数60日の範囲内ですので、28日分の入院給付金が支払われます。

(イ) 入院Cは、**入院Aと同じ疾病での再入院**であり、180日以内の再入院ですので、1回の入院とみなされ、入院給付金は入院Aと合わせて60日分までとなります。入院Aは入院1日目から45日分の入院給付金が支払われていますので、入院Cは60日－45日＝15日分の入院給付金が支払われます。

第6問

[2021年1月]

杉山英雄さんが本年中に支払った生命保険の保険料は下記＜資料＞のとおりである。この場合における英雄さんの本年分の所得税における生命保険料控除の金額として、正しいものはどれか。なお、下記＜資料＞の保険について、これまでに契約内容の変更は行われていないものとする。また、本年分の生命保険料控除額が最も多くなるように計算すること。

＜資料＞

［終身保険（無配当）］
契約日：2010年1月12日
保険契約者：杉山　英雄
被保険者：杉山　英雄
死亡保険金受取人：杉山　香織（妻）
本年の年間支払保険料：94,800円

［医療保険（介護医療保険契約）］
契約日：2017年9月14日
保険契約者：杉山　英雄
被保険者：杉山　英雄
死亡保険金受取人：杉山　香織（妻）
本年の年間支払保険料：32,400円

＜所得税の生命保険料控除額の速算表＞

（1）2011年12月31日以前に締結した保険契約（旧契約）等に係る控除額

○一般生命保険料控除、個人年金保険料控除

年間の支払保険料の合計		控除額
	25,000円 以下	支払金額
25,000円 超	50,000円 以下	支払金額×1／2＋12,500円
50,000円 超	100,000円 以下	支払金額×1／4＋25,000円
100,000円 超		50,000円

（2）2012年1月1日以後に締結した保険契約（新契約）等に係る控除額

○一般生命保険料控除、個人年金保険料控除、介護医療保険料控除

年間の支払保険料の合計		控除額
	20,000円 以下	支払金額
20,000円 超	40,000円 以下	支払金額×1／2＋10,000円
40,000円 超	80,000円 以下	支払金額×1／4＋20,000円
80,000円 超		40,000円

（注）支払保険料とは、その年に支払った金額から、その年に受けた剰余金や割戻金を差し引いた残りの金額をいう。

1. 28,700円
2. 50,000円
3. 68,700円
4. 74,900円

正解 **4** が正しい　　　　　　　　　　テキスト2章　P152-153

終身保険は**旧契約**（**一般**生命保険料控除）に係る控除額となり、控除額は94,800円×1／4＋25,000円＝48,700円となります。

医療保険は**新契約**（**介護医療**保険料控除）に係る控除額となり、32,400円×1／2＋10,000円＝26,200円となります。

一般生命保険料控除と介護医療保険料控除は別枠であるため、生命保険料控除額は、48,700円＋26,200円＝74,900円となり、4.が正解となります。

レック先生のワンポイント

> 実技試験の生命保険料控除の計算問題は、保険証券が2つ出題されます。
> ・契約時期や更新の有無等から「旧契約」「新契約」を判定する
> ・「一般」「個人年金」「介護医療」の保険料控除の種類を判定する
> の2つがポイントです。

ポイント：所得税の生命保険料控除の限度額

適用制度	旧制度のみ（2011年までの契約）	新制度のみで控除（2012年以降）	新旧双方の契約で控除
一般生命保険料控除	5万円	4万円	4万円
介護医療保険料控除	－	4万円	－
個人年金保険料控除	5万円	4万円	4万円
新旧通算控除限度額	12万円		

ポイント：生命保険料控除の種類

	旧制度	新制度
終身保険、定期保険等	一般	
要件を満たす個人年金保険	個人年金	
変額個人年金保険	一般	
災害割増特約、傷害特約、災害入院特約	一般	対象外
医療保険、がん保険、疾病入院特約、先進医療特約、所得補償保険、就業不能保障保険	一般	介護医療

第7問 [2021年1月]

平尾良治さんが契約している生命保険（下記＜資料＞参照）に関する次の（ア）～（エ）の記述について、適切なものには〇を、不適切なものには×を解答欄に記入しなさい。

＜資料：平尾良治さんが契約している生命保険契約の一覧＞

	保険契約者 （保険料負担者）	被保険者	死亡保険金受取人	満期保険金受取人
終身保険A	平尾　良治	平尾　良治	平尾　咲子	－
特定疾病保障保険B	平尾　良治	平尾　咲子	平尾　良治	－
定期保険C	平尾　良治	平尾　咲子	平尾　太一	－
養老保険D	平尾　良治	平尾　良治	平尾　咲子	平尾　良治

※平尾咲子さんは平尾良治さんの妻であり、平尾太一さんは平尾良治さんと平尾咲子さんの子である。
※養老保険Dの保険期間は20年である。

（ア）終身保険Aから平尾咲子さんが受け取る死亡保険金は、相続税の課税対象となる。

（イ）特定疾病保障保険Bから平尾良治さんが受け取る死亡保険金は、相続税の課税対象となる。

（ウ）定期保険Cから平尾太一さんが受け取る死亡保険金は、相続税の課税対象となる。

（エ）養老保険Dから平尾良治さんが一時金として受け取る満期保険金は、一時所得として所得税の課税対象となる。

正解 （ア）○ （イ）× （ウ）× （エ）○　　テキスト2章

ポイント：死亡保険金

契約者	被保険者	受取人	課税
A	A	相続人	相続税（非課税あり）（ア）
A	A	相続人以外	相続税（非課税なし）
A	B	A	所得税（イ）
A	B	C	贈与税（ウ）

ポイント：満期保険金・解約返戻金

契約者＝受取人	一時所得（エ） 一時払い等＆5年以内受取り＆終身タイプ以外（養老保険、確定年金等）：20.315％源泉分離課税 上記以外（平準払い、5年経過後受取り、終身タイプ）：一時所得として総合課税
契約者≠受取人	贈与税

レック先生のワンポイント

生命保険の死亡保険金、満期保険金、解約返戻金、（老後の個人）年金は課税されます。

契約者、被保険者、受取人の関係により、課税方法が異なりますので、整理しましょう。

なお、死亡保険金、満期保険金、解約返戻金、（老後の個人）年金以外の保険金・給付金（入院給付金・通院給付金・手術給付金、がん診断給付金、特定疾病保険金、リビング・ニーズ特約保険金、高度障害保険金、介護一時金、介護年金等）を被保険者等が受け取ると非課税となります。

第8問   [2022年9月]

下記＜資料＞の個人年金保険に関する次の（ア）〜（エ）に関する記述について、適切なものには○、不適切なものには×を解答欄に記入しなさい。なお、青山和也さんが加入している個人年金保険は下記＜資料＞の契約のみとし、契約は有効に継続しており、これまでに契約内容の変更はないものとする。また、保険料はすべて和也さんが負担しており（本年12月分まで支払い済みとする）、本年中の配当はないものとする。また、生命保険料控除の金額については、その年分の生命保険料控除額が最も多くなるように計算すること。

＜資料＞

[個人年金保険　保険証券（一部抜粋）]

保険契約者：青山　和也　様	契約日：2019年9月1日
被保険者：青山　和也　様（契約年齢：35歳）	保険料払込期間：60歳払込満了
年金受取人：青山　和也　様	保険料：8,600円（月払い）
死亡給付金受取人：青山　佐織　様（妻）	＊税制適格特約付加

◆ご契約内容
基本年金額：30万円（60歳年金支払開始・10年確定年金）

＜所得税の生命保険料控除額（速算表）＞

（1）2011年12月31日以前に締結した保険契約（旧契約）等に係る控除額

年間の支払保険料の合計		控除額
	25,000円 以下	支払保険料の全額
25,000円 超	50,000円 以下	支払金額×1／2＋12,500円
50,000円 超	100,000円 以下	支払金額×1／4＋25,000円
100,000円 超		50,000円

（2）2012年1月1日以後に締結した保険契約（新契約）等に係る控除額

年間の支払保険料の合計		控除額
	20,000円 以下	支払保険料の全額
20,000円 超	40,000円 以下	支払金額×1／2＋10,000円
40,000円 超	80,000円 以下	支払金額×1／4＋20,000円
80,000円 超		40,000円

（注）支払保険料とは、その年に支払った金額から、その年に受けた剰余金や割戻金を差し引いた残りの金額をいう。

（ア）和也さんの本年分の所得税の個人年金保険料控除額は、40,000円である。

（イ）和也さんが契約日から6年後に解約して一時金で受け取る解約返戻金による所得は、雑所得として課税の対象となる。

（ウ）和也さんが年金受取り開始前に死亡した場合、佐織さんが受け取る死亡給付金は、相続税の課税対象となる。

（エ）和也さんが毎年受け取る年金による所得は、一時所得として課税の対象となる。

正解　（ア）○　（イ）✕　（ウ）○　（エ）✕　テキスト2章　P153-154、P156-157

（ア）適切　　**2019年に契約**した税制適格特約付の個人年金保険で、**年間正味払込保険料は8万円以上**（8,600円×12）ですので、所得税の生命保険料控除額は**40,000円**となります。

（イ）不適切　契約から**6年後に解約**する場合の解約返戻金は、**一時所得**として総合課税の対象となります。

（ウ）適切　　**契約者（保険料負担者）、被保険者が同一**である場合の、**死亡保険金**は**相続税**の課税対象となります。

（エ）不適切　契約者（保険料負担者）が受け取る個人年金は、**雑所得**として総合課税の対象となります。

第9問  [2018年5月]

皆川敏夫さんが契約している火災保険（下記＜資料＞参照）に関する次の（ア）〜（エ）の記述について、適切なものには〇、不適切なものには×を解答欄に記入しなさい。なお、超過保険や一部保険には該当しないものとし、＜資料＞に記載のない特約については付帯がないものとする。また、保険契約は有効に継続しているものとする。

＜資料＞

火災保険証券

保険契約者	記名被保険者
住所　○○市△△町◇-◇-◇ 氏名　皆川　敏夫　様	保険契約者に同じ

証券番号　第××-×××××

保険期間　201x年4月10日　午後4時から 　　　　　202x年4月10日　午後4時まで 　　　　　10年間	火災保険料　△△,△△△円 地震保険料　　　　　　　円 保険料払込方法　年払い

地震保険期間　　　　　−

保険の対象等	
保険の対象	火災保険：建物、家財 地震保険：なし
所在地	保険契約者住所に同じ
構造級別	H構造（非耐火）
面積	86.70㎡
建物建築年月	201x年4月

建物・家財等に関する補償				
事故の種類	補償の有無	建物保険金額	補償の有無	家財保険金額
① 火災、落雷、破裂・爆発	〇	1,380万円 （免責金額　0円）	〇	700万円 （免責金額　0円）
② 風災、ひょう災、雪災	〇	1,380万円 （免責金額　0円）	〇	700万円 （免責金額　0円）
③ 盗難	〇	1,380万円 （免責金額　0円）	〇	700万円 （免責金額　0円）
④ 水災	×	−	×	−
⑤ 破損、汚損等	〇	1,380万円 （免責金額　0円）	〇	100万円 （免責金額　0円）
⑥ 地震、噴火、津波	×	−	×	−

その他の補償・付帯している特約	
個人賠償責任特約　〇	日常生活での賠償事故の補償 保険金額：1億円（免責金額　0円）

※「補償の有無」について、〇は有、×は無を示すものとする。

(ア) 火災による損害の補償に関する建物の保険金額は、1,380万円（免責金額0円）で契約している。
(イ) 竜巻が原因で建物と家財が全損となった場合、合計で2,080万円の保険金が支払われる。
(ウ) 洪水が原因で建物と家財が全損となった場合、合計で2,080万円の保険金が支払われる。
(エ) 休日に敏夫さんが自転車で走行中、誤って他人にケガを負わせた場合の損害賠償責任についても、保険金が支払われる。

正解　(ア) ○　(イ) ○　(ウ) ×　(エ) ○

テキスト2章　(ア)(イ)(ウ) P173、(エ) P183

(ア) 適切　①火災、建物保険金額に「1,380万円」とあります。

(イ) 適切　②風災、建物保険金額に「1,380万円」、家財保険金額に「700万円」とありますので、全損の場合、建物と家財の保険を合わせて、1,380万円＋700万円＝2,080万円が支払われます。

(ウ) 不適切　④水災は建物、家財ともに「×」が付されており、補償対象外となっています。

(エ) 適切　個人賠償責任特約が付保されており、被保険者が**日常生活**において、**自転車**で走行中、誤って他人にケガを負わせた場合の損害賠償責任についても保険金が支払われます。なお、業務中の自転車事故による賠償責任は対象外となります。

レック先生のワンポイント

保険証券を見れば、正解できる問題もありますので、まず保険証券に慣れましょう。

第10問 重要度 B [2021年9月]

哲也さんは、相次ぐ地震報道を受けて地震保険に関心を持った。下記＜資料＞を基に計算した哲也さんの自宅に係る年間の地震保険料を計算しなさい。なお、哲也さんの自宅は埼玉県にあるイ構造のマンションで、火災保険の保険金額は1,200万円であり、地震保険は火災保険の保険金額の50％相当額で、本年９月に契約し、建築年割引10％が適用されるものとする。また、解答に当たっては、解答用紙に記載されている単位に従うこと。

＜資料：年間保険料例の抜粋（地震保険金額100万円当たり、割引適用なしの場合）＞

建物の所在地（都道府県）	建物の構造区分	
	イ構造※	ロ構造※
茨城県	2,300円	4,110円
埼玉県	2,650円	4,110円
徳島県・高知県	2,300円	4,110円
千葉県・東京都・神奈川県・静岡県	2,750円	4,110円

※イ構造：主として鉄骨・コンクリート造の建物、ロ構造：主として木造の建物

正解　14,310（円）　　　　　　　　　　　　　　テキスト２章　P176

埼玉県のイ構造の保険金額100万円あたりの保険料は2,650円、建築年割引により10％の割引となりますので、1,200万円×50％＝600万円の年間地震保険の保険金額に対する保険料は、
2,650円×（600万円／100万円）×（1－10％）＝14,310円となります。

 レック先生のワンポイント

一瞬、戸惑いますが、落ち着いて表と設問を読めば、必ず解けます。

第11問  [2018年9月]

下記＜資料＞に基づき、杉山さん（50歳）が契約している自動車保険に関する次の（ア）～（エ）の記述について、適切なものには○、不適切なものには×を解答欄に記入しなさい。なお、＜資料＞に記載のない特約については考慮しないものとする。

＜資料＞

自動車保険証券	
保険契約者 住所　××××　○-○○ 氏名　杉山　英二　様	賠償被保険者 （表示のない場合は契約者に同じ）
ノンフリート 運転者年齢条件	30歳以上補償／ 30歳以上の方が運転中の事故を補償します。

証券番号　××-××××××	
保険期間　202x年　1月15日　午後4時から 　　　　　202y年　1月15日　午後4時まで 　　　　　1年間	合計保険料　△△,△△△円

被保険自動車	
登録番号	東京　○○○　に　××××
車体番号	△△△-△△△△△
車名	×××
用途車種	自家用小型乗用
適用している割増・割引	ノンフリート契約　20等級（割引60％） 運転者家族限定割引（本人・配偶者・同居の親族・別居の未婚の子）
安全装置	エアバッグ　ABS

補償種目・免責金額（自己負担額）など		保険金額
車両	免責金額　1回目　0万円 　　　　　2回目　10万円	一般車両保険（一般条件） 150万円
対人賠償（1名につき）		無制限
無保険車傷害		人身傷害で補償されます
自損事故傷害		人身傷害で補償されます
対物賠償	免責金額　0万円	無制限
人身傷害（1名につき）	搭乗中のみ担保	1億円
搭乗者傷害（1名につき）		補償されません
その他の補償		
弁護士費用特約		補償されます　300万円
ファミリーバイク特約		補償されます（対人・対物に同じ）
事故付随費用特約		補償されません

（ア）杉山さんの友人（50歳）が被保険自動車を運転して事故を起こした場合、補償の対象とならない。

（イ）杉山さんが被保険自動車を運転中に事故を起こしケガをした場合、過失割合に関わらず治療費用の補償を受けることができる。

（ウ）杉山さんと同居している杉山さんの長女（21歳）が被保険自動車を運転して事故を起こした場合、補償の対象となる。

（エ）杉山さんが所有する原動機付自転車（50cc）を杉山さんの妻（45歳）が運転し、事故を起こして他人にケガを負わせてしまった場合、補償の対象となる。

正解　（ア）〇　（イ）〇　（ウ）✕　（エ）〇　　　　テキスト2章　P179

（ア）適切　**運転者家族限定割引**（本人・配偶者・同居の親族・別居の未婚の子）が適用されていますので、杉山さんの友人が被保険自動車を運転して事故を起こした場合、補償の対象とはなりません。

（イ）適切　人身傷害補償保険が付保されていますので、杉山さんが被保険自動車を運転中に事故を起こしてケガをした場合、**過失割合にかかわらず**治療費用の補償を受けることができます。

（ウ）不適切　運転者年齢条件に「**30歳以上補償**」とあるため、杉山さんの長女（21歳）が被保険自動車を運転して事故を起こした場合、補償の対象となりません。

（エ）適切　ファミリーバイク特約が付保されているため、**杉山さん、配偶者、同居の親族、別居の未婚の子**が原動機付き自転車（50cc）を運転し、事故を起こして他人にケガを負わせてしまった場合、補償の対象となります。

第12問

[2019年1月]

下記＜資料＞に基づき、井川さんが契約している普通傷害保険について、FPの天野さんの次の説明の空欄（ア）～（エ）に入る適切な語句を語群の中から選び、その番号のみを解答欄に記入しなさい。なお、同じ語句を何度選んでもよいこととし、保険金の支払い要件はすべて満たしているものとする。

＜資料＞

普通傷害保険証券	
	証券番号　××－××××××
ご契約者	被保険者（保険の対象となる方）
井川　勝　様	井川　勝　様

保険期間（保険のご契約期間）	保険料　△△,△△△円
202x年11月15日　午後4時から	保険料払込方法　　月払い（12回払い）
202y年11月15日　午後4時まで1年	

◆ご契約内容

給付項目	保険金額
傷害死亡保険金額	10,000,000円
傷害後遺障害保険金額 （後遺障害の程度により保険金額の4％～100％）	10,000,000円
傷害入院保険金日額	1日につき　5,000円 （入院1日目から補償）
傷害手術保険金額	入院中は入院保険金日額の10倍、入院中以外は入院保険金日額の5倍
傷害通院保険金日額	1日につき　2,000円

◆適用特約

天災危険担保特約（地震・噴火・津波危険を補償します）

◆その他の補償

個人賠償責任特約	補償されます　支払限度額：（1事故）1億円

◆傷害後遺障害の各等級ごとの保険金額表

等級	保険金	等級	保険金	等級	保険金
第1級	10,000,000円	第6級	5,000,000円	第11級	1,500,000円
第2級	10,000,000円	第7級	4,200,000円	第12級	1,000,000円
第3級	10,000,000円	第8級	3,400,000円	第13級	700,000円
第4級	6,900,000円	第9級	2,600,000円	第14級	400,000円
第5級	5,900,000円	第10級	2,000,000円		

「井川さんが仕事中のケガで5日間病院に通院した場合、受け取れる保険金は（ ア ）。」

「井川さんが地震によるケガで6日間病院に入院した場合（手術は受けていない）、受け取れる保険金は（ イ ）。」

「井川さんが交通事故により傷害後遺障害第6級に該当した場合、受け取れる傷害後遺障害保険金は（ ウ ）。」

「井川さんの中学生の息子が自転車で誤って他人にケガを負わせた場合、相手への賠償責任に関する補償は最高（ エ ）。」

＜語群＞

1. ありません　　　　　2. 1万円です　　　　　3. 2万円です

4. 3万円です　　　　　5. 4万円です　　　　　6. 420万円です

7. 500万円です　　　　8. 590万円です　　　　9. 690万円です

10. 1,000万円です　　　11. 1億円です

正解　（ア）2　（イ）4　（ウ）7　（エ）11

テキスト2章　P180-181、P183

（ア）仕事中のケガによる通院は通院保険金の支払い対象となります。
　　　通院保険金日額　2,000円×5日＝10,000円

（イ）通常、普通傷害保険では、地震・噴火・津波による傷害は補償対象外となりますが、**天災危険担保特約を付保**しているため、地震によるケガの入院は入院保険金の支払い対象となります。
　　　入院保険金日額　5,000円×6日＝30,000円

（ウ）交通事故による傷害後遺障害は支払い対象となります。
　　　傷害後遺障害等級第6級の欄を見ると、500万円とあります。

（エ）個人賠償責任特約は、**被保険者本人のほか、配偶者、生計を一にする同居の親族、別居の未婚の子**を被保険者とします。被保険者の**自転車の運転による賠償事故は個人賠償責任特約の補償対象**となります。
　　　その他の補償の個人賠償責任特約に、支払限度額1億円とあります。

第13問　　重要度 C　　　　　　　　　　[2021年9月]

下記（ア）〜（ウ）は、終身保険について、従来の保険料を払い続けることが困難になった場合に、解約をせずに保険契約を継続する方法の仕組みを図で表したものである。（ア）〜（ウ）の仕組み図と契約継続方法の組み合わせとして、正しいものはどれか。

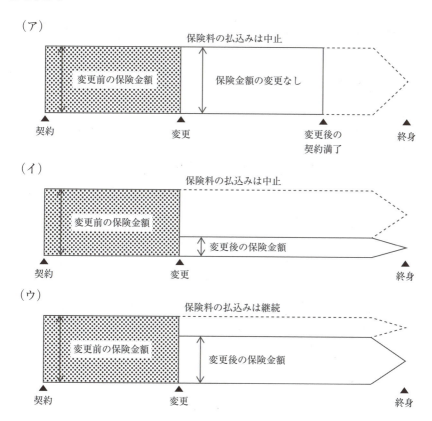

1. （ア）延長（定期）保険　　（イ）払済保険　　　　（ウ）自動振替貸付
2. （ア）払済保険　　　　　　（イ）延長（定期）保険　（ウ）自動振替貸付
3. （ア）払済保険　　　　　　（イ）延長（定期）保険　（ウ）減額
4. （ア）延長（定期）保険　　（イ）払済保険　　　　（ウ）減額

正解 **4** が正しい　　　　　　　　　　テキスト2章　P147-148

(ア) **保険料の払込みを中止した後も、保険金額が同額**ですので、「延長（定期）保険」の説明です。

(イ) **保険料の払込みを中止した後も、保険期間が変わっていません**ので、「払済保険」の説明です。

(ウ) **保険料の払込みを継続し、保険金額が小さく**なっていますので、「減額」の説明です。

以上より、正解は4.となります。

レック先生のワンポイント

「保険料の払込みを継続するか否か」「保険金額が変わらないか、小さくなるか」に着目しましょう。

| 第14問 | | [2021年9月] |

FPの増田さんが行ったリビングニーズ特約の一般的な説明に関する以下の記述について、空欄（ア）～（エ）に入る語句の組み合わせとして、最も適切なものはどれか。

- リビングニーズ特約は、（ ア ）被保険者の余命が（ イ ）以内と医師により診断されたときに、死亡保険金の一部または全部を保険金として受け取ることができる特約です。
- 請求できる金額は、保険金額の範囲内で1被保険者当たり（ ウ ）が限度となります。
- リビングニーズ特約の請求により被保険者が受け取った保険金は（ エ ）となります。

1. （ア）原因にかかわらず　（イ）3ヵ月　（ウ）1,000万円　（エ）所得税の課税対象
2. （ア）原因にかかわらず　（イ）6ヵ月　（ウ）3,000万円　（エ）非課税
3. （ア）疾病により　　　　（イ）3ヵ月　（ウ）1,000万円　（エ）非課税
4. （ア）疾病により　　　　（イ）6ヵ月　（ウ）3,000万円　（エ）所得税の課税対象

正解 **2** が適切　　　　　　　　　　　　　　　　　　テキスト2章　P146

保険金の支払事由	（ア　**原因にかかわらず**）被保険者の余命が（イ　**6カ月**）以内と医師により診断された場合
支払額	リビング・ニーズ特約による請求額は、保険金額の範囲内で一被保険者当たり（ウ　**3,000万円**）を限度。なお、死亡保険金額の範囲内で請求保険金額に対する6カ月分の**保険料相当額および利息相当額**を差し引いた金額が支払われる
受取人	原則として**被保険者**（**指定代理請求人**も請求できる）
課税関係	（エ　**非課税**）

実技試験[金財] 生保顧客資産相談業務（個人向け保険）

第1問

[2021年1月]

次の設例に基づいて、下記の各問（《問1》～《問3》）に答えなさい。

《設 例》

X株式会社に勤務するAさん（35歳）は、専業主婦である妻Bさん（30歳）および長女Cさん（0歳）との3人暮らしである。Aさんは、長女Cさんが誕生したことを機に、死亡保障や就業不能時の保障の必要性を感じていたところ、生命保険会社の営業担当者から下記の生命保険の提案を受け、加入を検討している。

Aさんは、現在、医療保険には加入しているが、死亡保険には加入しておらず、どのくらいの死亡保障の額を準備すべきなのかよくわからないでいる。

また、Aさんは、自分が就業できない状態になった場合に健康保険からどのような保険給付を受けることができるのかについても理解を深めたいと思っている。

そこで、Aさんは、ファイナンシャル・プランナーのMさんに相談することにした。

＜Aさんが提案を受けた生命保険に関する資料＞

保険の種類 ： 5年ごと配当付終身保険

月払保険料 ： 16,800円（保険料払込期間：65歳満了）

契約者（＝保険料負担者）・被保険者 ： Aさん

死亡保険金受取人 ： 妻Bさん

主契約および特約の内容	保障金額	保険期間
終身保険	200万円	終身
定期保険特約	300万円	20年
逓減定期保険特約（注1）	2,500万円	20年
傷害特約	500万円	10年
災害割増特約	500万円	10年
就業不能サポート特約（注2）	月額20万円×所定の回数	10年
リビング・ニーズ特約	―	―
指定代理請求特約	―	―

（注1）加入後の死亡保険金額は、毎年所定の割合で逓減する。

（注2）病気やケガ等により入院または在宅療養が30日間継続した場合に6カ月分の給付金が支払われ、その後6カ月ごとに所定の就業不能状態が継続した場合に最大24カ月分の就業不能給付金が支払われる（死亡保険金の支払はない）。

※Aさんは、全国健康保険協会管掌健康保険の被保険者である。

※上記以外の条件は考慮せず、各問に従うこと。

問 1   重要度 A

はじめに、Mさんは、Aさんに対して、必要保障額およびAさんが提案を受けた生命保険の死亡保障の額等について説明した。Mさんが説明した以下の文章の空欄①～③に入る最も適切な数値を、下記の〈数値群〉のなかから選び、その記号を解答用紙に記入しなさい。なお、問題の性質上、明らかにできない部分は「□□□」で示してある。

「提案を受けた生命保険に加入する前に、現時点での必要保障額を算出し、準備すべき死亡保障の額を把握しましょう。下記の＜算式＞および＜条件＞を参考にすれば、Aさんが現時点で死亡した場合の遺族に必要な生活資金等の総額は□□□万円となり、必要保障額は（ ① ）万円となります。

仮に、提案を受けた生命保険に加入し、加入した年中にAさんが死亡（不慮の事故や所定の感染症以外）した場合、妻Bさんに支払われる死亡保険金額は□□□万円となります。他方、加入した年中にAさんが不慮の事故で180日以内に死亡した場合の死亡保険金額は（ ② ）万円となります。

また、提案を受けた生命保険にはリビング・ニーズ特約が付加されているため、加入後にAさんが重い病気等で余命（ ③ ）カ月以内と判断された場合、所定の範囲内で死亡保険金の全部または一部を生前に受け取ることができます」

＜算式＞

必要保障額＝遺族に必要な生活資金等の総額－遺族の収入見込金額

＜条件＞

1. 長女Cさんが独立する年齢は、22歳（大学卒業時）とする。

2. Aさんの死亡後から長女Cさんが独立するまで（22年間）の生活費は、現在の日常生活費（月額25万円）の70％とし、長女Cさんが独立した後の妻Bさんの生活費は、現在の日常生活費（月額25万円）の50％とする。

3. 長女Cさん独立時の妻Bさんの平均余命は、35年とする。

4. Aさんの死亡整理資金（葬儀費用等）は、300万円とする。

5. 長女Cさんの教育費の総額は、1,000万円とする。

6. 長女Cさんの結婚援助費の総額は、200万円とする。

7. 住宅ローン（団体信用生命保険に加入）の残高は、2,000万円とする。

8. 死亡退職金見込額とその他金融資産の合計額は、1,200万円とする。

9. Aさん死亡後に妻Bさんが受け取る公的年金等の総額は、7,500万円とする。

10. 現在加入している医療保険の死亡給付金額は考慮しなくてよい。

─〈数値群〉─

イ. 6　　ロ. 10　　ハ. 12　　ニ. 2,670　　ホ. 3,000　　ヘ. 3,500

ト. 4,000　　チ. 4,670　　リ. 9,870

正解　① ニ　② ト　③ イ　　　　　テキスト2章　①P124-125
② P192-194、③ P146

①遺族に必要な生活資金等の総額（条件1～3を見て計算します）

長女Cさんが独立するまでの生活費＝月額25万円×0.7×12月×22年
＝4,620万円

長女Cさんが独立した後の妻Bさんの生活費＝月額25万円×0.5×12月
×35年＝5,250万円

日常生活費＝4,620万円＋5,250万円＝9,870万円

その他（条件4～7を見ます）

死亡整理資金、教育費、結婚援助費は遺族に必要な生活資金等に含めますが、**住宅ローン2,000万円は団体信用生命保険が付保されているため、遺族に必要な生活資金等に含めません。**

以上より、遺族に必要な生活資金等＝9,870万円＋300万円＋1,000万円＋200万円＝11,370万円となります。

遺族の収入見込額（条件8、9を見て計算します）
死亡退職金見込額とその他金融資産1,200万円＋公的年金等の総額7,500万円＝8,700万円

以上より、必要保障額＝11,370万円－8,700万円＝2,670万円となります。

②200万円＋300万円＋2,500万円＋500万円＋500万円＝4,000万円

終身保険：被保険者が死亡すると、いつでも死亡保険金が支払われます。

定期保険（特約）：保険期間中に被保険者が死亡した場合には死亡保険金が支払われます。

逓減定期保険特約：死亡保険金は毎年所定の割合で減額しますが、加入した年に被保険者が死亡した場合には、当初の保険金額の死亡保険金が支払われます。

傷害特約・災害割増特約：**不慮の事故**で180日以内に死亡した場合には、死亡保険金が支払われます。なお、不慮の事故や特定感染症以外で死亡した場合には死亡保険金は支払われません。

③リビング・ニーズ特約は、被保険者の余命が6カ月以内と診断された場合に効力を生じます。

問2 ☒ ⊘ ☐　　　　　　　　　　　　　　　　　　　　　重要度

次に、Mさんは、Aさんに対して、Aさんが提案を受けた生命保険の就業不能サポート特約等について説明した。Mさんが説明した次の記述①～③について、適切なものには○印を、不適切なものには×印を解答用紙に記入しなさい。

①「Aさんが病気やケガ等で就業不能状態となった場合、通常の生活費に加え、療養費等の出費もかさみ、支出が収入を上回る可能性があります。提案を受けている就業不能サポート特約など、就業不能時に備えることができる保険に加入することは検討に値します」

②「最近では、所定の精神・神経疾患による就業不能状態を保障の対象とする保険商品も販売されています。複数の保険商品の保障内容や保険料水準を確認したうえで、加入される保険を検討することをお勧めします」

③「Aさんが所定の就業不能状態となり、就業不能サポート特約から就業不能給付金を受け取る場合、当該給付金は雑所得として総合課税の対象となります」

正解　① ○　　② ○　　③ ×　　　　　　テキスト2章　①②P146、③P159

①適切
②適切
③不適切　　被保険者が受け取る就業不能給付金は、入院（手術、通院）給付金と同様に**非課税**となります。

問3 重要度 **B**

最後に、Mさんは、Aさんに対して、健康保険の傷病手当金について説明した。Mさんが説明した以下の文章の空欄①～③に入る最も適切な語句または数値を、下記の〈語句群〉のなかから選び、その記号を解答用紙に記入しなさい。

「Aさんが業務外の事由による負傷または疾病の療養のために労務に服することができず、連続して一定期間以上休業し、かつ、（ ① ）日目以降の休業した日について事業主から賃金の支払がない場合、所定の手続により、（ ① ）日目以降の休業した日について、傷病手当金が支給されます。

傷病手当金の支給額は、休業1日につき、原則として、傷病手当金の支給を始める日の属する月以前の直近の継続した12カ月間の各月の標準報酬月額を平均した額の30分の1に相当する額の（ ② ）に相当する額となります。

傷病手当金の支給期間は、同一の疾病または負傷およびこれにより発した疾病に関しては、その支給を始めた日から起算して通算（ ③ ）が限度です」

―〈語句群〉――
イ．2　　ロ．3　　ハ．4　　ニ．3分の1　　ホ．2分の1
ヘ．3分の2　　ト．1年　　チ．1年6カ月　　リ．2年

| 正解 | ① ハ | ② ヘ | ③ チ | | テキスト1章 P40 |

ポイント：健康保険の傷病手当金

支給期間	連続した3日間の欠勤の後、**4**（①）**日目から通算1年6カ月**（③）が限度
支給額	直近の継続した12カ月の被保険者期間の標準報酬月額の平均額の30分の1×**2／3**（②） なお、3分の2よりも少ない報酬が支給されている場合、差額が支給される

第2問 [2020年1月]

次の設例に基づいて、下記の各問（《問1》～《問3》）に答えなさい。

《設 例》

　会社員のAさん（59歳）は、専業主婦である妻Bさん（57歳）との2人暮らしである。2人の子は既に結婚し、それぞれの家族と暮らしている。Aさんは、現在加入している定期保険特約付終身保険を、医療保障が充実したプランに見直したいと考えている。また、公的医療保険制度（Aさんは全国健康保険協会管掌健康保険に加入）についても理解しておきたいと考えている。先日、Aさんが生命保険会社の営業担当者に保障の見直しの相談をしたところ、Aさんは終身医療保険の提案を受けた。

　そこで、Aさんは、ファイナンシャル・プランナーのMさんに相談することにした。

＜Aさんが提案を受けた終身医療保険に関する資料＞

保険の種類　：　5年ごと配当付終身医療保険

月払保険料　：　8,000円（保険料払込期間：95歳満了）

契約者（＝保険料負担者）・被保険者　：　Aさん

死亡給付金受取人　：　妻Bさん

保障内容	保障金額	保険期間
入院給付金（注1）	入院1回当たり　10万円	終身
手術給付金	手術1回当たり　10万円	終身
死亡給付金（注2）	10万円	終身
先進医療特約	先進医療の技術費用と同額	10年

（注1）1日以上の1回の入院（30日ごと）につき10万円が支払われる。30日以内に再び入院した場合は、支払われない。
（注2）保険料払込満了後に死亡した場合に支払われる。

＜Aさんが現在加入している定期保険特約付終身保険＞

契約年月日	： 20XX年4月1日
月払保険料（口座振替）	： 27,437円（65歳払込満了）
契約者（＝保険料負担者）・被保険者	： Aさん
死亡保険金受取人	： 妻Bさん

主契約および特約の内容	保障金額	保険期間
終身保険	200万円	終身
定期保険特約	2,000万円	10年
特定疾病保障定期保険特約	300万円	10年
傷害特約	500万円	10年
入院特約	1日目から日額5,000円	10年

※上記以外の条件は考慮せず、各問に従うこと。

問1　 重要度 A

はじめに、Mさんは、Aさんに対して、必要保障額と現在加入している定期保険特約付終身保険の保障金額について説明した。Mさんが説明した以下の文章の空欄①～③に入る最も適切な数値を解答用紙に記入しなさい。なお、空欄①の金額がマイナスになる場合は、金額の前に「▲」を記載し、マイナスであることを示すこと。

「医療保障を充実させる前に、現時点での必要保障額を算出し、準備すべき死亡保障の額を把握しましょう。下記<条件>を参考にすれば、Aさんが現時点で死亡した場合の必要保障額は（　①　）万円となります。

Aさんが現時点で死亡（不慮の事故や所定の感染症以外）した場合、定期保険特約付終身保険から妻Bさんに支払われる死亡保険金額は（　②　）万円となります。他方、Aさんが不慮の事故で180日以内に死亡した場合の死亡保険金額は（　③　）万円となります。

死亡整理資金等の一時的に必要となる金額を生命保険でどの程度確保するか、保険金額の減額や払済終身保険への変更等、解約以外の選択肢も含めて検討することをお勧めします」

<条件>

1. 現在の毎月の日常生活費は35万円であり、Aさん死亡後の妻Bさんの生活費は、現在の日常生活費の50%とする。
2. 現時点の妻Bさんの年齢における平均余命は、32年とする。
3. Aさんの死亡整理資金（葬儀費用等）・緊急予備資金は、500万円とする。
4. 死亡退職金見込額とその他金融資産の合計額は、2,000万円とする。
5. Aさん死亡後に妻Bさんが受け取る公的年金等の総額は、5,500万円とする。
6. 現在加入している生命保険の死亡保険金額は考慮しなくてよい。

| 正解 | ① ▲280（万円） | ② 2,500（万円） | ③ 3,000（万円） |

テキスト2章　① P124-125、②③ P192-194

①遺族に必要な生活資金等の総額（条件1、2を見て計算します）
　妻Bさんの生活費＝月額35万円×0.5×12月×32年＝6,720万円
　その他（条件3を見ます）
　死亡整理資金・緊急予備資金　500万円
　以上より、遺族に必要な生活資金等＝6,720万円＋500万円＝7,220万円となります。
　遺族の収入見込額（条件4、5見て計算します）
　死亡退職金見込額とその他金融資産2,000万円＋公的年金等の総額5,500万円＝7,500万円
　以上より、必要保障額＝7,220万円－7,500万円＝▲280万円となります。

②③
　終身保険：被保険者が死亡すると、いつでも死亡保険金が支払われます。
　定期保険：保険期間中に被保険者が死亡した場合には死亡保険金が支払われます。
　特定疾病保障定期保険：死亡した場合は、**三大疾病に限らず**（不慮の事故でも）死亡保険金が支払われます。なお、死亡前に特定疾病保険金が支払われると契約は消滅します。
　傷害特約：**不慮の事故**や特定感染症**以外で死亡**した場合（②）には死亡保険金は**支払われません**が、**不慮の事故**で180日以内に**死亡**した場合（③）には、死亡保険金が**支払われます**。
　以上より、
　②＝200万円＋2,000万円＋300万円＝2,500万円
　③＝200万円＋2,000万円＋300万円＋500万円＝3,000万円となります。

レック先生のワンポイント

不慮の事故による死亡、不慮の事故・特定感染症以外の死亡の違いが問われます。

問2 　☑ ✗ ☑　　　　　　　　　　　　　　　　　　　重要度

次に、Mさんは、Aさんに対して、公的医療保険制度について説明した。Mさんが説明した次の記述①〜③について、適切なものには○印を、不適切なものには×印を解答用紙に記入しなさい。

①「Aさんが病気などで医師の診察を受けた場合、医療費の一部負担金の割合は、原則3割となります。ただし、高額療養費制度により、一医療機関の窓口で支払う同一月内の一部負担金を、所定の自己負担限度額までとすることができます」

②「高額療養費制度における自己負担限度額は、年齢および所得状況等に応じて決められています。同じ所得金額であっても、65歳未満の者と65歳以上70歳未満の者とで自己負担限度額の計算の区分は異なります」

③「Aさんが定年退職により健康保険の被保険者資格を喪失した場合、一定期間、任意継続被保険者として加入することができます。任意継続被保険者となった場合は、原則として、在職中と同様の給付を受けられますが、高額療養費の支給は受けられません」

正解　①○　②✗　③✗　　　　　　　　テキスト1章　①② P38-39、③ P41

①適切　　70歳未満の被保険者の自己負担割合は**3割**です。なお、保険適用部分の医療費は、所得区分に応じて定められた高額療養費制度により自己負担限度額があります。

②不適切　高額療養費は、**70歳以上**75歳未満と**70歳未満**とで、所得区分や自己負担限度額などが異なります。

③不適切　任意継続被保険者も在職中と同様に高額療養費の支給を受けることができます。

問3 重要度 A

最後に、Mさんは、Aさんに対して、Aさんが現在加入している生命保険の見直しの方法やAさんが提案を受けた終身医療保険の特徴等についてアドバイスした。Mさんがアドバイスした次の記述①～③について、適切なものには〇印を、不適切なものには×印を解答用紙に記入しなさい。

① 「現在加入している定期保険特約付終身保険を払済終身保険に変更した場合、付加されている特定疾病保障定期保険特約は消滅します。そのため、特定疾病などの重度の疾病に備える保障をどのように確保するか、検討事項の1つとなります」

② 「先進医療特約は、療養を受けた時点ではなく、当該特約に加入した時点で先進医療と定められていれば支払対象となります。一部の先進医療については費用が高額となるケースもありますので、先進医療特約の付加をご検討ください」

③ 「保険会社各社は、入院給付金や手術給付金が定額で受け取れるタイプの医療保険や通院保障が手厚いものなど、最近の医療事情に合わせて、さまざまなタイプの医療保険を取り扱っています。保障内容や保障範囲をしっかりと確認したうえで、加入を検討されることをお勧めします」

正解 ① 〇 ② × ③ 〇   テキスト2章 ① P149、② P146

①適切　払済保険に変更すると、リビング・ニーズ特約等を除き特約は**消滅**します。なお、延長保険に変更した場合も、特約は消滅します。

②不適切　先進医療特約は**療養時点**で、先進医療と定められているものについて給付金が支払われます。「加入時点、契約時点」でひっかけ問題がよく出題されます。

③適切

第3問

[2019年9月]

次の設例に基づいて、下記の各問（《問1》～《問3》）に答えなさい。

《設例》

会社員のAさん（35歳）は、母Bさん（64歳）との2人暮らしである。Aさんは、先日、生命保険会社の営業担当者から、Aさんの就業不能時の保障の準備として＜資料1＞の生命保険、母Bさんの介護保障の準備として＜資料2＞の生命保険の提案を受けたため、ファイナンシャル・プランナーのMさんに相談することにした。

＜資料1＞
保険の種類：5年ごと配当付終身保険（65歳払込満了）
月払保険料：10,220円

契約者（＝保険料負担者）・被保険者：Aさん／死亡保険金受取人：母Bさん

主契約および特約の内容	保障金額	保険期間
終身保険	200万円	終身
就業不能サポート特約（注1）	月額20万円×所定の回数	10年
総合医療特約（180日型）	1日目から日額10,000円	10年
先進医療特約	先進医療の技術費用と同額	10年
リビング・ニーズ特約	—	—

(注1) 入院または在宅療養が30日間継続した場合に6カ月分の給付金が支払われ、その後6カ月ごとに所定の就業不能状態が継続した場合に最大2年間（24カ月間）の給付金が支払われる（死亡保険金の支払はない）。

＜資料2＞
保険の種類：無配当終身介護保障保険（終身払込（注2））
月払保険料：15,750円

契約者（＝保険料負担者）・被保険者・受取人：母Bさん

指定代理請求人：Aさん

主契約および特約の内容	保障金額	保険期間
終身介護保障保険（注3）	介護終身年金　年額30万円	終身
認知症一時金特約（注4）	一時金　300万円	終身
指定代理請求特約	—	—

(注2) 保険料払込期間は、契約時に有期払込を選択することができる。
(注3) 公的介護保険制度の要介護2以上と認定された場合、または保険会社所定の要介護状態になった場合に支払われる（死亡保険金の支払はない）。
(注4) 公的介護保険制度の要介護1以上と認定され、保険会社所定の認知症状態になった場合に支払われる（死亡保険金の支払はない）。
※上記以外の条件は考慮せず、各問に従うこと。

202

問1 重要度 A

はじめに、Mさんは、《設例》の＜資料１＞および＜資料２＞の生命保険の保障内容等について説明した。Mさんが説明した次の記述①～③について、適切なものには○印を、不適切なものには×印を解答用紙に記入しなさい。

① 「Aさんが病気やケガ等で重度の障害状態となって働けなくなった場合、通常の生活費に加え、療養費等の出費もかさみ、支出が収入を上回る可能性があります。提案を受けている就業不能サポート特約など、就業不能時に備えることができる保険に加入することは検討に値します」
② 「先進医療特約では、療養を受けた時点において厚生労働大臣により定められている先進医療が給付の対象となります」
③ 「提案を受けている無配当終身介護保障保険の保険料払込期間を有期払込にすることで、毎月の保険料負担は減少し、保険料の払込総額も少なくなります。保険料負担を軽減するために有期払込を選択することをお勧めします」

正解　① ○　② ○　③ ×　　テキスト2章　①② P146、③ P130

① 適切　なお、死亡保険金の支払いのない就業不能サポート特約の保険料は、**介護医療保険料控除**の対象となります。

② 適切　先進医療特約は**療養時点**で、先進医療と定められているものについて給付金が支払われます。「加入時点、契約時点」でひっかけ問題がよく出題されます。

③ 不適切　他の条件を同一とした場合、終身払込よりも有期払込の方が「短い期間で一生分の保険料を支払う」ことになりますので、毎月の保険料負担は**増加**します。「有期払込」を「短期払込」と考えるとわかりやすいですね。

問2 ☒☑☑

次に、Mさんは、Aさんに対して、公的介護保険（以下、「介護保険」という）について説明した。Mさんが説明した次の記述①～④について、適切なものには○印を、不適切なものには×印を解答用紙に記入しなさい。

①「介護保険の被保険者は、65歳以上の第1号被保険者と40歳以上65歳未満の医療保険加入者である第2号被保険者に区分されます。保険給付を受けるためには、市町村（特別区を含む）から要介護認定または要支援認定を受ける必要があります」

②「介護保険の第1号被保険者は、要介護状態または要支援状態となった原因が特定疾病である場合に限り、介護給付または予防給付を受けることができます」

③「介護保険の第1号被保険者が、保険給付を受けた場合の自己負担割合は、合計所得金額の多寡にかかわらず、実際にかかった費用（食費、居住費等を除く）の1割となります」

④「介護保険の第1号被保険者が、公的年金制度から年額18万円以上の老齢年金を受給している場合、介護保険料は原則として公的年金から特別徴収されます」

正解 ①○ ②× ③× ④○　　テキスト1章　P45

①適切　　介護保険の保険者は、**市町村および特別区**です。

②不適切　介護保険の給付は、**第1号被保険者は原因を問いません**が、**第2号被保険者は特定疾病**に限られます。

③不適切　自己負担割合（保険給付限度額の範囲内）は、**第2号被保険者は一律1割**ですが、**第1号被保険者は原則1割、一定の高所得者は2割または3割**となります。

④適切　　なお、**第2号被保険者の保険料は、公的医療保険**（健康保険、国民健康保険等）の保険料と**同時に徴収**されます。

 レック先生のワンポイント

介護保険は、第1号被保険者と第2号被保険者の違いについて整理しておきましょう。

問3 重要度 A

最後に、Mさんは、《設例》の＜資料１＞および＜資料２＞の生命保険の課税関係について説明した。Mさんが説明した以下の文章の空欄①〜③に入る最も適切な語句または数値を、下記の〈語句群〉のイ〜チのなかから選び、その記号を解答用紙に記入しなさい。

Ⅰ「＜資料１＞の５年ごと配当付終身保険の支払保険料のうち、終身保険に係る保険料は一般の生命保険料控除の対象となり、就業不能サポート特約、総合医療特約および先進医療特約に係る保険料は介護医療保険料控除の対象となります。それぞれの控除限度額は、所得税で（ ① ）円、住民税で（ ② ）円です」

Ⅱ「＜資料２＞の無配当終身介護保障保険の被保険者である母Ｂさんが介護終身年金を請求できない特別な事情がある場合には、Ａさんが母Ｂさんに代わって請求することができ、当該年金は（ ③ ）となります」

〈語句群〉
イ．25,000　ロ．28,000　ハ．35,000　ニ．40,000　ホ．50,000
ヘ．非課税　ト．雑所得　チ．一時所得

正解　① ニ　② ロ　③ ヘ　　テキスト２章　①② P153、③ P159

①②新たに契約する場合、一般生命保険料控除、個人年金保険料控除、介護医療保険料控除の控除限度額は、それぞれ所得税では**4万円**（①）、住民税では**2.8万円**（②）です。

③指定代理請求人が受け取る生前給付保険金（特定疾病保険金、リビング・ニーズ特約保険金）も被保険者が受け取る場合と同様に**非課税**となります。

第4問

[2022年9月]

次の設例に基づいて、下記の各問（《問1》～《問3》）に答えなさい。

《設 例》

　会社員であるＡさん（31歳）は、先日、職場で生命保険会社の営業担当者から生命保険の提案を受けた。Ａさんは、これまで独身である自分に生命保険は必要ないと考えていたが、提案を受けたことを機に、病気になった場合の保障の必要性を感じ、加入を検討するようになった。なお、Ａさんは全国健康保険協会管掌健康保険の被保険者である。

　そこで、Ａさんは、懇意にしているファイナンシャル・プランナーのＭさんに相談することにした。

＜Ａさんが提案を受けた終身医療保険に関する資料＞

保険の種類：無配当終身医療保険

月払保険料：6,100円（全額が介護医療保険料控除の対象）

保険料払込期間：終身払込（注1）

契約者（＝保険料負担者）・被保険者：Ａさん

主契約の内容	保障金額	保険期間
入院給付金	日額10,000円	終身
手術給付金	一時金　5万円または20万円	終身

特約の内容	保障金額	保険期間
入院一時金特約（注2）	一時金　　10万円	終身
三大疾病一時金特約（注3）	一時金　　100万円	終身
先進医療特約	先進医療の技術費用と同額	10年

（注1）保険料払込期間は、契約時に有期払込を選択することができる。
（注2）1日以上の入院の場合に支払われる。
（注3）がん（悪性新生物）と診断確定された場合、または急性心筋梗塞・脳卒中で所定の状態に該当した場合に一時金が支払われる（死亡保険金の支払はない）。

※上記以外の条件は考慮せず、各問に従うこと。

問 1 重要度

Mさんは、Aさんに対して、全国健康保険協会管掌健康保険の高額療養費制度について説明した。Mさんが説明した以下の文章の空欄①~④に入る最も適切な数値を、下記の〈数値群〉のなかから選び、その記号を解答用紙に記入しなさい。

「Aさんに係る医療費の一部負担金の割合は、(①) 割となりますが、同一月内に、医療機関等に支払った医療費の一部負担金の額が自己負担限度額を超えた場合、所定の手続により、自己負担限度額を超えた額が高額療養費として支給されます。この一部負担金の合計には、差額ベッド代、食事代、保険適用となっていない医療行為等は含まれません。また、過去12カ月以内に複数回高額療養費が支給されると、(②) 回目から自己負担限度額が軽減される仕組みがあります。

なお、事前に保険者から健康保険限度額適用認定証の交付を受け、医療機関の窓口に当該認定証と健康保険被保険者証を提示すると、一医療機関の窓口で支払う同一月内の一部負担金を自己負担限度額までとすることができます。

仮に、Aさんが病気により下記の<条件>で入院し、事前に健康保険限度額適用認定証の交付を受け、所定の手続をした場合、Aさんは、医療機関に一部負担金のうち (③) 円を支払えばよく、実際の一部負担金との差額 (④) 円が現物給付されることになります」

<条件>
・Aさんの標準報酬月額は30万円である。
・入院は1カ所の病院で、期間は本年10月3日~12日までの10日間である。
・総医療費(すべて全国健康保険協会管掌健康保険の保険給付の対象となるもの)は60万円である。
・他に医療費はない。

<資料>医療費の自己負担限度額(月額)

自己負担限度額
80,100円+(総医療費-267,000円)×1%

〈語句群〉
イ. 1   ロ. 1.5   ハ. 2   ニ. 3   ホ. 4   ヘ. 80,100
ト. 83,430   チ. 96,570   リ. 180,000   ヌ. 516,570

| 正解 | ① ニ | ② ホ | ③ ト | ④ チ | テキスト1章　P38-39 |

①Aさんは小学校就学後70歳未満ですので、自己負担割合は**3割**となります。

②過去12カ月以内に3回該当すると、4回目から減額されます。**要件は「3回以上」、軽減は「4回目から」**です。

③④

3割負担とした場合の**自己負担額**＝600,000円×30％＝180,000円

高額療養費適用時の**自己負担限度額**

　＝80,100円＋（600,000円－267,000円）×1％＝83,430円→③

高額療養費の**支給額（現物給付）**

　＝180,000円－83,430円＝96,570円→④

問2 重要度 A

Mさんは、Aさんが提案を受けた終身医療保険の保障内容について説明した。Mさんが説明した次の記述①~③について、適切なものには○印を、不適切なものには×印を解答用紙に記入しなさい。

① 「Aさんが生まれて初めてがん（悪性新生物）に罹患したと医師によって診断確定され、10日間入院（手術なし）した場合、提案を受けた終身医療保険から支払われる給付金および一時金の合計額は110万円です」
② 「先進医療の治療を受けた場合、診察料や投薬料等に係る費用は公的医療保険の対象となりますが、技術料に係る費用は全額自己負担となりますので、先進医療特約の付加をお勧めします」
③ 「提案を受けた終身医療保険の保険料払込期間を有期払込にすることで、毎月の保険料負担は減少し、保険料の払込総額も少なくなります。保険料負担を軽減するために有期払込を選択することをお勧めします」

正解　① ×　② ○　③ ×　　　テキスト2章　①③P130、②P146

① 不適切　入院給付金＝10,000円×10日＝10万円
入院一時金＝10万円
三大疾病一時金＝100万円
以上より、給付金および一時金の合計額は120万円となります。

② 適切　先進医療の技術料は全額自己負担となります。先進医療特約は**療養時**における先進医療を保障対象とする特約です。

③ 不適切　他の条件を同一とした場合、終身払込よりも有期払込のほうが「**短い期間で一生分の保険料を支払う**」ことになりますので、毎月の保険料負担は**増加**します。「有期払込」を「短期払込」と考えると分かりやすいです。

問3　重要度

Mさんは、Aさんに対して、生命保険の加入等について説明した。Mさんが説明した次の記述①～③について、適切なものには○印を、不適切なものには×印を解答用紙に記入しなさい。

①「生命保険の契約の際には、傷病歴や現在の健康状態などについて、事実をありのままに正しく告知してください。告知受領権は生命保険募集人が有していますので、当該募集人に対して口頭で告知してください」

②「Aさんが提案を受けた終身医療保険の保険料は、介護医療保険料控除の対象となります。介護医療保険料控除の控除限度額は、所得税で50,000円、住民税で25,000円です」

③「医療技術の進歩や社会保険制度の改正等に合わせ、今後も生命保険の商品改定が行われていくと思います。保険料が割安なうちに終身医療保険に加入し、一生の保障を確保することもよいですが、一度加入して終わりにするのではなく、ライフステージの変化等に伴い、定期的に保障内容を見直すことをお勧めします」

正解　①× ②× ③○　テキスト2章　①P122、②P153、③P130

①不適切	**生命保険募集人は告知受領権を有していません**ので、保険会社に対して正しく伝わるよう、告知書に記入します。
②不適切	終身医療保険の保険料は介護医療保険料控除の対象となり、**控除限度額は所得税では4万円、住民税では28,000円**です。なお、Aさんの年間払込保険料は8万円（6,100円×12＝73,200円）に満たないため、控除限度額まで控除できません。
③適切	医療保険について、終身タイプには一生の保障の安心がありますし、ライフステージの変化や医療技術の進歩や社会保険制度の改正に合わせて改定された保障に見直すことも有益です。

第5問　　　　　　　　　　　　　　　　　　　　　　　　　　[2021年9月]

次の設例に基づいて、下記の各問（《問1》〜《問3》）に答えなさい。

――――――――――――――――《設 例》――――――――――――――――

　会社員のAさん（35歳）は、妻Bさん（35歳）および長男Cさん（0歳）との3人暮らしである。Aさんは、長男Cさんが誕生したことを機に、生命保険の加入を検討していたところ、生命保険会社の営業担当者から、下記の生命保険の提案を受けた。

　Aさんは、生命保険に加入するにあたり、その前提として、自分が死亡した場合に公的年金制度からどのような給付が受けられるのかについて知りたいと思っている。

　そこで、Aさんは、ファイナンシャル・プランナーのMさんに相談することにした。

＜Aさんが提案を受けた生命保険に関する資料＞

保険の種類　　　　：5年ごと配当付特約組立型総合保険（注1）
月払保険料　　　　：11,100円
保険料払込期間　　：65歳満了
契約者（＝保険料負担者）・被保険者：Aさん
死亡保険金受取人：妻Bさん
指定代理請求人　：妻Bさん

特約の内容	保障金額	保険期間
終身保険特約	200万円	終身
定期保険特約	500万円	20年
逓減定期保険特約（注2）	初年度2,000万円	20年
傷害特約	500万円	10年
入院特約（180日型）（注3）	日額10,000円	10年
先進医療特約	先進医療の技術費用と同額	10年
指定代理請求特約	－	－
リビング・ニーズ特約	－	－

（注1）複数の特約を自由に組み合わせて加入することができる保険。
（注2）加入後の死亡保険金額は、毎年所定の割合で減少する。
（注3）病気やケガで1日以上の入院の場合に入院給付金が支払われる（死亡保険金の支払はない）。

※上記以外の条件は考慮せず、各問に従うこと。

問 1　☑ ☑ ☑　　　　　　　　　　　　　　　　　　　　重要度 **B**

はじめに、Mさんは、Aさんに対して、下記の＜前提＞においてAさんが死亡した場合、妻Bさんが受給することができる公的年金制度からの遺族給付について説明した。Mさんが説明した以下の文章の空欄①〜③に入る最も適切な語句または数値を、下記の〈語句群〉のなかから選び、その記号を解答用紙に記入しなさい。

＜前提＞
・妻Bさんは、遺族基礎年金および遺族厚生年金の受給権を取得する。
・妻Bさんおよび長男Cさんは、現在および将来においても、公的年金制度における障害等級に該当する障害の状態にないものとする。

「現時点において、Aさんが死亡した場合、妻Bさんに対して遺族基礎年金および遺族厚生年金が支給されます。遺族基礎年金を受けられる遺族の範囲は、死亡した被保険者によって生計を維持されていた『子のある配偶者』または『子』です。『子』とは、原則として、18歳到達年度の末日までの間にあり、かつ、現に婚姻していない子等を指します。妻Bさんが受け取る遺族基礎年金の額は、『子』が1人のため、（　①　）円（本年度価額）になります。

遺族厚生年金の額は、原則として、Aさんの厚生年金保険の被保険者記録を基礎として計算した老齢厚生年金の報酬比例部分の額の4分の3相当額になります。ただし、その計算の基礎となる被保険者期間の月数が（　②　）月に満たない場合、（　②　）月とみなして年金額が計算されます。

また、長男Cさんについて18歳到達年度の末日が終了し、妻Bさんの有する遺族基礎年金の受給権が消滅したときは、妻Bさんが65歳に達するまでの間、妻Bさんに支給される遺族厚生年金の額に中高齢寡婦加算が加算されます。中高齢寡婦加算の額は、遺族基礎年金の額（子の加算額を除く）の（　③　）相当額になります」

┌─〈語句群〉────────────────────────────
│ イ．240　　ロ．300　　ハ．360　　ニ．795,000　　ホ．871,200
│ ヘ．1,023,700　　ト．3分の1　　チ．3分の2　　リ．4分の3
└──────────────────────────────────

212

| 正解 | ① へ | ② ロ | ③ リ | テキスト1章 ①P76、②P78-79、③P80 |

①ポイント：遺族基礎年金

支給対象遺族	死亡した者に生計を維持されていた子のある配偶者または子 子：18歳到達年度末まで、または20歳未満で障害等級1級または2級に該当する状態にある未婚の子
支給期間	子が18歳到達年度末（20歳未満で1級、2級障害に該当する状態にある子の場合は20歳）まで
支給額 （新規裁定）	配偶者が受給する場合 795,000円＋228,700円／人（子2人目まで）＋76,200円／人（子3人目以降）

①Aさん死亡時、長男Cさんは0歳であるため、遺族基礎年金が支給され、子が1人であるため、795,000円＋228,700円＝1,023,700円が支給されます。

②ポイント：遺族厚生年金

支給額	死亡時点で計算した報酬比例部分の4分の3相当額 短期要件に該当し、厚生年金加入期間が300月未満の場合は300月分を保障

③中高齢寡婦加算の額は、老齢基礎年金の4分の3相当額となります（795,000円×3／4）。

213

問2 重要度

次に、MさんはAさんに対して、必要保障額およびAさんが提案を受けた生命保険の死亡保障の額について説明した。Mさんが説明した以下の文章の空欄①、②に入る最も適切な数値を解答用紙に記入しなさい。なお、問題の性質上、明らかにできない部分は「□□□」で示してある。

「提案を受けた生命保険に加入する前に、現時点での必要保障額を算出し、準備すべき死亡保障の額を把握しましょう。下記の＜算式＞および＜条件＞を参考にすれば、Aさんが現時点で死亡した場合の遺族に必要な生活資金等の総額は□□□万円となり、必要保障額は（ ① ）万円となります。

仮に、提案を受けた生命保険に加入し、加入した年中にAさんが死亡（不慮の事故や所定の感染症以外）した場合、妻Bさんに支払われる死亡保険金額は（ ② ）万円となります。他方、加入した年中にAさんが不慮の事故で180日以内に死亡した場合の死亡保険金額は□□□万円となります」

＜算式＞

必要保障額＝遺族に必要な生活資金等の支出の総額－遺族の収入見込金額

＜条件＞

1. 長男Cさんが独立する年齢は、22歳（大学卒業時）とする。
2. Aさんの死亡後から長男Cさんが独立するまで（22年間）の生活費は、現在の日常生活費（月額25万円）の70％とし、長男Cさんが独立した後の妻Bさんの生活費は、現在の日常生活費（月額25万円）の50％とする。
3. 長男Cさん独立時の妻Bさんの平均余命は、32年とする。
4. Aさんの死亡整理資金（葬儀費用等）、緊急予備資金は、500万円とする。
5. 長男Cさんの教育資金の総額は、1,300万円とする。
6. 長男Cさんの結婚援助費の総額は、200万円とする。
7. 住宅ローン（団体信用生命保険に加入）の残高は、3,000万円とする。
8. 死亡退職金見込額とその他金融資産の合計額は、2,000万円とする。
9. Aさん死亡後に妻Bさんが受け取る公的年金等の総額は、7,200万円とする。

正解	① **2,220** (万円)	② **2,700** (万円)

テキスト2章 ①P124、②P192-194

①遺族に必要な生活資金等の総額（条件1～3を見て計算します）

　　長男Cさんが独立するまでの生活費＝月額25万円×0.7×12月×22年
　　＝4,620万円

　　長男Cさんが独立した後の妻Bさんの生活費＝月額25万円×0.5×12月
　　×32年＝4,800万円

　　日常生活費＝4,620万円＋4,800万円＝9,420万円

　　その他（条件4～7を見ます）

　　死亡整理資金・緊急予備資金、教育資金、結婚援助費は遺族に必要な生活資
　　金等に含めますが、**住宅ローン3,000万円は団体信用生命保険が付保**され
　　ているため、**遺族に必要な生活資金等に含めません。**

　　以上より、遺族に必要な生活資金等＝9,420万円＋500万円＋1,300万
　　円＋200万円＝11,420万円となります。

　　遺族の収入見込額（条件8、9を見て計算します）

　　死亡退職金見込額とその他金融資産2,000万円＋公的年金等の総額
　　7,200万円＝9,200万円

　　以上より、必要保障額＝11,420万円－9,200万円＝2,220万円となります。

②200万円＋500万円＋2,000万円＝2,700万円

　　終身保険：被保険者が死亡すると、いつでも死亡保険金が支払われます。

　　定期保険：保険期間中に被保険者が死亡した場合には死亡保険金が支払わ
　　れます。

　　逓減定期保険：死亡保険金は毎年所定の割合で減額しますが、加入した年
　　に被保険者が死亡した場合には、当初の保険金額の死亡保険金が支払われ
　　ます。

　　傷害特約：**不慮の事故等**で180日以内に死亡した場合には、**死亡保険金が
　　支払われますが、不慮の事故や所定の感染症以外**で死亡した場合には**死亡
　　保険金は支払われません。**

問3 重要度

最後に、Mさんは、Aさんに対して、Aさんが提案を受けた生命保険の保障内容および課税関係について説明した。Mさんが説明した次の記述①〜④について、適切なものには○印を、不適切なものには×印を解答用紙に記入しなさい。

①「必要保障額は、通常、末子が生まれた時に最大となり、その後、子どもの成長とともに逓減していきます。Aさんの今後のライフステージの変化に合わせて、保障内容を定期的に見直すことをお勧めします」

②「先進医療の治療を受けた場合、診察料や投薬料等に係る費用は公的医療保険の対象となりますが、技術料に係る費用は全額自己負担となりますので、先進医療特約の付加をお勧めします」

③「Aさんが重い病気等で余命6カ月以内と判断された場合、リビング・ニーズ特約により所定の範囲内で死亡保険金の全部または一部を生前にAさんが受け取ることができます」

④「当該生命保険の支払保険料のうち、終身保険特約、定期保険特約、逓減定期保険特約および傷害特約に係る保険料は一般の生命保険料控除の対象となり、入院特約および先進医療特約に係る保険料は介護医療保険料控除の対象となります」

正解 ① ◯ ② ◯ ③ ◯ ④ ✕

テキスト2章　①P124-125、②③P146、④P153

①適切　**末子誕生時**に、万一の場合の「生活費と子どもの教育資金」の備えが**最も多く必要**となり、その後、時間の経過に伴い、逓減していきます。

②適切　先進医療の技術料は全額自己負担となります。先進医療特約は**療養時**における先進医療を保障対象とする特約です。

③適切　リビング・ニーズ特約は、**余命6カ月以内**と医師に診断された場合、死亡保険金の全部または一部が被保険者または指定代理請求人に支払われる特約です。

④不適切　2012年以降の契約において、**傷害特約**の保険料は**生命保険料控除の対象外**となりました。その他の記述は適切です。

実技試験［金財］ 生保顧客資産相談業務（法人向け保険）

第1問

［2021年1月］

次の設例に基づいて、下記の各問（《問1》～《問3》）に答えなさい。

《設 例》

Aさん（43歳）は、X株式会社（以下、「X社」という）の創業社長である。Aさんは、先日、生命保険会社の営業担当者から、下記の＜資料1＞および＜資料2＞の生命保険の提案を受けた。

そこで、Aさんは、ファイナンシャル・プランナーのMさんに相談することにした。

＜資料1＞

保険の種類 ：	無配当総合医療保険（無解約返戻金型）
契約者（＝保険料負担者） ：	X社
被保険者 ：	Aさん
給付金受取人 ：	X社
入院給付金（日額） ：	2万円
保険期間・保険料払込期間 ：	10年（自動更新タイプ）
年払保険料 ：	14万円

※入院中に公的医療保険制度の手術料の算定対象となる所定の手術を受けた場合は入院日額の20倍、所定の外来手術を受けた場合は入院日額の5倍が手術給付金として支払われる。
※所定の放射線治療を受けた場合は入院日額の10倍が放射線治療給付金として支払われる。

＜資料2＞

保険の種類 ：	無配当低解約返戻金型終身保険（特約付加なし）
契約者（＝保険料負担者） ：	X社
被保険者 ：	Aさん
死亡保険金受取人 ：	X社
死亡保険金額 ：	4,000万円
保険料払込期間 ：	65歳満了
年払保険料 ：	150万円
65歳までの払込保険料累計額① ：	3,300万円
65歳満了時の解約返戻金額② ：	3,400万円（低解約返戻金期間満了直後）
受取率（②÷①） ：	103.0％（小数点第2位以下切捨て）

※解約返戻金額の80％の範囲内で、契約者貸付制度を利用することができる。

※上記以外の条件は考慮せず、各問に従うこと。

問 1 重要度

仮に、将来、X社がAさんに役員退職金4,000万円を支給した場合について、次の①、②を求め、解答用紙に記入しなさい（計算過程の記載は不要）。なお、Aさんの役員在任期間（勤続年数）を35年4カ月とし、これ以外に退職手当等の収入はなく、障害者になったことが退職の直接の原因ではないものとする。

① 退職所得控除額
② 退職所得の金額

正解　① **1,920**（万円）　② **1,040**（万円）　テキスト4章　P340

①退職所得控除額は、勤続年数により異なります。

　勤続年数1年未満の端数は1年に切り上げますので、設問の場合は36年として計算します。

　20年以下の部分は1年あたり**40万円**、**20年超**の部分は1年あたり**70万円**ですので、

　800万円（40万円×20年）＋70万円×（36年－20年）＝1,920万円となります。

②在任5年超の役員の退職所得は「**（収入金額－退職所得控除額）×1／2**」により求めます。

　（4,000万円－1,920万円）×1／2＝1,040万円

問2

Mさんは、Aさんに対して、《設例》の＜資料１＞の医療保険について説明した。Mさんが説明した次の記述①～③について、適切なものには〇印を、不適切なものには×印を解答用紙に記入しなさい。

①「当該生命保険の支払保険料は、その全額を損金の額に算入することができます」
②「Aさんが入院し、X社が入院給付金を受け取った場合、法人税法上、当該給付金については非課税所得となりますので、益金に計上する必要はありません」
③「Aさんが入院し、X社が入院給付金を受け取った場合、当該給付金をAさんへの見舞金の原資として活用することができます」

正解 ① 〇　② ×　③ 〇　　テキスト２章　①P162-163、②③P168

①適切　法人が受取人、保険期間・保険料払込期間が10年である医療保険の保険料は支払った**全額を損金算入**できます。

②不適切　法人が受け取る入院保険金は、**雑収入**に計上します。
個人契約の場合、被保険者が受け取る入院給付金は非課税となりますが、法人が受け取る生命保険金は、以下のとおり、経理処理を行います。
・保険が終了する場合（死亡保険金、満期保険金、解約返戻金等）「受取額－資産計上額」がプラスであれば差額を雑収入、マイナスであれば差額を雑損失
・医療保険の場合、給付金支払い後も継続されるため、受取額を雑収入として益金に計上

③適切　法人が受け取る生命保険の**入院給付金の使途に制限はありません**。

問3 重要度 A

Mさんは、Aさんに対して、《設例》の＜資料２＞の終身保険について説明した。Mさんが説明した次の記述①〜④について、適切なものには○印を、不適切なものには×印を解答用紙に記入しなさい。

① 「当該生命保険は、低解約返戻金型ではない終身保険に比べて保険料払込期間中の解約返戻金の水準が低く設定されています。そのため、保険料払込期間の途中で解約とならないよう、継続的な支払が可能な保険料であるかをご確認ください」

② 「当該生命保険の支払保険料は、その全額を資産に計上します。仮に、保険料払込期間満了時にAさんが死亡した場合、X社は、それまで資産計上していた保険料積立金3,300万円を取り崩し、死亡保険金4,000万円との差額700万円を雑収入として経理処理します」

③ 「Aさんが勇退する際に、契約者をAさん、死亡保険金受取人をAさんの相続人に名義変更することで、当該保険契約を役員退職金の一部または全部として支給することができます。Aさん個人の保険として継続することにより、納税資金の確保や死亡保険金の非課税金額の規定の適用など、相続対策として活用することができます」

④ 「X社が保険期間中に資金を必要とした場合、契約者貸付制度を利用することにより、当該生命保険を解約することなく、資金を調達することができます。X社が契約者貸付金を受け取った場合、当該保険契約は継続しているため、経理処理は必要ありません」

正解 ① ○　② ○　③ ○　④ ×

テキスト2章　① P131、② P168、③ P163、④ P148、P167

①適切　低解約返戻金型終身保険は、保険料払込期間中の解約返戻金を低く抑える分、保険料も割安となっています。つまり、**払込期間中に解約すると、解約返戻金が払込保険料よりも少なくなる**可能性が高くなります。なお、保険料払込満了後の解約返戻金は、通常の終身保険と同じ水準となります。

②適切　死亡保険金受取人が法人である終身保険の保険料は、**支払った全額を保険料積立金**として資産に計上します。保険料払込終了時の保険料積立金は3,300万円ですので、その時点で被保険者が死亡した場合、死亡保険金4,000万円との差額700万円は**雑収入**として益金に算入します。

レック先生のワンポイント

法人が死亡・満期保険金、解約返戻金を受け取った場合
　受取額＞帳簿上の資産計上額　差額を雑収入
　受取額＜帳簿上の資産計上額　差額を雑損失

③適切　法人契約の終身保険を、契約者を役員、死亡保険金受取人を相続人に変更することで、役員退職金の一部または全部として支給する場合、解約返戻金相当額を退職所得の収入金額とします。終身保険はいつ死亡しても保険金が支払われるため、**相続税納税資金**の準備にも活用できます。また、退職後、契約者・被保険者が（元）役員、死亡保険金受取人が相続人となる場合、死亡保険金は相続税の対象となり、「500万円×法定相続人の数」の金額が非課税となります。

④不適切　契約者貸付を利用した場合、「**（借方）現金／（貸方）借入金**」のように経理処理を行います。返済時も他の借入金と同様の経理処理を行います。

第**2**問 [2020年9月]

次の設例に基づいて、下記の各問（《問1》〜《問3》）に答えなさい。

――――――――――――《設 例》――――――――――――

　Aさん（40歳）は、X株式会社（以下、「X社」という）の代表取締役社長である。Aさんは、現在、従業員および自身の退職金準備の方法について検討している。Aさんは、先日、生命保険会社の営業担当者であるファイナンシャル・プランナーのMさんに相談したところ、従業員の退職金準備として中小企業退職金共済制度を紹介された。また、自身の退職金準備を目的とした下記＜資料＞の終身保険の提案を受けた。

＜資料＞

保険の種類	無配当低解約返戻金型終身保険（特約付加なし）
契約者（＝保険料負担者）	X社
被保険者	Aさん
死亡保険金受取人	X社
保険料払込期間	65歳満了
死亡・高度障害保険金額	5,000万円
年払保険料	180万円
65歳までの払込保険料累計額	4,500万円
65歳満了時の解約返戻金額	4,650万円（低解約返戻金期間満了時）

※上記以外の条件は考慮せず、各問に従うこと。

問1 ☒ ◯ ☑   重要度

仮に、Aさんが役員在任期間（勤続年数）31年3カ月でX社を退任し、X社が役員退職金として5,000万円を支給した場合、Aさんが受け取る役員退職金に係る退職所得の金額を計算した下記の計算式の空欄①～③に入る最も適切な数値を、解答用紙に記入しなさい。なお、Aさんは、これ以外に退職手当等の収入はなく、障害者になったことが退職の直接の原因ではないものとする。また、問題の性質上、明らかにできない部分は「□□□」で示してある。

＜退職所得控除額＞
　800万円＋（ ① ）万円×（□□□年－20年）＝（ ② ）万円
＜退職所得の金額＞
　（5,000万円－（ ② ）万円）×□□□＝（ ③ ）万円

正解　① **70**（万円）　② **1,640**（万円）　③ **1,680**（万円）

テキスト4章　P340

①②退職所得控除額は、勤続年数により異なります。

勤続年数1年未満の端数は1年に切り上げますので、設問の場合は32年として計算します。

20年以下の部分は1年あたり**40万円**（20年以下の部分は40万円×20年＝800万円）、**20年超**の部分は1年あたり**70万円**ですので、

800万円＋70万円×（32年－20年）＝1,640万円となります。

③在任5年超の役員の退職所得は「**(収入金額－退職所得控除額)×1／2**」により求めます。

（5,000万円－1,640万円）×1／2＝1,680万円

問2 重要度 B

Mさんは、Aさんに対して、中小企業退職金共済制度（以下、「中退共」という）について説明した。Mさんが説明した以下の文章の空欄①〜④に入る最も適切な語句または数値を、下記の〈語句群〉のなかから選び、その記号を解答用紙に記入しなさい。

「中退共は、中小企業の事業主が独立行政法人勤労者退職金共済機構と雇用者（従業員）を被共済者とする退職金共済契約を締結して、退職金を社外に積み立てる共済制度です。

掛金は、被共済者（従業員）1人につき月額5,000円から3万円までの範囲から選択し、（ ① ）負担します。また、中退共に新たに加入する事業主に対して、原則として、掛金月額の（ ② ）（被共済者1人ごとに5,000円が上限）を加入後4カ月目から（ ③ ）年間、国が助成する制度があります。

被共済者（従業員）が定年退職したときは、勤労者退職金共済機構から退職金が（ ④ ）支給されます。退職金は、退職時に一括して受け取る一時払いのほか、退職金が所定の金額以上であることなどの要件を満たした場合は、退職金の全部または一部を分割払いにすることもできます」

〈語句群〉
イ.1　ロ.2　ハ.3　ニ.2分の1　ホ.3分の2
ヘ.4分の3　ト.事業主が全額を　チ.事業主と被共済者が折半して
リ.被共済者が全額を　ヌ.従業員に直接　ル.事業主を経由して従業員に

正解　① ト　② ニ　③ イ　④ ヌ　　　　　テキスト1章　P89

ポイント：中小企業退職金共済

加入対象者	原則、中小企業の従業員全員
掛金の負担	事業主が**全額**負担（①）
助成制度	新規加入時　加入4カ月目から**1年間**（③）、掛金月額の**2分の1**（②）（上限5,000円） 増額時　増額月から1年間、増額分の**3分の1**（上限あり）
退職金の支給	従業員に**直接**支給（④）

レック先生のワンポイント

生保の実技試験では、第1問では、確定拠出年金、小規模企業共済、国民年金基金、付加年金、第3問では中小企業退職金共済が出題されることが多くなっています。

問3 重要度 A

Mさんは、Aさんに対して、《設例》の＜資料＞の終身保険について説明した。Mさんが説明した次の記述①～③について、適切なものには○印を、不適切なものには×印を解答用紙に記入しなさい。

① 「Aさんが勇退する際に、契約者をAさん、死亡保険金受取人をAさんの相続人に名義変更することで、当該保険契約を役員退職金の一部として支給し、個人の保険として継続することができます」

② 「当該生命保険の保険料は、支払保険料の全額を資産に計上します。65歳満了時に解約した場合、X社はそれまで資産計上していた保険料積立金を取り崩し、解約返戻金との差額150万円を雑損失として経理処理します」

③ 「Aさんが高度障害状態となり、X社が高度障害保険金を受け取った場合、法人税法上、当該保険金については非課税所得となりますので、益金に計上する必要はありません」

正解　① ○　② ×　③ ×

テキスト2章　① P163、② P163、P168、③ P168

①適切　法人契約の終身保険を、契約者を役員、死亡保険金受取人を相続人に変更することで、役員退職金の一部または全部として支給することができ、この場合、解約返戻金相当額を退職所得の収入金額とします。

②不適切　死亡保険金受取人が法人である終身保険の保険料は、支払った**全額を保険料積立金**として資産に計上します。65歳の保険料払込終了時の保険料積立金は4,500万円、解約返戻金は4,650万円であり、帳簿上の金額よりも150万円多く受け取ることができるため、**差額150万円は雑収入**と扱います。

レック先生のワンポイント

法人が死亡・満期保険金、解約返戻金を受け取った場合
　　受取額＞帳簿上の資産計上額　差額を雑収入
　　受取額＜帳簿上の資産計上額　差額を雑損失

③不適切　法人が受け取る高度障害保険金から資産計上されている保険料積立金を差し引いた差額が**プラス**の場合は**雑収入**として益金（仮に、差額が**マイナス**の場合は**雑損失**として損金）に計上します。

| 第3問 | [2022年1月] |

次の設例に基づいて、下記の各問（《問1》～《問3》）に答えなさい。

《設例》

Aさん（71歳）は、X株式会社（以下、「X社」という）の創業社長である。Aさんは、今期限りで専務取締役の長男Bさん（47歳）に社長の座を譲り、勇退することを決意している。X社は、現在、下記の＜資料1＞の生命保険に加入している。

また、長男Bさんは、生命保険会社の営業担当者であるファイナンシャル・プランナーのMさんから、事業保障資金の確保を目的とした下記の＜資料2＞の生命保険の提案を受け、加入を検討している。

＜資料1＞X社が現在加入している生命保険の契約内容

保険の種類：5年ごと利差配当付長期平準定期保険（特約付加なし）	
契約年月日	： 2004年4月1日
契約者（＝保険料負担者）	： X社
被保険者	： Aさん
死亡保険金受取人	： X社
保険期間・保険料払込期間	： 95歳満了
死亡・高度障害保険金額	： 1億円
年払保険料	： 300万円
現時点の解約返戻金額	： 4,800万円
現時点の払込保険料累計額	： 6,000万円

※解約返戻金額の80％の範囲内で、契約者貸付制度を利用することができる。
※保険料の払込みを中止し、払済終身保険に変更することができる。

＜資料2＞長男Bさんが提案を受けた生命保険の内容

保険の種類	： 無配当定期保険（特約付加なし）
契約者（＝保険料負担者）	： X社
被保険者	： 長男Bさん
死亡保険金受取人	： X社
保険期間・保険料払込期間	： 95歳満了
死亡・高度障害保険金額	： 1億円
年払保険料	： 180万円
最高解約返戻率	： 83％

※上記以外の条件は考慮せず、各問に従うこと。

問1 重要度 A

仮に、X社がAさんに役員退職金4,000万円を支給した場合、Aさんが受け取る役員退職金について、次の①、②を求め、解答用紙に記入しなさい（計算過程の記載は不要）。〈答〉は万円単位とすること。なお、Aさんの役員在任期間（勤続年数）を34年3カ月とし、これ以外に退職手当等の収入はなく、障害者になったことが退職の直接の原因ではないものとする。

① 退職所得控除額
② 退職所得の金額

正解 ① **1,850**（万円） ② **1,075**（万円）　　　テキスト4章 P340

①退職所得控除額は、勤続年数により異なります。
　勤続年数1年未満の端数は**1年に切り上げ**ますので、設問の場合は35年として計算します。
　20年以下の部分は1年あたり**40万円**、**20年超**の部分は1年あたり**70万円**ですので、
　800万円（40万円×20年）＋70万円×（35年－20年）＝1,850万円となります。
②在任5年超の役員の退職所得は「**（収入金額－退職所得控除額）×1／2**」により求めます。
　（4,000万円－1,850万円）×1／2＝1,075万円

問2 　　　　　　　　　　　　　　　　　　　　　重要度 **A**

Mさんは、Aさんに対して、＜資料１＞の長期平準定期保険について説明した。Mさんが説明した次の記述①～③について、適切なものには○印を、不適切なものには×印を解答用紙に記入しなさい。

① 「当該生命保険を現時点で解約した場合、X社が受け取る解約返戻金は、Aさんに支給する役員退職金の原資として活用することができます」

② 「当該生命保険を現時点で解約した場合、X社はそれまで資産計上していた前払保険料3,000万円を取り崩して、解約返戻金4,800万円との差額1,800万円を雑損失として経理処理します」

③ 「当該生命保険を現時点で払済終身保険に変更した場合、変更した事業年度において雑損失が計上されます。したがって、変更した事業年度の利益を減少させる効果があります」

正解　① ○　② ×　③ ×　　　　　　　　　　　テキスト2章　P166-167

①適切　　解約返戻金の使途に制限はありません。

②不適切　2019年7月7日までに締結された長期平準定期保険ですので、保険期間の**前半6割**は支払った保険料のうち**2分の1**を前払保険料として**資産**に計上、2分の1を支払保険料として損金に算入します。

現時点は前半6割期間に該当するため、払込保険料の2分の1を前払保険料として資産に計上しますので、設問の場合、払込保険料6,000万円の2分の1である**3,000万円**が**資産**計上されています。

解約返戻金は4,800万円であり、帳簿上の価値（前払保険料）よりも1,800万円多く受け取ることができるため、1,800万円を**雑収入**として経理処理します。

③不適切　払済終身保険に変更する場合、**解約返戻金が資産計上額よりも多い場合には差額を雑収入**に計上し、**少ない場合には差額を雑損失**に計上します。②の解説のとおり、**雑収入**が計上されます。

問3 重要度 A

Mさんは、長男Bさんに対して、＜資料２＞の定期保険の支払保険料の経理処理について説明した。Mさんが説明した以下の文章の空欄①〜④に入る最も適切な数値を、下記の〈数値群〉のなかから選び、その記号を解答用紙に記入しなさい。

「法人を契約者（＝保険料負担者）および死亡保険金受取人とし、役員または従業員を被保険者とする保険期間が3年以上の定期保険で、最高解約返戻率が（ ① ）％を超えるものの支払保険料の経理処理については、最高解約返戻率が『（ ① ）％超70％以下』『70％超（ ② ）％以下』『（ ② ）％超』である場合の3つの区分に応じて取り扱います。

＜資料２＞の定期保険の最高解約返戻率は『70％超（ ② ）％以下』であるため、保険期間開始日から保険期間の（ ③ ）割に相当する期間を経過する日までは、当期分支払保険料の（ ④ ）％相当額を前払保険料として資産に計上し、残額は損金の額に算入します。（ ③ ）割に相当する期間経過後は、当期分支払保険料の全額を損金の額に算入するとともに、資産に計上した金額については、保険期間の7.5割に相当する期間経過後から保険期間終了日までにおいて均等に取り崩し、損金の額に算入します」

〈語句群〉
イ. 4   ロ. 5   ハ. 6   ニ. 30   ホ. 40   ヘ. 50   ト. 60
チ. 75 リ. 85 ヌ. 90 ル. 105

レック先生のワンポイント

前半40％期間について
　　最高解約返戻率50％超70％以下　40％前払保険料
　　最高解約返戻率70％超85％以下　40％損金
　　40％（4割）を軸に覚えましょう。

| 正解 | ① ヘ | ② リ | ③ イ | ④ ト | テキスト2章　P165-166 |

従来の長期平準定期保険、逓増定期保険、終身がん保険の経理処理に代わり、2019年7月8日（一部は2019年10月8日）以降の契約から、最高解約返戻率に応じて、経理処理が異なります。

最高解約返戻率が一定以上ある法人向け定期保険等の前半4（③）割期間の経理処理（原則・抜粋）

最高解約返戻率	前半4（③）割期間の経理処理
50%（①）超**70%以下**	**40%　前払保険料**
	60%　損金
70%超85%（②）以下	**60%（④）前払保険料**
	40%　損金

第4問

[2021年9月]

次の設例に基づいて、下記の各問（《問1》～《問3》）に答えなさい。

――――――――――――《設 例》――――――――――――

　Aさん（69歳）は、X株式会社（以下、「X社」という）の創業社長である。
Aさんは、今期限りで専務取締役の長男Bさん（44歳）に社長の座を譲り、勇
退することを決意している。X社は、Aさんに支給する役員退職金の原資とし
て、下記の＜資料＞の生命保険の解約返戻金の活用を検討している。

　また、Aさんは、従業員の死亡退職金について、具体的な準備は行っていな
かったため、生命保険会社の営業担当者であるファイナンシャル・プランナー
のMさんに相談したところ、総合福祉団体定期保険の説明を受けた。

＜資料＞X社が現在加入している生命保険の契約内容

> 保険の種類：無配当逓増定期保険（特約付加なし）
> 契約年月日：2016年7月1日
> 契約形態　：契約者（＝保険料負担者）・死亡保険金受取人＝X社
> 　　　　　　被保険者＝Aさん
> 保険期間・保険料払込期間：77歳満了
> 基本保険金額　　　　　　：5,000万円
> 逓増率変更年度　　　　　：第9保険年度
> 年払保険料　　　　　　　：350万円
> 現時点の払込保険料累計額：2,800万円
> 現時点の解約返戻金額　　：2,500万円
> ※保険料の払込みを中止し、払済終身保険に変更することができる。
> ※所定の範囲内で、契約者貸付制度を利用することができる。

※上記以外の条件は考慮せず、各問に従うこと。

問1 重要度 A

仮に、X社がAさんに役員退職金4,000万円を支給した場合、Aさんが受け取る役員退職金について、次の①、②を求め、解答用紙に記入しなさい（計算過程の記載は不要）。〈答〉は万円単位とすること。なお、Aさんの役員在任期間（勤続年数）を33年3カ月とし、これ以外に退職手当等の収入はなく、障害者になったことが退職の直接の原因ではないものとする。

①退職所得控除額
②退職所得の金額

正解　① **1,780**（万円）　② **1,110**（万円）　テキスト4章　P340

①退職所得控除額は、勤続年数により異なります。
　勤続年数1年未満の端数は**1年に切り上げ**ますので、設問の場合は34年として計算します。
　20年以下の部分は1年あたり**40万円**、**20年超**の部分は1年あたり**70万円**ですので、
　800万円（40万円×20年）＋70万円×（34年－20年）＝1,780万円となります。

②在任5年超の役員の退職所得は「**（収入金額－退職所得控除額）×1／2**」により求めます。
　（4,000万円－1,780万円）×1／2＝1,110万円

問2 重要度

Mさんは、Aさんに対して、《設例》の逓増定期保険について説明した。Mさんが説明した次の記述①～④について、適切なものには〇印を、不適切なものには×印を解答用紙に記入しなさい。

①「当該生命保険の単純返戻率（解約返戻金額÷払込保険料累計額）は、逓増率変更年度の前後でピークを迎え、その後、単純返戻率は低下し、保険期間満了時には0（ゼロ）になります。現在のキャッシュバリューを確保するには、解約あるいは払済終身保険への変更を検討してください」

②「現時点で当該生命保険を解約した場合、解約時の資産計上額である1,400万円との差額である1,100万円を雑収入として経理処理します」

③「現時点で当該生命保険を払済終身保険に変更する場合、契約は継続するため、経理処理は必要ありません」

④「現時点で当該生命保険を払済終身保険に変更する場合、Aさんは改めて健康状態等についての告知または医師の診査を受ける必要があるため、変更時の健康状態によっては、払済終身保険に変更することができない場合があります」

正解 ① ◯ ② ◯ ③ ✕ ④ ✕

テキスト2章 ① P128-129
②③ P167-168、④ P149

①適切　解約返戻金が多い時期に解約または払済終身保険に変更すると
　　　　キャッシュバリューを確保できます。

②適切　2019年7月7日までに締結された逓増定期保険について
　　　　「保険期間満了時の被保険者の年齢77歳」
　　　　「契約時の被保険者の年齢61＋保険期間（16×2）＝93」であ
　　　　るため、下記表の「1」に該当します。
　　　　（払込保険料累計額2,800万円÷年払保険料350万円＝8年であ
　　　　ることから8年前の契約であることがわかり、現時点の年齢が69
　　　　歳ですので、契約時年齢は69歳－8年＝61歳、保険期間は77歳
　　　　－61歳＝16年と分かります）

　　　　この法人契約の逓増定期保険の保険料は、
　　　　保険期間の**前半6割**は支払った保険料のうち**2分の1**を前払保険
　　　　料として**資産**に計上、2分の1を支払保険料として損金に算入し
　　　　ます。
　　　　16年×0.6＝9.6年であり、9年目までは前半6割期間に該当す
　　　　るため、払込保険料の2分の1を前払保険料として資産に計上し
　　　　ますので、設問の場合、払込保険料2,800万円の2分の1である
　　　　1,400万円が**資産**計上されています。

　　　　解約返戻金は2,500万円であるため、帳簿上の価値（前払保険
　　　　料）よりも1,100万円多く受け取ることができるため、**雑収入**は
　　　　1,100万円となります。

2019年7月7日までに契約された逓増定期保険の保険料の経理処理

被保険者要件	保険期間終了時年齢		契約時年齢＋保険期間×2	保険期間前半6割期間の経理処理	後半4割期間
1	45歳超		−	**2分の1資産計上** **2分の1損金算入**	支払保険料を全額損金算入 資産計上されている保険料を均等に取り崩して損金算入
2	70歳超	かつ	95年超	3分の2資産計上 3分の1損金算入	
3	80歳超	かつ	120年超	4分の3資産計上 4分の1損金算入	

前半6割期間の判定：保険期間×60％の1年未満の端数は切捨て

③不適切　払済終身保険に変更する場合、**解約返戻金が資産計上額よりも多い場合には差額を雑収入に計上し、少ない場合には差額を雑損失に計上します。**

④不適切　**払済保険に変更**する場合、健康状態についての**告知・診査は必要ありません。**

問3   重要度

Mさんは、Aさんに対して、総合福祉団体定期保険の一般的な商品内容等について説明した。Mさんが説明した次の記述①～③について、適切なものには○印を、不適切なものには×印を解答用紙に記入しなさい。

①「総合福祉団体定期保険は、一般に、従業員の遺族の生活保障を主たる目的としており、法人の役員を被保険者とすることはできません」
②「総合福祉団体定期保険の加入の申込みに際して、一般に、加入予定者の告知や医師による診査が必要となります」
③「総合福祉団体定期保険の保険期間は、一般に、1年から10年の範囲内で、被保険者ごとに設定することができます」

正解　① ✕　② ✕　③ ✕　　　　　　　　　　テキスト2章　P138

①不適切　総合福祉団体定期保険は、従業員のほか、**役員も被保険者に含めることができます。**

②不適切　総合福祉団体定期保険は、加入に際して、**告知は必要ですが、診査は不要**です。

③不適切　総合福祉団体定期保険は**1年更新**の定期保険です。

	[2019年5月]

第5問

次の設例に基づいて、下記の各問（《問1》～《問3》）に答えなさい。

--- 《設 例》 ---

Aさん（40歳）は、X株式会社（以下、「X社」という）の代表取締役社長である。Aさんは、現在、従業員および自身の退職金準備の方法について検討している。

そこで、生命保険会社の営業担当者であるファイナンシャル・プランナーのMさんに相談したところ、従業員の退職金準備を目的として＜資料1＞の生命保険（福利厚生プラン）、自身の退職金準備を目的として＜資料2＞の生命保険の提案を受けた。

＜資料1＞

保険の種類	養老保険（特約付加なし）
契約者（＝保険料負担者）	X社
被保険者	全従業員（30名）
死亡保険金受取人	被保険者の遺族
満期保険金受取人	X社
保険期間・保険料払込期間	60歳満期
死亡・高度障害保険金額	500万円（1人当たり）
年払保険料	600万円（30名の合計）

＜資料2＞

保険の種類	低解約返戻金型終身保険（特約付加なし）
契約者（＝保険料負担者）	X社
被保険者	Aさん
死亡保険金受取人	X社
保険期間・保険料払込期間	終身・65歳満了
死亡・高度障害保険金額	5,000万円
年払保険料	180万円
65歳時の解約返戻金額（注1）	4,720万円・単純返戻率104.9％（注2）

（注1）解約返戻金額の80％の範囲内で、契約者貸付制度を利用することができる。
（注2）保険料払込期間満了直前の単純返戻率は70％となる。

※上記以外の条件は考慮せず、各問に従うこと。

240

問1 ☒ ○ ✓　重要度 A

仮に、Aさんが役員在任期間（勤続年数）32年3カ月でX社を退任し、X社が役員退職金として8,000万円を支給した場合、Aさんが受け取る役員退職金に係る退職所得の金額を計算した下記の計算式の空欄①〜③に入る最も適切な数値を解答用紙に記入しなさい。なお、Aさんは、これ以外に退職手当等の収入はなく、障害者になったことが退職の直接の原因ではないものとする。また、問題の性質上、明らかにできない部分は「□□□」で示してある。

＜退職所得控除額＞
　800万円＋□□□万円×（（①）年−20年）＝（②）万円

＜退職所得の金額＞
　（8,000万円−（②）万円）×□□□＝（③）万円

| 正解 | ① 33（年） | ② 1,710（万円） | ③ 3,145（万円） |

テキスト4章　P340

①②退職所得控除額は、勤続年数により異なります。
　勤続年数1年未満の端数は**1年に切り上げ**ますので、設問の場合は33年（①）として計算します。
　20年以下の部分は1年あたり**40万円**（20年以下の部分は40万円×20年＝800万円）、
　20年超の部分は1年あたり**70万円**ですので、
　800万円＋70万円×（33年−20年）＝1,710万円（②）となります。

③在任5年超の役員の退職所得は「**（収入金額−退職所得控除額）×1／2**」により求めます。
　（8,000万円−1,710万円）×1／2＝3,145万円

問2

Mさんは、Aさんに対して、<資料１>の生命保険の特徴等について説明した。Mさんが説明した次の記述①～③について、適切なものには○印を、不適切なものには×印を解答用紙に記入しなさい。

①「福利厚生プランは、原則として、従業員全員を被保険者とする等の普遍的加入でなければなりませんので、制度導入後に入社した従業員について加入漏れがないように注意してください」

②「福利厚生プランの保険料は、その２分の１を資産計上し、残りの２分の１を福利厚生費として損金の額に算入します」

③「部課長以上など、一定以上の役職者のみを被保険者とする場合は、保険料の全額を給与として損金の額に算入します」

正解　①○　②○　③×　　　　　　　　　テキスト２章　P164

①適切　福利厚生プランは従業員全員が**普遍的に加入**することを**前提**としています。

②適切　③の解説参照。

③不適切　満期保険金受取人が法人、死亡保険金受取人が被保険者の遺族である養老保険について、被保険者が**従業員全員**であるなど**普遍的加入**である場合は、**２分の１資産計上、２分の１が福利厚生費**と扱い、被保険者が**役員のみ**、部課長以上のみであるなど、**普遍的加入**でない場合は、**２分の１資産計上、２分の１は給与**と扱います。

問3 　　　　　　　　　　　　　　　　　　　　　　　　　　　重要度

Mさんは、Aさんに対して、＜資料2＞の終身保険の特徴等について説明した。Mさんが説明した次の記述①～④について、適切なものには○印を、不適切なものには×印を解答用紙に記入しなさい。

①「当該終身保険は、保険料払込期間における解約返戻金額が低解約返戻金型ではない通常の終身保険に比べて低く抑えられており、通常の終身保険に比べて割安な保険料が設定されています」

②「Aさんが勇退する際に、契約者をAさん、死亡保険金受取人をAさんの相続人に名義変更することで、当該保険契約を役員退職金の一部として支給することができます。個人の保険として継続することにより、納税資金の確保や死亡保険金の非課税金額の規定の適用など、相続対策として活用することができます」

③「X社が高度障害保険金を受け取った場合、法人税法上、当該保険金については非課税所得となりますので、益金に計上する必要はありません」

④「Aさんが死亡した場合にX社が受け取る死亡保険金は、借入金の返済や運転資金等の事業資金として活用することができます」

| 正解 | ① ○ | ② ○ | ③ × | ④ ○ | テキスト2章　① P131、② P163　③④ P168 |

①適切　なお、保険料払込**満了後**の解約返戻金は、**通常の終身保険と同じ水準**となります。

②適切　なお、解約返戻金相当額を退職所得の収入金額とします。
名義変更後、**契約者＝被保険者、死亡保険金受取人が相続人**である場合、相続税の対象となり、「**500万円×法定相続人の数**」の金額が非**課税**となります。また、終身保険はいつ死亡しても死亡保険金が支払われるため、相続税納税資金に充てることができます。

③不適切　法人が受け取る高度障害保険金から資産計上されている保険料積立金を差し引いた差額を**雑収入**として益金（仮に、差額がマイナスの場合は雑損失として損金）に計上します。

④適切　法人が受け取る生命保険の保険金、給付金の**使途に制限はありません**。

第3章 傾向と対策

株式や債券、投資信託など様々な金融商品の特徴が問われます。また、用語、リスク、税務も出題されますから、金融商品ごとに体系的にマスターしましょう。
※金財の実技試験の生保顧客資産相談業務では出題されません。

頻出問題のキーワード

＜学科試験＞
経済指標、株式の信用取引、株価指数、投資尺度、NISA、金融商品の税金、投資信託の種類・タイプ、ETF、外貨建て金融商品、デリバティブ、ポートフォリオ、セーフティネット、金融商品の取引に関する法律、預貯金、債券の利回り計算とリスク

＜実技試験＞
【日本FP協会】株式等の税金（購入単価、譲渡所得、NISA等）、株式の投資尺度、投資信託（手数料、分配金、税金）、外貨預金の利回り、預金保険、債券の利回り、財形貯蓄

【金財】株式の投資尺度（PER、PBR、ROE、配当利回り等）、株式の譲渡所得、配当所得・NISA、株式の売買のルール（受渡し、手数料、権利付最終日）、株価指数、債券（利回り、税金、リスク）、外貨預金

解答かくしシート

LEC東京リーガルマインド

第3章

金融資産運用

学科試験問題&解答
- 経済・金融市場の基礎
- 金融資産・顧客の保護と法律
- 貯蓄型金融商品
- 債券
- 株式
- 投資信託
- 外貨建て金融商品
- 金融商品と税金
- ポートフォリオ理論
- デリバティブ取引

実技試験問題&解答
- [日本FP協会] 資産設計提案業務
- [金財] 個人資産相談業務

※解説は特に断りがない限り、所得税の税率には復興特別所得税を含めて表記しています。

学科試験[日本FP協会・金財] 共通

経済・金融市場の基礎

1 [2021年9月]

国内総生産（GDP）と経済成長率に関する次の記述のうち、最も不適切なものはどれか。

1. 支出面からみた国内総生産（GDP）を構成する需要項目のうち、例年の実質値において、民間企業設備投資、公共事業、民間最終消費支出のうち、最も高い割合を占めているのは、民間最終消費支出である。
2. 国内総生産（GDP）には名目値と実質値があり、経済環境が、物価が持続的に低下する状態（デフレーション）にある場合、一般に、名目値が実質値を下回る。
3. 経済成長率は、国内総生産（GDP）がどれだけ変化したかを数値で表したものであり、内閣府が1年間および四半期ごとの経済成長率を公表している。
4. 経済成長率には名目値と実質値があり、名目経済成長率は実質経済成長率から物価の上昇・下落分を取り除いた値となる。

2 [2020年9月]

内閣府が公表する景気動向指数に採用されている経済指標に関する次の記述のうち、最も適切なものはどれか。

1. 消費者物価指数は、全国の世帯が購入する家計に係る財およびサービスの価格等を総合した物価の変動を時系列的に測定した指標であり、そのうち生鮮食品を除く総合指数は、景気動向指数の遅行系列に採用されている。
2. 消費者態度指数は、現在の景気動向に対する消費者の意識を調査して数値化した指標であり、景気動向指数の一致系列に採用されている。
3. 東証株価指数（TOPIX）は、景気動向指数の一致系列に採用されている。
4. 有効求人倍率（除学卒）は、月間有効求人数を月間有効求職者数で除して求められる指標であり、景気動向指数の遅行系列に採用されている。

| **4** | **が不適切** | テキスト 3章　P204 |

1. **適切**　例年、ＧＤＰに占める民間最終消費支出の割合は50％台を占めています。

2. **適切**　**名目値をＧＤＰデフレーターにより物価変動分を調整した数値が実質値**であり、物価が持続的に低下する状態にある場合、一般に、名目値が実質値を下回ります。

3. **適切**　経済成長率は、国内総生産（ＧＤＰ）の変化率であり、**内閣府**が１年間および四半期ごとの経済成長率を公表しています。

4. **不適切**　選択肢の記述は逆です。実質経済成長率は名目経済成長率から物価の上昇・下落分を取り除いた値となります。

| **1** | **が適切** | テキスト 3章　P205 |

1. **適切**　消費者物価指数は遅行系列です。

2. 不適切　消費者態度指数は先行系列です。

3. 不適切　東証株価指数（TOPIX）は先行系列です。

4. 不適切　有効求人倍率（除学卒）は一致系列です。

先行系列の例：新規求人数、**東証株価指数**、**消費者態度指数**等
一致系列の例：**有効求人倍率**、鉱工業生産指数等
遅行系列の例：完全失業率、**消費者物価指数**、法人税収入等

3   [2019年9月]

日本円・米ドル間の為替相場の変動要因等に関する次の記述のうち、最も不適切なものはどれか。

1. 購買力平価説によれば、米国と日本に同じ財があり、その財を米国では2米ドル、日本では220円で買える場合、為替レートは1米ドル＝110円が妥当と考える。
2. 米国の物価が日本と比較して相対的に上昇することは、一般に、円安米ドル高要因となる。
3. 日本の対米貿易黒字の拡大は、一般に、円高米ドル安要因となる。
4. 米国が政策金利を引き上げ、日本との金利差が拡大することは、一般に、円安米ドル高要因となる。

金融資産・顧客の保護と法律

4   [2022年9月]

わが国における個人による金融商品取引に係るセーフティネットに関する次の記述のうち、最も適切なものはどれか。

1. 国内銀行に預け入れられている円建ての仕組預金は、他に預金を預け入れていない場合、預金者1人当たり元本1,000万円までと、その利息のうち通常の円建ての定期預金（仕組預金と同一の期間および金額）の店頭表示金利までの部分が預金保険制度による保護の対象となる。
2. ゆうちょ銀行に預け入れられている通常貯金は、他に貯金を預け入れていない場合、貯金者1人当たり元本1,300万円までとその利息が預金保険制度による保護の対象となる。
3. 金融機関同士が合併した場合、合併存続金融機関において、預金保険制度による保護の対象となる預金の額は、合併後1年間に限り、全額保護される預金を除き、預金者1人当たり1,300万円とその利息等となる。
4. 国内に本店のある銀行で購入した投資信託は、日本投資者保護基金による補償の対象となる。

2 が不適切

テキスト 3章　P208-209

1. **適切**　購買力平価説とは、二国間の為替レートが各国における購買力等に等しくなるように決定されるという考え方です。

2. **不適切**　相対的に**物価（モノの価値）が上昇**する国の**通貨の価値（オカネの価値）は安く**なりますので、選択肢の場合、相対的な米国の物価上昇＝米ドル安の要因となります。

3. **適切**　対外国の貿易黒字が増えるということは、外貨を円に換える動きが増えるため、円高要因となります。

4. **適切**　**金利が高い方の通貨の価値が高くなる**傾向がありますので、米国の金利が高くなることは、米ドル高の要因となります。水は高いところから低いところ、お金は（金利が）低いところから高いところに流れやすいと考えましょう。

---

1 が適切

テキスト 3章　P218-220

1. **適切**　**店頭表示金利を超える部分は保護の対象となりません。**

2. **不適切**　ゆうちょ銀行に預け入れられている通常貯金は、他に貯金を預け入れていない場合、貯金者1人当たり元本**1,000万円**までとその利息が預金保険制度による保護の対象となります。

3. **不適切**　金融機関同士が合併した場合、合併存続金融機関において、預金保険制度による保護の対象となる預金の額は、合併後**1年間**に限り、全額保護される預金を除き、預金者1人当たり「**1,000万円×合併金融機関の数**」の元本とその利息等となります。

4. **不適切**　**銀行は投資者保護基金に加入していません**ので、日本投資者保護基金の補償の対象となりません。また、**投資信託は預金保険制度の補償の対象となりません。**

249

5 [2020年1月]

わが国における個人による金融商品取引に係るセーフティネットに関する次の記述のうち、最も不適切なものはどれか。

1. 農業協同組合（JA）に預け入れた一般貯金等は、農水産業協同組合貯金保険制度による保護の対象とされ、貯金者1人当たり1組合ごとに元本1,000万円までとその利息等が保護される。
2. 国内銀行に預け入れた決済用預金は、その金額の多寡にかかわらず、全額が預金保険制度による保護の対象となる。
3. 国内銀行に預け入れた外貨預金は預金保険制度による保護の対象となるが、外国銀行の在日支店に預け入れた外貨預金は預金保険制度による保護の対象とならない。
4. 証券会社が破綻し、分別管理が適切に行われていなかったために、一般顧客の資産の一部または全部が返還されない事態が生じた場合、日本投資者保護基金により、補償対象債権に係る顧客資産について一般顧客1人当たり1,000万円を上限として補償される。

6 [2021年1月]

金融サービス提供法、消費者契約法および金融商品取引法に関する次の記述のうち、最も不適切なものはどれか。

1. 金融サービス提供法では、金融商品販売業者等は重要事項の説明義務違反によって生じた顧客の損害を賠償する責任を負うとされ、当該顧客は説明義務違反を立証すれば、その説明義務違反と損害発生との因果関係を立証する必要がない。
2. 金融サービス提供法が規定する金融商品の販売において、金融サービス提供法と消費者契約法の両方の規定を適用することができる場合は、消費者契約法が優先して適用される。
3. 消費者契約法では、事業者の一定の行為により、消費者が誤認または困惑した場合、消費者は、消費者契約の申込みまたは承諾の意思表示を取り消すことができるとされている。
4. 金融商品取引法では、有価証券のデリバティブ取引のほか、通貨・金利スワップ取引も適用の対象とされている。

3 が不適切 　　　　　　　　　　　　　　　　　　　　　テキスト3章　P218-220

1. 適切　　農業協同組合（JA）に預け入れた一般貯金等は、**農水産業協同組合貯金保険制度**による保護の対象とされます。保護の内容は預金保険と同様です。

2. 適切　　国内に本店がある銀行に預け入れた**決済用預金**は**全額保護**されます。その他の付保対象預金は、1人当たり元本1,000万円までとその利息等が保護されます。

3. **不適切**　　**外貨預金**は預金保険制度の**保護の対象外**です。なお、**外国銀行は預金保険に加入していません。**

4. 適切　　証券会社が破綻し、分別管理が適切に行われなかったために、一般顧客の資産の一部または全部が返還されない事態が生じた場合、日本投資者保護基金により、補償対象債権に係る顧客資産について**一般顧客1人当たり1,000万円**を上限として補償されます。

2 が不適切 　　　　　　　　　　　　　　　　　　　　　テキスト3章　P220-222

1. 適切　　なお、金融サービス提供法では、金融商品販売業者等が顧客への重要事項の説明義務に違反した場合の損害賠償責任については、原則として、当該顧客に対して**無過失責任**を負うこととされています。

2. **不適切**　　金融サービス提供法が規定する金融商品の販売において、金融サービス提供法と消費者契約法の両方の規定を適用することができる場合は、**両方の規定が適用**されます（優先順位はありません）。

3. 適切　　消費者契約法では「**取り消すことができる**」、金融サービス提供法では「**損害賠償を請求できる**」という保護があります。

4. 適切　　金融商品取引法は、リスクが高い商品を対象としていますので、デリバティブ、スワップ取引等は対象となっていますが、普通預金等は対象となっていません。一方、金融サービス提供法は、価格変動リスク、信用リスクも重要事項説明義務がありますので、普通預金も対象となっています。

7   [2022年1月]

金融商品の取引に係る各種法規制に関する次の記述のうち、最も適切なものはどれか。なお、本問においては、「犯罪による収益の移転防止に関する法律」を犯罪収益移転防止法という。

1. 消費者契約法では、事業者の不当な勧誘により締結した消費者契約によって損害を被った場合、消費者は、同法に基づく損害賠償を請求することができるとされている。
2. 消費者契約法に基づく消費者契約の取消権は、消費者が追認をすることができる時から6ヵ月を経過したとき、あるいは消費者契約の締結時から5年を経過したときに消滅する。
3. 金、白金、大豆などのコモディティを対象とした市場デリバティブ取引は、金融商品取引法の適用対象となる。
4. 犯罪収益移転防止法では、金融機関等の特定事業者が顧客と特定業務に係る取引を行った場合、特定事業者は、原則として、直ちに当該取引に関する記録を作成し、当該取引の行われた日から5年間保存しなければならないとされている。

貯蓄型金融商品

8   [2020年9月]

銀行等の金融機関で取り扱う預金の一般的な商品性に関する次の記述のうち、最も適切なものはどれか。

1. 貯蓄預金は、クレジットカード利用代金などの自動振替口座や、給与や年金などの自動受取口座として利用することができる。
2. 当座預金は、公共料金などの自動振替口座として利用することはできるが、株式の配当金の自動受取口座として利用することはできない。
3. 為替先物予約を締結していない外貨定期預金の満期時の為替レートが預入時の為替レートに比べて円安になれば、当該外貨定期預金に係る円換算の運用利回りは高くなる。
4. 期日指定定期預金は、預金者が預入時に据置期間経過後から最長預入期日までの間で満期日を指定しなければならない。

3 が適切　　　　　　　　　　　　　　　　テキスト 3章　P221-222、P224

1. 不適切　消費者契約法では、事業者の不当な勧誘により締結した消費者契約を、消費者は取り消すことができます。

2. 不適切　消費者契約法に基づく消費者契約の取消権は、原則として**消費者が追認をすることができる時から1年を経過**したとき、あるいは**消費者契約の締結時から5年を経過**したときに消滅します。

3. **適切**　金、白金、大豆などのコモディティを対象とした**市場デリバティブ取引は、金融商品取引法の適用対象**となります。

4. 不適切　犯罪収益移転防止法では、金融機関等の特定事業者が顧客と特定業務に係る取引を行った場合、特定事業者は、原則として、直ちに当該取引に関する記録を作成し、当該取引の行われた日から**7年間保存**しなければなりません。

3 が適切　　　　　　　　　　　　　　　　テキスト 3章　P234-235、P282-283

1. 不適切　**貯蓄**預金は、給与や年金の自動受取口座、公共料金等の自動振替口座として**利用することができません。**

2. 不適切　**当座**預金や普通預金は、公共料金等の自動振替口座、株式の配当金の自動受取口座として**利用することができます。**

3. **適切**　**円安＝外貨高**ですので、円安が進むと、円換算の利回りは高くなります。

4. 不適切　期日指定定期預金は、据置期間経過後から最長預入期日までの間で、預金者が指定した日を満期日と**することができます。**通常の定期預金は、中途解約すると中途解約利率が適用されますが、期日指定定期預金は中途解約しても、中途解約利率は適用されない点で異なります。

253

9   重要度 [2021年1月]

銀行等の金融機関で取り扱う預金の一般的な商品性に関する次の記述のうち、最も不適切なものはどれか。

1. 期日指定定期預金は、据置期間経過後から最長預入期日までの間で、預金者が指定した日を満期日とすることができる。
2. スーパー定期預金は、預入期間が3年以上の場合、単利型と半年複利型があるが、半年複利型を利用することができるのは法人に限られる。
3. 貯蓄預金は、クレジットカード利用代金などの自動振替口座や、給与や年金などの自動受取口座として利用することができない。
4. デリバティブを組み込んだ仕組預金には、金融機関の判断によって満期日が繰り上がる商品がある。

| **2** | が不適切 | テキスト 3章　P234-235、P237 |

1. 適切　　期日指定定期預金は、据置期間経過後から最長預入期日までの間で、預金者が指定した日を満期日とすることができます。通常の定期預金は、中途解約すると中途解約利率が適用されますが、期日指定定期預金は中途解約しても、中途解約利率は適用されない点で異なります。

2. **不適切**　スーパー定期預金は、預入期間3年以上の場合、単利型と半年複利型がありますが、半年複利型を利用できるのは**個人**に限られています。預入期間3年未満の場合は単利型のみです。

3. 適切　　**普通**預金や当座預金は、給与や年金の自動受取口座や公共料金等の自動振替口座として利用することができますが、**貯蓄**預金は、給与や年金の自動受取口座や公共料金等の自動振替口座として利用することができません。

4. 適切　　仕組預金は、相対的に利率が高く設定される反面、原則として中途解約できず、金融機関の判断で最長預入期間を超えて**満期日を延長されたり、満期日が繰り上がる**可能性もあります。

債券

10 ☒☒☐ 重要度 A　　　　　　　　　　　　　　　　　　　　　　[2019年5月]

固定利付債券の利回り（単利・年率）と市場金利の変動との関係に関する次の記述の空欄（ア）、（イ）にあてはまる語句の組み合わせとして、最も適切なものはどれか。なお、手数料、経過利子、税金等については考慮しないものとする。

表面利率が0.3％、償還年限が10年の固定利付債券（以下「債券A」という）が額面100円当たり100円で新規に発行された。発行から3年後に中央銀行の金融政策により市場金利が上昇したのに連動して債券Aの最終利回りも0.5％に上昇した。このとき、債券Aを新規発行時に購入し、償還まで保有する場合の応募者利回りは0.3％（ア）。また、債券Aを新規発行時に購入し、発行から3年後に売却する場合の所有期間利回りは0.3％（イ）。

1. （ア）で変わらない　（イ）よりも低くなる
2. （ア）よりも高くなる　（イ）よりも低くなる
3. （ア）で変わらない　（イ）で変わらない
4. （ア）よりも高くなる　（イ）で変わらない

11 ☒☒☒ 重要度 B　　　　　　　　　　　　　　　　　　　　　　[2019年9月]

固定利付債券（個人向け国債を除く）の一般的な特徴に関する次の記述のうち、最も不適切なものはどれか。

1. 債券を発行体の信用度で比較した場合、他の条件が同じであれば、発行体の信用度が高い債券の方が債券の価格は低い。
2. 債券を償還までの期間の長短で比較した場合、他の条件が同じであれば、償還までの期間が長い債券の方が、利回りの変化に対する価格の変動幅は大きくなる。
3. 表面利率が最終利回りよりも低い債券の価格は、額面価格を下回る。
4. 市場金利が上昇すると、通常、債券の利回りは上昇し、債券の価格は下落する。

1 | が適切   テキスト3章 P244-245

(ア) 設問では、**額面100円で発行**されていますので、新規発行時に購入した債券を
償還期限まで保有した場合の**応募者利回りは表面利率と同じ0.3%であり、
変わりません。**

設問が、額面100円より安く新規発行された場合であれば、償還差益（額面−
発行価格）が発生しますので、0.3%より高くなり、額面100円より高く新規
発行された場合であれば、償還差損（額面−発行価格）が発生しますので、
0.3%より低くなります。

(イ) 「**市場金利上昇＝債券価格の下落**」となります。したがって、新規発行時に購
入した債券を、その後、市場金利が上昇し、最終利回りが上昇（債券価格が下
落）した局面で売却した場合の所有期間利回りは、応募者利回りよりも低くな
ります。

以上より、1. が正解となります。

1 | が不適切   テキスト3章 P244-249

1. **不適切**   他の条件が同じであれば、信用度が高い（格付が高い）債券ほど、**債券価
格が高く、利回りが低く**なります。信用度が高い＝高く買われやすい＝
利回りが低くなる、という関係です。

2. 適切   他の条件が同じであれば、**残存期間が長い債券の方が、価格変動幅は大
きく**なります。言い換えると、債券は償還時は額面で償還されるため、
償還期限が近づくにつれて、価格は額面価格に近くなっていきます。

3. 適切   例えば、表面利率2%、最終利回り3%の場合を考えます。この場合、最
終利回りが、表面利率よりも1%高いため、「償還時の価格（額面）−現
在の価格」で利益が発生しますので、現在の価格は額面を下回ります。

4. 適切   **市場金利が上昇**すると、**債券価格は下落**します。市場金利と債券価格、
利回りと債券価格は逆相関の関係です。

257

12 [2019年1月]

固定利付債券（個人向け国債を除く）の一般的な特徴に関する次の記述のうち、最も適切なものはどれか。

1. 国内景気が好況で国内物価が継続的に上昇傾向にある局面では、債券価格は上昇する傾向がある。
2. 市場金利の上昇は債券価格の上昇要因となり、市場金利の低下は債券価格の下落要因となる。
3. 債券の発行体の財務状況の悪化や経営不振などにより、償還や利払い等が履行されない可能性が高まると、当該債券の市場価格は下落する傾向がある。
4. 債券を償還日の直前に売却した場合には、売却価格が額面価格を下回ることはない。

13 [2022年1月]

債券のデュレーションに関する次の記述の空欄（ア）、（イ）にあてはまる語句の組み合わせとして、最も適切なものはどれか。

> デュレーションは、債券への投資資金の平均回収期間を表すとともに、債券投資における金利変動リスクの度合い（金利変動に対する債券価格の感応度）を表す指標としても用いられる。他の条件が同じであれば、債券の表面利率が低いほど、また残存期間が長いほど、デュレーションは（ ア ）。なお、割引債券のデュレーションは、残存期間（ イ ）。

1. （ア）長くなる　（イ）と等しくなる
2. （ア）短くなる　（イ）よりも短くなる
3. （ア）長くなる　（イ）よりも短くなる
4. （ア）短くなる　（イ）と等しくなる

3 が適切　　　　　　　　　　　　　　　　　　テキスト 3章　P247-249

1. 不適切　国内景気がよく**国内物価が継続的に上昇**する局面は、**金利が上昇しや
すく**なります。**金利と債券価格は逆相関**の関係にありますので、債券
価格は下落する傾向があります。

2. 不適切　**金利と債券価格は逆相関**の関係にありますので、市場金利が上昇する
と、債券価格は下落し、市場金利が低下すると、債券価格は上昇しま
す。

3. **適切**　　**信用度が下がる**と、**債券価格は下落**（利回りは上昇）し、信用度が上
がると、債券価格は上昇（利回りは下落）します。

4. 不適切　償還期限には額面価格で償還されますが、**債券は時価で取引**されます
ので、償還期限の直前であっても、売却価格が額面価格を下回ること
も上回ることもあります。

---

1 が適切　　　　　　　　　　　　　　　　　　　テキスト 3章　P248

（ア）他の条件が同じであれば、債券の**表面利率が低い**ほど、また**残存期間が長い**ほ
ど、デュレーションは**長く**なります。

（イ）割引債券のデュレーションは、残存期間と等しくなります。なお、利付債の
デュレーションは**利息収入があるため、残存期間よりも短く**なります。

14   [2022年9月]

債券のイールドカーブ（利回り曲線）の一般的な特徴等に関する次の記述のうち、最も不適切なものはどれか。

1. イールドカーブは、縦軸を債券の利回り、横軸を債券の残存期間として、利回りと投資期間の関係を表した曲線である。
2. イールドカーブは、好況時に中央銀行が金融引締めを行うとスティープ化し、不況時に中央銀行が金融緩和を行うとフラット化する傾向がある。
3. イールドカーブは、将来の景気拡大が予想されるとスティープ化し、将来の景気後退が予想されるとフラット化する傾向がある。
4. イールドカーブの形状は、通常、右上がりの順イールドであるが、急激な金融引締め時に右下がりの逆イールドとなる傾向がある。

15   [2021年9月]

各種債券の一般的な商品性に関する次の記述のうち、最も不適切なものはどれか。

1. 早期償還条項が付いている株価指数連動債は、参照する株価指数の変動によって償還金額などが変動し、満期償還日よりも前に償還されたり償還金額が額面金額を下回ったりする可能性がある債券である。
2. 転換社債型新株予約権付社債は、発行時に決められた転換価額で株式に転換することができる権利が付いた債券である。
3. デュアルカレンシー債は、購入代金の払込みおよび利払いの通貨と、償還される通貨が異なる債券である。
4. ゼロ・クーポン債は、利子（クーポン）の支払いがなく、額面金額で発行され、額面金額よりも高い金額で償還される債券である。

2 が不適切
テキスト 3章 P246

1. **適切** イールドは「利回り」、カーブは「曲線」を意味します。

2. **不適切** イールドカーブは、好況時に**中央銀行が金融引締めを行うと短期金利が上昇**するため、**フラット**（直訳すると平ら）化し、不況時に中央銀行が金融緩和を行うと、**短期金利が低下するため、スティープ**（直訳すると険しい）化する傾向があります。

3. **適切** イールドカーブは、将来の景気拡大が予想されると、**長期金利が上昇するためスティープ**化し、将来の景気後退が予想されると**長期金利が低下するためフラット**化する傾向があります。

4. **適切** イールドカーブの形状は、**通常、短期金利が低く、長期金利が高いため、右上がりの順イールド**となりますが、急激な金融引締め時には**短期金利が上昇し、長期金利を上回り、右下がりの逆イールド**となる傾向があります。

4 が不適切
テキスト 3章 P240-242、P284

1. **適切** 名称どおりの商品です。どのようなリスクがあるかを理解しておきましょう。

2. **適切** 債券のまま保有することもできますし、株式に転換することもできます。

3. **適切** なお、リバース・デュアル・カレンシー債は、購入と償還の通貨と、利払いの通貨が異なります。

4. **不適切** ゼロ・クーポン債は、利子（クーポン）の支払いがなく、**額面金額よりも低い価格で発行**され、額面金額で償還されます（差額が利息に相当します）。

株式

16 重要度 B　　　　　　　　　　　　　　　　　［2021年1月］

株式市場の各種指数に関する次の記述のうち、最も適切なものはどれか。

1. 日経平均株価は、東京証券取引所プライム市場に上場している225銘柄を対象として算出した指数である。
2. JPX日経インデックス400は、東京証券取引所プライム市場に上場している銘柄のうち、時価総額、売買代金、ROE等を基に選定された400銘柄を対象として算出した指数である。
3. ナスダック総合指数は、米国のナスダック市場に上場している米国株式の30銘柄を対象として算出した指数である。
4. S&P500種株価指数は、米国のニューヨーク証券取引所に上場している銘柄のうち、時価総額上位の代表的な500銘柄を対象として算出した指数である。

1 が適切

テキスト3章　P259-261

1. **適切**

2. 不適切　JPX日経インデックス400は、東京証券取引所のプライム市場、スタンダード市場、グロース市場を主たる市場とする普通株式の中から、ROEや営業利益等の指標等により選定された**400**銘柄を対象として算出した指数です。

3. 不適切　ナスダック総合指数は、**ナスダック市場**に上場している全銘柄を対象として算出した指数です。米国株式30銘柄を対象とした株価指数として知られているのは、ニューヨークダウ工業株30種平均で、ニューヨーク証券取引所およびナスダック市場に上場する銘柄を対象としています。

4. 不適切　S&P500種株価指数は、米国の**ニューヨーク証券取引所およびナスダック市場**に上場している銘柄のうち、代表的な500銘柄を対象として算出した指数です。

17   [2020年9月]

株式の信用取引に関する次の記述のうち、最も適切なものはどれか。

1. 一般信用取引の建株を制度信用取引の建株に変更することができる。
2. 信用取引では、現物株式を所有していなくても、その株式の「売り」から取引を開始することができる。
3. 金融商品取引法では、信用取引を行う際の委託保証金の額は20万円以上であり、かつ、約定代金に対する委託保証金の割合は20％以上でなければならないと規定されている。
4. 制度信用取引では、売買が成立した後に相場が変動して証券会社が定める最低委託保証金維持率を下回ったとしても、追加で保証金を差し入れる必要はない。

2 が適切　　　　　　　　　　　　　　　　テキスト3章　P257-258

1. 不適切　「一般信用取引の建株⇒制度信用取引の建株」「制度信用取引の建株⇒一般信用取引の建株」、いずれも変更することは**できません**。

2. **適切**　現物取引は買ってから売りますが、信用取引では、株を借りて先に売って、後で買い戻すこともできます。

3. 不適切　信用取引を行う際の委託保証金の額は**30万円以上**必要となります。また、**約定代金に対する委託保証金の割合は30％以上**でなければならないと規定されています。

4. 不適切　制度信用取引では、売買が成立した後に相場が変動して証券会社が定める最低委託保証金維持率を下回った場合には、追加で保証金を差し入れなければなりません。

レック先生のワンポイント

> 信用取引は、投資家が証券会社に委託保証金を差し入れて、資金や株式を借りて行う売買取引です。委託保証金は現金のほか、**上場株式**、一定の国債等で差し入れ（**非上場株式は不可**）、**委託保証金の金額の10／3倍の金額を取引**できます（**取引金額の30％の委託保証金が必要、最低30万円**）。信用取引には、証券取引所の定めるルールで行う**制度**信用取引（**6カ月**以内に決済）と証券会社との間で取り決めたルールで行う一般信用取引があります。

18 [2020年9月]

株式指標の一般的な特徴に関する次の記述のうち、最も不適切なものはどれか。

1. PER（倍）は、「株価÷1株当たり当期純利益」の算式により計算され、この値が高い銘柄は割高と考えられる。
2. PBR（倍）は、「株価÷1株当たり純資産」の算式により計算され、この値が高い銘柄は割高と考えられる。
3. 配当性向（％）は、「配当金総額÷当期純利益×100」の算式により計算され、この値が高いほど株主への利益還元率が高いと考えられる。
4. 配当利回り（％）は、「配当金総額÷純資産×100」の算式により計算され、この値が高いほど投資価値が高いと考えられる。

19   [2020年1月]

下記＜A社のデータ＞に基づき算出されるA社株式の投資指標に関する次の記述のうち、最も不適切なものはどれか。

＜A社のデータ＞

株価	3,000円
経常利益	250億円
当期純利益	150億円
自己資本（＝純資産）	600億円
総資産	1,500億円
発行済株式数	1.5億株
配当金総額	90億円

1. PER（株価収益率）は、30.0倍である。
2. PBR（株価純資産倍率）は、7.5倍である。
3. ROE（自己資本当期純利益率）は、40.0％である。
4. 配当性向は、60.0％である。

4 が不適切   テキスト 3章　P262-264

1. 適切　　PER（倍）、PBRは「価格÷価値」ですので、価値（分母）が大きく、価格（分子）が低いほど（結果として**数値が小さいほど**）割安、価値（分母）が小さく、価格（分子）が高いほど（結果として**数値が高いほど**）割高と考えられます。

2. 適切　　1.の解説参照。

3. 適切　　配当性向は「株主への分け前÷会社の利益」ですので、数値が大きいほど、**株主への利益還元率が高い**と考えられます。

4. **不適切**　利回りは、債券の利回り、外貨預金の利回り、配当利回りともに「1年当たりの利益÷投資元本×100（%）」をいい、配当利回りの場合は「**1株当たり年間配当金÷株価×100（%）**」により求めます。
　　　　　なお、「配当金÷純資産×100（%）」により求められるのは、純資産配当率です（過去に2級試験で出題されたことは今のところありません）。

---

3 が不適切   テキスト 3章　P262-264

1. 適切　　PER（株価収益率）は「**株価÷1株当たり当期純利益**」により求めます。A社の場合、3,000円÷（150億円÷1.5億株）＝30倍となります。なお、PER、ROE、配当性向を求める際に使う利益は、経常利益ではなく、当期純利益です。

2. 適切　　PBR（株価純資産倍率）は「**株価÷1株当たり純資産**」により求めます。A社の場合、3,000円÷（600億円÷1.5億株）＝7.5倍となります。なお、総資産と純資産を勘違いしないように気をつけましょう。

3. **不適切**　ROE（自己資本利益率）は「**当期純利益÷自己資本×100（%）**」により求めます。A社の場合、150億円÷600億円×100＝25%となります。

4. 適切　　配当性向（%）は「**年間配当金÷当期純利益×100（%）**」により求めます。A社の場合、90億円÷150億円×100＝60%となります。

参考：配当利回り（%）＝1株当たり年間配当金÷株価×100＝（90億円÷1.5億株）÷3,000円×100＝2.0%
　　　自己資本比率（%）＝自己資本÷総資産×100＝600億円÷1,500億円×100＝40%

投資信託

[2022年9月]

一般的な投資信託の分類方法に関する次の記述のうち、最も不適切なものはどれか。

1. 組入れ資産のほとんどを債券が占め、株式をまったく組み入れていない証券投資信託であっても、約款上、株式に投資することができれば、株式投資信託に分類される。
2. 契約型投資信託は、委託者指図型と委託者非指図型に大別され、委託者指図型投資信託は、投資信託委託会社（委託者）と信託銀行等（受託者）との信託契約により、委託者の運用指図に基づいて運用される投資信託である。
3. 単位型投資信託は、投資信託が運用されている期間中いつでも購入できる投資信託であり、追加型投資信託は、当初募集期間にのみ購入できる投資信託である。
4. パッシブ型投資信託は、対象となるベンチマークに連動する運用成果を目指して運用される投資信託である。

3 が不適切　　　　　　　　　　　　　　　　　　　　　テキスト 3章　P272-273

1. 適切　　**株式投資信託は対象に株式を組み入れることができる投資信託**であり、**株式を組み入れることができない投資信託は公社債投資信託**に分類されます。

2. 適切　　**国内の公募株式投信信託の多くは契約型**です。なお、証券市場に上場する**J-REIT（不動産投資信託）は会社型**です。

3. **不適切**　選択肢の説明は反対です。**単位型**投資信託は、当初**募集期間にのみ購入できる**投資信託であり、**追加型**投資信託は、投資信託が運用されている期間中**いつでも購入できる**投資信託です。

4. 適切　　**パッシブ**型投資信託は、対象となる**ベンチマークに連動**する運用成果を目指して運用される投資信託です。なお、**ベンチマークを上回る**運用成果を目指して運用されるのは**アクティブ**型投資信託です。

21   重要度 [2021年1月]

株式投資信託の運用手法および運用スタイルに関する次の記述のうち、最も不適切なものはどれか。

1. 株価が現在の資産価値や利益水準などから割安と評価される銘柄に投資する手法は、バリュー投資と呼ばれる。
2. ベンチマークを上回る運用成果を目指す株式投資信託の運用手法は、パッシブ運用と呼ばれる。
3. 各銘柄の投資指標の分析や企業業績などのリサーチによって銘柄を選定し、その積上げによってポートフォリオを構築する手法は、ボトムアップ・アプローチと呼ばれる。
4. マクロ的な環境要因等を基に国別組入比率や業種別組入比率などを決定し、その比率に応じて、個別銘柄を組み入れてポートフォリオを構築する手法は、トップダウン・アプローチと呼ばれる。

2 が不適切　　　　　　　　　　　　　　　　　　　　テキスト3章　P273

1. 適切　　売上高や利益からみて、株価が**割安**に放置されている銘柄に投資する手法は**バリュー**投資（運用）、**成長**性に着目して選定した銘柄に投資する手法は**グロース**運用と呼ばれます。

2. **不適切**　ベンチマークを**上回る**運用成果を目指す運用手法は**アクティブ**運用、ベンチマークに**連動**する運用成果を目指す運用手法は**パッシブ**運用と呼ばれます。

3. 適切　　国別・業種別の投資比率を決定し、その中で銘柄を選定する手法をトップダウン・アプローチ、反対に、各銘柄の投資指標の分析や企業業績などのリサーチによって銘柄を選択し、その積上げによってポートフォリオを構築する手法は、ボトムアップ・アプローチといいます。

4. 適切　　3.の解説参照。

レック先生のワンポイント

> 「公社債投資信託・株式投資信託」「公募株式投資信託・私募株式投資信託」「契約型投資信託、会社型投資信託」「単位型、追加型」「パッシブ運用、アクティブ運用」「バリュー運用、グロース運用」「トップダウン・アプローチ、ボトムアップ・アプローチ」「ブル型、ベア型」「レバレッジ型、インバース型」等、対になる用語の意味を整理しておきましょう。入れ替えてひっかけるパターンがよく出題されます。

22   [2019年5月]

上場投資信託（ETF）の一般的な特徴に関する次の記述のうち、最も適切なものはどれか。

1. 東京証券取引所には、日本株式、外国株式、債券、REIT等の指数や指標に連動するETFが上場されている。
2. ETFは、売買の際に上場株式と同様に売買委託手数料がかかるが、非上場の投資信託とは異なり、運用管理費用（信託報酬）は徴収されない。
3. ETFの分配金には、普通分配金と元本払戻金（特別分配金）とがあり、税務上、普通分配金は課税対象となり、元本払戻金（特別分配金）は非課税となる。
4. TOPIXインバース指数に連動するETFは、TOPIXの前営業日に対する変動率の2倍となるように計算された指数に連動するように運用されている。

1 が適切　　　　　　　　　　　　　　　　　テキスト3章　P275-277

1. **適切**　　ETFは特定の**株式、債券、REIT、商品等の指数や指標に連動**する運用成果を目指すインデックスファンドの要素をもっています。

2. **不適切**　ETFは、販売会社に対する代行手数料がかからない分、非上場の投資信託と比べて**運用管理費用（信託報酬）は安く**なっています。なお、ETFを市場で売買する際に支払う委託手数料は、**証券会社により異な**ります。

3. **不適切**　上場投資信託（ETF）の分配金には、**元本払戻金（特別分配金）はありません**。なお、非上場の追加型公募株式投資信託は、収益部分からの分配金（普通分配金：配当所得）と収益部分以外（元本の払戻し）の分配金（元本払戻金、特別分配金：非課税）があります。

4. **不適切**　**インバース**型のETFは、日経平均株価や東証株価指数（TOPIX）などの指数の日々の変動率に、一定の**負**の倍数を乗じて算出される指数に連動した運用成果となるように運用されます。例えば、ダブルインバースは指数の－2倍の値動きとなります。2倍となるように計算された指数に連動するのはレバレッジ型（2倍）です。

レック先生のワンポイント

> ETF（上場投資信託）は、証券取引所に上場されているインデックスタイプの投資信託です。
> 分散投資効果が得られる点では投資信託の特徴をもっていますが、取引方法は上場株式と同じであり、指値注文、成行注文や信用取引もできます。

上場投資信託（ETF）の一般的な特徴に関する次の記述のうち、最も適切なものはどれか。

1. ETFは、株価指数に連動するものに限られており、貴金属や穀物、原油など商品価格・商品指数に連動するものは上場されていない。
2. ETFを市場で購入する際に支払う委託手数料は、証券会社により異なる。
3. ETFを市場で売却する際には、証券会社に支払う委託手数料のほか、信託財産留保額がかかる。
4. ETFの分配金には、普通分配金と元本払戻金（特別分配金）とがあり、税務上、普通分配金は課税対象となり、元本払戻金（特別分配金）は非課税となる。

2 が適切　　　　　　　　　　　　　　　　　　　　　　テキスト3章　P275-277

1. 不適切　ETFは特定の**株式、債券、REIT、商品等の指数や指標に連動**する運用
成果を目指すインデックスファンドです。

2. **適切**　非上場の投資信託とは異なり、購入時手数料はかかりませんが、**上場
株式の売買と同様に売買委託手数料がかかります。**委託手数料は、証
券会社により異なります。なお、ETFは、販売会社に対して代行手数
料がかからない分、非上場の投資信託と比べて運用管理費用（信託報
酬）は安くなっています。

3. 不適切　2.の選択肢の通り、**上場株式の売買と同様に、購入時、売却時ともに
売買委託手数料がかかります。**なお、非上場の投資信託では信託財産
留保額がかかる場合がありますが、ETFでは**信託財産留保額がかかり
ません。**

4. 不適切　上場投資信託（ETF）の分配金には、**元本払戻金（特別分配金）はあ
りません。**なお、非上場の追加型公募株式投資信託に、収益部分から
の分配金（普通分配金：配当所得）と収益部分以外（元本の払戻し）
の分配金（元本払戻金、特別分配金：非課税）があります。

外貨建て金融商品

24 ☐ ☒ ☒   [2019年1月]

個人（居住者）が国内の金融機関等を通じて行う外貨建て金融商品の取引等に関する次の記述のうち、最も不適切なものはどれか。

1. 国外の証券取引所に上場している外国株式を国内店頭取引により売買するためには、あらかじめ外国証券取引口座を開設する必要がある。
2. 国内の証券取引所に上場している外国株式を国内委託取引により売買した場合の受渡日は、国内株式と同様に、売買の約定日から起算して3営業日目となる。
3. 外貨定期預金の預入時に満期日の円貨での受取額を確定させるために為替先物予約を締結した場合、満期時に生じた為替差益は外貨預金の利息とともに源泉分離課税の対象となる。
4. ユーロ建て債券を保有している場合、ユーロに対する円の為替レートが円高に変動することは、当該債券に係る円換算の投資利回りの上昇要因となる。

25 ☒ ☒ ☐   [2018年5月]

個人（居住者）が国内の金融機関等を通じて行う外貨建て金融商品の取引等に関する次の記述のうち、最も適切なものはどれか。

1. 国外の証券取引所に上場している外国株式を、国内店頭取引により売買する場合には、外国証券取引口座を開設する必要がない。
2. 外貨建て金融商品の取引にかかる為替手数料の料率は、どの取扱金融機関も同じであり、外国通貨の種類ごとに一律で決められている。
3. 米ドル建て債券を保有している場合、為替レートが円高・米ドル安に変動することは、当該債券に係る円換算の投資利回りの下落要因となる。
4. 外国為替証拠金取引では、証拠金にあらかじめ決められた倍率を掛けた金額まで売買できるが、倍率の上限は各取扱業者が決めており、法令による上限の定めはない。

4 が不適切   テキスト 3章　P257、P282-284

1. 適切 　国外の証券取引所に上場している外国株式を、国内店頭取引により売買するには、あらかじめ外国証券取引口座を開設する必要があります。

2. 適切 　国内上場株式、外国株式を売買した場合の受渡日は、売買の約定日から起算して**3営業日目**となります。

3. 適切 　外貨定期預金の為替差益は、預入時に為替予約がある場合は源泉分離課税、**預入時に為替予約がない場合**（為替予約をしない場合だけでなく、預入後に為替予約をした場合も含む）は**雑所得として総合**課税の対象となります。

4. **不適切** 　**円高＝外貨安**ですので、円高が進行すると、円換算の投資利回りは下落します。

---

3 が適切   テキスト 3章　P284-285

1. 不適切 　国外の証券取引所に上場している外国株式を、国内店頭取引により売買するには、あらかじめ外国証券取引口座を開設する必要があります。

2. 不適切 　外国通貨に換える際の為替手数料は、**金融機関、通貨等により異なり**ます。

3. **適切** 　**円高・外貨安**が進行すると、外貨建て金融商品の円換算の投資利回りは下落します。

4. 不適切 　外国為替証拠金取引では、証拠金にあらかじめ決められた倍率を掛けた金額まで売買でき、個人取引の倍率の上限は25倍とされています。

金融商品と税金

26 ☑☑☑ 　重要度 **B** 　　　　　　　　　　［2019年1月］

上場株式等の配当および譲渡に係る税金に関する次の記述のうち、最も不適切なものはどれか。

1. 上場株式等の配当所得（一定の大口株主等が受ける配当に係る所得を除く）について、確定申告をする場合、総合課税に代えて申告分離課税を選択することができる。
2. 上場株式等の配当所得（一定の大口株主等が受ける配当に係る所得を除く）について、総合課税を選択する場合、上場株式等の譲渡損失の金額と損益通算することができる。
3. 上場株式等の譲渡損失の金額は、特定公社債等の利子等に係る利子所得と損益通算することができる。
4. 損益通算してもなお控除しきれない上場株式等の譲渡損失の金額は、確定申告をすることにより、翌年以後3年間にわたって繰り越すことができる。

27 ☑☑☑ 　重要度 **A** 　　　　　　　　　　［2021年1月］

一般NISA（2024年以降は新NISAの成長投資枠）およびつみたてNISA（2024年以降は新NISAのつみたて投資枠）に関する次の記述のうち、最も不適切なものはどれか。

1. 2024年以降、新NISAの成長投資枠とつみたて投資枠の両方を同時に利用して上場株式を購入できる。
2. 2023年中に一般NISAを通じて新規購入することができる限度額（非課税枠）は年間120万円、2024年以降の新NISAの成長投資枠を通じて新規購入することができる限度額（非課税枠）は年間240万円である。
3. つみたてNISA（2024年以降は新NISAのつみたて投資枠）を通じて購入することができる金融商品は、所定の要件を満たす公募株式投資信託やETF（上場投資信託）であり、長期の積立・分散 投資に適した一定の商品性を有するものに限られている。
4. 一般NISA、つみたてNISA、新NISAを通じて購入した公募株式投資信託等に譲渡損失が生じた場合、その損失の金額は、特定口座や一般口座で生じた上場株式等に係る譲渡益の金額と損益の通算をすることができる。

3章 ● 金融資産運用

学科試験

---

2 が不適切　　　　　　　　　　　　　　　　　　　テキスト3章　P288-290

1. 適切　　上場株式等の配当金（大口株主を除く）は、**申告不要、総合課税、申告分離課税**から選択できます。

2. **不適切**　上場株式等の配当金について、**申告分離課税**を選択して確定申告をした場合に、上場株式等の譲渡損失と**損益通算**でき、損益通算しきれない譲渡損失があるときは、確定申告により、翌年以降最長3年間繰越控除できます。
　　　　　　なお、上場株式等の配当金について**総合課税**を選択して確定申告をすると**配当控除**は適用できますが、譲渡損失との損益通算はできません。

3. 適切　　上場株式等の譲渡損失は、申告分離課税を選択した上場株式等の配当所得、特定公社債の利子所得、譲渡所得と損益通算することができます。

4. 適切　　2.の解説参照。

---

4 が不適切　　　　　　　　　　　　　　　　　　　テキスト3章　P295-296

1. 適切　　なお、2023年までの一般NISAとつみたてNISAは同時に利用できません。

2. 適切　　なお、新NISAの生涯非課税限度額は**1,800万円**です。

3. 適切　　つみたてNISA（2024年以降は新NISAのつみたて投資枠）では、**上場株式やJ-REITは対象外**です。

4. **不適切**　一般NISA、つみたてNISA、新NISAの譲渡損失は、**他の口座と損益通算できません**。発生した利益もゼロ（非課税）と扱いますが、損失もゼロと扱います。

279

28 重要度 ［2022年1月］

一般NISA（2024年以降は新NISAの成長投資枠）およびつみたてNISA（2024年以降は新NISAのつみたて投資枠）に関する次の記述のうち、最も適切なものはどれか。

1. つみたてNISA（2024年以降は新NISAのつみたて投資枠）に受け入れることができる金融商品は、所定の要件を満たす公募株式投資信託やETF（上場投資信託）であり、長期の積立・分散投資に適した一定の商品性を有するものに限られている。
2. つみたてNISA（2024年以降は新NISAのつみたて投資枠）に受け入れている金融商品を売却することで生じた譲渡損失は、確定申告を行うことにより、同一年中に特定口座や一般口座で保有する金融商品を売却することで生じた譲渡益と通算することができる。
3. 2024年以降の新NISAの生涯非課税限度額1,800万円は、2023年までに投資した一般NISA、つみたてNISAを含めて判定される。
4. 2024年以降に新規口座を開設する場合、現行の一般NISA、つみたてNISAを利用することができず、新NISAの年間投資上限額（つみたて投資枠120万円、成長投資枠120万円）を利用することになる。

| **1** | が適切 | テキスト 3章　P295-296 |

1. **適切**　　なお、つみたてNISA（2024年以降は新NISAのつみたて投資枠）では**上場株式やJ-REITに投資できません。**

2. 不適切　　つみたてNISA（2024年以降は新NISAのつみたて投資枠）で受け入れている金融商品を売却することで生じた譲渡損失は、**損益通算できません。**

3. 不適切　　2024年以降の新NISAの**生涯非課税限度額1,800万円**は、2023年までに投資した**一般NISA、つみたてNISAと別枠で利用できます。**

4. 不適切　　2024年以降の新NISAの年間投資上限額は、**つみたて投資枠120万円、成長投資枠240万円**です。

ポートフォリオ理論

29 重要度 A　　　　　　　　　　　　　　　　　　[2021年1月]

ポートフォリオ理論に関する次の記述のうち、最も適切なものはどれか。

1. ポートフォリオのリスクとは、一般に、組み入れた各資産の損失額の大きさを示すのではなく、期待収益率からのばらつきの度合いをいう。
2. 異なる2資産からなるポートフォリオにおいて、2資産間の相関係数が1である場合、ポートフォリオを組成することによる分散投資の効果（リスクの低減効果）は最大となる。
3. ポートフォリオのリスクは、組み入れた各資産のリスクを組入比率で加重平均した値よりも大きくなる。
4. ポートフォリオの期待収益率は、組み入れた各資産の期待収益率を組入比率で加重平均した値よりも大きくなる。

30 重要度 B　　　　　　　　　　　　　　　　　　[2021年9月]

アセットアロケーションに関する次の記述のうち、最も不適切なものはどれか。

1. アセットアロケーションとは、投資資金を複数の資産クラス（株式、債券および不動産等）に配分することである。
2. アセットアロケーションを決める際に、外貨建ての金融商品は、為替の変動リスクやカントリーリスクなどもあるため、投資対象には含めない。
3. 各資産クラスの投資金額ではなくリスク量が同等になるように配分比率を調整するリスクパリティ運用（戦略）においては、特定の資産クラスのボラティリティが上昇した場合、当該資産を売却する。
4. 運用期間を通して、定められた各資産クラスの投資金額の配分比率を維持する方法の一つとして、値上がりした資産クラスを売却し、値下がりした資産クラスを購入するリバランスという方法がある。

1 が適切　　　　　　　　　　　　　　　　　　テキスト 3 章　P298-300

1. **適切**　「リスクが大きい」とは、期待収益率よりも大きな収益または損失が発生する可能性が高いことをいいます。

2. 不適切　2資産間の値動きの関係を相関係数といい、－1から＋1で表されます。**＋1の場合は全く同じ値動き**となり分散投資の効果はありません。**－1の場合は全く反対の値動きとなるため、分散投資の効果（リスクの低減）は最大**となります。

3. 不適切　異なる2資産からなるポートフォリオにおいて、リスクは、組み入れた各資産のリスクを組入比率で**加重平均した値と同じ**（相関係数1の場合）**となるか、小さくなり**（相関係数1未満の場合）、加重平均値よりも大きくなることはありません。なお、相関係数が－1の場合にリスク分散効果が最大となります（2.の解説参照）。

4. 不適切　ポートフォリオの期待収益率は、組み入れた各資産の期待収益率を組入比率で加重平均した値（**期待収益率×組入比率を合計した値**）となります。

---

2 が不適切　　　　　　　　　　　　　　　　　　テキスト 3 章　P298-300

1. 適切　記述のとおりです。

2. **不適切**　アセットアロケーションを決める際、**リスクの異なる資産に分散**することにより**リスクを軽減できる**と考えており、為替リスクやカントリーリスクを有する資産クラスも投資対象に含めます。

3. 適切　リスク（ボラティリティ＝価格のブレ）が高まると、**リスクが大きい資産を売却して、リスク量を調整**します。

4. 適切　値上がりした資産の売却（資産比率が下がる）と、値下がりした資産の購入（資産比率が上がる）により、配分比率を維持できます（リバランスと呼ばれます）。

31 [2019年1月]

下記＜資料＞に基づくファンドAとファンドBの運用パフォーマンスの比較評価に関する次の記述の空欄（ア）～（ウ）にあてはまる語句または数値の組み合わせとして、最も適切なものはどれか。

＜資料＞ファンドAとファンドBの運用パフォーマンスに関する情報

ファンド名	実績収益率	実績収益率の標準偏差
ファンドA	8.0%	2.0%
ファンドB	6.0%	4.0%

無リスク金利を1.0%として、＜資料＞の数値によりファンドAのシャープレシオの値を算出すると（ア）となり、同様に算出したファンドBのシャープレシオの値は（イ）となる。シャープレシオの値が（ウ）ほど効率的な運用であったと判断される。

1. （ア）3.50　（イ）1.25　（ウ）大きい
2. （ア）3.50　（イ）1.25　（ウ）小さい
3. （ア）4.00　（イ）1.50　（ウ）大きい
4. （ア）4.00　（イ）1.50　（ウ）小さい

デリバティブ取引

32   [2022年9月]

先物取引やオプション取引に関する次の記述のうち、最も不適切なものはどれか。

1. 現在保有している現物資産が将来値下がりすることに備えるため、先物を売り建てた。
2. 将来保有しようとする現物資産が将来値上がりすることに備えるため、先物を買い建てた。
3. 現在保有している現物資産が将来値下がりすることに備えるため、プット・オプションを売った。
4. 将来保有しようとする現物資産が将来値上がりすることに備えるため、コール・オプションを買った。

1　**1** が適切　テキスト 3章　P300-301

シャープレシオ（シャープの測度）は（ポートフォリオ全体の収益率－無リスク資産収益率）÷標準偏差で求められ、数値が高いほど、より少ないリスクで、より多くのリスクに応じたリターンをあげていると判断できます。

（ア）ファンドAのシャープレシオ＝（8.0－1.0）÷2.0＝3.5

（イ）ファンドBのシャープレシオ＝（6.0－1.0）÷4.0＝1.25

（ウ）数値が高いほどよいパフォーマンスであったと判断されますので、設問の場合はファンドAの方がよいパフォーマンスであると判断されます。

以上より、1.が正解となります。

3 が不適切　テキスト 3章　P304-307

1. 適切　　**先物を売り**建てることで、現物資産の**値下がりリスクを軽減**できます。

2. 適切　　**先物を買い**建てることで、現物資産の**値上がりリスクを軽減**できます。

3. **不適切**　プット・オプションは売る権利です。（一定の価格で）**売る権利を買う**ことは、現物資産の将来の**値下がりリスクを軽減**できます。反対に、（一定の価格で）**売る権利を売る**ことは、現物資産の将来の**値上がりリスクを軽減**できます。

4. 適切　　コール・オプションは買う権利です。（一定の価格で）**買う権利を買う**ことは、現物資産の将来の**値上がりリスクを軽減**できます。

33 [2021年5月]

金融派生商品の取引の一般的な仕組みや特徴等に関する次の記述のうち、最も不適切なものはどれか。

1. オプション取引において、コール・オプションは「原資産を買う権利」であり、プット・オプションは「原資産を売る権利」である。
2. 原資産を保有している投資家は、その先物取引で売りヘッジを行うことで、取引を行った時点以降の原資産価格の下落によって生じる評価損を先物取引の利益で相殺または軽減することができる。
3. 先物価格が今後上昇すると予測される場合、先物取引で売建てし、後日、実際に相場が上昇したときに買い戻すことで利益を得ることができる。
4. 金融派生商品を利用することで、現物取引を行った場合と同等の経済効果を、より少額の資金で実現することができる。

34 [2022年5月]

金融派生商品に関する次の記述のうち、最も適切なものはどれか。

1. 金融派生商品を利用する場合、現物取引を行った場合と同等の投資効果を得るには、現物取引よりも多額の資金を投入する必要がある。
2. 現物価格の変動による利益と同額の利益が発生するように、現物と同じポジションの先物を保有することなどにより、価格変動リスク等を回避または軽減することを狙う取引を、ヘッジ取引という。
3. 現物価格と当該現物を原資産とする先物の理論価格との間で価格差が生じた場合、割安な方を売り、割高な方を買うポジションを組み、その価格差を利益として得ることを狙う取引を、裁定取引という。
4. 先物の将来の価格を予想してポジションを取り、予想どおりの方向に変動したときに反対売買を行って利益を確定することを狙う取引を、スペキュレーション取引という。

3 が不適切　　　　　　　　　　　　　　　　　　　テキスト3章　P304-307

1. 適切　　買う権利を「**コール**」、売る権利を「**プット**」といいます。
2. 適切　　先物を売ることで、原資産の値下がり損を軽減できます。
3. **不適切**　先物価格が今後上昇すると予想される場合、**先物取引で買建て**し、**後日、実際に上昇したときに売ることで利益**を得ることができます。反対に、先物価格が今後下落すると予想される場合、先物取引で売建てし、後日、実際に下落したときに買い戻すことで利益を得ることができます。
4. 適切　　このような効果を**レバレッジ効果**といいます。

4 が適切　　　　　　　　　　　　　　　　　　　テキスト3章　P304-307

1. 不適切　金融派生商品は**レバレッジ効果**により、現物取引よりも**少額の資金**で、現物取引を行った場合と**同等の投資効果**（利益および損失）が発生します。
2. 不適切　現物価格の変動による**損失と同額の利益が発生**するように、現物と同じポジションの先物を保有することなどにより、価格変動リスク等を回避または軽減することを狙う取引を、ヘッジ取引といいます。
3. 不適切　反対です。現物価格と当該現物を原資産とする先物の理論価格との間で価格差が生じた場合、**割安な方を買い**、**割高な方を売るポジション**を組み、その価格差を利益として得ることを狙う取引を、**裁定取引**といいます。
4. **適切**　記述のとおりです。

実技試験[日本FP協会] 資産設計提案業務

第1問 [2019年5月]

経済指標に関する下表の空欄（ア）～（エ）に入る語句を語群の中から選び、その番号のみを解答欄に記入しなさい。

名称	発表機関	概要
国内総生産（GDP）	（ア）	一定期間中に国内で生み出された財・サービスなどの付加価値の合計を金額で示す指標で、その国の経済規模を表す。
（イ）	財務省 日本銀行	外国との間で行ったモノやサービス、有価証券等の取引や決済資金の流れなどを記録・集計した統計で、国際通貨基金（IMF）のマニュアルに準拠して作成される。
全国企業短期経済観測調査（日銀短観）	日本銀行	景気の現状や先行きの見通しについて企業経営者を対象に直接行われるアンケート調査であり、年（ウ）、調査・公表される。
（エ）	総務省	全国の世帯が購入する家計に係る財およびサービスの価格等を総合した物価の変化を時系列的に測定するものである。調査結果は各種経済施策や公的年金の給付水準の改定などに利用されている。

＜語群＞
1. 内閣府　　　　2. 総務省　　　　3. 経済産業省
4. 国際収支統計　5. マネーストック統計
6. 家計消費支出　7. 消費者物価指数
8. 2回　　　　　9. 4回　　　　　10. 6回

正解　(ア) 1　(イ) 4　(ウ) 9　(エ) 7

テキスト3章　(ア) P204、(イ) (ウ) P205、(エ) P206

	発表機関	調査頻度
国内総生産（GDP）	（ア　内閣府）	四半期ごと
（イ　国際収支統計）	財務省・日本銀行	毎月
日銀短観	日本銀行	年（ウ　4回）
（エ　消費者物価指数）	総務省	毎月
景気動向指数	内閣府	毎月
企業物価指数	日本銀行	毎月
マネーストック統計	日本銀行	毎月

レック先生のワンポイント

経済指標の特徴を理解して発表機関、調査頻度を整理しておきましょう。

第2問 重要度  B　　　　　　　　[2020年1月]

下記<資料>の債券を取得日から7年後に売却した場合における所有期間利回り（単利・年率）を計算しなさい。なお、手数料や税金等については考慮しないものとし、計算結果については小数点以下第4位を切り捨てること。また、解答に当たっては、解答用紙に記載されている単位に従うこと（解答用紙に記載されているマス目に数値を記入すること）。

<資料>

表面利率：年1.3%
額面：100万円
購入価格：額面100円につき100.00円
売却価格：額面100円につき103.00円
所有期間：7年

正解　**1.728**（%）　　　　　　　テキスト3章　P244-245

利回りとは、ある一定期間で得られる収益を1年あたりに換算し、それを預入当初の元本で割ったものです（1年間の収益÷投資元本×100（%））。

債券投資における利回りとは、利息収益、売却損益、償還損益を1年あたりに換算し、買付価格で割ったものであり、所有期間利回りとは、購入時から売却時まで保有した期間の利回りのことを指します。

$$\text{利付債の所有期間利回り（単利）(\%)} = \frac{\text{表面利率} + \dfrac{\text{売却価格} - \text{買付価格}}{\text{所有期間}}}{\text{買付価格}} \times 100$$

$$= \frac{1.3 + \dfrac{103 - 100}{7}}{100} \times 100 ≒ 1.728\% \text{（小数点第4位切り捨て）}$$

レック先生のワンポイント

・問題の指示は「四捨五入」ではなく、「切り捨て」です。問題をよく読みましょう。

・公式を覚えられない人は「1年あたりの利益を投資元本で割ったもの」と考えて、「以下の3ステップで解きましょう」。公式は覚える必要はありません。

第1ステップ	所有期間の利益を求めます 利子　1.3円×7年＝9.1円 差益　103－100円＝3円 合計　9.1円＋3円＝12.1円
第2ステップ	1年あたりの利益に直します（7で割ります） 12.1円÷7＝1.72857・・・
第3ステップ	投資元本（100円）で割り、（％）に直すため、100を乗じます

電卓のたたき方　12.1÷7÷100（投資元本）×100（％）

第3問 [2021年1月]

下記＜資料＞に関する次の記述の空欄（ア）、（イ）にあてはまる語句の組み合わせとして、正しいものはどれか。

＜資料＞

［販売用資料］
TA株式会社　2024年1月25日満期　米ドル建て社債
期間　　　3年
利率　　　年1.70％（米ドルベース）
売出期間　2021年1月12日～2021年1月25日

［売出要項］
売出価格　　額面金額の100％
お申込み単位　額面金額1,000米ドル単位
利払日　　毎年3月、9月の各26日（利払い日が休日の場合は翌営業日）／年2回
受渡日　　2021年1月26日
償還日　　2024年1月26日
格付　　　BBB（スタンダード・アンド・プアーズ［S&P］社）

・適用される為替レート（1米ドル）が110.00円の場合、この債券の最低単位の購入代金は（ア）となる。
・この債券は（イ）に分類される。

1. （ア）11万円　（イ）投資適格債
2. （ア）11万円　（イ）投機的格付債
3. （ア）110万円　（イ）投資適格債
4. （ア）110万円　（イ）投機的格付債

| 正解 | **1** | が正しい | テキスト 3章　（ア）P241、（イ）P249 |

（ア）売出価格は**額面金額の100**％、申込み単位が額面金額の**1,000米ドル単位**、適用される為替レートは1米ドル**110円**ですので、この債券の最低単位の購入代金は1,000米ドル×110円／米ドル＝110,000円となります。

（イ）**BBB以上**の格付けは**投資適格**、**BB以下**の格付けは**投資不適格**です。設問の債券の格付けはBBBですので、投資適格債に分類されます。

以上より、1.が正解となります。

第4問  [2021年1月]

個人向け国債に関する下表の空欄（ア）～（エ）にあてはまる語句または数値に関する次の記述のうち、最も適切なものはどれか。

金利・償還期限	変動10年	固定5年	（ア）3年
利払い	（イ）ごと		
金利設定方法	基準金利×0.66	基準金利－0.05%	基準金利－0.03%
金利の下限	（ウ）%（年率）		
購入単位	1万円以上1万円単位		
中途換金	原則として発行から（エ）経過すれば可能 ただし、直前2回分の各利子（税引前）相当額×0.79685が差し引かれる		
発行月（発行頻度）	毎月（年12回）		

1. 空欄（ア）にあてはまる語句は、「変動」である。
2. 空欄（イ）にあてはまる語句は、「1年」である。
3. 空欄（ウ）にあてはまる数値は、「0.05」である。
4. 空欄（エ）にあてはまる語句は、「半年」である。

正解 **3** が適切　　　テキスト3章　P243

個人向け国債でよく出題されるポイント

金利・償還期限	変動10年	固定5年	（ア **固定**）3年
利払い	（イ **半年**）ごと		
金利設定方法	基準金利×0.66	基準金利－0.05%	基準金利－0.03%
金利の下限	（ウ **0.05**）%（年率）		
購入単位	1万円以上1万円単位		
中途換金	原則として発行から（エ **1年**）経過すれば可能 ただし、直前2回分の各利子（税引前）相当額×0.79685が差し引かれる		
発行月（発行頻度）	**毎月**（年12回）		

レック先生のワンポイント

出題回数は少ないですが、個人向け国債の共通点、相違点は整理しておきましょう！

第5問 重要度 A [2021年1月]

下記＜資料＞について、この企業の株価が2,260円である場合、2020年11月期通期の業績予想ベースにおける次の記述の空欄（ア）、（イ）にあてはまる数値を語群の中から選び、解答欄に記入しなさい。なお、解答に当たっては、小数点以下第3位を四捨五入すること。

＜資料＞

2019年11月期　決算短信〔日本基準〕（連結）

2020年1月9日

上場会社名　SX株式会社　　　　　　　　　　　　　上場取引所　東
コード番号　　　　URL https://www.xxx.com/
代表者　　（役職名）代表取締役　社長執行役員　（氏名）●●●●
問合せ先責任者　（役職名）経営推進本部長　　　（氏名）●●●●　TEL XX-XXXX-XXXX

（省略）

（百万円未満切捨て）

1. 2019年11月期の連結業績（2018年12月1日〜2019年11月30日）
   (1) 連結経営成績

（％表示は対前期増減率）

	売上高		営業利益		経常利益		親会社株主に帰属する当期純利益	
	百万円	％	百万円	％	百万円	％	百万円	％
2019年11月期	545,723	△4.8	32,048	△3.1	33,275	△3.1	18,698	2.1
2018年11月期	573,525	2.1	33,067	5.8	34,349	5.7	18,320	1.2

（注）包括利益　2019年度11月期　17,646百万円（△0.8％）　2018年11月期　17,786百万円（△47.5％）

	1株当たり当期純利益	潜在株式調整後1株当たり当期純利益	自己資本当期純利益率	総資産経常利益率	売上高営業利益率
	円　銭	円　銭	％	％	％
2019年11月期	130.72	―	8.1	7.7	5.9
2018年11月期	124.85	―	8.1	8.2	5.8

（参考）持分法投資損益　2019年度11月期　168百万円　2018年11月期　130百万円

(2) 連結財政状態

（省略）

(3) 連結キャッシュ・フローの状況

（省略）

2. 配当の状況

	年間配当金					配当金総額（合計）	配当性向（連結）	純資産配当率（連結）
	第1四半期末	第2四半期末	第3四半期末	期末	合計			
	円　銭	円　銭	円　銭	円　銭	円　銭	百万円	％	％
2018年11月期	―	19.00	―	19.00	38.00	5,510	＊	2.4
2019年11月期	―	20.00	―	25.00	45.00	5,578	＊	2.8
2020年11月期（予想）	―	20.00	―	20.00	40.00		＊	

（注）2019年11月期の期末配当金額は予定であり、2020年1月22日開催の取締役会で決定します。
　　　2019年11月期の期末配当金につきましては、創業100周年記念配当5円を含んでいます。

3. 2020年11月期の連結業績予想（2019年12月1日〜2020年11月30日）

（％表示は対前期増減率）

	売上高		営業利益		経常利益		親会社株主に帰属する当期純利益		1株当たり当期純利益
	百万円	％	百万円	％	百万円	％	百万円	％	円　銭
通期	555,000	1.7	32,100	0.2	32,500	△2.3	14,500	△22.5	101.37

※問題作成の都合上、一部を「＊」としている。

- PER（株価収益率）は（ ア ）倍である。
- 配当性向は（ イ ）%である。

<語群>
1.77	1.99	17.29	18.10
22.29	30.60	34.42	39.46

正解　（ア）**22.29**（倍）　（イ）**39.46**（%）

テキスト 3章　（ア）P262、（イ）P264

（ア）PER（株価収益率）は利益からみた株価水準を評価する数値で、「**株価÷1株当たり当期純利益**」で求めます。2020年11月期の1株当たり当期純利益は資料の一番右下に101.37円とありますので、
2,260円÷101.37≒22.29（小数点以下第3位四捨五入）となります。
PER＝「ピカイチ（ピ＝カ÷イチ）」で覚えましょう。

（イ）配当性向は利益の配当による株主への還元割合を表す数値で、「**配当金÷当期純利益×100（%）**」で求めます。
年間配当金は、「2. 配当の状況」の右から4列目に「40.00」とありますので、配当性向は、40円÷101.37×100≒39.46%（小数点以下第3位四捨五入）となります。

 レック先生のワンポイント

決算短信は3カ月に1回、発表されます。
今後も出題が予想されますので、「1株当たり当期純利益」「配当金」等、株価分析で使用する数値がどこに記載されているか、慣れておきましょう。

第6問 [2020年1月]

下記＜資料＞に関する次の記述の空欄（ア）、（イ）にあてはまる語句の組み合わせとして、正しいものはどれか。

＜資料＞

	YL株式	YM株式
株価	3,120円	17,840円
1株当たり利益	160円	760円
1株当たり純資産	1,380円	6,870円
1株当たり年間配当金	50円	250円

・YL株式とYM株式の株価をPBR（株価純資産倍率）で比較した場合、（ア）株式の方が割安といえる。
・YL株式とYM株式の配当利回りを比較した場合、（イ）株式の方が高い。

1. （ア）YL　（イ）YL
2. （ア）YL　（イ）YM
3. （ア）YM　（イ）YL
4. （ア）YM　（イ）YM

正解 **1** が正しい　　　　　　　　　　テキスト3章　（ア）P262、（イ）P264

（ア）PBR（株価純資産倍率）は「**株価÷1株当たり純資産**」により求められ、**数値が低いほど株価が割安**であると判断できます。
　　YL株式のPBR＝3,120円÷1,380円≒2.26（倍）
　　YM株式のPBR＝17,840円÷6,870円≒2.60（倍）
　　以上より、YL株式のPBRの方が、数値が低く、割安といえます。

（イ）配当利回りは「**1株当たり年間配当金÷株価×100（%）**」により求めます。
　　YL株式＝50円÷3,120円×100≒1.60（%）
　　YM株式＝250円÷17,840円×100≒1.40（%）
　　以上より、YL株式の配当利回りの方が高くなります。

以上より、1.が正解となります。

レック先生のワンポイント

・PER（株価収益率）、PBR（株価純資産倍率）は、数値が低い方が割安と判断できます。
・ROE（自己資本利益率）は数値が高いほど、自己資本に対する収益性が高いと判断できます。

第7問　重要度 B　[2021年5月]

下記＜資料＞は、妹尾さんが同一の特定口座内で20XX年中に行った東京証券取引所プライム市場上場会社であるGA株式会社の株式（以下「GA株式」という）の株式取引に係る明細である。妹尾さんのGA株式の取引に関する次の記述の空欄（ア）、（イ）にあてはまる語句の組み合わせとして、正しいものはどれか。

＜資料＞

取引日 曜日	8月28日 月曜日	9月20日 水曜日	10月11日 水曜日	10月24日 火曜日
取引内容	買付	買付	売却	買付
約定単価	900円	1,200円	1,250円	1,300円
株数	100株	200株	100株	200株

※売買手数料および消費税については考慮しないこととする。
※その他の記載のない条件については一切考慮しないこととする。

＜20XX年10月カレンダー（一部抜粋）＞

日	月	火	水	木	金	土
8日	9日	10日	11日	12日	13日	14日
15日	16日	17日	18日	19日	20日	21日

※網掛け部分は、市場休業日である。

・10月11日のGA株式の売却取引に関する受渡日は（ア）である。
・10月24日の買付後におけるGA株式の譲渡所得の取得費の計算の基礎となる1株当たりの取得価額は（イ）である。

1. （ア）10月13日　（イ）1,200円
2. （ア）10月13日　（イ）1,250円
3. （ア）10月16日　（イ）1,200円
4. （ア）10月16日　（イ）1,250円

正解 **1** が正しい　　　　　　　　　　　　　　テキスト3章　P257

（ア）株式の普通取引では、原則として**約定日（売買が成立した日）から起算して3営業日目**（土日祝日等を除く）に決済を行いますので、10月11日の買付取引に関する受渡日は、13日（金）となります。

（イ）同一銘柄の上場株式を2回以上にわたって購入している場合、株式の譲渡所得金額の計算上、**取得費は「総平均法に準ずる方法」**により算出します。
設問の場合、
900円×100株＝9万円
1,200円×200株＝24万円
この時点の取得単価は、（9万円＋24万円）÷（100株＋200株）＝1,100円です。
10月11日に100株を売却していますので、残っているのは、200株×1,100円＝22万円
10月24日に購入した分と合わせると
株数は200株＋200株＝400株、取得費は22万円＋1,300円×200株＝48万円ですので、
取得価額は480,000円÷400株＝1,200円となります。

以上より、正解は1.となります。

レック先生のワンポイント

過去問題では、途中で株式分割している場合や、途中で一部売却している場合も出題されています。

第8問   [2020年9月]

下記は、追加型公募株式投資信託において投資家が負担する費用についてまとめた表である。下記の（ア）～（エ）の記述について、最も不適切なものはどれか。

	費用の項目	費用の内容	
投資家が直接的に負担	購入時手数料	・購入時に販売会社に対して支払う ・（ア）	
	信託財産留保額	・換金のために発生する運用資産の売却コストを、投資家自身が負担する趣旨である ・差し引かれた費用は（イ）	
投資家が間接的に負担	運用管理費用（信託報酬）	・投資信託の信託財産の残高から、（ウ） ・料率は純資産総額に対する一定の料率が定められているのが一般的 ・配分先と費用の内容は下記のとおり	
		運用会社（委託者）	・運用にかかる費用や報酬、目論見書や運用報告書などの作成費用
		販売会社	・購入代金、収益分配金、解約・償還金の取扱い等の事務費用
		（エ）	・資産の保管や管理にかかる費用
	監査費用	・公認会計士等による監査の報酬	
	売買委託手数料	・投資信託の信託財産内の有価証券を売買する際の費用	

1. （ア）同じ投資信託でも、販売会社ごとに手数料率が異なる場合がある
2. （イ）運用会社（委託者）に支払われる
3. （ウ）日々、差し引かれる
4. （エ）受託会社

正解 **2** が不適切　　　　　　　　　　　テキスト3章　P271

	費用の項目	費用の内容
投資家が直接的に負担	購入時手数料	・購入時に販売会社に対して支払う ・（ア　同じ投資信託でも、販売会社ごとに手数料率が異なる場合がある）
	信託財産留保額	・換金のために発生する運用資産の売却コストを、投資家自身が負担する趣旨である ・差し引かれた費用は（イ　信託財産に留保される）
投資家が間接的に負担	運用管理費用（信託報酬）	・投資信託の信託財産の残高から（ウ　日々、差し引かれる） ・料率は純資産総額に対する一定の料率が定められているのが一般的 ・運用会社、販売会社、（エ　受託会社）に配分される

レック先生のワンポイント

学科試験でも、「買うとき」「換金するとき」「保有するとき」に係る手数料の特徴が出題されます。

第9問

[2019年5月]

西山さんはHE投資信託を新規募集時に500万口購入し、特定口座（源泉徴収口座）で保有して収益分配金を受け取っている。下記＜資料＞に基づき、西山さんが保有するHE投資信託に関する次の記述の空欄（ア）、（イ）にあてはまる数値の組み合わせとして、正しいものはどれか。

＜資料＞

[HE投資信託の商品概要（新規募集時）]
投資信託の分類：追加型国内公募株式投資信託
決算および収益分配：年1回
申込価格：1口当たり1円
申込単位：1万口以上1口単位
購入時手数料（税込み）：購入金額1,000万円未満　2.75％
　　　　　　　　　　　　購入金額1,000万円以上　2.20％
運用管理費用（信託報酬）（税込み）：純資産総額に対し年1.650％
信託財産留保額：1口につき解約請求日の翌営業日の基準価額に0.3％を乗じた額

[西山さんが保有するHE投資信託の収益分配金受取時の運用状況（1万口当たり）]
収益分配前の個別元本：10,000円
収益分配前の基準価額：13,000円
収益分配金：2,000円
収益分配後の基準価額：11,000円

- 西山さんが、HE投資信託を新規募集時に500万口購入した際に、支払った購入時手数料（税込み）は（ア）円である。
- 西山さんが保有するHE投資信託の収益分配金受領後の個別元本（1万口当たり）は（イ）円である。

1. （ア）110,000　（イ）8,000
2. （ア）110,000　（イ）10,000
3. （ア）137,500　（イ）8,000
4. （ア）137,500　（イ）10,000

| 正解 | **4** | が正しい | テキスト 3章　（ア）P269、P271、（イ）P277 |

（ア）新規募集時に500万口購入した場合の金額は500万円（**1,000万円未満**）であるため、購入時手数料は

500万円×2.75％＝137,500円となります。

（イ）分配前の基準価額13,000円＞個別元本の部分（収益からの分配金）が普通分配金、その他の部分（収益以外からの分配金）が元本払戻金（特別分配金）となります。元本払戻金が支払われると、その分、個別元本が小さくなります。

設問の場合、個別元本10,000円、収益分配前の基準価額13,000円、収益分配金2,000円、収益分配後の基準価額11,000円（13,000円−2,000円）であり、収益分配金2,000円は、収益部分（13,000円−10,000円＝3,000円）からの分配金ですので、全額が普通分配金となります。

したがって、**個別元本は10,000円のまま、変わりません。**

以上より、4.が正解となります。

第10問

　重要度 A　　　　　　　　　　　　　　　　[2019年9月]

恵美さんは外貨定期預金に関心をもっている。下記＜資料＞の外貨定期預金について、満期時の外貨ベースの元利合計額を円転した金額として、正しいものはどれか。

＜資料＞

・預入額　　10,000米ドル
・預入期間　3ヵ月
・預金金利　5.00％（年率）
・為替レート（1米ドル）

	TTS	TTM（仲値）	TTB
満期時	112.00円	111.00円	110.00円

注1：利息の計算に際しては、預入期間は日割りではなく月単位で計算すること。
注2：為替差益・為替差損に対する税金については考慮しないこと。
注3：利息に対しては、米ドル建ての利息額の20％（復興特別所得税は考慮しない）相当額が所得税・住民税として源泉徴収されるものとすること。

1. 1,144,000円
2. 1,131,200円
3. 1,113,750円
4. 1,111,000円

正解 **4** が正しい　　　　　　　　　　　　　　　テキスト3章　P281-283

第1ステップ　外貨建ての利息を求めます（問題では年率表示。運用期間は3カ月である点に注意！）
第2ステップ　税（20％）引き後の利息を求めます（20％を差し引きます）
第3ステップ　元本と税引き後の利息を円転します（TTBレートを使用）

第1ステップ　外貨定期預金に10,000米ドル預け入れ、3カ月にわたり年利5.00％で運用した場合に得られる外貨建ての利息は10,000米ドル×5％×3／12＝125米ドルとなります。

第2ステップ　利息は20％の税金が源泉徴収されるため、税引き後の利息は125米ドル×（1－0.2）＝100米ドルとなります。

第3ステップ　満期時の税引後の米ドルベースの金額（10,100米ドル）を日本円に戻します。
10,100米ドルを円に戻すときのレートはTTBですので、円転した金額は10,100米ドル×110円／米ドル＝1,111,000円となり、4.が正解となります。

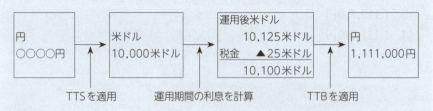

 レック先生のワンポイント

問題を解くとき、お金の流れを書いてみましょう！

第11問 [2020年1月]

下記<資料>は、本年12月31日時点の横川さん夫婦(翔馬さんと恵里さん)のYX銀行(日本国内に本店のある普通銀行)における金融資産(時価)の一覧表である。この時点においてYX銀行が破綻した場合に、預金保険制度によって保護される金融資産の金額に関する次の記述の空欄(ア)、(イ)にあてはまる数値を解答欄に記入しなさい。

<資料>

名義		横川 翔馬	横川 恵里
YX銀行 ya支店	普通預金	145万円	65万円
	定期預金(固定金利)	400万円	100万円
	外貨預金	80万円	―
	財形貯蓄(定期預金)	340万円	―
YX銀行 yb支店	普通預金	165万円	30万円
	定期預金(変動金利)	―	40万円
	投資信託	120万円	70万円

※翔馬さんおよび恵里さんはともに、YX銀行からの借入れはない。
※普通預金は決済用預金ではない。
※預金の利息については考慮しないこととする。

・翔馬さんの金融資産のうち、預金保険制度によって保護される金額は(ア)万円である。
・恵里さんの金融資産のうち、預金保険制度によって保護される金額は(イ)万円である。

| 正解 | （ア）**1,000**（万円） | （ウ）**235**（万円） | テキスト 3章　P219 |

決済用預金は「**①無利息**、**②要求払**、**③決済サービスの提供**」の3条件すべてを満たした預金で、**全額保護**されます（設問にはありません）。

それ以外の保護対象預金（設問の場合、定期預金、財形貯蓄（定期預金）、普通預金（利付））は預金者1人あたり**元本1,000万円とその利子**について**保護**されます。

なお、**外貨預金は保護対象外、投資信託も保護されません**。

（ア）145万円＋400万円＋340万円＋165万円＝1,050万円＞1,000万円であるため、1,000万円が保護されます。

（イ）65万円＋100万円＋30万円＋40万円＝235万円＜1,000万円であるため、235万円が保護されます。

| 第12問 | ☒☒☑ | 重要度 B | [2019年9月] |

財形貯蓄制度に関する下表の空欄（ア）～（エ）にあてはまる語句に関する次の記述のうち、最も不適切なものはどれか。なお、復興特別所得税については考慮しないこと。

	財形年金貯蓄	財形住宅貯蓄
対象者	（ ア ）未満の勤労者	
積立期間	（ イ ）以上の期間にわたり、定期的に積立て	（ イ ）以上の期間にわたり、定期的に積立て。ただし、積立期間中の住宅購入に際しては、一定の要件で払出し可
非課税限度額	［貯蓄型］ 財形住宅貯蓄と合算して元利合計550万円まで ［保険型］ 払込保険料累計額（ ウ ）まで、かつ財形住宅貯蓄と合算して550万円まで	［貯蓄型］ 財形年金貯蓄と合算して元利合計550万円まで ［保険型］ 財形年金貯蓄と合算して550万円まで
目的外の払出時の取扱い	［貯蓄型］ 過去5年間に支払われた利息について、さかのぼって所得税および住民税が源泉徴収される ［保険型］ （ エ ）	［貯蓄型］ 過去5年間に支払われた利息について、さかのぼって所得税および住民税が源泉徴収される ［保険型］ 積立開始時からの利息相当分について、所得税および住民税が源泉徴収される

1. （ア）にあてはまる語句は「満55歳」である。
2. （イ）にあてはまる語句は「3年」である。
3. （ウ）にあてはまる語句は「385万円」である。
4. （エ）にあてはまる語句は「積立開始時からの利息相当分すべてが一時所得として総合課税扱いとなる」である。

正解 **2** が不適切 テキスト1章 P28-30

	財形年金貯蓄	財形住宅貯蓄
対象者	(ア **満55歳**) 未満の 勤労者	
積立期間	(イ **5年**) 以上の期間にわたり、定期的に積立て	(イ **5年**) 以上の期間にわたり、定期的に積立て。ただし、積立期間中の住宅購入に際しては、一定の要件で払出し可
非課税限度額	[貯蓄型] 財形住宅貯蓄と合算して元利合計**550万円**まで [保険型] 払込保険料累計額 (ウ **385万円**) まで、かつ財形住宅貯蓄と合算して**550万円**まで	[貯蓄型] 財形年金貯蓄と合算して元利合計**550万円**まで [保険型] 財形年金貯蓄と合算して**550万円**まで
目的外の払出時の取扱い	[貯蓄型] 過去**5年間**に支払われた利息について、さかのぼって所得税および住民税が源泉徴収される [保険型] (エ **積立開始時からの利息相当分すべてが一時所得として総合課税扱いとなる**)	[貯蓄型] 過去**5年間**に支払われた利息について、さかのぼって所得税および住民税が源泉徴収される [保険型] **積立開始時からの利息相当分について、所得税および住民税が源泉徴収される**

レック先生のワンポイント

財形年金貯蓄と財形住宅貯蓄の共通点、相違点が出題されていますので整理しておきましょう。

第13問   [2018年5月]

金投資に関する次の（ア）～（ウ）の記述について、正しいものには○、誤っているものには×を解答欄に記入しなさい。なお、金の取引は継続的な売買でないものとする。

（ア）個人が金地金を売却した場合の所得は、譲渡所得として課税される。
（イ）個人が金地金を業者に売却する際には、売却代金の他に、売却代金の消費税相当額を受け取ることができる。
（ウ）金地金は、一般的に地政学的リスクに対して強いと考えられている代表的な資産である。

正解　（ア）○　（イ）○　（ウ）○　　　　　　　　　テキスト3章　P288

（ア）正しい　**総合**課税の譲渡所得となります。なお、損失が発生しても他の所得と**損益通算できません**。

（イ）正しい　金の購入時は消費税を支払い、金を売却する際は、売却代金にかかる**消費税相当額を受け取ることができます**。なお、マイホームの売却では消費税を受け取ることができません。

（ウ）正しい　「有事の金」といわれるように、**景気の先行き不安があるときに買われやすい**特徴があります。

第14問 [2022年5月]

文恵さんが取引をしているSZ証券会社から送付された本年分の特定口座年間取引報告書（一部）が下記＜資料＞のとおりである場合、次の記述の空欄（ア）～（ウ）に入る最も適切な語句または数値を語群の中から選び、その番号のみを解答欄に記入しなさい。なお、同じ番号を何度選択してもよいこととする。また、復興特別所得税については考慮しないこと。

＜資料＞
（単位：円）

①譲渡の対価の額 （収入金額）	②取得費及び譲渡に要した費用の額等	③差引金額（譲渡所得等の金額） （①－②）
1,500,000	1,800,000	（各自計算）

	種類	配当等の額	源泉徴収税額 （所得税）	配当割額 （住民税）	特別分配金の額
特定上場株式等の配当等	④株式、出資又は基金	100,000	（各自計算）	（各自計算）	
	⑤特定株式投資信託				
	⑥投資信託又は特定受益証券発行信託（⑤、⑦及び⑧以外）				
	⑦オープン型証券投資信託	60,000	（各自計算）	（各自計算）	80,000
	⑧国外株式又は国外投資信託等				
	⑨合計（④+⑤+⑥+⑦+⑧）	160,000	（各自計算）	（ア）	80,000
上記以外のもの	⑩公社債				
	⑪社債的受益権				
	⑫投資信託又は特定受益証券発行信託（⑬及び⑭以外）				
	⑬オープン型証券投資信託				
	⑭国外公社債等又は国外投資信託等				
	⑮合計（⑩+⑪+⑫+⑬+⑭）				
⑯譲渡損失の金額		（各自計算）			
⑰差引金額（⑨+⑮－⑯）		（各自計算）			
⑱納付税額			（各自計算）	（各自計算）	
⑲還付税額（⑨+⑮－⑱）			（イ）	（各自計算）	

- 文恵さんが本年中に受け取った上場株式等の配当等から源泉徴収された住民税額は（　ア　）円である。
- この特定口座で生じた譲渡損失とこの特定口座で受け入れた上場株式等の配当等とが損益通算された結果、還付された所得税額は（　イ　）円である。
- 翌年分に繰り越すことのできる譲渡損失の額は、（　ウ　）円である。

＜語群＞

1. ゼロ	2. 8,000	3. 12,000
4. 16,000	5. 24,000	6. 32,000
7. 36,000	8. 60,000	9. 140,000

正解　（ア）2　（イ）5　（ウ）9　　　　　　テキスト3章　P291-294

上場株式等の配当金から**所得税15％、住民税5％が源泉徴収等**されます。
設問の場合、所得税は160,000円×15％＝24,000円、住民税は160,000円×5％＝8,000円（ア）が源泉徴収等されます。
上場株式等の譲渡所得は、1,500,000円－1,800,000円＝▲300,000円であり、配当所得160,000円と損益通算すると、今年の配当所得はゼロ、翌年以降に繰り越すことができる譲渡所得の損失は140,000円（ウ）となり、源泉徴収された所得税24,000円（イ）は全額還付されます。

実技試験[金財] 個人資産相談業務

第1問
[2021年1月]

次の設例に基づいて、下記の各問（《問1》〜《問3》）に答えなさい。

《設 例》

会社員のAさん（40歳）は、預貯金を500万円程度保有しているが、上場株式を購入した経験がない。Aさんは、証券会社でNISA口座を開設し、同じ業種のX社株式またはY社株式（2銘柄とも東京証券取引所プライム市場上場）を同口座で購入したいと考えている。そこで、Aさんは、ファイナンシャル・プランナーのMさんに相談することにした。

<財務データ>　　　　　　（単位：百万円）

	X社	Y社
資 産 の 部 合 計	920,000	720,000
負 債 の 部 合 計	370,000	480,000
純資産の部合計	550,000	240,000
売　　上　　高	910,000	670,000
営 業 利 益	90,000	40,000
経 常 利 益	80,000	30,000
当 期 純 利 益	56,000	20,000
配 当 金 総 額	20,000	10,000

※純資産の金額と自己資本の金額は同じである。

<株価データ>
X社：株価1,250円、発行済株式数5億株、1株当たり年間配当金40円
Y社：株価1,354円、発行済株式数2億株、1株当たり年間配当金50円

※上記以外の条件は考慮せず、各問に従うこと。

問1　

《設例》のデータに基づいて算出される次の①、②を求め、解答用紙に記入しなさい（計算過程の記載は不要）。〈答〉は表示単位の小数点以下第3位を四捨五入し、小数点以下第2位までを解答すること。

① X社およびY社のROE
② X社およびY社のPER

正解　① X社 **10.18**（%）　Y社 **8.33**（%）　② X社 **11.16**（倍）　Y社 **13.54**（倍）

テキスト3章　① P263、② P262

① ROE（自己資本利益率）は「**当期純利益÷自己資本×100（%）**」で求めます。
なお、設問では純資産と自己資本の金額は同じとされています。
X社＝56,000百万円÷550,000百万円×100≒10.18%
Y社＝20,000百万円÷240,000百万円×100≒8.33%

② PER（株価収益率）は「**株価÷1株当たり当期純利益**」で求めます。
1株当たり当期純利益は、当期純利益÷株数により求めます（**「億株」と「百万円」の単位の違いに注意**）。
X社＝1,250円÷（56,000百万円÷500百万株）≒11.16倍
Y社＝1,354円÷（20,000百万円÷200百万株）＝13.54倍

問2 重要度 A

Mさんは、Aさんに対して、《設例》のデータに基づいて、株式の投資指標等について説明した。Mさんが説明した次の記述①~③について、適切なものには○印を、不適切なものには×印を解答用紙に記入しなさい。

① 「PBRは、株価(時価総額)が企業の純資産(自己資本)と比べて割高であるか、割安であるかを判断するための指標です。PBRが1倍を下回るX社株式およびY社株式は割安と判断できます」

② 「一般に、配当利回りが高いほど、株主に対する利益還元の度合いが高いと考えることができます。Y社株式の配当利回りは50%であり、X社株式の配当利回りを上回ります」

③ 「一般に、自己資本比率が高いほど、経営の安全性が高いと考えられています。自己資本比率はY社よりもX社のほうが高くなっています」

| 正解 | ① ✕ | ② ✕ | ③ ◯ | | テキスト3章　P262-264 |

①不適切　PBR（株価純資産倍率）は「**株価÷1株当たり純資産**」で求めます。1株当たり当期純資産は、「純資産÷株数」で求めます（「**億株**」と「**百万円**」の単位の違いに注意）。
　　　　　X社＝1,250円÷（550,000百万円÷500百万株）≒1.14倍
　　　　　Y社＝1,354円÷（240,000百万円÷200百万株）≒1.13倍
　　　　　いずれも1倍を上回るため、不適切です。なお、過去や同業他社と比較して、数値が小さいほど割安と判断できます。

②不適切　配当から株主に対する利益還元の度合いを判断する指標は、配当利回りではなく、配当性向です。
　　　　　配当性向は、「**配当金÷当期純利益×100（％）**」で求めます。
　　　　　X社＝20,000百万円÷56,000百万円×100≒35.71％
　　　　　Y社＝10,000百万円÷20,000百万円×100＝50％
　　　　　なお、配当利回りは「**1株当たり年間配当金÷株価×100（％）**」で求めます。

③適切　　自己資本比率は「**自己資本÷資産×100（％）**」で求めます。
　　　　　X社＝550,000百万円÷920,000百万円×100≒59.78％
　　　　　Y社＝240,000百万円÷720,000百万円×100≒33.33％
　　　　　Y社よりもX社の方が高く、X社の方が安全性が高いと考えられます。

問3 ☒☑☐   重要度

Mさんは、Aさんに対して、NISAについて説明した。Mさんが説明した次の記述①~③について、適切なものには○印を、不適切なものには×印を解答用紙に記入しなさい。

①「NISA口座で上場株式を購入する場合は、一般NISA(2024年以降は新NISAの成長投資枠)を利用してください。つみたてNISA勘定に受け入れることができる対象商品は、所定の要件を満たす公募株式投資信託やETFですので、上場株式をつみたてNISA(2024年以降はつみたて投資枠)勘定に受け入れることはできません」

②「2024年以降、新NISAのつみたて投資枠と成長投資枠は、同一年中において、併用して新規投資等に利用することができます」

③「2023年度税制改正により、2024年以降の新NISAの成長投資枠の年間投資上限額は120万円、つみたて投資枠の年間投資上限額は240万円に見直されています」

正解 ①○ ②○ ③×   テキスト3章 P295-296

①適切　**上場株式やJ-REIT**は新NISAの成長投資枠では購入できますが、**つみたて投資枠では購入できません。**

②適切　なお、2023年までの一般NISAとつみたてNISAでは同一年中において、併用して投資できません。

③不適切　2024年以降の新NISAの**成長投資枠**の年間投資上限額は**240万円**、**つみたて投資枠**の年間投資上限額は**120万円**です。

第**2**問

[2022年5月]

次の設例に基づいて、下記の各問（《問1》～《問3》）に答えなさい。

《設 例》

　会社員のAさん（41歳）は、預貯金を1,000万円程度保有している。Aさんは、上場株式や投資信託を購入した経験がないが、老後の生活資金を準備するために長期的な資産形成を図りたいと思っており、投資先の1つとして、Aさんの地元の証券取引所にも上場しているX社株式への投資を検討している。また、投資経験の豊富な知人から、「まずはつみたてNISA（2024年以降は新NISAのつみたて投資枠）から始めてみるのもよいのではないか」とアドバイスされている。

　そこで、Aさんは、ファイナンシャル・プランナーのMさんに相談することにした。

＜X社株式の関連情報＞
- ・株　価：2,400円　　・発行済株式数：4,000万株
- ・決算期：2023年6月30日（金）（配当の権利が確定する決算期末）

＜X社の財務データ＞　　　（単位：百万円）

	56期	57期
資 産 の 部 合 計	300,000	305,000
負 債 の 部 合 計	175,000	170,000
純資産の部合計	125,000	135,000
売　　上　　高	180,000	190,000
営 業 利 益	14,000	15,000
経 常 利 益	15,000	16,000
当 期 純 利 益	9,000	9,500
配 当 金 総 額	2,500	2,700

※純資産の金額と自己資本の金額は同じである。

※上記以外の条件は考慮せず、各問に従うこと。

問1 重要度 C

Mさんは、Aさんに対して、日本の証券市場の全体像とその動向等について説明した。Mさんが説明した次の記述①〜④について、適切なものには○印を、不適切なものには×印を解答用紙に記入しなさい。

① 「国内で、株式の現物取引を行う金融商品取引所は、東京、新潟、名古屋、福岡の4つがあります。かつては、大阪にも株式の現物取引を行う『大阪証券取引所』がありましたが、『東京証券取引所』との経営統合後、先物市場の運営に特化し、その名称を『大阪取引所』に変更しています」

② 「東京証券取引所では、2022年4月から、従前の『市場第一部』『市場第二部』『マザーズ』『ジャスダック』の4つの市場区分が変更され、『プレミア』『メイン』『ネクスト』の3市場に再編されました」

③ 「東京証券取引所では、現在、9時から11時まで（前場）と12時30分から15時まで（後場）の2つの時間帯で立会内取引が行われていますが、2024年をめどに、後場の立会時間が30分延長される予定です」

④ 「上場企業が公表する決算短信は、投資を行う際の重要な判断材料となります。東京証券取引所規則では、上場企業の事業年度や四半期累計期間に係る決算内容が定まった場合、直ちにその内容を開示しなければならないとされています」

| 正解 | ① ✕ | ② ✕ | ③ ✕ | ④ ○ | テキスト **3**章　P254、P266-267 |

①不適切　国内で、株式の現物取引を行う金融商品取引所は、**東京、札幌、名古屋、福岡の4つ**です。

②不適切　東京証券取引所では、2022年4月から、従前の市場第一部、市場第二部、マザーズ、ジャスダックの4つの市場区分が変更され、**プライム、スタンダード、グロース**の3市場に再編されました。プレミア、メイン、ネクストの3市場に再編されたのは、名古屋証券取引所です。

③不適切　東京証券取引所では、現在、9時から11時**30分**まで（前場）と12時30分から15時まで（後場）の2つの時間帯で立会内取引が行われています。なお、2024年をめどに、後場の立会時間が15:30まで延長される予定です。

④適切　上場企業が公表する決算短信は、東京証券取引所規則では、**四半期ごとに開示**することが義務づけられています。

問2   重要度

《設例》の〈X社株式の関連情報〉および〈X社の財務データ〉に基づいて算出される次の①、②を求めなさい（計算過程の記載は不要）。〈答〉は、％表示の小数点以下第3位を四捨五入し、小数点以下第2位までを解答すること。

① 57期におけるROE（自己資本は56期と57期の平均を用いる）
② 57期における配当性向

正解　① **7.31**（％）　② **28.42**（％）　　テキスト3章　P263-264

①ROE（自己資本利益率）は「**当期純利益÷自己資本×100（％）**」で求めます。
　なお、設問では純資産と自己資本の金額は同じとされており、56期と57期の平均を用いることと指定されています。
　自己資本＝（125,000百万円＋135,000百万円）÷2＝130,000百万円
　ROE＝9,500百万円÷130,000百万円×100≒7.31％（小数点第3位四捨五入）

②配当性向は「**配当金総額÷当期純利益×100（％）**」で求めます。
　（2,700百万円÷9,500百万株）×100≒28.42％（小数点第3位四捨五入）

問3 重要度 A

Mさんは、Aさんに対して、つみたてNISA（2024年以降は新NISAのつみたて投資枠）について説明した。Mさんが説明した次の記述①〜③について、適切なものには○印を、不適切なものには×印を解答用紙に記入しなさい。

① 「つみたてNISAの年間投資上限額は40万円ですが、2024年以降は新NISAのつみたて投資枠の年間投資上限額は240万円です」

② 「つみたてNISA（2024年以降は新NISAのつみたて投資枠）勘定に受け入れることができる商品は、所定の要件を満たす公募株式投資信託と上場投資信託（ETF）に限られています。したがって、Aさんが投資を検討しているX社株式をつみたてNISA（2024年以降は新NISAのつみたて投資枠）勘定に受け入れることはできません」

③ 「つみたてNISA（2024年以降は新NISAのつみたて投資枠）を利用した買付けは、累積投資契約に基づく定期かつ継続的な買付けを行う方法に限られています」

正解　① ✕　② ○　③ ○　　　　テキスト3章　P295-296

① 不適切　つみたてNISAの年間投資上限額は40万円、2024年以降の**新NISAのつみたて投資枠**の年間投資上限額は**120万円**です。

② 適切　つみたてNISA、2024年以降の新NISAのつみたて投資枠の投資対象は金融庁が定める基準を満たす**公募株式投資信託やETF**に限定されます。

③ 適切　毎月、毎週等など、**定期かつ継続的な買付け**を行うことで購入時期の分散によるリスク低減効果が得られます。

323

| 第3問 | [2018年5月] |

次の設例に基づいて、下記の各問（《問1》～《問3》）に答えなさい。

《設 例》

　Aさんは、これまで投資信託（特定口座の源泉徴収選択口座内にて取引）により資産を運用してきたが、上場株式による資産運用にも興味を持ち、同業種で同規模のX社またはY社の株式（以下、それぞれ「X社株式」「Y社株式」という）のいずれかの購入を検討している。

　そこで、Aさんは、株式投資について、ファイナンシャル・プランナーのMさんに相談することにした。

	X社	Y社
株価	1,400円	600円
当期純利益	80億円	150億円
純資産（＝自己資本）	2,000億円	3,600億円
総資産	4,500億円	6,000億円
発行済株式総数	2億株	5億株
1株当たり配当金額（年額）	10円	15円

※上記以外の条件は考慮せず、各問に従うこと。

問1 重要度 A

Mさんは、Aさんに対して、株式取引の仕組み等について説明した。Mさんの説明に関する次の記述①～③について、適切なものには○印を、不適切なものには×印を解答用紙に記入しなさい。

①「代表的な株価指標のうち、日経平均株価は、東京証券取引所プライム市場およびスタンダード市場に上場している銘柄のうち代表的な225銘柄を対象とした修正平均型の株価指標です」

②「上場株式の注文方法のうち、指値注文では、高い値段の買い注文が低い値段の買い注文に優先し、原則として、同じ値段の注文については、先に出された注文が後に出された注文に優先して売買が成立します」

③「上場株式を証券取引所の普通取引で売買したときの受渡しは、原則として、約定日(売買成立日)から起算して4営業日目に行われます」

正解 ① × ② ○ ③ ×　テキスト3章　① P260、② P256、③ P257

①不適切　日経平均株価は東京証券取引所プライム市場に上場する**225**銘柄を対象とした修正平均型の株価指数です。

②適切　なお、売り注文は低い値段の注文が優先されます。つまり、買いも売りも注文者に**不利な価格が優先**されます。なお、成行注文(いくらでもよい)は、いかなる指値注文よりも優先されます。

③不適切　原則として約定日から起算して**3**営業日目(つまり2営業日後)に受け渡しが行われます。

問2　重要度 A

Mさんは、Aさんに対して、X社株式およびY社株式の投資指標のデータについて説明した。《設例》に基づき、Mさんが説明した以下の文章の空欄①～④に入る最も適切な語句または数値を下記の〈語句群〉のイ～ヲのなかから選び、その記号を解答用紙に記入しなさい。

「株式の代表的な投資指標として、PERとPBRがあります。X社株式の場合、PERは（①）倍、PBRは（②）倍と算出されます。この2つの指標からX社とY社の株価を比較すると、（③）のほうが割安であるといえます。

また、配当金額から株主への利益還元度合いを測る指標として、配当性向があります。Y社株式の配当性向を算出すると、（④）％となります」

〈語句群〉
イ．0.5　ロ．0.6　ハ．1.1　ニ．1.4　ホ．15　ヘ．25　ト．35
チ．40　リ．50　ヌ．60　ル．X社　ヲ．Y社

正解	① ト	② ニ	③ ヲ	④ リ	テキスト3章 ①②③ P262、④ P264

①PER（株価収益率）は「**株価÷1株当たり当期純利益**」で求めます。

　1株当たり当期純利益は、当期純利益÷株数により求めます。

　X社＝1,400円÷（80億円÷2億株）＝35倍

　（参考）Y社＝600円÷（150億円÷5億株）＝20倍

②PBR（株価純資産倍率）は「**株価÷1当たり純資産**」で求めます。

　1株当たり純資産は、「純資産÷株数」で求めます。

　X社＝1,400円÷（2,000億円÷2億株）＝1.4倍

　（参考）Y社＝600円÷（3,600億円÷5億株）≒0.83倍

③PER、PBRの式を単純化すると「価格÷価値」ですので、分母（価値）が大きく、分子（価格）が安いほど、つまり、**数値が小さいほど割安**と判断されます。①、②ともにY社の数値の方が低くなっています。

④配当による株主への利益還元の度合いを判断する配当性向は

　「**1株当たり年間配当金÷1株当たり当期純利益×100（％）**」で求めます。

　Y社＝15円÷30円（150億円÷5億株）×100＝50％

　（参考）X社＝10円÷40円（80億円÷2億株）×100＝25％

問3   重要度

Aさんが、下記の〈条件〉により、本年中に特定口座の源泉徴収選択口座においてＹ社株式を購入して同年中にすべて売却した場合、Aさんが受け取ることができる手取金額（所得税および復興特別所得税と住民税の源泉徴収後の金額）を求める次の〈計算の手順〉の空欄①～③に入る最も適切な数値を解答用紙に記入しなさい。〈答〉は円単位とすること。なお、Aさんは、本年中にＹ社株式以外の取引はなく、売買委託手数料等については考慮しないものとする。

〈条件〉

| 購入株数（売却株数）：2,000株 |
| 購入時の株価 　　　　：600円 |
| 売却時の株価 　　　　：700円 |

〈計算の手順〉

1. 譲渡所得の金額
   （ ① ）円

2. 所得税および復興特別所得税と住民税の源泉徴収税額の合計額
   （ ② ）円

3. 手取金額
   （ ③ ）円

| 正解 | ① **200,000** (円) | ② **40,630** (円) | ③ **1,359,370** (円) |

テキスト 3 章　P289、テキスト 4 章　P343

①譲渡所得は「**譲渡収入金額－取得費・譲渡費用**」で求めます。
　（700円×2,000株）－（600円×2,000株）＝200,000円

②特定口座（源泉徴収口座）では、譲渡所得に対して、**所得税（復興特別所得税含む）15.315%、住民税5%**が源泉徴収等されます。
　200,000円×20.315%＝40,630円

③譲渡代金から源泉徴収等された税金を差し引いた金額が手取金額となります。
　1,400,000円－40,630円＝1,359,370円

なお、本問では売買委託手数料を考慮しないため、譲渡費用はゼロとなり、手取金額の計算でも売買委託手数料を差し引きませんが、実際の譲渡所得の計算において売買委託手数料は、購入時は取得費、譲渡時は譲渡費用となり、手取金額の計算に影響します。

第4問
[2019年1月]

次の設例に基づいて、下記の各問（《問1》～《問3》）に答えなさい。

《設 例》

　会社員のAさん（35歳）は、投資信託による資産運用を始めたいと思っているが、これまで投資経験がなく、投資信託の仕組み等に関して、あまり知識がない。

　そこで、Aさんは、金融機関に勤務するファイナンシャル・プランナーのMさんに相談することにした。Mさんは、X投資信託およびY投資信託を例として、Aさんに投資信託の説明を行うことにした。

　X投資信託およびY投資信託に関する資料は、以下のとおりである。

＜X投資信託（公募株式投資信託）に関する資料＞
銘柄名：東証プライム市場指数インデックス（つみたてNISA（2024年以降は新NISAのつみたて投資枠）の対象銘柄）

投資対象地域／資産	： 国内／国内株式
信託期間	： 無期限
基準価額	： 10,500円（1万口当たり）
決算日	： 年1回（5月25日）
購入時手数料	： なし
運用管理費用（信託報酬）：	0.187％（税込）
信託財産留保額	： なし

＜Y投資信託（公募株式投資信託）に関する資料＞
銘柄名：エマージング株式ファンド

投資対象地域／資産	： 海外／新興国株式
信託期間	： 無期限
基準価額	： 12,000円（1万口当たり）
決算日	： 年1回（5月20日）
購入時手数料	： 3.3％（税込）
運用管理費用（信託報酬）：	1.815％（税込）
信託財産留保額	： 0.3％

※上記以外の条件は考慮せず、各問に従うこと。

問 1 重要度 C

Mさんは、Aさんに対して、X投資信託およびY投資信託の仕組み等について説明した。Mさんが説明した以下の文章の空欄①～④に入る最も適切な語句または数値を、下記の〈語句群〉のイ～ヌのなかから選び、その記号を解答用紙に記入しなさい。

Ⅰ「X投資信託は、東証プライム市場指数と連動する投資成果を目指して運用されるインデックス型の投資信託です。東証プライム市場指数は、東京証券取引所プライム市場に上場している内国普通株式の（ ① ）銘柄を対象とする株価指数であり、時価総額の（ ② ）銘柄の値動きの影響を受けやすいという特徴があります」

Ⅱ「X投資信託は購入時手数料を徴収しないノーロード型の投資信託ですが、Y投資信託は3.30％（税込）の購入時手数料が必要です。運用管理費用（信託報酬）は、投資信託を保有している期間、投資家が（ ③ ）負担する費用です。アクティブ運用を行う投資信託は、一般に、運用管理費用（信託報酬）がインデックス型の投資信託に比べて高いという特徴があります。信託財産留保額は、通常、投資信託を（ ④ ）する際に控除される費用であり、その額は信託財産に留保されます」

〈語句群〉
イ．225　ロ．400　ハ．全　ニ．小さい　ホ．大きい　ヘ．直接的に
ト．間接的に　チ．決算時に　リ．購入　ヌ．換金

正解　① ハ　② ホ　③ ト　④ ヌ　テキスト3章　①② P259、③④ P271

①②東証プライム市場指数は東京証券取引所**プライム市場**に上場する内国普通株式**全**（①）銘柄が対象であり、時価総額の**大きい**（②）銘柄の値動きの影響を受けやすい特徴があります。一方、日経平均株価は東京証券取引所市場**プライム市場**に上場する**225**銘柄が対象であり、値がさ株（株価が高い銘柄）の影響を受けやすい特徴があります。

③信託報酬は**日々**、信託財産から差し引かれます。

④信託財産留保額は、運用期間の**途中で換金（売却）**する場合にかかることがありますが、**償還（満期）**時はかかりません。

問2 重要度 B

Mさんは、Aさんに対して、X投資信託の購入方法について説明した。Mさんが説明した次の記述①〜③について、適切なものには○印を、不適切なものには×印を解答用紙に記入しなさい。

①「ドルコスト平均法は、価格が変動する商品を定期的に一定口数購入することで、平均購入価格を平準化する効果を期待した購入方法です。定期的に一定額購入する方法よりも、平均購入価格を引き下げる効果があります」

②「つみたてNISA（2024年以降は新NISAのつみたて投資枠）では、対象銘柄を指定したうえで、累積投資契約に基づく定期かつ継続的な買付けを行います。2023年のつみたてNISAの年間投資上限額は80万円、2024年以降の新NISAのつみたて投資枠の年間投資上限額は120万円です」

③「2024年以降の新NISAの成長投資枠は、年間投資上限額240万円を１回の購入で全額利用することができます。なお、2024年以降の新NISAでのつみたて投資枠と成長投資枠は、同一年中において、併用して新規投資等に利用することができます」

正解　① ×　② ×　③ ○　　テキスト3章　① P254、②③ P295-296

①不適切　ドルコスト平均法は、価格が変動する商品を定期的に一定量ではなく、**一定金額**ずつ購入する方法です。

②不適切　つみたてNISAの年間投資上限額は**40万円**、2024年以降の**新NISAのつみたて投資枠**の年間投資上限額は**120万円**です。

③適切　なお、つみたて投資枠は毎月、毎週、毎営業日等の**定期かつ継続的な積立**となり、１回の購入で全額利用することはできません。

問3 重要度

Mさんは、Aさんに対して、公募株式投資信託の譲渡益の課税関係について説明した。下記＜資料＞の条件に基づき、本年中に特定口座（源泉徴収あり）を利用してZ投資信託を100万口購入し、同年中に全部を換金した場合に徴収される所得税、復興特別所得税および住民税の合計額を計算した次の＜計算の手順＞の空欄①～③に入る最も適切な数値を解答用紙に記入しなさい。なお、手数料等については考慮しないものとする。また、問題の性質上、明らかにできない部分は「□□□」で示してある。

＜資料＞Z投資信託の基準価額および本年中の収益分配金（1万口当たり）

購入時の基準価額	10,000円
換金時の基準価額	11,000円
換金時までに受け取った収益分配金の合計額	1,000円
普通分配金	800円
元本払戻金（特別分配金）	200円

＜計算の手順＞

1. 譲渡所得の金額
   {11,000円 －（10,000円 －（①）円）} ×（100万口÷1万口）＝□□□円

2. 所得税および復興特別所得税の合計額
   □□□円×（②）％＝□□□円

3. 住民税額
   □□□円×5％＝□□□円

4. 所得税、復興特別所得税および住民税の合計額
   □□□円＋□□□円＝（③）円

| 正解 | ① **200** (円) | ② **15.315** (%) | ③ **24,378** (円) |

テキスト3章　P292-293

ポイント1：売却までに受け取っている**元本払戻金（特別分配金）の分、購入時の基準価額よりも個別元本は小さく**なります。

ポイント2：譲渡所得に対する税率は所得税（復興特別所得税を含む）**15.315%**、住民税**5%**となります。

＜計算の手順＞

1. 譲渡所得の金額＝譲渡収入－（取得費＋譲渡費用）
   {11,000円－（10,000円－（①200）円）}×（100万口÷1万口）＝120,000円

2. 所得税および復興特別所得税の合計額
   120,000円×（②15.315）％＝18,378円

3. 住民税額
   120,000円×5％＝6,000円

4. 所得税、復興特別所得税および住民税の合計額
   18,378円＋6,000円＝（③24,378）円

| | 第5問 | | [2020年1月] |

第5問　[2020年1月]

次の設例に基づいて、下記の各問（《問1》～《問3》）に答えなさい。

《設 例》

　会社員のAさん（60歳）は、退職金の一部を活用して、国内の大手企業が発行するX社債（特定公社債）の購入を検討している。このほか、高い利回りが期待できる米ドル建定期預金にも興味を持っている。そこで、Aさんは、ファイナンシャル・プランナーのMさんに相談することにした。

＜円建てのX社債に関する資料＞

- ・発行会社　　：　国内の大手企業
- ・購入価格　　：　104.5円（額面100円当たり）
- ・表面利率　　：　2.0％
- ・利払日　　　：　年1回
- ・残存期間　　：　5年
- ・償還価格　　：　100円
- ・格付　　　　：　A

＜米ドル建定期預金に関する資料＞

- ・預入金額　　：　50,000米ドル
- ・預入期間　　：　3カ月
- ・利率（年率）：　1.8％（満期時一括支払）
- ・為替予約なし
- ・適用為替レート（円／米ドル）

	TTS	TTM	TTB
預入時	110.00円	109.50円	109.00円
満期時	112.00円	111.50円	111.00円

※上記以外の条件は考慮せず、各問に従うこと。

問1 ☑☑☑ 重要度

Mさんは、Aさんに対して、X社債および米ドル建定期預金に係る留意点について説明した。Mさんが説明した次の記述①～③について、適切なものには○印を、不適切なものには×印を解答用紙に記入しなさい。

① 「X社債の格付は、A（シングルA）と評価されています。一般に、BBB（トリプルB）格相当以上の格付が付されていれば、投資適格債とされます」
② 「円建ての債券投資では、信用リスクや金利リスクに注意が必要です。一般に、市場金利が低下する局面では、債券価格は下落します」
③ 「外貨預金の魅力は、円建ての預金と比べて相対的に金利が高いことにあります。《設例》の米ドル建定期預金の場合、Aさんが満期時に受け取ることができる利息額（税引前）は、900米ドルになります」

正解　① ○　② ✕　③ ✕　　テキスト3章　① P249、② P247、③ P283

①適切　**BBB格以上**は**投資適格債**、**BB格以下**は**投資不適格債**とされます。

②不適切　市場金利と債券価格は反対に動きます。**市場金利が下落**すると、既に発行されている利率が低い債券の魅力が上がる（価値が上がる）ため、**債券価格は上昇**します。

③不適切　**年率表示**ですので、3カ月満期の定期預金に付与される利率は、1.8％×3／12＝0.45％（税引前）となります。したがって、利息額は50,000米ドル×0.45％＝225米ドルとなります。

問2

次の①、②を求め、解答用紙に記入しなさい（計算過程の記載は不要）。なお、計算にあたっては税金等を考慮せず、〈答〉は、％表示の小数点以下第3位を四捨五入し、小数点以下第2位までを解答すること。

① AさんがX社債を《設例》の条件で購入した場合の最終利回り（年率・単利）を求めなさい。
② Aさんが《設例》の条件で円貨を米ドルに換えて米ドル建定期預金に50,000米ドルを預け入れ、満期を迎えた場合の円ベースでの運用利回り（単利による年換算）を求めなさい。なお、預入期間3カ月は0.25年として計算すること。

正解 ① **1.05**（％） ② **5.45**（％） テキスト3章 ① P245、② P281、P283

①最終利回りとは、既に発行されている債券を償還期限（最後）まで保有した場合の利回りをいいます。償還期限まで保有すると額面で償還されます。

$$最終利回り（\%）＝\frac{表面利率＋（額面金額－買付価格）／残存期間}{買付価格}\times100$$

$$最終利回り（\%）＝\frac{2.0円＋\dfrac{100円－104.5円}{5年}}{104.5円}\times100$$

　　　　　　　≒ 1.052％ → 1.05％（小数点第3位四捨五入）

公式を覚えられない場合は、利回りは**「購入金額に対する1年間の利益の割合」**と考えて、以下の3ステップで計算します。

第1ステップ　**5年間の利益**＝利子2円×5年－償還差損4.5円（額面100円－購入価格104.5円）＝5.5円

第2ステップ　**1年あたりの利益**＝5.5円÷5年＝1.1円

第3ステップ　利回り＝1.1円÷購入価格104.5円×100≒1.05％（小数点以下第3位四捨五入）

②第1ステップ

円建ての預入額（**預入時のTTSを使用**）＝50,000米ドル×110円＝5,500,000円

第2ステップ

3カ月満期時の米ドル建ての金額

年率1.8％で3カ月満期ですので、**1.8％×3／12**（0.25年）＝0.45％の利息がつきます。

50,000米ドル×（1＋0.0045）＝50,225米ドル

第3ステップ

満期時の米ドルを円に戻します（**満期時のTTBを使用**）。

50,225米ドル×111円＝5,574,975円

第4ステップ

円建ての利益を求めます。

5,574,975円－5,500,000円＝74,975円

第5ステップ

年換算の利回りを求めます。利回りとは、債券の利回りと同様に「**購入金額に対する1年間の利益の割合**」です。

まず、74,975円は3カ月の利益ですので、**12カ月に換算するため、4倍**します。

74,975円×4＝299,900円

この金額を購入金額（5,500,000円）で除しますので、299,900円÷5,500,000円×100≒

5.452％→5.45％（小数点第3位四捨五入）となります。

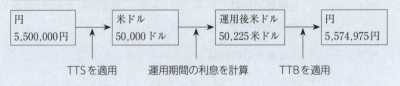

問3 　　　　　　　　　　　　　　　　　　　重要度

Mさんは、Aさんに対して、X社債および米ドル建定期預金に係る課税関係について説明した。Mさんが説明した次の記述①〜③について、適切なものには○印を、不適切なものには×印を解答用紙に記入しなさい。

①「X社債の利子は、利子の支払時において所得税および復興特別所得税と住民税の合計で20.315％相当額が源泉徴収等されます」

②「X社債の譲渡益は、雑所得として総合課税の対象となりますので、上場株式の譲渡損失の金額と損益通算することはできません」

③「為替予約のない米ドル建定期預金の満期による為替差益は、雑所得として総合課税の対象となります」

正解　① ○　② ×　③ ○　　　テキスト3章　①② P291、③ P283

①適切　内訳は、**所得税（復興特別所得税を含む）15.315％、住民税5％**です。

②不適切　特定公社債の譲渡益は**譲渡所得**として、**申告分離**課税の対象となり、上場株式等の譲渡損失と損益通算できます。

③適切　なお、**あらかじめ為替予約**をしている場合には、為替差益も含めて**20.315％の源泉分離**課税の対象となります。

第4章 傾向と対策

タックスプランニングとは、その名の通り税金にまつわる分野になります。所得税の計算体系に加え法人税、消費税を学びましょう。所得税が中心となり、概要や10種類の所得、損益通算、所得控除、税額控除、確定申告まで出題されます。

頻出問題のキーワード

＜学科試験＞
所得税の概要、10種類の所得、損益通算、所得控除、住宅ローン控除、確定申告、青色申告、法人税の概要、法人税の損金、会社・役員間の取引、消費税、財務分析・財務諸表の種類

＜実技試験＞
【日本FP協会】総所得金額、損益通算、所得控除、所得税の仕組み、減価償却費

【金財】●個人資産相談業務：総所得金額（給与所得、一時所得、雑所得等）、損益通算、所得控除（配偶者控除、扶養控除、基礎控除等）、退職所得、住宅ローン控除、青色申告
●生保顧客資産相談業務：総所得金額（給与所得、一時所得、雑所得等）、所得控除（配偶者控除、扶養控除、医療費控除、寄附金控除、基礎控除等）、所得税額、所得税の確定申告、青色申告

タックスプランニング

学科試験問題&解答
税金の分類と所得税の基本
各所得金額の計算
損益通算と損失の繰越控除
所得控除
税額計算と税額控除
確定申告と納税
個人住民税と個人事業税
法人税等
消費税
実技試験問題&解答
[日本FP協会] 資産設計提案業務
[金財] 個人資産相談業務・生保顧客資産相談業務

※金財の実技試験は、「個人資産相談業務」「生保顧客資産相談業務」など4つがありますが、共通する科目での出題傾向は似ています。
　本書では効率よくかつ幅広く論点を学習するため、試験問題を分けず、横断式で出題しています。
※解説は特に断りがない限り、所得税の税率には復興特別所得税を含めて表記しています。

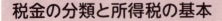

税金の分類と所得税の基本

1 [2019年9月]

わが国の税制に関する次の記述のうち、最も不適切なものはどれか。

1. 所得税では、課税対象となる所得を10種類に区分し、それぞれの所得の種類ごとに定められた計算方法により所得の金額を計算する。
2. 相続税では、納税者が申告をした後に、税務署長が納付すべき税額を決定する賦課課税方式を採用している。
3. 税金を負担する者と税金を納める者が異なる税金を間接税といい、消費税は間接税に該当する。
4. 税金には、国税と地方税とがあるが、法人税は国税に該当し、事業税は地方税に該当する。

2   [2020年1月]

所得税の原則的な仕組みに関する次の記述のうち、最も適切なものはどれか。

1. 所得税は、納税者が申告をした後に、税務署長が所得や納付すべき税額を決定する賦課課税方式を採用している。
2. 所得税法では、所得税の納税義務者を居住者、非居住者、内国法人、外国法人に分類して、それぞれ納税義務を定めている。
3. 所得税では、課税対象となる所得を14種類に区分して、それぞれの所得の種類ごとに定められた計算方法により所得の金額を計算する。
4. 課税総所得金額に対する所得税額は、課税総所得金額の多寡にかかわらず、一律20％の税率により計算する。

2 が不適切　　　　　　　　　　テキスト4章　1) 2) P322、3) 4) P318-319

1. 適切　　　10種類の所得は、「7種類」「8種類」「14種類」等でひっかけ問題が出題されています。

2. **不適切**　相続税は、納税者が自ら税額を計算して申告し納税する**申告納税**方式を採用しています。なお、住民税は賦課課税方式を採用しています。

3. 適切　　　負担者＝納税者である税金を直接税、負担者≠納税者である税金を間接税といいます。

4. 適切　　　ほかに、国税には所得税、相続税、贈与税等、地方税には住民税、固定資産税等があります。

2 が適切　　　　　　　　　　テキスト4章　1) 3) P322、2) P323、4) P326

1. 不適切　所得税は、納税者が自らの所得金額、税額を申告して納税する**申告納税**方式を採用しています。法人税、相続税、贈与税も申告納税方式を採用しています。

2. **適切**　居住者と非居住者では課税所得の範囲が異なります。

3. 不適切　所得の種類は**10**種類です。

4. 不適切　総合課税の対象となる課税総所得金額に対する所得税は**超過累進**税率を採用しています。

3   [2021年9月]

所得税の納税義務者に関する次の記述のうち、最も適切なものはどれか。
1. 非永住者とは、居住者のうち日本国籍がなく、かつ、過去10年以内の間に日本国内に住所または居所を有していた期間の合計が5年以下である個人をいう。
2. 非永住者は、国内源泉所得に限り、所得税の納税義務がある。
3. 非永住者以外の居住者で、日本国籍を有しない者は、国内源泉所得、国外源泉所得のうち国内において支払われたものまたは国外から送金されたものに限り、所得税の納税義務がある。
4. 日本国籍を有する非居住者は、国内源泉所得および国外源泉所得について所得税の納税義務がある。

各所得金額の計算

4   [2020年9月]

次のうち、所得税における非課税所得に該当するものはどれか。
1. 個人が券面額を下回る価額で購入した利付国債の償還差益
2. 年金受給者が受け取った老齢基礎年金
3. 賃貸不動産の賃貸人である個人が賃借人から受け取った家賃
4. 給与所得者が受け取った雇用保険の高年齢雇用継続基本給付金

1 が適切　　　　　　　　　　　　　　　　　　テキスト 4 章　P322-323

1. **適切**　　例えば、**日本に来て間もない外国籍労働者**が該当します。

2. 不適切　　非永住者は、「非永住者以外の居住者」とは異なり、国内源泉所得、国外源泉所得のうち国内において支払われたものまたは国外から送金されたものに限り、所得税の納税義務があります。

3. 不適切　　非永住者以外の居住者は、**国内源泉所得、国外源泉所得の両方**について所得税の納税義務があります。

4. 不適切　　非居住者は、**国内源泉所得**について**のみ**所得税の納税義務があります。

---

4 が正しい　　　　　　テキスト 4 章　1）P342、2）P346、3）P332-333、4）P324

1. 課税所得　　個人投資家の利付国債の償還差益は、**譲渡**所得となります。

2. 課税所得　　年金受給者が受け取った老齢基礎年金は**雑**所得となります。

3. 課税所得　　個人が受け取る家賃は**不動産**所得となります。

4. **非課税所得**　雇用保険の給付は非課税です。その他、**健康保険の給付**や、公的年金のうち**障害年金、遺族年金も非課税**です。

5   [2019年1月]

次のうち、所得税の計算において分離課税の対象となるものはどれか。
1. 不動産の貸付けにより賃貸人が受け取った家賃に係る所得
2. 会社員が定年退職により会社から受け取った退職一時金に係る所得
3. 契約者（＝保険料負担者）が生命保険契約に基づき受け取った死亡保険金に係る所得
4. 年金受給者が受け取った老齢基礎年金に係る所得

6   [2022年5月]

次のうち、納税者本人が所得金額調整控除の適用の対象とならないものはどれか。なお、納税者本人の給与等の収入金額は850万円を超えており、納税者本人に公的年金等に係る雑所得の金額はないものとする。
1. 納税者本人が特別障害者である場合
2. 納税者本人の同一生計配偶者が特別障害者である場合
3. 納税者本人が年齢23歳未満の扶養親族を有する場合
4. 納税者本人が年齢70歳以上の扶養親族を有する場合

2 が正しい　　　テキスト4章　1) P332-333、2) P340-341、3) P345、4) P346-347

所得税は原則として総合課税の対象となりますが、一部の所得は分離課税の対象となります。

申告分離課税の代表的なものとして、**退職**所得（選択肢2）のほか、**上場株式等の譲渡**所得、**土地等・建物の譲渡**所得等がよく出題されます。

1. 総合課税（不動産所得）。
2. **分離課税**（退職所得）。
3. 総合課税（一時所得）。
4. 総合課税（雑所得）。なお、障害年金、遺族年金は非課税です。

---

4 が正しい　　　　　　　　　　　　　テキスト4章　P339

選択肢1、2、3のいずれかに該当する者は、生活費等の負担への配慮から、総所得金額を計算する際、**850万円を超える部分（1,000万円を限度）の10%**を、所得金額調整控除として、給与所得から差し引くことができます。

以上より、適用対象とならないのは4.となります。

347

[2020年1月]

所得税における各種所得に関する次の記述のうち、最も不適切なものはどれか。

1. 退職所得の金額（特定役員退職手当等、短期退職手当等に係るものを除く）は、「退職手当等の収入金額 − 退職所得控除額」の算式により計算される。
2. 給与所得の金額は、原則として、「給与等の収入金額 − 給与所得控除額」の算式により計算される。
3. 一時所得の金額は、「一時所得に係る総収入金額 − その収入を得るために支出した金額の合計額 − 特別控除額」の算式により計算される。
4. 不動産所得の金額は、原則として、「不動産所得に係る総収入金額 − 必要経費」の算式により計算される。

[2020年9月]

所得税における各種所得に関する次の記述のうち、最も適切なものはどれか。

1. 個人事業主が事業資金で購入した株式について、配当金を受け取ったことによる所得は、一時所得となる。
2. 個人による不動産の貸付けが事業的規模である場合、その賃貸収入による所得は、事業所得となる。
3. 会社役員が役員退職金を受け取ったことによる所得は、給与所得となる。
4. 個人年金保険の契約者（＝保険料負担者）である個人が、その保険契約に基づく年金を年金形式で受け取ったことによる所得は、雑所得となる。

1 が不適切　　　テキスト4章　1) P340-341、2) P338-339、3) P345、4) P332-333

1. **不適切**　原則として「**(収入金額−退職所得控除額)×1／2**」により計算されます。

2. 適切　　なお、給与所得控除額は最低55万円が保証されます。

3. 適切　　なお、**総所得金額に算入される一時所得の金額は、損益通算後に残った一時所得の2分の1**となります。退職所得は所得の計算において原則「1／2」となりますが、一時所得は所得の計算においては「1／2」を乗じません。

4. 適切　　なお、事業所得や雑所得（公的年金等以外）も「総収入金額−必要経費」により求めます。

---

4 が適切　　　テキスト4章　1) P331、2) P332-333、3) P340-341、4) P346-347

1. 不適切　個人が受け取る株式の配当金は**配当**所得となります。

2. 不適切　不動産の貸付は**事業規模を問わず**、その所得は不動産所得となります。「事業的規模の不動産の貸付は事業所得となる」は定番のひっかけ問題です。

3. 不適切　退職金（**一時金**）は**退職**所得、退職金（**分割払い**）は**雑**所得となります。

4. **適切**　なお、個人年金保険の雑所得は、公的年金等以外の雑所得として、公的年金等の雑所得と別に計算されます。

9   [2019年5月]

所得税における各種所得に関する次の記述のうち、最も適切なものはどれか。
1. 賃貸していた土地および建物を売却したことによる所得は、不動産所得に該当する。
2. 貸付けが事業的規模で行われているアパート経営の賃貸収入に係る所得は、事業所得に該当する。
3. 会社員が勤務先から無利息で金銭を借り入れたことによる経済的利益は、雑所得に該当する。
4. 専業主婦が金地金を売却したことによる所得は、譲渡所得に該当する。

損益通算と損失の繰越控除

10   [2020年9月]

所得税における損益通算に関する次の記述のうち、最も不適切なものはどれか。
1. 上場株式を譲渡したことによる譲渡所得の金額の計算上生じた損失の金額は、総合課税を選択した上場株式の配当所得の金額と損益通算することができない。
2. 終身保険の解約返戻金を受け取ったことによる一時所得の金額の計算上生じた損失の金額は、給与所得の金額と損益通算することができない。
3. 青色申告の承認を受けていない納税者の事業所得の金額の計算上生じた損失の金額は、他の各種所得の金額と損益通算することができない。
4. 別荘を譲渡したことによる譲渡所得の金額の計算上生じた損失の金額は、他の各種所得の金額と損益通算することができない。

4 が適切　　　　　　テキスト4章　1) 2) P332-333、3) P338-339、4) P342-343

1. 不適切　土地および建物を売却したことによる所得は**譲渡**所得、**貸付けによる所得は事業規模を問わず不動産**所得に該当します。

2. 不適切　1.の解説参照。

3. 不適切　勤務先から得た経済的利益は、一部を除き、役員・従業員ともに**給与**所得に該当します。

4. **適切**　通常、金地金の売却益は**譲渡**所得（総合課税）に該当します。

---

3 が不適切　　　　　　テキスト4章　1) P356、2) 3) P350、4) P351

損益通算できる損失は、不動産所得、事業所得、山林所得、譲渡所得の損失に限られます。なお、不動産所得や譲渡所得の損失については、損益通算できないものもあります。

1. 適切　上場株式を譲渡したことによる譲渡所得の金額の計算上生じた損失の金額は、**申告分離課税**を選択した上場株式の配当所得の金額と**損益通算**することが**できます**が、総合課税を選択した上場株式の配当所得の金額とは損益通算できません。

2. 適切　一時所得の損失は、損益通算できません。

3. **不適切**　**損益通算**は**青色申告・白色申告を問わずできます**。なお、**純損失の繰越控除は青色申告**に限ります。

4. 適切　別荘等の**居住用不動産以外の不動産の譲渡損失**、**ゴルフ会員権**、**貴金属**、書画・骨董等、日常生活に必要でない資産の譲渡損失は**損益通算できません**。

11   [2019年9月]

所得税の各種所得の金額の計算上生じた次の損失のうち、給与所得の金額と損益通算できるものはどれか。

1. ゴルフ会員権を譲渡したことによる譲渡所得の金額の計算上生じた損失の金額
2. 賃貸アパートの土地および建物を譲渡したことによる譲渡所得の金額の計算上生じた損失の金額
3. 全額自己資金により購入したアパート（国内）の貸付けによる不動産所得の金額の計算上生じた損失の金額
4. 生命保険契約に基づく満期保険金を受け取ったことによる一時所得の金額の計算上生じた損失の金額

12   [2019年5月]

Aさんの本年分の所得の金額が下記のとおりであった場合の所得税における総所得金額として、最も適切なものはどれか。なお、▲が付された所得の金額は、その所得に損失が発生していることを意味するものとする。

給与所得の金額	600万円
不動産所得の金額	▲40万円（不動産所得を生ずべき土地の取得に要した負債の利子10万円を含む金額、国内不動産の貸付）
譲渡所得の金額	▲50万円（ゴルフ会員権を譲渡したことによるもの）

1. 570万円
2. 560万円
3. 520万円
4. 510万円

3 が正しい

テキスト4章 P350-351

損益通算できる損失は、不動産所得、事業所得、山林所得、譲渡所得の損失に限られます。なお、不動産所得や譲渡所得の損失については、損益通算できないものもあります。

1. 損益通算できない　**ゴルフ会員権、貴金属**、書画・骨董等、日常生活に必要でない資産の譲渡損失は損益通算できません。

2. 損益通算できない　**居住用不動産以外の不動産（賃貸用・事業用の不動産、別荘等）**の譲渡損失は損益通算できません。

3. **損益通算できる**　不動産所得の金額の計算上生じた損失の金額のうち、土地等の取得に要した負債の利子の額に相当する部分の金額は、給与所得の金額と損益通算することができませんが、**全額自己資金で購入**しているため、**損失の全額を損益通算**することが**できます**。

4. 損益通算できない　一時所得の損失は損益通算できません。

---

1 が適切

テキスト4章 P350-351

損益通算できる損失は、不動産所得、事業所得、山林所得、譲渡所得の損失に限られます。なお、不動産所得や譲渡所得の損失については、損益通算できないものもあります。
総所得金額は**総合**課税の対象となる所得金額の合計です。

・給与所得は総合課税の対象です。

・不動産所得は総合課税の対象であり、不動産所得（国内不動産）の損失は損益通算できますが、**土地の取得に要した負債の利子10万円は損益通算の対象外**となるため、40万円の赤字のうち、30万円（40万円－10万円）の損失が損益通算の対象となります。不動産所得の損失は、まず経常所得グループ（設問の場合、給与所得）と損益通算します。

・ゴルフ会員権の譲渡所得は総合課税の対象となりますが、**ゴルフ会員権の譲渡損失は損益通算できません**ので、ゼロと扱います。

以上より、総所得金額は600万円－30万円＝570万円となり、1.が正解となります。

353

13 重要度 A [2018年5月]

Aさんの本年分の所得の金額が下記のとおりであった場合の所得税における総所得金額として、最も適切なものはどれか。なお、▲が付された所得の金額は、その所得に損失が発生していることを意味するものとする。

不動産所得の金額	500万円
事業所得の金額（総合課税に係るもの）	▲150万円
雑所得の金額	▲20万円
一時所得の金額	50万円

1. 355万円
2. 375万円
3. 380万円
4. 400万円

所得控除

14 重要度 C [2019年9月]

所得税における扶養控除に関する次の記述のうち、最も不適切なものはどれか。
1. 控除対象扶養親族のうち、その年の12月31日現在の年齢が16歳以上23歳未満の者は、特定扶養親族に該当する。
2. 控除対象扶養親族のうち、その年の12月31日現在の年齢が70歳以上の者は、老人扶養親族に該当する。
3. 同居老親等とは、老人扶養親族のうち、納税者またはその配偶者の直系尊属で、かつ、そのいずれかと同居を常況としている者をいう。
4. 年の途中で死亡した者が、その死亡の時において控除対象扶養親族に該当している場合には、納税者は扶養控除の適用を受けることができる。

2 **が適切**　　　　　　　　　　　　　　　　テキスト4章　P350-351

損益通算できる損失は、不動産所得、事業所得、山林所得、譲渡所得の損失に限られます。なお、不動産所得や譲渡所得の損失については、損益通算できないものもあります。

総所得金額は**総合**課税の対象となる所得金額の合計です。

・不動産所得は総合課税の対象です。

・事業所得は総合課税の対象であり、事業所得の損失は損益通算できます。まず経常所得グループ（設問の場合、不動産所得）と損益通算します。

・雑所得は総合課税の対象となりますが、**雑所得の損失は損益通算できません**ので、ゼロと扱います。

・一時所得は総合課税の対象となります。**損益通算後に残った金額の2分の1を総所得金額に算入**します。

以上より、総所得金額は（不動産所得500万円－事業所得150万円）＋50万円×1／2＝375万円となり、2.が正解となります。

---

1 **が不適切**　　　　　　　　　　　　　　　　テキスト4章　P364-365

1. **不適切**　特定扶養親族とは**19歳以上23歳未満**である生計を一にする控除対象扶養親族をいい、所得控除の額は63万円となります。

2. 適切　　70歳以上の同居老親等の所得控除の額は58万円、その他の老人扶養親族の所得控除の額は48万円となります。

3. 適切　　直系尊属とは、父母や祖父母などを指します。

4. 適切　　控除対象配偶者や控除対象扶養親族に該当するか否かは、原則として12月31日の現況で判定しますが、配偶者や扶養親族が年の途中で死亡した場合には死亡時点で判定します。

15 [2022年9月]

所得税における所得控除に関する次の記述のうち、最も不適切なものはどれか。なお、ほかに必要とされる要件等はすべて満たしているものとする。

1. 所得税法上の障害者に該当する納税者は、その年分の合計所得金額の多寡にかかわらず、障害者控除の適用を受けることができる。
2. 納税者は、その年分の合計所得金額の多寡にかかわらず、基礎控除の適用を受けることができる。
3. 納税者は、その年分の合計所得金額が500万円を超える場合、ひとり親控除の適用を受けることができない。
4. 納税者は、その年分の合計所得金額が1,000万円を超える場合、配偶者の合計所得金額の多寡にかかわらず、配偶者控除の適用を受けることができない。

16   [2022年1月]

所得税における所得控除に関する次の記述のうち、最も適切なものはどれか。

1. 納税者が医療費を支払った場合には、支払った医療費の金額の多寡にかかわらず、その年中に支払った金額の全額を、医療費控除として控除することができる。
2. 納税者が自己の負担すべき社会保険料を支払った場合には、支払った社会保険料の金額の多寡にかかわらず、その年中に支払った金額の全額を、社会保険料控除として控除することができる。
3. 納税者が生命保険の保険料を支払った場合には、支払った保険料の金額の多寡にかかわらず、その年中に支払った金額の全額を、生命保険料控除として控除することができる。
4. 納税者が国に対して特定寄附金を支払った場合には、支払った特定寄附金の金額の多寡にかかわらず、その年中に支払った金額の全額を、寄附金控除として控除することができる。

2 が不適切　　　　　　　テキスト4章　1) P365、2) P359、3) P366、4) P360

1. 適切　　なお、障害者控除の対象が配偶者や扶養親族である場合、配偶者や扶養親族の所得金額の要件があります。

2. **不適切**　基礎控除は、**納税者の合計所得金額が2,500万円を超える場合**には**適用**を受けることが**できません。**

3. 適切　　なお、**生計を一にする子の所得要件**は、合計所得金額ではなく、**総所得金額等が48万円以下**であることとなっています。

4. 適切　　なお、**扶養控除**は、**納税者の合計所得金額を問いません。**

---

2 が適切　　　　　　　テキスト4章　1) P369-371、2) P367、3) P367-368、4) P372

1. 不適切　納税者が医療費を支払った場合には、**通常の医療費控除では10万円または総所得金額等の5%のいずれか少ない金額を上回る部分、セルフメディケーション税制では1.2万円を上回る部分**が医療費控除の対象となります（上限あり）。

2. **適切**　　なお、**社会保険料控除は、納税者自身だけでなく、生計を一にする配偶者、親族に係る社会保険料も対象**となります。

3. 不適切　納税者が生命保険の保険料を支払った場合には、支払う金額によっては全額を控除することできず、上限もあります（**新制度（一般、介護医療、個人年金）では各4万円、合計12万円が限度**）。

4. 不適切　納税者が国に対して特定寄附金を支払った場合には、**2,000円を超える部分**が寄附金控除の対象となります（上限あり）。

17 重要度 A [2018年5月]

所得税の所得控除に関する次の記述のうち、最も不適切なものはどれか。

1. 医療費控除の対象となる医療費の金額は、原則としてその年中に実際に支払った金額が対象となり、年末の時点で未払いの金額はその年分の医療費控除の対象にはならない。
2. 納税者が生計を一にする配偶者の負担すべき国民年金保険料を支払った場合、その支払った金額は納税者の社会保険料控除の対象となる。
3. 納税者の配偶者が事業専従者として給与を受けている場合には、配偶者の合計所得金額が48万円以下であっても、納税者は配偶者控除の適用を受けることができない。
4. 納税者が障害者である親族を扶養している場合でも、納税者自身が障害者でなければ障害者控除の適用を受けることができない。

18 重要度 B [2019年5月]

所得税における医療費控除に関する次の記述のうち、最も不適切なものはどれか。なお、「特定一般用医薬品等購入費を支払った場合の医療費控除の特例」は考慮しないものとする。

1. 医療費控除の控除額は、その年中に支払った医療費の合計額（保険金等により補てんされる部分の金額を除く）から、その年分の総所得金額等の5％相当額または10万円のいずれか低い方の金額を控除して算出され、最高200万円である。
2. 医師等による診療等を受けるために自家用車を利用した場合、その際に支払った駐車場代は、医療費控除の対象となる。
3. 風邪の治療のための医薬品の購入費は、医師の処方がない場合においても、医療費控除の対象となる。
4. 健康診断により重大な疾病が発見され、かつ、当該診断に引き続きその疾病の治療をした場合の健康診断の費用は、医療費控除の対象となる。

4 が不適切　　　　　テキスト4章　1) P369-371、2) P367、3) P360-361、4) P365

1. 適切　　医療費が「かかった」年ではなく、医療費を「**支払った**」年において、医療費控除の対象となります。

2. 適切　　社会保険料控除は、**納税者本人、本人と生計を一にする配偶者、その他親族に係るもの**が対象となります。小規模企業共済等掛金控除は納税者本人に係るもののみが対象となる点で異なります。

3. 適切　　青色事業専従者として納税者から給与を受けている者も、**収入金額にかかわらず**、配偶者（特別）控除、扶養控除の対象となりません。

4. **不適切**　**納税者本人、同一生計配偶者、扶養親族**のうちに一定の障害者である者がいる場合、障害者控除の適用を受けることができます。

---

2 が不適切　　　　　　　　　　　　　　テキスト4章　P369-371

1. 適切　　なお、特定一般用医薬品等購入費を支払った場合の医療費控除の特例の控除額は、「**その年中に支払った医療費の金額（保険金等により補てんされる部分の金額を除く）－1.2万円**」により計算され、8.8万円が限度となります。

2. **不適切**　電車やバスによる通院費は医療費控除の対象となりますが、**マイカーのガソリン代、有料道路の通行料金、病院の駐車場代は医療費控除の対象となりません**。

3. 適切　　納税者本人の治療のために支払った医薬品購入費は、医師の処方がなくても、医療費控除の対象となります。

4. 適切　　なお、特に異常が発見されない場合の健康診断の費用は医療費控除の対象となりません。

税額計算と税額控除

19 重要度 A 　　[2022年9月]

所得税における住宅借入金等特別控除（以下「住宅ローン控除」という）に関する次の記述のうち、最も適切なものはどれか。なお、本年に住宅ローンを利用して住宅を取得し、同月中にその住宅を居住の用に供したものとする。

1. 住宅ローン控除の対象となる家屋は、納税者がもっぱら居住の用に供する家屋に限られ、店舗併用住宅は対象とならない。
2. 住宅を新築した場合の住宅ローン控除の控除額の計算上、借入金等の年末残高に乗じる控除率は、0.7％である。
3. 住宅ローン控除の適用を受けようとする場合、納税者のその年分の合計所得金額は3,000万円以下でなければならない。
4. 住宅ローン控除の適用を受けていた者が、転勤等のやむを得ない事由により転居したため、取得した住宅を居住の用に供しなくなった場合、翌年以降に再び当該住宅をその者の居住の用に供したとしても、再入居した年以降、住宅ローン控除の適用を受けることはできない。

20 重要度 A 　　[2019年1月]

所得税における住宅借入金等特別控除（以下「住宅ローン控除」という）に関する次の記述のうち、最も不適切なものはどれか。なお、記載されたもの以外の要件はすべて満たしているものとする。

1. 中古住宅を取得した場合でも、一定の耐震基準に適合するものは、住宅ローン控除の適用を受けることができる。
2. 住宅ローン控除の適用を受けていた者が、転勤等のやむを得ない事由により転居したため、取得した住宅を居住の用に供しなくなった場合、翌年以降に再び当該住宅を居住の用に供すれば、原則として再入居した年以降の控除期間内については住宅ローン控除の適用を受けることができる。
3. 住宅ローン控除の適用を受けていた者が、住宅ローンの一部繰上げ返済を行い、住宅ローンの償還期間が当初の償還の日から10年未満となった場合であっても、残りの控除期間について、住宅ローン控除の適用を受けることができる。
4. 住宅ローン控除の適用を受ける最初の年分は、必要事項を記載した確定申告書に一定の書類を添付し、納税地の所轄税務署長に提出しなければならない。

2 が適切   テキスト4章　P377-380

1. 不適切　店舗併用住宅も、**2分の1以上が居住の用**に供されていれば、対象と
なります。

2. **適切**　2022年度税制改正により控除率が変わりました。

3. 不適切　住宅ローン控除の適用を受けようとする場合、納税者のその年分の**合
計所得金額は2,000万円以下（一定の新築住宅で床面積40㎡以上
50㎡未満の場合は合計所得金額が1,000万円以下）**でなければなり
ません。

4. 不適切　住宅ローン控除の適用を受けていた者が、転勤等のやむを得ない事由
により転居したため、取得した住宅を居住の用に供しなくなった場
合、翌年以降に再び当該住宅をその者の居住の用に供すると、**再入居
した年以降（賃貸の用に供していた場合はその翌年以降）、残存の控
除期間**にわたり、住宅ローン控除の適用を受けることができます。

3 が不適切   テキスト4章　P377-380

1. 適切　**中古住宅も築年数要件はなく、新耐震基準に適合**するなどの要件を満
たせば、住宅ローン控除の対象となります。

2. 適切　なお、**再入居年に賃貸している場合はその翌年以降**からの適用となり
ます。

3. **不適切**　**償還期間が10年以上**であることが要件であるため、住宅ローンの一
部繰上げ返済により、償還期間が10年未満となった場合、残りの期間
について、住宅ローン控除の適用はありません。

4. 適切　住宅ローン控除は、**必ず1年目は確定申告が必要**となります。なお、
納税者が給与所得者である場合、所定の要件を満たせば、**2年目以降
は年末調整**により適用を受けることができます。

361

確定申告と納税

21   ［2020年1月］

所得税の申告に関する次の記述のうち、最も不適切なものはどれか。

1. 老齢基礎年金および老齢厚生年金を合計で年額300万円受給し、かつ、公的年金以外の所得が原稿料に係る雑所得の金額の15万円のみである者は、確定申告を行う必要はない。
2. 確定申告を要する者は、原則として、所得が生じた年の翌年2月16日から3月15日までの間に納税地の所轄税務署長に対して確定申告書を提出しなければならない。
3. 1月16日以後新たに業務を開始した者が、その年分から青色申告の適用を受けようとする場合には、その業務を開始した日から3ヵ月以内に、「青色申告承認申請書」を納税地の所轄税務署長に提出し、その承認を受けなければならない。
4. 不動産所得、事業所得または山林所得を生ずべき業務を行う居住者は、納税地の所轄税務署長の承認を受けることにより、青色申告書を提出することができる。

3 が不適切

テキスト4章 1）P384、2）P382、3）4）P389

1. **適切** 公的年金等の収入金額（老齢給付）が**年額400万円以下**であり、かつ公的年金等の雑所得以外の所得が**20万円以下**である者は、確定申告を行う必要はありません。

2. **適切** なお、所得税の確定申告書は、提出時の納税地（一般的には住所地）を所轄する税務署長に提出します。

3. **不適切** 青色申告の承認申請書の提出期限は、原則として、青色申告の適用を受けようとする年の3月15日までですが、1月16日以降に新たに業務を開始した者は、業務を開始した日から**2カ月**以内に、青色申告の承認申請書を納税地の所轄税務署長に提出し、その承認を受けなければなりません。「3カ月」でのひっかけ問題がよく出題されます。

4. **適切** 損益通算の対象となる損失「不動産所得、事業所得、山林所得、譲渡所得」と混同しないようにしましょう。

22   重要度 B [2019年5月]

次のうち、所得税の確定申告を要する者はどれか。なお、いずれも適切に源泉徴収等がされ、年末調整すべきものは年末調整が済んでいるものとする。

1. 給与として1ヵ所から年額1,500万円の支払いを受けた給与所得者
2. 退職一時金として2,500万円の支払いを受け、その支払いを受ける時までに「退職所得の受給に関する申告書」を提出している者
3. 同族会社である法人1ヵ所から給与として年額1,200万円の支払いを受け、かつ、その法人から不動産賃貸料として年額12万円の支払いを受けたその法人の役員
4. 老齢基礎年金および老齢厚生年金を合計で年額300万円受給し、かつ、原稿料に係る雑所得が年額12万円ある者

23   重要度 B [2020年9月]

次のうち、所得税における事業所得（総合課税に係るもの）を生ずべき事業を営む青色申告者が受けることができる青色申告の特典として、最も不適切なものはどれか。

1. 純損失の5年間の繰越控除
2. 純損失の繰戻還付
3. 棚卸資産の低価法による評価の選択
4. 青色事業専従者給与の必要経費算入

3 が正しい

テキスト4章 1) 3) 4) P384、2) P341

1. 確定申告を要しない　なお、年間の給与収入が**2,000万円**を超える者は年末調整の対象とならず、確定申告が必要となります。

2. 確定申告を要しない　なお、退職手当の支払者に「退職所得の受給に関する申告書」を提出していない場合、退職金の収入金額の20.42％の所得税が源泉徴収されます。通常、納税すべき金額よりも多く徴収されるため、確定申告により還付の手続きが必要となります。

3. **確定申告を要する**　給与所得を生ずる者（同族会社の役員ではない）で、給与所得、退職所得以外の所得金額が**20万円以下**である場合は、通常、確定申告は不要となりますが、**同族会社の役員**が、その法人から地代、家賃、利子を受けている場合は、**1円でも確定申告が必要**となります。

4. 確定申告を要しない　公的年金等の収入金額（老齢給付）が年額**400万円以下**であり、かつ公的年金等の雑所得以外の所得が**20万円以下**である者は、確定申告を行う必要はありません。

---

1 が不適切

テキスト4章 P390-391

1. **不適切**　損益通算しきれない純損失の繰越控除は最長**3年**間となります。

2. 適切　損益通算しきれない純損失を前年の所得金額に繰り戻して、前年に納付した所得税の還付を受けることを純損失の繰戻還付といいます。

3. 適切　なお、届出をしない場合の棚卸資産の評価方法は**最終仕入原価法**となります。

4. 適切　青色事業専従者給与（給与・賞与）は届け出た範囲内で相当と認められる金額は必要経費に算入できますが、退職金は必要経費に算入できません。

365

24   [2019年9月]

所得税の青色申告に関する次の記述のうち、最も適切なものはどれか。

1. 1月16日以降に新たに事業を開始した者が、その年分の所得税から青色申告の適用を受けようとする場合には、事業を開始した年の翌年の3月15日までに「青色申告承認申請書」を納税地の所轄税務署長に提出し、その承認を受けなければならない。
2. 事業的規模でない不動産所得を生ずべき業務を行っている青色申告者と生計を一にする配偶者がその業務に専従している場合、所定の届出により、その配偶者に支払った給与を青色事業専従者給与として必要経費に算入することができる。
3. 青色申告者は、総勘定元帳その他一定の帳簿を起算日から10年間、住所地もしくは居所地または事業所等に保存しなければならない。
4. 青色申告者が、申告期限後に確定申告書を提出した場合、受けられる青色申告特別控除額は最大10万円となる。

4 が適切

テキスト4章 P389-390

1. **不適切** 青色申告の承認申請書の提出は、原則として、新たにその年から青色申告の適用を受けようとする場合にはその年の3月15日までですが、1月16日以降に新たに業務を開始した者は、業務を開始した日から**2カ月**以内に、青色申告の承認申請書を納税地の所轄税務署長に提出し、その承認を受けなければなりません。

2. **不適切** 事業所得を生ずる業務を行っている青色申告者、事業的規模で不動産所得を生ずべき業務を行っている青色申告者が青色事業専従者に対して支払う給与は一定要件のもと必要経費に算入できますが、事業的規模でない不動産所得を生ずべき業務を行っている青色申告者は、青色事業専従者に給与を支払っても、必要経費に算入することはできません。

3. **不適切** 青色申告者は、原則として確定申告期限の翌日から**7年**間（一部5年間）にわたり、住所地もしくは居所地または事業所等に総勘定元帳その他の一定の帳簿を保存しなければなりません。

4. **適切** 青色申告書が、貸借対照表を添付しない場合や確定申告の期限後に確定申告書を提出した場合の青色申告特別控除は最大10万円となります。なお、要件をすべて満たしている場合の青色申告特別控除は最高55万円、さらにe-Tax等の方法により確定申告をした場合は最高65万円となります。

個人住民税と個人事業税

25 重要度 C　　　　　　　　　　　　　　　　［2022年5月］

個人住民税の原則的な仕組みに関する次の記述のうち、最も適切なものはどれか。
1. 個人住民税の課税は、その年の4月1日において都道府県内または市町村（特別区を含む）内に住所を有する者に対して行われる。
2. 個人住民税の所得割額は、所得税の所得金額の計算に準じて計算した前々年中の所得金額から所得控除額を控除し、その金額に税率を乗じて得た額から税額控除額を差し引くことにより算出される。
3. 所得税および個人住民税の納税義務がある自営業者は、所得税の確定申告をした後、住民税の申告書も提出しなければならない。
4. 納税者が死亡した時点で未納付の個人住民税があったとしても、相続の放棄をした者は、その未納付分を納税する義務を負わない。

26 重要度 C　　　　　　　　　　　　　　　　［2021年5月］

個人事業税の仕組みに関する次の記述のうち、最も適切なものはどれか。
1. 個人事業税の徴収は、特別徴収の方法による。
2. 個人事業税の標準税率は、一律3％である。
3. 個人事業税の課税標準の計算上、事業主控除として最高390万円を控除することができる。
4. 医業などの社会保険適用事業に係る所得のうち社会保険診療報酬に係るものは、個人事業税の課税対象とならない。

4 が適切　　　　　　　　　　　　　　　　　　　テキスト4章　P394-395

1. 不適切　個人住民税の課税は、その年の**1月1日**において都道府県内または市町村（特別区を含む）内に住所を有する者に対して行われます。

2. 不適切　個人住民税は原則、**前年所得課税**です。個人住民税の所得割額は、前年の所得金額をもとに計算します。

3. 不適切　所得税および個人住民税の納税義務がある自営業者は、所得税の確定申告をした場合、**住民税の申告書の提出は不要**です。

4. **適切**　納税者が死亡した時点で未納付の個人住民税があった場合、**通常は、債務控除の対象**となり、相続人等が支払うこととなりますが、**相続の放棄をした者**は、その**未納付分を納税する義務を負いません。**

---

4 が適切　　　　　　　　　　　　　　　　　　　テキスト4章　P396

1. 不適切　個人事業税の徴収は、**普通徴収**の方法によります。

2. 不適切　個人事業税の標準税率は、業種によって**3％、4％または5％**です。

3. 不適切　個人事業税の課税標準計算上、事業主控除として最高**290万円**を控除することができます。

4. **適切**　ほかにも、農業も原則として事業税が課税されません。

法人税等

27 重要度 A [2021年1月]

法人税の基本的な仕組み等に関する次の記述のうち、最も不適切なものはどれか。なお、法人はいずれも内国法人（普通法人）であるものとする。

1. 法人税における事業年度とは、法令または定款等により定められた1年以内の会計期間がある場合にはその期間をいう。
2. 新たに設立された法人が、その設立事業年度から青色申告の適用を受けるためには、設立の日以後3ヵ月経過した日と当該事業年度終了の日のいずれか早い日の前日までに、「青色申告承認申請書」を納税地の所轄税務署長に提出しなければならない。
3. 法人は、その本店の所在地または当該代表者の住所地のいずれかから法人税の納税地を任意に選択することができる。
4. 期末資本金の額等が1億円以下の一定の中小法人に対する法人税の税率は、所得金額のうち年800万円以下の部分については軽減税率が適用される。

28 重要度 A [2019年5月]

法人税の仕組みに関する次の記述のうち、最も適切なものはどれか。

1. 法人税額は、各事業年度の確定した決算に基づく当期純利益の額に税率を乗じて算出される。
2. 期末資本金の額が1億円以下の一定の中小法人に対する法人税は、事業年度の所得の金額が年1,000万円以下の部分と年1,000万円超の部分で乗じる税率が異なる。
3. 法人税の確定申告による納付は、原則として、各事業年度終了の日の翌日から2ヵ月以内にしなければならない。
4. 法人は、その本店もしくは主たる事務所の所在地または当該代表者の住所地のいずれかから法人税の納税地を任意に選択することができる。

3 が不適切　　　　　　　　　テキスト4章　1) P398、2) P412、3) P411、4) P403

1. 適切　　なお、所得税や贈与税の課税期間はその年の1月1日から12月31日までの1年間（暦年）となります。

2. 適切　　なお、個人が1月16日以降に新たに業務を開始した者は、業務を開始した日から2カ月以内に、青色申告の承認申請書を納税地の所轄税務署長に提出し、その承認を受けなければなりません。個人と法人の青色申告承認申請の期限について、「2カ月」「3カ月」のひっかけ問題がよく出題されます。

3. **不適切**　法人はその**本店または主たる事務所の所在地**のいずれかから法人税の納税地を任意に選択することができます。代表者の住所地は関係ありません。

4. 適切　　なお、「800万円」は中小法人の交際費等の損金算入限度額でも出てくるカギとなる数値です。

---

3 が適切　　　　　　　　　　テキスト4章　1) P399、2) 3) 4) P411

1. 不適切　法人税は「利益」ではなく「**所得**」に対して課税されます。

2. 不適切　**資本金1億円以下**の一定の中小法人に対する税率は所得**800万円以下**の部分と**800万円超**の部分で異なります。

3. **適切**　法人税も消費税も申告期限は原則として各事業年度終了日の翌日から**2カ月**以内です。

4. 不適切　法人はその**本店もしくは主たる事務所の所在地**のいずれかから法人税の納税地を任意に選択することができます。代表者の住所地は関係ありません。

29  [2021年5月]

次のうち、法人税の計算上、法人（保険会社等を除く）の当期利益の額から申告調整時に益金不算入として、減算することができるものはどれか。

1. 欠損金の繰戻しにより受け取る法人税額の還付金
2. 法人税の確定額よりも中間納付額が多い場合に受け取る法人税額の還付加算金（所定の日数に応じて法人税額の還付金の額に一定の割合を乗じて加算されるもの）
3. 内国法人から受け取る非支配目的株式等の配当等の額の80％相当額
4. 内国法人から受け取る完全子法人株式等、関連法人株式等および非支配目的株式等のいずれにも該当しない株式等の配当等の額の全額

30   [2020年1月]

法人税に関する次の記述のうち、最も適切なものはどれか。

1. 法人が納付した法人税の本税および法人住民税の本税は、その全額を損金の額に算入することができる。
2. 法人が国または地方公共団体に支払った一定の寄附金（確定申告書に明細を記載した書類の添付あり）は、その全額を損金の額に算入することができる。
3. 期末資本金等の額が1億円以下の一定の中小法人が支出した交際費等のうち、年1,000万円までの金額は、損金の額に算入することができる。
4. 法人が減価償却費として損金経理した金額のうち、償却限度額を超える部分の金額は、その事業年度の損金の額に算入することができる。

1 が適切　　　　　　　　　　　　　テキスト4章　1) P404、2) P400、3) 4) P401

1. **適切**　　**支払う法人税が損金不算入**となりますので、**還付される法人税額も益金不算入**となります。

2. 不適切　法人税の確定額よりも中間納付額が多い場合に受け取る法人税額の**還付加算金**（所定の日数に応じて法人税額の還付金の額に一定の割合を乗じて加算されるもの）**は益金算入**されます。

3. 不適切　内国法人から受け取る非支配目的株式等の配当等の額は**20％**相当額が益金不算入となります。

4. 不適切　内国法人から受け取る完全子法人株式等（保有割合100％）、関連法人株式等（保有割合3分の1超100％未満）および非支配目的株式等（保有割合5％以下）のいずれにも該当しない株式等（保有割合5％超3分の1以下）の配当等の額の**50％が益金不算入**となります。

---

2 が適切　　　　　　　　　　　　　テキスト4章　1) P404、2) P406、3) P403、4) P405

1. 不適切　**法人税の本税、法人住民税の本税は損金に算入できません。**なお、法人事業税は一定要件のもと損金に算入できます。

2. **適切**　　国・地方公共団体に対する寄附金は、一定要件のもと**全額**損金算入できます。

3. 不適切　期末資本金の額等が1億円以下の一定の中小法人が支出した交際費は、**年800万円**までの金額または**接待飲食費の50％**のいずれか**多い**金額までを損金に算入することができます。

4. 不適切　減価償却費について、その事業年度の法人税の損金の額に算入される金額は、法人が損金経理した金額のうち、**償却限度額以下の部分**に限られ、償却限度額を超える部分は、その事業年度の損金に算入することはできません。

31 [2018年9月]

法人税の損金に関する次の記述のうち、最も不適切なものはどれか。

1. 役員退職給与を損金の額に算入するためには、所定の時期に確定額を支給する旨の定めの内容をあらかじめ税務署長に届け出なければならない。
2. 国または地方公共団体に対して支払った寄附金の額（確定申告書に明細を記載した書類を添付している）は、損金の額に算入することができる。
3. 期末資本金の額等が1億円以下の一定の中小法人が支出した交際費等のうち、年800万円までの金額は、損金の額に算入することができる。
4. 損金の額に算入される租税公課のうち、事業税については、原則としてその事業税に係る納税申告書を提出した日の属する事業年度の損金の額に算入することができる。

32   [2021年1月]

会社と役員間の取引に係る所得税・法人税に関する次の記述のうち、最も適切なものはどれか。

1. 役員が所有する土地を無償で会社に譲渡した場合、その適正な時価の2分の1相当額が会社の受贈益として益金の額に算入される。
2. 会社が所有する土地を適正な時価よりも低い価額で役員に譲渡した場合、その適正な時価と譲渡価額との差額が役員の給与所得の収入金額に算入される。
3. 役員が会社の所有する社宅に無償で居住している場合であっても、通常の賃貸料相当額が役員の給与所得の収入金額に算入されることはない。
4. 役員が会社に無利息で金銭の貸付けを行った場合、原則として、通常収受すべき利息に相当する金額が役員の雑所得の収入金額に算入される。

1 が不適切　　　　　　　テキスト4章　1) P402、2) P406、3) P403、4) P404

1. **不適切**　役員に支給する事前確定届出給与は事前届出が必要ですが、**役員退職金に事前届出は必要ありません。**なお、不相当に高額な部分は損金に算入できません。

2. 適切　　国・地方公共団体に対する寄附金は、一定要件のもと**全額**損金算入できます。

3. 適切　　期末資本金の額等が1億円以下の一定の中小法人が支出した交際費は、**年800万円**までの金額または**接待飲食費の50%**のいずれか**多い**金額までを損金に算入することができます。

4. 適切　　法人税の本税、法人住民税の本税は損金に算入できませんが、法人事業税は、原則として**事業税**に係る納税申告書を提出した日の属する事業年度の**損金に算入**することが**できます。**

---

2 が適切　　　　　　　　　　　　　　テキスト4章　P408-409

1. 不適切　役員が所有する土地を時価よりも低い価額で会社に譲渡した場合、会社は適正な時価との**差額を受贈益として益金**に算入します。選択肢の場合は、無償ですので、適正な時価をそのまま受贈益として益金に算入します。

2. **適切**　　3.の解説参照。

3. 不適切　会社・役員間の取引において、役員にとって有利とされる部分（経済的利益相当額）は、通常、**会社側では役員報酬**として扱い、**役員側は給与所得の収入金額**として扱います。

4. 不適切　役員が会社に無利子で金銭を貸し付けた場合、通常収受すべき利息相当額について、原則として**役員に所得税は課税されません。**

375

33 重要度 A　　　　　　　　　　　　　　　　　　[2020年1月]

会社と役員間の取引に係る所得税・法人税に関する次の記述のうち、最も適切なものはどれか。

1. 役員が会社に無利息で金銭の貸付けを行った場合、原則として、通常収受すべき利息に相当する金額が、その役員の雑所得の収入金額となる。
2. 役員が所有する土地を会社に無償で譲渡した場合、会社は、適正な時価を受贈益として益金の額に算入する。
3. 役員が会社の所有する社宅に無償で居住している場合、通常の賃貸料相当額について、その役員の給与所得の収入金額に算入されない。
4. 会社が所有する資産を役員に譲渡し、その譲渡対価が適正な時価の2分の1未満であった場合、適正な時価相当額が、その役員の給与所得の収入金額となる。

2 が適切 テキスト 4 章 P408-409

1. 不適切　役員が会社に無利息で金銭の貸付を行った場合、原則として、通常収受すべき利息に相当する金額に対して、**役員に所得税は課税されません。**

2. **適切**　法人が役員から時価よりも低い価額で譲渡を受けた場合、譲渡対価が時価の2分の1以上であるか、2分の1未満であるかを問わず、**時価と譲渡対価の差額を受贈益**として益金に算入します。
　　なお、役員が所有する土地を適正な時価の2分の1未満（例：無償）で会社に譲渡した場合は、役員は原則として「時価」を収入金額として譲渡所得の金額の計算を行いますが、2分の1以上時価未満である場合は、譲渡対価を収入金額として譲渡所得の金額の計算を行います。

3. 不適切　役員にとって有利とされる部分（経済的利益相当額、設問の場合は通常の賃貸料相当額）は**役員報酬（給与所得の収入金額）**と扱います。

4. 不適切　この設問では譲渡対価と時価の差額が経済的利益と評価され、**役員報酬（給与所得の収入金額）**と扱います。

34 [2022年5月]

法人成り等に関する次の記述の空欄（ア）～（ウ）にあてはまる語句の組み合わせとして、最も適切なものはどれか。

個人事業の場合、通常、利益は事業所得として他の所得と合算されて最高（ア）％の超過累進税率による所得税の課税対象となるが、個人事業の法人成りにより、法人に課される法人税は、原則として、比例税率となる。なお、資本金の額が1億円以下の法人（適用除外事業者を除く）に対する法人税の税率は、軽減措置が適用される。2019年4月1日以後に開始する事業年度において、年800万円以下の所得金額からなる部分の金額については（イ）％とされ、年800万円超の所得金額からなる部分の金額については（ウ）％とされる。

1. （ア）50　（イ）19.0　（ウ）15.0
2. （ア）50　（イ）15.0　（ウ）19.0
3. （ア）45　（イ）23.2　（ウ）15.0
4. （ア）45　（イ）15.0　（ウ）23.2

消費税

35 [2019年9月]

消費税に関する次の記述のうち、最も不適切なものはどれか。
1. 消費税は、土地の譲渡など非課税とされる取引を除き、原則として、事業者が国内において対価を得て行う商品等の販売やサービスの提供に対して課される。
2. 基準期間の課税売上高が5,000万円以下の事業者は、原則として、一定の期限までに所定の届出書を納税地の所轄税務署長に提出することにより、簡易課税制度を選択することができる。
3. 簡易課税制度を選択した事業者は、事業を廃止等した場合を除き、最低2年間は簡易課税制度の適用を継続しなければならない。
4. 新たに設立された法人は基準期間がないため、事業年度開始の日における資本金の額または出資の金額の多寡にかかわらず、設立事業年度および翌事業年度については消費税の免税事業者となる。

4 が適切　　　　　　　　　　　　　テキスト4章　P415、P411

所得税の税率は**5%〜45%**（ア）の**7段階の超過累進税率**であるのに対し、**資本金1億円以下**の中小法人の税率は**所得金額800万円以下の部分は15%**（イ）、**所得金額800万円超の部分は23.2%**（ウ）です。

4 が不適切　　　　　　テキスト4章　1) P416-417、2) 3) 4) P420-421

1. 適切　　言い換えれば、消費者が譲渡する取引、事業者による国外（輸出）取引、対価を得ない取引には消費税は課税されません。

2. 適切　　基準期間とは個人は前々年、法人は前々事業年度をいいます。

3. 適切　　なお、免税事業者が課税事業者を選択した場合も、事業を廃止した場合等を除き、原則**2年間**は課税事業者を継続しなければなりません。

4. **不適切**　設立1期目で事業年度開始の日における**資本金等の額が1,000万円以上**である新設法人は、1期目から消費税の課税事業者となります。

36 [2019年1月]

消費税に関する次の記述のうち、最も適切なものはどれか。

1. 簡易課税制度の適用を受けた事業者は、課税売上高に従業員数に応じて定められたみなし仕入率を乗じて仕入に係る消費税額を計算する。
2. 特定期間（原則として前事業年度の前半6ヵ月間）の給与等支払額の合計額および課税売上高がいずれも1,000万円を超える法人は、消費税の免税事業者となることができない。
3. 「消費税課税事業者選択届出書」を提出して消費税の課税事業者となった法人は、事業を廃止した場合を除き、原則として3年間は消費税の免税事業者となることができない。
4. 消費税の課税事業者である個人事業者は、原則として、消費税の確定申告書をその年の翌年3月15日までに納税地の所轄税務署長に提出しなければならない。

2 が適切　　　　　　　テキスト4章　1) P420-421、2) P418、3) P420、4) P423

1. **不適切**　簡易課税事業者（基準期間における課税売上高が5,000万円以下）は、課税売上高に係る消費税額に、「**事業の種類**」に応じて定められた一定のみなし仕入率を乗じた金額を課税仕入高に係る消費税額とみなして、納付する消費税額を計算することができます。「事業規模」や「従業員数」に応じた・・・とひっかけ問題が出題されます。

2. **適切**　基準期間の課税売上高が1,000万円以下であっても、**特定期間（原則として、前事業年度の前半6カ月間）の課税売上高および給与等支払額がいずれも1,000万円を超える法人**は、消費税の免税事業者となることができず、**課税事業者**となります。

3. **不適切**　「消費税課税事業者選択届出書」を提出して消費税の課税事業者となることを選択した場合、事業を廃止した場合等を除き、原則**2年間**は課税事業者の適用を継続しなければなりません。

4. **不適切**　消費税の課税事業者である個人事業者は、原則として消費税の確定申告書を翌年**3月31日**までに納税地の所轄税務署長に提出しなければなりません。

実技試験[日本FP協会] 資産設計提案業務

第1問 [2020年9月]

長岡さん（67歳）の本年分の収入等は下記のとおりである。長岡さんの本年分の所得税における総所得金額として、正しいものはどれか。なお、記載のない事項については一切考慮しないこととし、総所得金額が最も少なくなるように計算すること。

＜本年分の収入等＞

内容	金額
老齢厚生年金および企業年金	310万円
生命保険の満期保険金	250万円

※老齢厚生年金および企業年金は公的年金等控除額を控除する前の金額である。
※生命保険は、養老保険（保険期間20年、保険契約者および満期保険金受取人は長岡さん）の満期保険金であり、既払込保険料（長岡さんが全額負担している）は190万円である。なお、契約者配当については考慮しないこととする。

＜公的年金等控除額の速算表＞

納税者区分	公的年金等の収入金額（A）			公的年金等控除額 公的年金等に係る雑所得以外の所得に係る合計所得金額 1,000万円以下
65歳未満の者		130万円	以下	60万円
	130万円 超	410万円	以下	（A）×25％＋ 27.5万円
	410万円 超	770万円	以下	（A）×15％＋ 68.5万円
	770万円 超	1,000万円	以下	（A）× 5％＋145.5万円
	1,000万円 超			195.5万円
65歳以上の者		330万円	以下	110万円
	330万円 超	410万円	以下	（A）×25％＋ 27.5万円
	410万円 超	770万円	以下	（A）×15％＋ 68.5万円
	770万円 超	1,000万円	以下	（A）× 5％＋145.5万円
	1,000万円 超			195.5万円

1. （310万円－110万円）＋（250万円－190万円）＝260万円
2. （310万円－110万円）＋（250万円－190万円）×１／２＝230万円
3. （310万円－110万円）＋（250万円－190万円－50万円）＝210万円
4. （310万円－110万円）＋（250万円－190万円－50万円）×１／２＝205万円

| 正解 **4** が正しい | テキスト4章　P345-347 |

総所得金額とは**総合課税**の対象となる所得金額の合計のことをいいます。
設問の老齢厚生年金および企業年金（雑所得）、生命保険の満期保険金（一時所得）はいずれも総合課税の対象となります。

＜老齢厚生年金および企業年金＞
公的年金に係る所得は雑所得として扱われ、「**公的年金等の収入金額－公的年金等控除額**」により求めます。
長岡さんは「65歳以上」ですので、310万円－110万円＝200万円となります。

＜生命保険の満期保険金＞
契約者（保険料負担者）が受け取った養老保険の満期保険金は一時所得として扱われ、**保険期間5年超の場合、総合課税**の対象となります。
一時所得の金額は「**総収入金額－その収入を得るために支出した金額－50万円（特別控除）**」で計算されます。
250万円－190万円－50万円＝10万円

＜総所得金額＞
一時所得のうち、**総所得金額に算入される金額は、損益通算後の一時所得の1／2**となりますので、総所得金額200万円＋10万円×1／2＝205万円となり、4.が正解となります。

| 第2問 | ☒☒☒ | 重要度 Ａ | [2021年9月] |

桑原さん（67歳）の本年分の収入および経費は以下のとおりである。桑原さんの本年分の所得税における総所得金額を計算しなさい。なお、青色申告特別控除額は10万円であるものとする。また、解答に当たっては、解答用紙に記載されている単位に従うこと。

＜収入および経費＞

内容	金額
老齢基礎年金	72万円
遺族厚生年金	115万円
駐車場収入	84万円
駐車場に係る経費	11万円

※桑原さんは、駐車場経営を始めた以前から青色申告者となっており、帳簿書類の備え付け等の要件は満たしている。なお、この駐車場経営については、その収入は不動産所得に該当するが、事業的規模に該当しない。

＜公的年金等控除額の速算表＞

納税者区分	公的年金等の収入金額（A）		公的年金等控除額
			公的年金等に係る雑所得以外の所得に係る合計所得金額 1,000万円以下
65歳以上の者		330万円 以下	110万円
	330万円 超 410万円 以下		（A）×25％＋ 27.5万円
	410万円 超 770万円 以下		（A）×15％＋ 68.5万円
	770万円 超 1,000万円 以下		（A）× 5％＋145.5万円
	1,000万円 超		195.5万円

| 正解 | **63**（万円） | テキスト 4章　P346、P332-333 |

老齢基礎年金：公的年金に係る所得は雑所得であり、「**公的年金等の収入金額－公的年金等控除額**」により求めます。本問の場合、年金額が110万円以下ですので、雑所得の金額はゼロとなります。

遺族厚生年金：**非課税**です。

不動産所得：青色申告者の不動産所得は、「**収入－必要経費－青色申告特別控除額**」により求めます。
本問の場合、84万円－11万円－10万円＝63万円となります。

不動産所得は総合課税の対象ですので、総所得金額は63万円となります。

第3問  [2022年1月]

個人事業主の千田さんは、本年4月1日に建物を購入したが、営業開始が遅延し、同年10月25日から事業の用に供している。千田さんの本年分の所得税における事業所得の計算上、必要経費に算入すべき減価償却費の金額として、正しいものはどれか。なお、建物は、事業にのみ使用しており、その取得価額は5,000万円、法定耐用年数は50年である。

＜耐用年数表（抜粋）＞

法定耐用年数	定額法の償却率	定率法の償却率
50年	0.020	0.040

1. 25万円
2. 50万円
3. 75万円
4. 150万円

正解 1 が正しい　　テキスト4章　P334-336

個人の法定償却方法は**定額法**ですし、新規に取得した建物は個人、法人を問わず定額法のみとなります。

新たに取得する減価償却資産の減価償却費は「**取得価額×償却率×業務供用月数÷12**」により求めます。

設問の場合、**購入は4月ですが、業務供用開始は10月ですので、業務供用月数は3カ月**です。

5,000万円×0.020×3／12＝250,000円　となり、1.が正解となります。

第4問

[2022年5月]

飲食店を営む個人事業主の柴田さんは、前年7月に乗用車（新車）を購入し、その日から本年12月まで引き続き事業の用に供している。購入した乗用車に関する内容が以下のとおりである場合、柴田さんの本年分の所得税における事業所得の金額の計算上、必要経費に算入すべき減価償却費の金額として、正しいものはどれか。なお、柴田さんは個人事業の開業年（2015年）において、車両の減価償却方法として定率法を選択している。また、償却保証額は考慮しないこととし、計算過程および計算結果において、円未満の端数が生じたときは、これを切り上げること。

＜乗用車に関する内容＞

資産名	取得年月	法定耐用年数	取得価額	事業専用割合
乗用車	前年7月	6年	3,500,000円	100%

＜定率法による償却率等＞

法定耐用年数	定率法の償却率
6年	0.333

1. 583,334円
2. 777,389円
3. 971,445円
4. 1,165,500円

正解 3 が正しい　　テキスト4章　P335-336

定率法による減価償却費は「未償却残高×償却率×業務供用月数÷12」により求めます。
1年目は3,500,000円×0.333×6／12＝582,750円
2年目当初の未償却残高　3,500,000円−582,750円＝2,917,250円
2,917,250円×0.333×12／12＝971,444.25円→971,445円となり、3.が正解となります。

第5問   [2020年9月]

会社員の最上さんは、本年3月末日に勤務先を退職した。最上さんの退職に係るデータが下記＜資料＞のとおりである場合、最上さんの退職一時金に係る退職所得の金額として、正しいものはどれか。なお、最上さんは、勤務先の役員であったことはなく、退職は障害者になったことに基因するものではない。

＜資料：最上さんの退職に係るデータ＞

支給される退職一時金	1,200万円
勤続期間	21年3ヵ月

1. 130万円
2. 165万円
3. 260万円
4. 330万円

正解 1 が正しい　　　　テキスト4章　P340

原則、退職所得は「（退職一時金－退職所得控除額）×1／2」により求めます。
退職所得控除額は勤続年数により異なります。

＜退職所得控除額＞

勤続年数20年以下	40万円×勤続年数（最低80万円）
勤続年数20年超	800万円＋70万円×（勤続年数－20年）

※1年未満の端数は1年として計算する。
勤続年数は21年3カ月であるため、22年として計算し、
退職所得控除額は、800万円＋70万円×（22年－20年）＝940万円、
退職所得は「（1,200万円－940万円）×1／2＝130万円」となり、1.が正解となります。

 レック先生のワンポイント

FP協会の実技試験では、退職所得は第5問のほか、第9問、第10問で出題されます。退職所得のほか、退職所得に係る所得税額を求める問題もあります。

第6問   重要度 A   [2020年1月]

会社員の落合さんの本年分の所得等は下記<資料>のとおりである。落合さんの本年分の所得税における総所得金額として、正しいものはどれか。なお、▲が付された所得の金額は、その所得に損失が発生していることを意味するものとする。

<資料>

所得の種類	所得金額	備考
給与所得	690万円	給与所得控除後の金額である。
不動産所得	▲50万円	不動産所得に係る必要経費の中には、土地の取得に要した借入金の利子20万円が含まれている。
譲渡所得	▲80万円	すべて上場株式の売却損である。
一時所得	▲60万円	養老保険を解約したことによる損失である。

1. 610万円
2. 630万円
3. 640万円
4. 660万円

正解 **4** が正しい　　　　　　テキスト4章　P331-333、P345、P351

総所得金額は**総合課税**の対象となる所得金額の合計をいいます。
設問のうち、**上場株式の譲渡所得は分離課税**、その他は総合課税の対象となります。

・不動産所得の損失は損益通算できますが、**土地の取得に要した借入金の利子20万円の部分は損益通算の対象外**となりますので、50万円の赤字のうち、30万円（50万円－20万円）の損失が損益通算の対象となります。

・上場株式の譲渡損失は、上場株式等の配当所得（申告分離課税を選択したものに限る）や特定公社債の譲渡所得、利子所得とは損益通算できますが、給与所得とは損益通算できません。また、上場株式等の譲渡所得は分離課税の対象となりますので、総所得金額の計算には影響しません。

・一時所得は総合課税の対象となりますが、**一時所得の損失は損益通算の対象とならない**ため、ゼロと扱います。

以上より、総所得金額は
給与所得690万円－不動産所得の損失30万円＝660万円となり、
4.が正解となります。

第7問   [2021年1月]

会社員の安藤さんの本年分の所得等が下記＜資料＞のとおりである場合、安藤さんが本年分の所得税の確定申告をする際に、給与所得と損益通算できる損失に関する次の記述のうち、最も適切なものはどれか。なお、▲が付された所得の金額は、その所得に損失が発生していることを意味するものとする。

＜資料＞

所得または損失の種類	所得金額	備考
給与所得	850万円	勤務先からの給与であり、年末調整は済んでいる。
不動産所得	▲150万円	収入金額：400万円 必要経費：550万円 ※必要経費の中には、土地等の取得に要した借入金の利子が50万円ある。
譲渡所得	▲90万円	上場株式の売却に係る損失
雑所得	▲15万円	趣味で行っている執筆活動に係る損失

1. 不動産所得▲100万円と損益通算できる。
2. 不動産所得▲150万円と損益通算できる。
3. 不動産所得▲100万円および雑所得▲15万円と損益通算できる。
4. 不動産所得▲150万円および譲渡所得▲90万円と損益通算できる。

| 正解 | **1** | が適切 | テキスト 4 章　P332-333、P342-344、P346-347、P351 |

不動産所得：不動産所得の損失のうち、**土地等の取得に要した借入金の利子の部分は損益通算できません。**
設問の不動産所得の損失（▲150万円）のうち、土地の取得に要した借入金の利子50万円の部分は損益通算できませんので、100万円の損失が損益通算の対象となります。

譲渡所得：上場株式等の譲渡損失は、**給与所得とは損益通算できません。**なお、申告分離課税を選択した配当所得、特定公社債の利子所得、譲渡所得とは損益通算できます。

雑所得：**雑所得**の損失は**損益通算できません。**
損益通算の対象となる損失は、**不動産所得、事業所得、山林所得、譲渡所得の損失に限られます。**

以上より、給与所得と損益通算できる損失は、不動産所得の損失100万円のみとなり、1. が正解となります。

第8問

[2022年9月]

給与所得者の井上純さん（41歳）は、妻の恵さん（40歳）と生計を一にしている。純さんと恵さんの本年分の所得の状況が下記＜資料＞のとおりである場合、純さんの所得税の計算上、配偶者控除または配偶者特別控除として控除される金額として、正しいものはどれか。なお、記載されている事項以外については、考慮しないものとする。

＜資料＞

井上純さん：給与収入　920万円
恵さん：パート収入　50万円

＜給与所得控除額の速算表＞

給与等の収入金額	給与所得控除額
162.5万円 以下	55万円
162.5万円 超　180万円 以下	収入金額×40% －　10万円
180万円 超　360万円 以下	収入金額×30% ＋　 8万円
360万円 超　660万円 以下	収入金額×20% ＋ 44万円
660万円 超　850万円 以下	収入金額×10% ＋110万円
850万円 超	195万円

＜配偶者控除額（所得税）の早見表＞

納税者の合計所得金額	900万円以下	900万円超 950万円以下	950万円超 1,000万円以下
控除対象配偶者	38万円	26万円	13万円
老人控除対象配偶者	48万円	32万円	16万円

＜配偶者特別控除額（所得税）の早見表＞

配偶者の合計所得金額 \ 納税者の合計所得金額	900万円以下	900万円超 950万円以下	950万円超 1,000万円以下
48万円超　 95万円以下	38万円	26万円	13万円
95万円超　100万円以下	36万円	24万円	12万円
100万円超　105万円以下	31万円	21万円	11万円
105万円超　110万円以下	26万円	18万円	9万円
110万円超　115万円以下	21万円	14万円	7万円
115万円超　120万円以下	16万円	11万円	6万円
120万円超　125万円以下	11万円	8万円	4万円
125万円超　130万円以下	6万円	4万円	2万円
130万円超　133万円以下	3万円	2万円	1万円

1. 配偶者控除　　　26万円
2. 配偶者控除　　　38万円
3. 配偶者特別控除　26万円
4. 配偶者特別控除　38万円

正解 **2** が正しい　　　　　　　　　　　　　テキスト4章　P360-364

配偶者控除および配偶者特別控除は、本人および配偶者の合計所得金額による要件があります。

給与所得は「収入金額－給与所得控除額」により求めます。
納税者本人の**給与収入が920万円**ですので、給与所得控除額は195万円となり、給与所得は920万円－195万円＝725万円（900万円以下）となります。生計を一にしている妻（40歳）の合計所得金額は給与所得控除額の最低額（55万円）以下ですので、合計所得金額はゼロとなります。以上より、**本人の合計所得金額900万円以下、配偶者の合計所得金額が48万円以下**ですので、**配偶者控除（38万円）**の対象となり、2.が正解となります。

レック先生のワンポイント

設問が「収入なのか」「所得なのか」をしっかり読みましょう。

第9問

  重要度 C　　　　　　　　　　　　　　　　　　　　　[2020年1月]

会社員の鶴見さんは、妻と二人暮らしである。鶴見さんが本年中に新築住宅を購入し、同年中に居住を開始した場合の住宅借入金等特別控除（以下「住宅ローン控除」という）に関する次の（ア）〜（エ）の記述について、正しいものには○、誤っているものには×を解答欄に記入しなさい。なお、鶴見さんは、年末調整および住宅ローン控除の適用を受けるための要件をすべて満たしているものとする。

（ア）鶴見さんが所得税の住宅ローン控除の適用を受ける場合、本年分は確定申告をする必要があるが、翌年分以降は勤務先における年末調整により適用を受けることができる。
（イ）本年分の住宅ローン控除可能額が所得税から控除しきれない場合は、翌年分の所得税から控除を受けることができる。
（ウ）鶴見さんが転勤により単身赴任をする場合、所定の要件を満たしていれば住宅ローン控除の適用を受けることができる。
（エ）住宅ローン控除を受け始めてから5年目に繰上げ返済を行った結果、すでに返済が完了した期間と繰上げ返済後の返済期間の合計が10年未満となった場合でも、繰上げ返済後に住宅ローン控除の適用を受けることができる。

| 正解 | （ア）◯ | （イ）✕ | （ウ）◯ | （エ）✕ | テキスト4章　P377-380 |

（ア）正しい　住宅ローン控除を受けるためには原則として、毎年、確定申告をする必要がありますが、給与所得者で申告・納税を完了する者の場合、**2年目以降は年末調整**により控除することができます（**1年目は確定申告が必ず必要**）。

（イ）誤り　住宅ローン控除可能額が所得税から控除しきれない場合は、翌年度分の**住民税**から控除を受けることができます（限度あり）。

（ウ）正しい　なお、家族全員で転勤した場合には、転勤中は控除を受けることはできず、再居住年（再居住年に賃貸している場合はその翌年）から残りの控除期間にわたり、控除の適用を受けることができます。

（エ）誤り　**償還期間10年以上**であることが要件となっていますので、繰上げ返済後、償還期間（返済開始日から返済満了日まで）が10年未満となった場合、繰上げ返済後、住宅ローン控除の適用を受けることはできなくなります。

第10問

重要度 C

[2022年1月]

下記＜資料＞は、博之さんの本年分の「給与所得の源泉徴収票（一部省略）」である。＜資料＞を基に、博之さんの本年分の所得税額を計算しなさい。なお、解答に当たっては、解答用紙に記載されている単位に従うこと。また、復興特別所得税については考慮しないこと。

＜資料＞

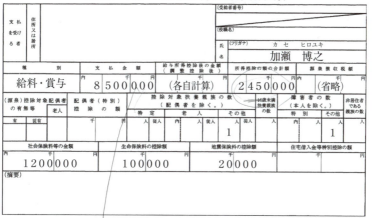

＜給与所得控除額の速算表＞

給与等の収入金額	給与所得控除額
162.5万円 以下	55万円
162.5万円 超　180万円 以下	収入金額×40％ －　10万円
180万円 超　360万円 以下	収入金額×30％ ＋　 8万円
360万円 超　660万円 以下	収入金額×20％ ＋　44万円
660万円 超　850万円 以下	収入金額×10％ ＋110万円
850万円 超	195万円

＜所得税の速算表＞

課税される所得金額	税率	控除額
1,000円 から　1,949,000円 まで	5％	0円
1,950,000円 から　3,299,000円 まで	10％	97,500円
3,300,000円 から　6,949,000円 まで	20％	427,500円
6,950,000円 から　8,999,000円 まで	23％	636,000円
9,000,000円 から　17,999,000円 まで	33％	1,536,000円
18,000,000円 から　39,999,000円 まで	40％	2,796,000円
40,000,000円 以上	45％	4,796,000円

| 正解 | **392,500（円）** | | テキスト 4 章　P338-339 |

給与所得控除後の金額＝給与所得＝収入金額－給与所得控除額
＝8,500,000円－（8,500,000円×10％＋1,100,000円）
＝6,550,000円

課税所得金額＝所得金額－所得控除額＝6,550,000円－2,450,000円
＝4,100,000円

所得税額＝4,100,000円×20％－427,500円＝392,500円

第11問  重要度 C [2022年1月]

晴美さんの叔母である真理さんは、本年分の所得等（下記＜資料＞参照）に関して確定申告すべきかどうかについて、FPの細井さんに質問をした。細井さんの説明のうち、最も適切なものはどれか。

＜資料＞真理さんの本年における所得等の明細

① 給与所得：200万円（給与所得控除後の金額）
② 変額保険（有期型）の満期保険金：430万円
③ 外貨預金の為替差損：20万円

注1：変額保険の保険契約者（保険料負担者）および満期保険金の受取人は真理さんであり、払込保険料の総額は300万円である。
注2：満期保険金による所得は、総合課税となる一時所得に該当する。

1. 確定申告をする必要はありません。
2. 確定申告をする必要があります。確定申告すべき所得の合計額は230万円です。
3. 確定申告をする必要があります。確定申告すべき所得の合計額は240万円です。
4. 確定申告をする必要があります。確定申告すべき所得の合計額は260万円です。

正解 3 が正しい   テキスト4章　P338-339、P345、P351

給与所得者のうち、給与所得および退職所得以外の所得金額の合計額（源泉分離課税や源泉徴収により課税が終了するものを除く）が20万円以下であれば、確定申告は不要ですが、20万円を超える場合は確定申告が必要となります。なお、一時所得は1／2後の金額で判定します。

変額保険の満期保険金（一時所得）：430万円－300万円－50万円＝80万円
80万円×1／2＝40万円
外貨預金の為替差損：損益通算できないため、ゼロと扱います。
以上より、確定申告が必要となり、確定申告すべき所得の合計額は、200万円＋40万円＝240万円となり、3.が正解となります。

実技試験[金財] 個人資産相談業務・生保顧客資産相談業務

第1問

[2021年1月 個人]

次の設例に基づいて、下記の各問（《問1》～《問3》）に答えなさい。

《設 例》

　X株式会社（以下、「X社」という）に勤務する会社員のAさんは、妻Bさん、長女Cさんおよび母Dさんとの4人家族である。Aさんは、本年10月に定年を迎え、X社から退職金の支給を受けた。Aさんは、X社の継続雇用制度を利用して、引き続き、X社に勤務している。なお、金額の前の「▲」は赤字であることを表している。

＜Aさんとその家族に関する資料＞

Aさん	（60歳）：	会社員
妻Bさん	（53歳）：	専業主婦。本年中に、パートタイマーとして給与収入100万円を受け取っている。
長女Cさん	（25歳）：	大学院生。本年中の収入はない。
母Dさん	（84歳）：	本年中に、老齢基礎年金60万円を受け取っている。

＜Aさんの本年分の収入等に関する資料＞

(1) 給与収入の金額　　　　　　　　　　　： 750万円

(2) 不動産所得の金額（国内建物の貸付）： ▲150万円

　・損失の金額150万円のうち、土地等の取得に係る負債の利子10万円を含む。

(3) 一時払変額個人年金保険（確定年金）の解約返戻金

契約年月	：	2009年5月
契約者（＝保険料負担者）・被保険者	：	Aさん
死亡保険金受取人	：	妻Bさん
解約返戻金額	：	800万円
一時払保険料	：	500万円

(4) X社から支給を受けた退職金の額　： 2,200万円

　・定年を迎えるまでの勤続年数は34年9カ月である。

　・「退職所得の受給に関する申告書」を提出している。

※妻Bさん、長女Cさんおよび母Dさんは、Aさんと同居し、生計を一にしている。
※Aさんとその家族は、いずれも障害者および特別障害者には該当しない。
※Aさんとその家族の年齢は、いずれも本年12月31日現在のものである。

※上記以外の条件は考慮せず、各問に従うこと。

問1 重要度 B

AさんがX社から受け取った退職金に係る退職所得の金額を計算した下記の計算式の空欄①～③に入る最も適切な数値を、解答用紙に記入しなさい。なお、Aさんは、これ以外に退職手当等の収入はなく、障害者になったことが退職の直接の原因ではないものとする。また、問題の性質上、明らかにできない部分は「□□□」で示してある。

＜退職所得控除額＞
800万円＋（①）万円×（□□□年－20年）＝（②）万円

＜退職所得の金額＞
（2,200万円－（②）万円）×□□□＝（③）万円

| 正解 | ① 70（万円） | ② 1,850（万円） | ③ 175（万円） |

テキスト4章 P340

①②退職所得控除額は、勤続年数により異なります。
勤続年数1年未満の端数は1年に切り上げますので、設問の場合は35年として計算します。

20年以下の部分は1年あたり**40万円**（20年以下の部分は40万円×20年＝800万円）、
20年超の部分は1年あたり**70万円**（①）ですので、
800万円＋70万円×（35年－20年）＝1,850万円（②）となります。

③勤続34年9カ月である会社員の退職所得は「**（収入金額－退職所得控除額）×1／2**」により求めます。
（2,200万円－1,850万円）×1／2＝175万円

問2

Aさんの本年分の所得金額について、次の①、②を求め、解答用紙に記入しなさい（計算過程の記載は不要）。〈答〉は万円単位とすること。
① 総所得金額に算入される一時所得の金額
② 総所得金額

＜資料＞給与所得控除額

給与･収入金額	給与所得控除額
万円超　　　万円以下	
～　　180	収入金額×40％－10万円（55万円に満たない場合は、55万円）
180　～　360	収入金額×30％＋8万円
360　～　660	収入金額×20％＋44万円
660　～　850	収入金額×10％＋110万円
850　～	195万円

| 正解 | ① **125** (万円) | ② **550** (万円) |

テキスト4章　①P345、②P340-341、P351

①一時所得は「**収入金額－収入を得るために支出した金額－特別控除（最高 50万円）**」で求めます。

800万－500万円－50万円＝250万円

総所得金額に算入される金額は、**損益通算後の1／2**となります。

250万円×1／2＝125万円

②総所得金額とは**総合課税**の対象となる所得金額の合計額であり、設問の給与所得、不動産所得、一時所得は総合課税の対象となりますが、**退職所得は分離課税**ですので、含めません。

給与所得＝収入金額－給与所得控除額＝750万円－（750万円×10％＋110万円）＝565万円

不動産所得の損失は損益通算の対象となりますが、**土地等の取得に係る負債の利子は損益通算できません**ので、150万円の損失うち、10万円を除いた140万円の損失が損益通算の対象となります。なお、不動産所得の損失は、まず給与所得と通算します。

以上より、総所得金額は以下のとおりとなります。

565万円（給与所得）－140万円（不動産所得）＋125万円（一時所得×1／2）＝550万円

問3

Aさんの本年分の所得税の課税に関する次の記述①〜③について、適切なものには○印を、不適切なものには×印を解答用紙に記入しなさい。

①「妻Bさんの合計所得金額は48万円以下であるため、Aさんは配偶者控除の適用を受けることができます」
②「Aさんが適用を受けることができる長女Cさんに係る扶養控除の控除額は、38万円です」
③「Aさんが適用を受けることができる母Dさんに係る扶養控除の控除額は、48万円です」

| 正解 | ① 〇 | ② 〇 | ③ ✕ | | テキスト4章　① P360、② P364-365 |

| ①適切 | 納税者本人の合計所得金額が**1,000万円以下**（前問解説参照）、生計を一にする配偶者の合計所得金額が**48万円**（給与収入のみの場合は**収入103万円**（基礎控除48万円＋給与所得控除額55万円））**以下**であるため、配偶者控除の適用を受けることができます。本問における配偶者控除の額は38万円です。 |

| ②適切 | 扶養控除は、生計を一にする16歳以上である親族等（配偶者以外）の合計所得金額が**48万円**（給与収入のみの場合は収入103万円（基礎控除48万円＋給与所得控除額55万円）、**公的年金のみの65歳以上の場合は収入158万円**（基礎控除48万円＋公的年金等控除額110万円））**以下**である場合に適用を受けることができます。長女Cさん（**25歳**）は**一般**の控除対象扶養親族に該当するため扶養控除の額は38万円、母Dさん（**84歳**）は**70歳以上の同居老親等**に該当するため、58万円となります。 |

③不適切　②の解説参照。

レック先生のワンポイント

所得税の扶養控除の額

年末時点の年齢	所得税の所得控除の額
0〜15歳	なし
16〜18歳	**38万円**（一般の控除対象扶養親族）
19〜22歳	**63万円**（特定扶養親族）
23〜69歳	**38万円**（一般の控除対象扶養親族）
70歳〜	同居老親　**58万円**（同居老親等） その他　　48万円（老人扶養親族）

所得税の扶養控除の額は年末時点の年齢で異なります。整理しておきましょう。

| 第2問 | [2021年1月 生保] |

次の設例に基づいて、下記の各問（《問1》～《問3》）に答えなさい。

《設例》

X株式会社に勤務するAさんは、妻Bさん、長男Cさん、二男Dさんおよび三男Eさんとの5人家族である。Aさんは、本年中に終身保険の解約返戻金150万円および一時払変額個人年金保険（10年確定年金）の解約返戻金650万円を受け取っている。

＜Aさんとその家族に関する資料＞

Aさん	（52歳）	：	会社員
妻Bさん	（50歳）	：	専業主婦。本年中の収入はない。
長男Cさん	（20歳）	：	大学生。本年中に、アルバイトとして給与収入50万円を得ている。
二男Dさん	（17歳）	：	高校生。本年中の収入はない。
三男Eさん	（15歳）	：	中学生。本年中の収入はない。

＜Aさんの本年分の収入等に関する資料＞
（1）給与収入の金額：900万円
（2）終身保険の解約返戻金

契約年月	：	2007年5月
契約者（＝保険料負担者）・被保険者	：	Aさん
死亡保険金受取人	：	妻Bさん
解約返戻金額	：	150万円
正味払込保険料	：	180万円

（3）一時払変額個人年金保険（10年確定年金）の解約返戻金

契約年月	：	2011年8月
契約者（＝保険料負担者）・被保険者	：	Aさん
死亡給付金受取人	：	妻Bさん
解約返戻金額	：	650万円
正味払込保険料	：	500万円

※妻Bさん、長男Cさん、二男Dさんおよび三男Eさんは、Aさんと同居し、生計を一にしている。
※Aさんとその家族は、いずれも障害者および特別障害者には該当しない。
※Aさんとその家族の年齢は、いずれも本年12月31日現在のものである。

※上記以外の条件は考慮せず、各問に従うこと。

問1 重要度 B

Aさんの本年分の所得税の計算における所得控除等に関する以下の文章の空欄①～③に入る最も適切な語句を、下記の〈語句群〉のなかから選び、その記号を解答用紙に記入しなさい。

Ⅰ「2020年分の所得税から、給与所得控除と基礎控除が改正されました。給与所得控除の控除額は、給与等の収入金額が850万円以下の者については従前と比較して一律で（ ① ）引き下げられ、給与等の収入金額が850万円を超える者については控除上限額である195万円となります。一方、基礎控除の控除額は引き上げられますが、合計所得金額が2,400万円を超える者については控除額が逓減し、合計所得金額が2,500万円を超える者については基礎控除の適用を受けることができないこととされました」

Ⅱ「妻Bさんの合計所得金額は48万円以下となりますので、Aさんは配偶者控除の適用を受けることができます。Aさんが適用を受けることができる配偶者控除の控除額は（ ② ）となります」

Ⅲ「2020年分の所得税から、所得金額調整控除が創設されました。Aさんのように給与等の収入金額が850万円を超え、23歳未満の扶養親族がいる場合、総所得金額の計算上、給与等の収入金額（1,000万円を超える場合は1,000万円）から850万円を控除した金額の（ ③ ）相当額を給与所得の金額から控除することができます」

〈語句群〉
イ. 10万円　ロ. 15万円　ハ. 20万円　ニ. 32万円　ホ. 38万円
ヘ. 48万円　ト. 5％　チ. 8％　リ. 10％

| 正解 | ① **イ** | ② **ホ** | ③ **リ** | テキスト4章　①③ P338-339、P359、② P360 |

①③**基礎控除額**が**原則10万円引き上げ**られたことに伴い、給与所得控除額、公的年金等控除額は原則**10万円**（①）**引き下げ**られました。

合わせて、給与収入1,000万円以上の場合に「220万円」を上限とする給与所得控除額が、給与収入850万円以上の場合に「195万円」を上限とする制度に変更されました。

ただし、**23歳未満の扶養親族**がいる（例：大学生以下の子を扶養している）場合等には、従来よりも税負担が増えないように調整を施す所得金額調整控除が行われます。

	2019年	2020年以降
基礎控除	38万円	48万円（原則）
給与所得控除額の上限	220万円 （給与収入1,000万円以上）	195万円 （給与収入850万円以上）
給与収入1,000万円以上の所得金額調整控除	－	15万円 （1,000万円－850万円） × **10%**（③）
基礎控除＋給与所得控除＋所得金額調整控除	258万円	258万円（従来と同じ）

②納税者本人の合計所得金額が**900万円以下**（次問解説参照）、生計を一にする配偶者（70歳未満）の合計所得金額が**48万円以下**（配偶者の収入はない）であるため、**38万円**（②）の配偶者控除の適用を受けることができます。

問2 重要度

Aさんの本年分の所得税の課税等に関する次の記述①〜③について、適切なものには○印を、不適切なものには×印を解答用紙に記入しなさい。

① 「長男Cさんは特定扶養親族に該当しますので、Aさんが適用を受けることができる長男Cさんに係る扶養控除の控除額は63万円となります」
② 「Aさんが受け取った一時払変額個人年金保険の解約返戻金は、契約から10年以内の解約のため、金融類似商品に該当し、源泉分離課税の対象となります」
③ 「Aさんの場合、総所得金額に算入される一時所得の金額が20万円を超えるため、所得税の確定申告をしなければなりません」

| 正解 | ① ○ | ② × | ③ ○ | テキスト4章 ①P365、②P345、③P384 |

①適切　扶養控除は、生計を一にする**16歳以上**である親族等（配偶者以外）の合計所得金額が**48万円**（給与収入のみの場合は収入**103万円**（基礎控除48万円＋給与所得控除額55万円））**以下**である場合に適用を受けることができます。長男Cさん（20歳）は**特定扶養親族**に該当するため、扶養控除の額は63万円となります。

②不適切　源泉分離課税となるのは、「一時払等」「5年以内受取り」「養老保険・確定年金等に該当する一定の場合（例：終身年金、終身保険でない）」の全部に該当する場合です。設問の場合、（3）の一時払変額個人年金保険の解約返戻金は契約から**5年超**経過しているため、源泉分離課税とはならず、一時所得として総合課税の対象となります。なお、（2）の終身保険の解約返戻金も一時所得として総合課税の対象となります。

③適切　給与所得者で、給与所得・退職所得以外の所得金額（**一時所得等は2分の1後**の金額）が**20万円を超**える場合、所得税の確定申告をしなければなりません。次問の解説のとおり、2分の1後の一時所得は35万円となりますので、確定申告が必要となります。

問3 重要度

Aさんの本年分の所得税の算出税額を計算した下記の表の空欄①～④に入る最も適切な数値を求めなさい。なお、問題の性質上、明らかにできない部分は「□□□」で示してある。

給与所得の金額（所得金額調整控除の適用後の金額）	7,000,000円
総所得金額に算入される一時所得の金額	（①）円
（a）総所得金額	□□□円
社会保険料控除	□□□円
生命保険料控除	100,000円
地震保険料控除	30,000円
配偶者控除	□□□円
扶養控除	（②）円
基礎控除	（③）円
（b）所得控除の額の合計額	3,200,000円
（c）課税総所得金額（（a）－（b））	□□□円
（d）算出税額（（c）に対する所得税額）	（④）円

＜資料＞所得税の速算表

課税総所得金額		税率	控除額
万円超	万円以下		
～	195	5%	－
195 ～	330	10%	9万7,500円
330 ～	695	20%	42万7,500円
695 ～	900	23%	63万6,000円
900 ～	1,800	33%	153万6,000円
1,800 ～	4,000	40%	279万6,000円
4,000 ～		45%	479万6,000円

| 正解 | ① 350,000（円） | ② 1,010,000（円） | ③ 480,000（円） | ④ 402,500（円） |

テキスト4章　① P345、② P365、③ P359、④ P374

①一時所得は「**収入金額－収入を得るために支出した金額－特別控除（最高50万円）**」で求めます。前問解説のとおり、設例の（2）（3）の解約返戻金はいずれも総合課税の対象となります。

（150万円＋650万円）－（180万＋500万円）－50万円＝70万円
総所得金額に算入される金額は、**損益通算後の1／2**となります。
70万円×1／2＝35万円

レック先生のワンポイント

（参考）
総所得金額に算入される所得金額調整控除後の給与所得＝収入金額－給与所得控除額－所得金額調整控除
＝900万円－195万円－｛(900万円－850万円)×10％｝
＝700万円

総所得金額は**総合課税**の対象となる所得金額の合計額であり、設問の給与所得と一時所得は総合課税の対象となります。
700万円＋35万円＝735万円

②扶養控除は、生計を一にする**16歳以上**である親族等（配偶者以外）の合計所得金額が**48万円**（給与収入のみの場合は収入**103万円**（基礎控除48万円＋給与所得控除額55万円））**以下**である場合に適用を受けることができます。長男Cさん（20歳）は**特定扶養親族**に該当するため扶養控除の額は63万円、二男Dさん（17歳）は**一般の控除対象扶養親族**に該当するため扶養控除の額は38万円、三男Eさんは15歳であるため、**対象外**となります。以上より、扶養控除の額は63万円＋38万円＝101万円となります。

③基礎控除は納税者本人の合計所得金額が2,500万円以下の場合に適用を受けることができます。なお、基礎控除の額は合計所得金額**2,400万円以下の場合は48万円**ですが、合計所得金額が増えるにつれて、段階的に減少します。

④課税総所得金額に対する所得税額は、課税総所得金額（総所得金額－所得控除）に税率を乗じて求めます。
課税総所得金額＝7,350,000円－3,200,000円＝4,150,000円
4,150,000円×20％－427,500円＝402,500円

| 第**3**問 | ［2020年9月　個人］ |

次の設例に基づいて、下記の各問（《問1》～《問3》）に答えなさい。

――――――――――――――― 《設 例》 ―――――――――――――――

　会社員のAさんは、妻Bさんおよび長女Cさんとの3人家族である。Aさんは、本年中に長女Cさんの入院・手術費用として医療費25万円を支払ったため、医療費控除の適用を受けたいと思っている。なお、不動産所得の金額の前の「▲」は赤字であることを表している。

＜Aさんとその家族に関する資料＞
　　Aさん　　　（55歳）　：　会社員
　　妻Bさん　　（53歳）　：　専業主婦。本年中の収入はない。
　　長女Cさん（20歳）　：　大学生。本年中の収入はない。

＜Aさんの本年分の収入等に関する資料＞
　（1）給与収入の金額　　：　　800万円
　（2）不動産所得の金額　：　▲100万円（白色申告）
　　　　・損失の金額100万円のうち、土地等の取得に係る負債の利子20万円を含む。国内建物の貸付。

※妻Bさんおよび長女Cさんは、Aさんと同居し、生計を一にしている。
※Aさんとその家族は、いずれも障害者および特別障害者には該当しない。
※Aさんとその家族の年齢は、いずれも本年12月31日現在のものである。

※上記以外の条件は考慮せず、各問に従うこと。

問1

所得税における医療費控除に関する以下の文章の空欄①〜③に入る最も適切な数値を、下記の〈数値群〉のなかから選び、その記号を解答用紙に記入しなさい。

「通常の医療費控除は、その年分の総所得金額等の合計額が200万円以上である居住者の場合、その年中に支払った医療費の総額から保険金などで補填される金額を控除した金額が（ ① ）円を超えるときは、その超える部分の金額（最高200万円）をその居住者のその年分の総所得金額等から控除します。また、通常の医療費控除との選択適用となるセルフメディケーション税制（医療費控除の特例）では、定期健康診断や予防接種などの一定の取組みを行っている者が自己または自己と生計を一にする配偶者等のために特定一般用医薬品等購入費を支払った場合、その額が（ ② ）円を超えるときは、その超える部分の金額（最高（ ③ ）円）を総所得金額等から控除することができます」

＜通常の医療費控除額の算式＞

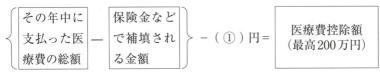

＜セルフメディケーション税制に係る医療費控除額の算式＞

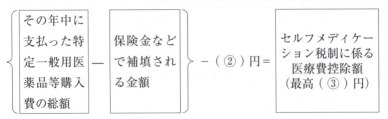

〈数値群〉
イ．12,000　　ロ．24,000　　ハ．38,000　　ニ．68,000　　ホ．88,000
ヘ．100,000　　ト．120,000　　チ．150,000　　リ．200,000

正解　① へ　② イ　③ ホ　　　　　　　　　　　テキスト4章　P369-371

ポイント：医療費控除

通常の医療費控除	（医療費－保険金等）－10万円（①）（総所得金額等が200万円未満の場合は総所得金額等の5％）（上限200万円）	選択適用
セルフメディケーション税制	（医薬品購入費－保険金等）－1.2万円（②）（上限8.8万円（③））	

通常の医療費控除は、入院や通院による治療費、通院費用、治療のための医薬品購入費が対象となりますが、セルフメディケーション税制の対象となる医療費は、治療のための特定一般用医薬品等購入費に限定されます。

レック先生のワンポイント

カギとなる2つの数字

・**200万円**　通常の医療費控除の限度額が200万円。総所得金額等が200万円未満の場合は、「10万円」ではなく「総所得金額等×5％」を超える医療費が医療費控除の対象となります。

・**10万円**　通常の医療費控除は10万円を超える部分が対象。保険金等がない場合、セルフメディケーション税制は10万円までの医薬品購入費が対象となります。

問2 重要度 B

Aさんの本年分の所得税の課税に関する次の記述①〜③について、適切なものには○印を、不適切なものには×印を解答用紙に記入しなさい。

① 「Aさんは不動産所得の金額に損失が生じているため、確定申告をすることによって、純損失の繰越控除の適用を受けることができます」
② 「Aさんが適用を受けることができる配偶者控除の控除額は、38万円です」
③ 「医療費控除については、年末調整では適用を受けることができないため、医療費控除の適用を受けるためには、所得税の確定申告が必要となります」

正解　① ×　② ○　③ ○

テキスト4章　① P391、② P360、③ P369

①不適切　不動産所得の損失は損益通算の対象となります。なお、損益通算しきれない純損失がある場合、**青色申告者であれば**、翌年以降に繰り越すことができます。
設問の場合、**損益通算しきれない損失ではありません**（不動産所得の赤字は給与所得の範囲内です）。
また、仮に損益通算しきれない損失があっても、白色申告者ですので、不動産所得の損失は翌年以降に繰り越すことはできません。

②適切　納税者本人の合計所得金額が**900万円以下**（次問解説参照）、生計を一にする配偶者（70歳未満）の合計所得金額が**48万円以下**（配偶者の収入はない）であるため、**38万円**の配偶者控除の適用を受けることができます。

③適切　所得控除のうち、**医療費**控除のほか、**寄附金**控除、**雑損**控除も年末調整によって適用を受けることはできません。

問3

Aさんの本年分の所得税における課税総所得金額を計算した下記の表の空欄①～③に入る最も適切な数値を求めなさい。なお、問題の性質上、明らかにできない部分は「□□□」で示してある。

（a）総所得金額	（①）円
医療費控除	□□□円
社会保険料控除	□□□円
生命保険料控除	□□□円
地震保険料控除	□□□円
配偶者控除	□□□円
扶養控除	（②）円
基礎控除	（③）円
（b）所得控除の額の合計額	2,900,000円
（c）課税総所得金額（（a）－（b））	□□□円

＜資料＞給与所得控除額

給与収入金額	給与所得控除額
万円超　　　万円以下	
～　180	収入金額×40％－10万円（55万円に満たない場合は、55万円）
180　～　360	収入金額×30％＋8万円
360　～　660	収入金額×20％＋44万円
660　～　850	収入金額×10％＋110万円
850　～	195万円

正解	① **5,300,000**(円)	② **630,000**(円)	③ **480,000**(円)

テキスト4章　① P332-333、P338、P351、② P365、③ P359

①総所得金額とは**総合**課税の対象となる所得金額の合計額であり、設問の給与所得、不動産所得は総合課税の対象となります。

給与所得＝収入金額－給与所得控除額＝800万円－（800万円×10％＋110万円）＝610万円

不動産所得の損失は損益通算の対象となりますが、**土地等の取得に係る負債の利子は損益通算できません**ので、100万円の損失うち、20万円を除いた80万円の損失が損益通算の対象となります。

以上より、総所得金額は以下のとおりとなります。

610万円（給与所得）－80万円（不動産所得の損失）＝530万円

②扶養控除は、生計を一にする**16歳以上**である親族等（配偶者以外）の合計所得金額が**48万円**（給与収入のみの場合は収入103万円（基礎控除48万円＋給与所得控除額55万円））**以下**である場合に適用を受けることができます。長女Cさん（20歳）は**特定扶養親族**に該当するため、扶養控除の額は**63万円**となります。

③基礎控除は納税者本人の合計所得金額が**2,500万円以下**の場合に適用を受けることができます。なお、基礎控除の額は合計所得金額**2,400万円以下**の場合は**48万円**ですが、合計所得金額が増えるにつれて、段階的に減少します。

レック先生のワンポイント

所得税の基礎控除

納税者本人の合計所得金額	控除額
2,400万円以下	**48万円**
2,400万円超2,450万円以下	32万円
2,450万円超2,500万円以下	16万円
2,500万円超	**なし**

第4問　　　　　　　　　　　　　　　　　　　[2022年9月　個人]

次の設例に基づいて、下記の各問（《問1》～《問3》）に答えなさい。

《設 例》

　会社員のAさんは、妻BさんおよびC長男さんとの3人家族である。Aさんは、本年6月に住宅ローンを利用して中古の分譲マンション（築10年）を購入し、同月中に当該マンションの引渡しを受けて入居した。

　Aさんとその家族に関する資料等は、以下のとおりである。

＜Aさんとその家族に関する資料＞

　Aさん　　　（47歳）：　会社員

　妻Bさん　　（44歳）：　本年中に、パートタイマーとして給与収入80万円を得ている。

　長男Cさん（18歳）：　高校生。本年中の収入はない。

＜Aさんの本年分の収入に関する資料＞

　給与収入の金額　　：　1,200万円

＜Aさんが取得した分譲マンションに関する資料＞

　取得価額　　　　　：　4,000万円

　土地　　　　　　　：　40㎡（敷地利用権の割合相当の面積）

　建物　　　　　　　：　85㎡（専有部分の床面積）

　資金調達方法　　　：　自己資金500万円

　　　　　　　　　　　　父親からの資金援助1,500万円（本年5月に受贈）

　　　　　　　　　　　　銀行からの借入金2,000万円（本年12月末の借入金残高は1,950万円、返済期間は20年）

　留意点　　　　　　：　当該マンションは、個人間売買（消費税の課税対象外）で購入。新耐震基準適合住宅に該当しているが、認定長期優良住宅、認定低炭素住宅、特定エネルギー消費性能向上住宅（以下、「ZEH水準省エネ住宅」という）、エネルギー消費性能向上住宅（以下、「省エネ基準適合住宅」という）には該当していない。父親から受けた1,500万円の資金援助については、相続時精算課税制度の適用を受けない。

※妻Bさんおよび長男Cさんは、Aさんと同居し、生計を一にしている。
※Aさんとその家族は、いずれも障害者および特別障害者には該当しない。
※Aさんとその家族の年齢は、いずれも本年12月31日現在のものである。

※上記以外の条件は考慮せず、各問に従うこと。

問1 　　　　　　　　　　　　　　　　　　　　　　　　　　重要度

住宅借入金等特別控除に関する以下の文章の空欄①～④に入る最も適切な数値を、下記の〈数値群〉のなかから選び、その記号を解答用紙に記入しなさい。なお、問題の性質上、明らかにできない部分は「□□□」で示してある。

「個人が、本年中に住宅ローンを利用して既存住宅を取得し（消費税は課されていない）、自己の居住の用に供した場合、『取得した住宅の床面積が（ ① ）㎡以上であること』『住宅借入金等特別控除の適用を受けようとする者のその年分の合計所得金額が（ ② ）万円以下であること』などの所定の要件を満たせば、最大で（ ③ ）年間、住宅借入金等特別控除の適用を受けることができます。

控除額は、住宅ローンの年末残高に所定の控除率を乗じて算出しますが、その年末残高には限度額が設けられています。取得した既存住宅が認定長期優良住宅、認定低炭素住宅、ZEH水準省エネ住宅または省エネ基準適合住宅（以下、「認定住宅等」という）のいずれかに該当するときの年末残高の限度額は、（ ④ ）万円となり、認定住宅等に該当しないときの年末残高の限度額は、□□□万円となります」

〈数値群〉
イ. 10　　ロ. 13　　ハ. 15　　ニ. 20　　ホ. 30　　ヘ. 50　　ト. 70
チ. 2,000　　リ. 3,000　　ヌ. 4,000　　ル. 5,000

正解　① ヘ　② チ　③ イ　④ リ　　テキスト4章　P377-378

① ② 個人間売買の既存住宅の場合、床面積要件は**50㎡以上**、適用を受けようとする年の**合計所得金額が2,000万円以下**であることが要件となっています。なお、**新築住宅等**の場合、控除を受けようとする年の合計所得金額が1,000万円以下の場合は40㎡以上に緩和されます。
③ 個人間売買の既存住宅の控除期間は10年、新築住宅等の控除期間は13年です。
④ 既存住宅の場合、**認定住宅等の年末残高の限度額は3,000万円、その他住宅の年末残高の限度額は2,000万円**です。

問2 重要度 B

住宅借入金等特別控除等に関する次の記述①～③について、適切なものには○印を、不適切なものには×印を解答用紙に記入しなさい。

① 「Aさんは、本年分の所得税において、住宅借入金等に係る年末残高証明書を所定の期日までに勤務先に提出することにより、年末調整で住宅借入金等特別控除の適用を受けることができます」

② 「Aさんが適用を受ける住宅借入金等特別控除の額がその年分の所得税額から控除しきれない場合、その残額は、Aさんの所得税の課税総所得金額等の額に7％を乗じて得た額（最高13万6,500円）を限度に、翌年度分の住民税額から控除されます」

③ 「Aさんが、父親から受けた1,500万円の資金援助について『直系尊属から住宅取得等資金の贈与を受けた場合の贈与税の非課税の特例』の適用を受けた場合、その贈与を受けた金額の全額について贈与税が課されません」

| 正解 | ① × | ② × | ③ × | テキスト 4章 P377-378　6章 P558-559 |

①不適切　**入居した年**は、**確定申告をしなければ**、住宅借入金等特別控除の**適用**を受けることが**できません**。

②不適切　住宅借入金等特別控除の額を所得税から控除しきれない場合、**住民税の申告をしなくても、翌年度の住民税から控除**することができます（課税総所得金額等の**5％、最高97,500円**）。

③不適切　要件を満たす**省エネ等住宅以外**の場合、直系尊属から贈与を受けた住宅取得等資金は**500万円**まで非課税となります。なお、**省エネ等住宅**に該当する場合、**1,000万円**まで非課税となります。

問3 重要度

Aさんの本年分の所得税額を計算した下記の表の空欄①～③に入る最も適切な数値を求めなさい。なお、住宅借入金等特別控除の適用を受けるものとし、総所得金額の計算上、Aさんが所得金額調整控除の適用対象者に該当している場合、所得金額調整控除額を控除すること。また、問題の性質上、明らかにできない部分は「□□□」で示してある。

（a）総所得金額	（①）円
社会保険料控除	□□□円
生命保険料控除	□□□円
地震保険料控除	□□□円
配偶者控除	□□□円
扶養控除	（②）円
基礎控除	480,000円
（b）所得控除の額の合計額	2,800,000円
（c）課税総所得金額（（a）−（b））	□□□円
（d）算出税額（（c）に対する所得税額）	□□□円
（e）税額控除（住宅借入金等特別控除）	（③）円
（f）差引所得税額	□□□円
（g）復興特別所得税額	□□□円
（h）所得税および復興特別所得税の額	□□□円

＜資料＞給与所得控除額

給与収入金額		給与所得控除額
万円超	万円以下	
	～　180	収入金額×40％−10万円（55万円に満たない場合は、55万円）
180	～　360	収入金額×30％＋ 8万円
360	～　660	収入金額×20％＋44万円
660	～　850	収入金額×10％＋110万円
850	～	195万円

| 正解 | ① **9,900,000**（円） | ② **380,000**（円） | ③ **136,500**（円） |

テキスト4章　① P338-339、② P365、③ P377-378

①総所得金額は**総合課税**の対象となる所得金額の合計額であり、設問の給与所得は総合課税の対象となります。

給与所得＝**収入金額－給与所得控除額**＝1,200万円－195万円＝1,005万円

なお、設問の場合、**23歳未満の扶養親族**（長男Cさん（18歳））を有するため、**所得金額調整控除**の適用を受けられます。

所得金額調整控除は**給与収入850万円超1,000万円以下の部分の10%**となりますので、（1,000万円－850万円）×10%＝15万円の控除を受けられます。

以上より、総所得金額に算入される給与所得は1,005万円－15万円＝990万円　となります。

②扶養控除は、**生計を一にする16歳以上である親族等（配偶者以外）の合計所得金額が48万円**（給与収入のみの場合は収入103万円（基礎控除48万円＋給与所得控除額55万円））**以下**である場合に適用を受けることができます。長男Cさん（**18歳**）は一般の控除対象扶養親族に該当するため扶養控除の額は**38万円**となります。

③設問の既存住宅の住宅借入金等特別控除の額は「**年末借入残高（2,000万円を限度）×0.7%**」となりますので、1,950万円×0.7%＝136,500円となります。

第5問

[2022年9月　生保]

次の設例に基づいて、下記の各問（《問1》～《問3》）に答えなさい。

《設 例》

　個人事業主であるAさんは、開業後直ちに青色申告承認申請書と青色事業専従者給与に関する届出書を所轄税務署長に対して提出している青色申告者である。

＜Aさんとその家族に関する資料＞

　Aさん　　（60歳）：　個人事業主（青色申告者）
　妻Bさん（56歳）：　Aさんが営む事業に専ら従事している。青色事業専従者として、本年中に100万円の給与を受け取っている。
　母Cさん（81歳）：　本年中の収入は、公的年金の老齢給付のみであり、その収入金額は60万円である。

＜Aさんの本年分の収入等に関する資料＞

（1）事業所得の金額　　　　　　　　　　：500万円（青色申告特別控除後）
（2）個人年金保険に係る確定年金の年金額：100万円（必要経費は80万円）
（3）養老保険（平準払）の満期保険金
　　契約年月　　　　　　　　　　　　　：1992年2月
　　契約者（＝保険料負担者）・被保険者　：Aさん
　　死亡保険金受取人　　　　　　　　　：妻Bさん
　　満期保険金受取人　　　　　　　　　：Aさん
　　満期保険金額　　　　　　　　　　　：440万円
　　正味払込保険料　　　　　　　　　　：360万円

※妻Bさんおよび母Cさんは、Aさんと同居し、生計を一にしている。
※Aさんとその家族は、いずれも障害者および特別障害者には該当しない。
※Aさんとその家族の年齢は、いずれも本年12月31日現在のものである。

※上記以外の条件は考慮せず、各問に従うこと。

問1 　　　　　　　　　　　　　　　　　　　　　重要度 C

所得税における青色申告制度に関する以下の文章の空欄①~④に入る最も適切な語句または数値を、下記の〈語句群〉のなかから選び、その記号を解答用紙に記入しなさい。

Ⅰ 「事業所得の金額の計算上、青色申告特別控除として最高（ ① ）万円を控除することができます。（ ① ）万円の青色申告特別控除の適用を受けるためには、事業所得に係る取引を正規の簿記の原則に従い記帳し、その記帳に基づいて作成した貸借対照表、損益計算書その他の計算明細書を添付した確定申告書を法定申告期限内に提出することに加えて、e-Taxによる申告（電子申告）または電子帳簿保存を行う必要があります。なお、確定申告書を法定申告期限後に提出した場合、青色申告特別控除額は最高（ ② ）万円となります」

Ⅱ 「青色申告者が受けられる税務上の特典として、青色申告特別控除のほかに、青色事業専従者給与の必要経費算入、純損失の（ ③ ）年間の繰越控除、純損失の繰戻還付、棚卸資産の評価について（ ④ ）を選択できることなどが挙げられます」

〈語句群〉
イ．3　　ロ．5　　ハ．7　　ニ．10　　ホ．38　　ヘ．55　　ト．65
チ．低価法　　リ．原価法　　ヌ．定額法

| 正解 | ① ト | ② ニ | ③ イ | ④ チ |

テキスト4章　①②④ P390、③ P391

① e-Taxを利用して確定申告した場合または一定の優良電子帳簿を保存している場合の青色申告特別控除は最高**65**万円、それ以外の場合は最高**55**万円となります。

② **55万円の控除の要件を満たさない**場合の青色申告特別控除は**10万円**が限度となります。

③ **青色**申告者が損益通算しきれない純損失は翌年以降最長**3年**間繰り越すことができます。

④ **低価法**とは、取得価額と時価の低い方を期末の棚卸資産の価額として評価する方法です。

レック先生のワンポイント

ポイント：青色申告特別控除

65万円 （①）	55万円の要件を満たし、**電子申告**（e-Tax）または一定水準の電子帳簿保存をした場合等
55万円	下記のすべての要件を満たす場合 ・事業所得または不動産所得（事業的規模に限る）を生ずる者 ・正規の簿記の原則に従い記帳 ・期限内に確定申告書を提出 ・損益計算書、貸借対照表を添付して確定申告書を提出
10万円 （②）	・山林所得または不動産所得（事業的規模でない） ・貸借対照表を添付しないで申告書を提出 ・期限後申告など

ポイント：青色申告の特典

青色申告の特典	純損失の繰越控除（翌年以降3（③）年間）
	純損失の繰戻還付
	棚卸資産の評価における低価法（④）の選択
	〜事業所得、不動産所得（事業的規模に限る）の場合〜
	一定要件のもと、青色事業専従者給与を必要経費に算入できる
	最高55万円（電子申告等の場合は65万円）の青色申告特別控除を適用できる
	上記要件を満たさない場合は最高10万円

問2

重要度 B

Aさんの本年分の所得税の課税等に関する次の記述①～③について、適切なものには○印を、不適切なものには×印を解答用紙に記入しなさい。

① 「妻Bさんは、青色事業専従者として給与の支払を受けていますので、妻Bさんの合計所得金額の多寡にかかわらず、控除対象配偶者には該当せず、Aさんは配偶者控除の適用を受けることはできません」

② 「Aさんは母Cさんに係る扶養控除の適用を受けることができます。母Cさんに係る扶養控除の額は58万円です」

③ 「契約者（＝保険料負担者）および死亡保険金受取人をAさん、被保険者を妻Bさんとする定期保険（10年更新）に加入した場合、Aさんが支払う保険料は、事業所得の金額の計算上、必要経費として認められます」

正解 ① ○ ② ○ ③ × テキスト4章 ①P360、P390、②P365、③P367

①適切 **青色事業専従者給与の支払いを受けている人**は、所得・収入を問わず、**配偶者（特別）控除、扶養控除の適用はありません。**

②適切 扶養控除は、生計を一にする16歳以上である親族等（配偶者以外）の合計所得金額が**48万円以下**である場合に適用を受けることができます。母Cさん（81歳）が受け取る老齢給付60万円は公的年金等控除額（**110万円**）以下であるため、所得はゼロとなります。母Cさんは**70歳以上の同居老親等**に該当するため、**58万円**となります。

③不適切 契約者（保険料負担者）および死亡保険金受取人が本人、被保険者を配偶者とする定期保険の保険料は**生命保険料控除**の対象となります。

問3 重要度

Aさんの本年分の所得税の算出税額を計算した下記の表の空欄①～③に入る最も適切な数値を求めなさい。なお、問題の性質上、明らかにできない部分は「□□□」で示してある。

(a) 総所得金額	(①) 円
社会保険料控除	□□□円
生命保険料控除	□□□円
地震保険料控除	□□□円
扶養控除	□□□円
基礎控除	(②) 円
(b) 所得控除の額の合計額	2,000,000 円
(c) 課税総所得金額 ((a) − (b))	□□□円
(d) 算出税額 ((c) に対する所得税額)	(③) 円

＜資料＞所得税の速算表

課税総所得金額			税率	控除額
万円超		万円以下		
	～	195	5%	−
195	～	330	10%	9万7,500円
330	～	695	20%	42万7,500円
695	～	900	23%	63万6,000円
900	～	1,800	33%	153万6,000円
1,800	～	4,000	40%	279万6,000円
4,000	～		45%	479万6,000円

正解	① **5,350,000** (円)	② **480,000** (円)	③ **242,500** (円)

テキスト 4 章　① P345-347、② P359、③ P374

①総所得金額は**総合課税**の対象となる所得金額の合計額であり、設問の事業所得、雑所得、一時所得は総合課税の対象となります。

生命保険契約に基づく年金収入に係る雑所得（その他の雑所得）は、**「収入金額－必要経費」**により求めます。
100万円－80万円＝20万円

一時所得は**「収入金額－収入を得るために支出した金額－特別控除（最高50万円）」**で求めます。
設問の養老保険の満期保険金は、契約者（保険料負担者）が受け取っており、保険期間が5年超であるため、総合課税の対象となります。
440万円－360万円－50万円＝30万円
総所得金額に算入される金額は、**損益通算後の1／2**となります。
30万円×1／2＝15万円

総所得金額＝500万円＋20万円＋15万円＝5,350,000円

②納税者本人の合計所得金額が**2,400万円以下であるため、基礎控除額は480,000円**となります。

③課税総所得金額に対する所得税額は、課税総所得金額（総所得金額－所得控除）に税率を乗じて求めます。
課税総所得金額＝5,350,000円－2,000,000円＝3,350,000円
3,350,000円×20％－427,500円＝242,500円

4章 ● タックスプランニング

実技試験

【金財】 個人資産相談業務・生保顧客資産相談業務

431

第5章 傾向と対策

不動産にまつわる税金と法律を中心に出題されます。関連性を踏まえながら、全体を俯瞰してマスターしていきましょう。

※金財の実技試験の生保顧客資産相談業務では、空き家の譲渡が出題されています。

頻出問題のキーワード

＜学科試験＞
不動産登記、不動産の価格、宅建業法、不動産の売買契約、借地借家法、建物区分所有法、都市計画法、建築基準法、不動産の取得と税金、不動産の保有と税金、不動産の譲渡所得、居住用財産の譲渡の特例、土地の有効活用、不動産投資の採算性の判定

＜実技試験＞
【日本FP協会】建築基準法、不動産登記、不動産の譲渡所得、4つの価格、不動産所得・収支・利回り、借家契約

【金財】建築基準法、土地の有効活用、譲渡所得

不動産

学科試験問題&解答
- 不動産の基本
- 不動産の取引
- 不動産に関する法令上の規制
- 不動産にかかる税金と特例
- 不動産の有効活用と投資分析

実技試験問題&解答
- [日本FP協会] 資産設計提案業務
- [金財] 個人資産相談業務

※解説は特に断りがない限り、所得税の税率には復興特別所得税を含めて表記しています。

不動産の基本

1 重要度 A　　　　　　　　　　　　　　　　　　　［2020年9月］

不動産の登記や調査に関する次の記述のうち、最も不適切なものはどれか。

1. 不動産の登記記録において、土地の所有者とその土地上の建物の所有者が異なる場合は、その土地の登記記録に借地権設定の登記がなくても、借地権が設定されていることがある。
2. 公図（旧土地台帳附属地図）は、登記所に備え付けられており、対象とする土地の位置関係等を確認する資料として有用である。
3. 登記の目的が抵当権の設定である場合、不動産の登記記録の権利部乙区に、債権額や抵当権者の氏名または名称などが記載される。
4. 不動産登記には公信力があるため、登記記録を確認し、その登記記録の内容が真実であると信じて取引した場合には、その登記記録の内容が真実と異なっていても法的な保護を受けることができる。

2   重要度 A　　　　　　　　　　　　　　　　　［2018年5月］

不動産の登記に関する次の記述のうち、最も適切なものはどれか。

1. 不動産の登記記録は、当該不動産の所有者の住所地である市町村および特別区の役所や役場に備えられている。
2. 不動産の売買契約を締結した当事者は、当該契約締結後3ヵ月以内に、所有権移転の登記をすることが義務付けられている。
3. 不動産の登記事項証明書の交付を請求することができるのは、当該不動産に利害関係を有する者に限られる。
4. 不動産の登記記録を信じて土地を取得した者は、その登記記録の権利関係が真実と異なっていたときには、原則として、その土地に対する権利は法的に保護されない。

| 5 章 ● 不動産 |
| 学科試験 |

4 が不適切　　　　　　　　　　　テキスト5章　1) 3) 4) P436-439、2) P440

1．適切　　賃借権を登記するには、借地権設定者（土地所有者）の承諾が必要となるため、登記されていないことが多くなっています。そのため、借地権自体が登記できなくても、**借地上の建物を登記**することで、借地権を対抗できます。

2．適切　　公図の精度は高くないものの、位置関係を確認するための資料としては有用です。一方、不動産登記法14条地図は現地復元能力を有する精度の高い地図として、整備が進められています。

3．適切　　なお、**権利部甲区は所有権**に関する事項が記載されます。

4．**不適切**　**不動産登記には公信力がない**ため、登記記録を確認し、その登記記録の内容が真実であると信じて取引した者は、原則、その登記記録の内容が真実と異なっている場合には法的な保護を受けることができません。そのため、現地調査等や固定資産税の納税状況等の調査も重要とされます。

4 が適切　　　　　　　　　　　　テキスト5章　1) 2) 4) P438、3) P439

1．不適切　不動産の登記記録は、不動産所在地の**登記所（法務局）**に備え付けられています。

2．不適切　現在、売買による取得の場合、**権利の登記は任意**とされています。
　　　　　なお、2024年4月以降、相続による取得は登記が義務化されます。

3．不適切　不動産の登記事項証明書の交付の請求は、**誰でも**できます。

4．**適切**　**不動産登記には公信力がない**ため、登記記録を確認し、その登記記録の内容が真実であると信じて取引した者は、原則、その登記記録の内容が真実と異なっている場合には法的な保護を受けることができません。そのため、現地調査等や固定資産税の納税状況等の調査も重要とされます。

3   [2019年5月]

土地の価格に関する次の記述のうち、最も不適切なものはどれか。

1. 相続税路線価は、地価公示の公示価格の70％を価格水準の目安として設定されている。
2. 固定資産税評価額は、原則として、3年ごとの基準年度において評価替えが行われる。
3. 地価公示の公示価格は、毎年1月1日を価格判定の基準日としている。
4. 都道府県地価調査の基準地の標準価格は、毎年7月1日を価格判定の基準日としている。

4   [2018年9月]

土地の価格に関する次の記述のうち、最も適切なものはどれか。

1. 地価公示の公示価格の価格判定の基準日は、毎年7月1日である。
2. 都道府県地価調査の基準地は、地価公示の標準地と同じ地点に設定されることはない。
3. 相続税路線価は、地価公示の公示価格の80％を価格水準の目安として設定されている。
4. 固定資産課税台帳に登録する土地の価格は、都道府県知事が決定する。

1 が不適切   テキスト5章　P433

1. **不適切**　相続税路線価は、地価公示の公示価格の**80%**を価格水準の目安としています。一方、評価替えの基準年度における固定資産税評価額は、公示価格の**70%**を価格水準の目安として決定されます。

2. 適切　なお、公示価格、基準地の標準価格、相続税路線価は**毎年**、評価替えが行われます。

3. 適切　なお、相続税路線価、固定資産税評価額も**1月1日**時点の価額として評価されます。

4. 適切　なお、標準価格の公表日は9月下旬ごろです。

---

3 が適切   テキスト5章　P433

1. 不適切　地価公示の公示価格の価格判定の基準日は、**毎年1月1日**、都道府県地価調査の基準地標準価格の基準日は、**毎年7月1日**です。

2. 不適切　地価公示の標準地と都道府県地価調査の基準地の**一部は、同じ地点**に設定されています。

3. **適切**　相続税路線価は、地価公示の公示価格の**80%**を価格水準の目安として、固定資産税評価額は、地価公示の公示価格の**70%**を価格水準の目安として設定されています。

4. 不適切　固定資産課税台帳に登録する価格は、**市町村長**（東京23区は東京都知事）が決定します。

5 重要度 B　　　　　　　　　　　　　　　　[2022年9月]

不動産鑑定評価基準における不動産の鑑定評価に関する次の記述のうち、最も不適切なものはどれか。

1. 不動産の価格を求める鑑定評価の基本的な手法は、原価法、取引事例比較法および収益還元法に大別され、鑑定評価に当たっては、対象不動産に係る市場の特性等を考慮し、これらのうち最も適した1つの手法に限定して適用することとされている。
2. 最有効使用の原則は、不動産の効用が最高度に発揮される可能性に最も富む使用を前提として把握される価格を標準として不動産の価格が形成されるとする原則である。
3. 原価法は、価格時点における対象不動産の再調達原価を求め、この再調達原価について減価修正を行って対象不動産の価格を求める手法である。
4. 収益還元法は、対象不動産が賃貸用不動産である場合だけでなく、自用の不動産であっても、賃貸を想定することにより適用されるものであるとされている。

| 1 | が不適切 | テキスト5章　P434 |

1. **不適切**　対象不動産に係る市場の特性等を適切に**反映した複数の方法を適用すべき**であり、1つの手法に限定して適用すべきではありません。

2. 適切　**「最高度」**の部分を**「標準的」**とひっかける問題に注意しましょう。

3. 適切　**「増加修正」**でひっかける問題に注意しましょう。なお、価格時点とは価格判定の基準日のことです。

4. 適切　「実際に賃貸の用に供されていない**自用の不動産は収益還元法で評価できない」とひっかける問題**に注意しましょう。

不動産の取引

6 ☑☑☐ 重要度 **B** [2019年5月]

宅地建物取引業法に関する次の記述のうち、最も適切なものはどれか。なお、買主は宅地建物取引業者ではないものとする。

1. 宅地建物取引業者は、自ら売主となる宅地・建物の売買契約を締結したときは、当該買主に、遅滞なく、宅地建物取引士をして、宅地建物取引業法第35条に規定する重要事項を記載した書面を交付して説明をさせなければならない。

2. 宅地建物取引業者は、自ら売主となる宅地・建物の売買契約の締結に際して、売買代金の2割を超える額の手付を受領することができない。

3. 宅地建物取引業者が、宅地・建物の貸借の媒介を行う場合に、貸主・借主の双方から受け取ることのできる報酬の合計額の上限は、賃料の2ヵ月分に相当する額である。

4. 専任媒介契約の有効期間は、3ヵ月を超えることができず、これより長い期間を定めたときは、その契約は無効とされる。

7 ☑☑☐ 重要度 **A** [2019年9月]

不動産の売買契約に係る民法の規定に関する次の記述のうち、最も適切なものはどれか。なお、特約については考慮しないものとする。

1. 買主が売主に解約手付を交付した場合、買主が代金を支払った後であっても、売主は、自らが契約の履行に着手するまでは、受領した手付の倍額を買主に現実に提供して契約を解除することができる。

2. 未成年者が法定代理人の同意を得ずに不動産の売買契約を締結した場合、原則として、その法定代理人だけでなく、未成年者本人も、当該売買契約を取り消すことができる。

3. 不動産について二重に売買契約が締結された場合、当該複数の買主間においては、原則として、売買契約を先に締結した者が当該不動産の所有権を取得する。

4. 共有となっている建物について、自己が有している持分を第三者に譲渡するときは、他の共有者全員の同意を得なければならない。

5章 ● 不動産

学科試験

2 が適切　　　　　　　　　　　　　テキスト5章　1）4）P443、2）P445、3）P444

1. **不適切**　重要事項説明は、**契約前**に行います。

2. **適切**　宅地建物取引業者が自ら売主、宅地建物取引業者以外が買主である場合、手付金は売買代金の2割を超えることはできず、**2割を超える部分は無効**とされます。

3. **不適切**　宅地建物取引業者が、宅地・建物の貸借の媒介を成立させた場合、貸主・借主の双方から受け取ることができる報酬の合計額は、**賃料の1カ月分が上限**とされます。

4. **不適切**　専任媒介契約および専属専任媒介契約の存続期間は**3カ月**を超えることはできず、これより長い期間を定めたときは、その契約は3カ月とされます。

2 が適切　　　　　　　　　　　　　テキスト5章　1）P445、2）P450、3）P437、4）P448

1. **不適切**　手付解除は、**相手方が契約の履行に着手するまで**に限られます。

2. **適切**　未成年者が法定代理人の同意を得ずに、当事者として不動産の売買契約を締結した場合、本人または法定代理人はその契約を**取り消すことができます**。無効ではなく、取り消すことができる、一応有効な契約です。

3. **不適切**　同一の不動産について二重に売買契約が締結された場合、譲受人相互間（当該複数の買主間）においては、原則として、**先に所有権を登記**した者が当該不動産の所有権を取得します。

4. **不適切**　共有となっている建物について、**自己が有している持分を第三者に譲渡**するときは、**他の共有者全員の同意を得る必要はありません。**なお、共有物全部を第三者に譲渡するときは、他の共有者も含めて全員の同意が必要となります。

8 重要度 A　　　　　　　　　　　　　　　　　　[2022年1月]

不動産の売買契約に係る民法の規定に関する次の記述のうち、最も適切なものはどれか。なお、特約については考慮しないものとする。

1. 買主が売主に解約手付を交付した場合、買主が契約の履行に着手するまでは、売主は受領した解約手付を返還して当該契約の解除をすることができる。
2. 売主が種類または品質に関して契約の内容に適合しないことを知りながら、売買契約の目的物を買主に引き渡した場合、買主は、その不適合を知った時から1年以内にその旨を売主に通知しなければ、その不適合を理由として契約の解除をすることができない。
3. 売買の目的物である建物が、売買契約締結後から引渡しまでの間に台風等の天災によって滅失した場合、買主は売買代金の支払いを拒むことができない。
4. 売買契約締結後、買主の責めに帰さない事由により、当該契約の目的物の引渡債務の全部が履行不能となった場合、買主は履行の催告をすることなく、直ちに契約の解除をすることができる。

| **4** | が適切 | テキスト5章　1) P445、2) 3) P446、4) P447 |

1. **不適切**　買主が売主に解約手付を交付した場合、**買主が契約の履行に着手する
まではは、売主は受領した解約手付の倍額を現実に提供**すれば、当該契
約の**解除をすることができます**。

2. **不適切**　売主が種類または品質に関して**契約の内容に適合しないことを知りな
がら**、売買契約の目的物を買主に引き渡した場合、買主は、その**不適
合を知った時から1年以内にその旨を売主に通知しなくても、不適合
を理由として契約の解除**をすることができます。

3. **不適切**　売買の目的物である建物が、**売買契約締結後から引渡しまでの間に買
主の責めに帰さない事由によって滅失**した場合、買主は売買代金の**支
払いを拒むことができます**。

4. **適切**　売買契約締結後、買主の責めに帰さない事由により、当該契約の**目的
物の引渡債務の全部が履行不能**となった場合、買主は**履行の催告をす
ることなく、直ち**に契約の**解除**をすることが**できます**。

不動産に関する法令上の規制

9   ［2020年9月］

借地借家法に関する次の記述のうち、最も適切なものはどれか。なお、本問においては、同法第22条から第24条の定期借地権等以外の借地権を普通借地権という。

1. 普通借地権の設定契約において、期間の定めがない場合には、存続期間は50年となる。
2. 普通借地権の当初の存続期間が満了して更新する場合、当事者間で更新後の存続期間を更新の日から10年と定めたときは、更新後の存続期間は更新の日から10年とされる。
3. 事業用定期借地権等においては、建物の用途は事業用に限定されているため、法人が従業員向けの社宅として利用する建物の所有を目的として設定することができない。
4. 事業用定期借地権等の設定を目的とする契約は、書面によってしなければならないが、その書面が公正証書である必要はない。

10   ［2020年1月］

借地借家法に関する次の記述のうち、最も適切なものはどれか。なお、本問においては、同法第22条の借地権を一般定期借地権といい、同法第22条から第24条の定期借地権等以外の借地権を普通借地権という。

1. 普通借地権の存続期間は20年とされているが、当事者が契約でこれより長い期間を定めたときは、その期間とする。
2. 普通借地権の当初の存続期間が満了する場合、借地上に建物が存在しなくても、借地権者が借地権設定者に契約の更新を請求したときは、従前の契約と同一の条件で契約を更新したものとみなされる。
3. 一般定期借地権において、もっぱら居住の用に供する建物の所有を目的とするときは、存続期間を30年として設定することができる。
4. 一般定期借地権において、契約の更新および建物の築造による存続期間の延長がなく、建物等の買取りの請求をしないこととする旨を定める特約は、公正証書による等書面によってしなければならない。

3 **が適切** テキスト5章 1) P452、2) 3) 4) P453

1. 不適切 普通借地権の存続期間の定めがない場合は30年とされます。なお、存続期間を定める場合は**30年以上**で定めるものとされ、30年よりも短い期間を定めた場合は**30年**とします。

2. 不適切 普通借地権の当初の存続期間が満了し、更新する場合、**最初**の更新後の存続期間は**20年**、**その後**の更新後の存続期間は**10年**とされ、当事者間でこれよりも長い期間を定めたときはその期間とされます。

3. **適切** 事業用定期借地権等は、居住用建物の建築を目的として設定することはできず、**賃貸住宅、寮、社宅**の所有を目的として設定することもできません。

4. 不適切 事業用定期借地権等の設定契約は必ず**公正証書**で行います。なお、一般定期借地権の設定契約は公正証書以外の書面でもできます。

---

4 **が適切** テキスト5章 1) P452、2) 3) 4) P453

1. 不適切 普通借地権の存続期間を定める場合は**30年以上**で定めるものとされ、30年以上の期間を定めるとその期間とし、30年よりも短い期間を定めた場合は**30年**とします。

2. 不適切 普通借地権の当初の存続期間が満了する場合、借地権者が借地権設定者にその契約の更新を請求したときは、**借地上に建物が存在する場合に限り**、従前の契約と同一の条件（期間を除く）で契約を更新したものとみなされます。建物がない場合は、法定更新されません。

3. 不適切 一般定期借地権の存続期間は、建物の用途を問わず、**50年以上**で設定します。

4. **適切** 一般定期借地権の設定契約は**公正証書等の書面**で行います。なお、事業用定期借地権等の設定契約は必ず公正証書で行います。

11 [2022年9月]

借地借家法に関する次の記述のうち、最も適切なものはどれか。なお、本問においては、同法第38条による定期建物賃貸借契約を定期借家契約といい、それ以外の建物賃貸借契約を普通借家契約という。また、記載された特約以外のものについては考慮しないものとする。

1. 普通借家契約において存続期間を1年未満に定めた場合、その存続期間は1年とみなされる。
2. 期間の定めがある普通借家契約において、賃借人は、正当の事由がなければ、賃貸人に対し、更新しない旨の通知をすることができない。
3. 定期借家契約は、もっぱら居住の用に供する建物に限られ、事業の用に供する建物については締結することができない。
4. 定期借家契約において、その賃料が、近傍同種の建物の賃料に比較して不相当となっても、賃貸借期間中は増減額させないこととする特約をした場合、その特約は有効である。

12 [2021年1月]

借地借家法に関する次の記述のうち、最も適切なものはどれか。なお、本問においては、同法第38条による定期建物賃貸借契約を定期借家契約といい、それ以外の建物賃貸借契約を普通借家契約という。
また、記載のない事項については考慮しないものとする。

1. 普通借家契約において存続期間を6ヵ月と定めた場合、その存続期間は1年とみなされる。
2. 普通借家契約において、賃借人は、その建物の賃借権の登記がなくても、引渡しを受けていれば、その後その建物について物権を取得した者に賃借権を対抗することができる。
3. 定期借家契約は、契約当事者の合意があっても、存続期間を6ヵ月未満とすることはできない。
4. 定期借家契約は、公正証書によって締結しなければならない。

4 が適切　　　　　　　　　　　　　　　　　テキスト5章　1)2)3) P455、4) P456

1. 不適切　普通借家契約において存続期間を1年未満に定めた場合、**期間の定めがないもの**とみなされます。

2. 不適切　期間の定めがある普通借家契約において、**賃貸人は、正当の事由がなければ、更新を拒絶できませんが、賃借人は正当事由は問われません。**

3. 不適切　**建物用途を問わず**、定期借家契約を利用できます。

4. **適切**　なお、**普通借家契約**において、その賃料について、賃貸借期間中、**増額しない特約は有効**ですが、**減額しない特約は無効**となります。

---

2 が適切　　　　　　　　　　　　　　　　　　　　　テキスト5章　P455

1. 不適切　普通借家契約において存続期間を1年未満で定めた場合、**期間の定めのない**契約とみなされます。

2. **適切**　普通借家契約および定期借家契約において、賃借人は、その建物の賃借権の登記がなくても、**引渡し**を受けていれば、その後その建物について物権を取得した者に賃借権を対抗することができます。

3. 不適切　定期借家契約は、**自由に定めることができ**、1年未満の期間でも有効です。

4. 不適切　定期借家契約は、**公正証書等の書面**によって、締結しなければなりません。

13 [2021年1月]

建物の区分所有等に関する法律に関する次の記述のうち、最も適切なものはどれか。

1. 区分所有建物ならびにその敷地および附属施設の管理を行うための区分所有者の団体（管理組合）は、区分所有者全員で構成される。
2. 区分所有建物のうち、構造上の独立性と利用上の独立性を備えた建物の部分は、区分所有権の目的となる専有部分であり、規約によって共用部分とすることはできない。
3. 規約を変更するためには、区分所有者および議決権の各5分の4以上の多数による集会の決議が必要となる。
4. 集会の招集の通知は、規約で別段の定めをしない限り、開催日の少なくとも1カ月前に会議の目的たる事項を示して各区分所有者に発しなければならない。

14   [2020年1月]

建物の区分所有等に関する法律に関する次の記述のうち、最も不適切なものはどれか。

1. 規約を変更するためには、区分所有者および議決権の各4分の3以上の多数による集会の決議が必要となる。
2. 区分所有建物のうち、構造上の独立性と利用上の独立性を備えた部分は、区分所有権の目的となる専有部分の対象となり、規約によって共用部分とすることはできない。
3. 区分所有者以外の専有部分の占有者は、建物またはその敷地もしくは附属施設の使用方法について、区分所有者が規約または集会の決議に基づいて負う義務と同一の義務を負う。
4. 共用部分に対する区分所有者の共有持分は、規約に別段の定めがない限り、各共有者の専有部分の床面積の割合による。

1 が適切　　　　　　　　　　　　　　　　テキスト5章　P457-459

1. **適切**　区分所有者は**全員**管理組合の組合員となり、区分所有者である限り、管理組合を任意に脱退できません。

2. 不適切　区分所有建物のうち、専有部分の対象となりうる部分を、規約によって共用部分とすることもできます（**規約共用部分**）。集会室、管理人室等が該当します。

3. 不適切　規約の設定、変更、廃止をするには、区分所有者および議決権の各**4分の3以上**の多数による集会の決議が必要となります。**5分の4は**「**建替え**」の場合です。

4. 不適切　集会の招集の通知は、規約で別段の定めをしない限り、開催日の少なくとも1週間前に会議の目的たる事項を示して各区分所有者に発しなければなりません。なお、建替え決議の招集は2カ月前までに通知しなければなりません。

2 が不適切　　　　　　　　　　　　　　　　テキスト5章　P457-459

1. 適切　なお、**建替えの場合は5分の4以上**です。

2. **不適切**　区分所有建物のうち、専有部分の対象となりうる部分を、規約によって共用部分とすることもできます（**規約共用部分**）。集会室、管理人室等が該当します。

3. 適切　使用方法とは暮らし方のルールなどをいい、所有者のみでなく、**占有者**（賃借人等）もルールを守らなければなりません。

4. 適切　共用部分に対する区分所有者の共有持分は、**専有部分の床面積割合**によります。一般に、管理費や修繕積立金の負担はこの割合により計算されます。

15   [2021年1月]

都市計画法に関する次の記述のうち、最も不適切なものはどれか。

1. 都市計画区域内において、用途地域が定められている区域については、防火地域または準防火地域のいずれかを定めなければならない。
2. 市街化区域については用途地域を定め、市街化調整区域については原則として用途地域を定めないものとされている。
3. 市街化区域は、すでに市街地を形成している区域およびおおむね10年以内に優先的かつ計画的に市街化を図るべき区域とされている。
4. 三大都市圏の一定の区域や一定の大都市の都市計画区域においては、都市計画に市街化区域と市街化調整区域との区分を定めるものとされている。

16   [2018年9月]

都市計画法に関する次の記述のうち、最も適切なものはどれか。

1. 都市計画区域内において、用途地域が定められている区域については、防火地域または準防火地域のいずれかを定めなくてはならない。
2. 都市計画法の規定によれば、市街化調整区域は、おおむね10年以内に優先的かつ計画的に市街化を図るべき区域とされている。
3. 分筆は、その行為が建築物の建築または特定工作物の建設を目的としていなくても、都市計画法上の開発行為に該当する。
4. 土地区画整理事業の施行として行う開発行為には、都道府県知事等の許可を必要としない。

1　1 が不適切

テキスト5章　P461-463

1. **不適切**　防火地域または準防火地域は、用途地域の内外において定めることができます。**任意**であり、義務ではありません。

2. 適切　なお、用途地域は13種類あります。

3. 適切　なお、市街化調整区域は、**市街化を抑制すべき区域**です。

4. 適切　原則として、市街化区域と市街化調整区域の線引きは、**原則、都道府県の選択制**となっていますが、選択肢のようなケースは、市街化区域と市街化調整区域に線引きしなければなりません。

4　4 が適切

テキスト5章　P461-463

1. 不適切　防火地域または準防火地域は、用途地域の内外において定めることができます。**任意**であり、義務ではありません。

2. 不適切　**市街化区域は既に市街地を形成している区域およびおおむね10年以内に優先的かつ計画的に市街化を図るべき区域**、市街化調整区域は**市街化を抑制すべき区域**です。

3. 不適切　開発行為とは、**建築物の建築や特定工作物の建設の用に供することを目的として行う土地の区画形質の変更**をいいますので、建築物の建築または特定工作物の建設を目的としていない分筆は開発行為に該当しません。

4. **適切**　土地区画整理事業、市街地再開発事業の施行として行う開発行為について、都市計画法に基づく都道府県知事等の許可は不要です。

17   [2021年1月]

都市計画区域および準都市計画区域内における建築基準法の規定に関する次の記述のうち、最も不適切なものはどれか。

1. 建築物の敷地は、原則として、建築基準法に規定する道路に2m以上接していなければならない。
2. 工業の利便を増進するため定める地域である工業専用地域内には、原則として、住宅を建てることはできない。
3. 敷地の前面道路の幅員が12m未満である建築物の容積率は、原則として、前面道路の幅員により定まる容積率と都市計画で定められた容積率とのいずれか低い方が上限となる。
4. 防火地域内に耐火建築物を建築する場合は、建蔽率および容積率の双方の制限について緩和措置の適用を受けることができる。

18   [2018年5月]

都市計画区域および準都市計画区域内における建築基準法の規定に関する次の記述のうち、最も不適切なものはどれか。

1. 建築物の敷地は、原則として、建築基準法に規定する道路に、2m以上接していなければならない。
2. 建築物の敷地が異なる2つの用途地域にわたる場合の建築物の建蔽率および容積率は、その敷地の全部について、敷地の過半の属する用途地域の規制が適用される。
3. 建築物の敷地が異なる2つの用途地域にわたる場合の建築物の用途は、その建築物の全部について、敷地の過半の属する用途地域の建築物の用途に関する規定が適用される。
4. 建築基準法第42条第2項の道路に面している敷地のうち、道路と道路境界線とみなされる線までの間の敷地部分（セットバック部分）は、建蔽率および容積率を算定する際の敷地面積に算入することができない。

4 が不適切　　　　　　　　　　　テキスト5章　1) P466、2) P465、3) P471、4) P468

1. 適切　　接道義務を満たしていない敷地には、原則として建築物を建築できません。

2. 適切　　**工業専用地域**には、原則として、住宅を建築できません。

3. 適切　　建築物の敷地が接する前面道路（複数の道路がある場合は幅員が最大のもの）の幅員が**12m未満**である場合、容積率の上限は、都市計画の定める容積率または前面道路の幅員に一定の数値を乗じて求めた容積率の**いずれか低い方**が適用されます。

4. **不適切**　**防火地域内に耐火建築物**を建築する場合、**建蔽率の制限について緩和**措置を受けられますが、容積率についてこのような規定はありません。

---

2 が不適切　　　　　　　　　　　テキスト5章　1) 4) P466、2) P469、3) P465

1. 適切　　なお、建築基準法に規定する道路は、原則として幅員4m以上の一定のものをいいます。

2. **不適切**　建築物の敷地が異なる建蔽率・容積率の地域にわたる場合、**建築面積および延べ面積の上限**は各々「敷地面積×建蔽率・容積率」により計算した数値を合計して求めます（**加重平均**）。

3. 適切　　建築物の敷地が異なる2つの用途地域にわたる場合の建築物の用途は、**敷地の過半の属する地域**の用途制限が敷地全体に適用されます。

4. 適切　　幅員4m未満である道路に接する土地では、原則として道路の中心線から2m手前に下がった線（道路の反対側が崖地等であり後退できない場合、反対側（崖地等側）から4m後退した線）が道路境界線となり、道路境界線とみなされる線と道路との間の敷地部分（**セットバック部分**）は建蔽率および容積率を算定する際の**敷地面積に算入することができません**。

19 [2020年9月]

都市計画区域および準都市計画区域内における建築基準法の規定に関する次の記述のうち、最も不適切なものはどれか。

1. 建築物の高さに係る隣地斜線制限は、第一種低層住居専用地域、第二種低層住居専用地域および田園住居地域には適用されない。
2. 北側斜線制限（北側高さ制限）は、商業地域内の建築物について適用される。
3. 日影規制（日影による中高層の建築物の高さの制限）の対象区域外にある高さが10ｍを超える建築物で、冬至日において、対象区域内の土地に日影を生じさせるものは、当該対象区域内にある建築物とみなして、日影規制が適用される。
4. 工業地域および工業専用地域は、地方公共団体の条例で日影規制（日影による中高層の建築物の高さの制限）の対象区域として指定することはできない。

不動産にかかる税金と特例

20 [2020年1月]

不動産の取得に係る税金に関する次の記述のうち、最も不適切なものはどれか。

1. 不動産取得税は、贈与により不動産を取得した場合であっても課される。
2. 所有権移転登記に係る登録免許税の税率は、登記原因が贈与による場合の方が相続による場合に比べて高くなる。
3. 建物を新築して建物表題登記を申請する場合、登録免許税は課されない。
4. 個人が不動産会社から居住用建物を購入する場合、その売買取引は消費税の非課税取引とされる。

2 2 が不適切

テキスト5章　P473

1. 適切　　隣地斜線制限は、第一種・第二種低層住居専用地域および田園住居地域以外の用途地域、用途地域の指定のない区域で適用されます。なお、**第一種・第二種低層住居専用地域および田園住居地域では、絶対高さ制限**（10mまたは12m）が適用されます。

2. **不適切**　北側斜線制限は、**第一種・第二種低層住居専用地域および田園住居地域、日影規制のない第一種・第二種中高層住居専用地域**において適用されます。

3. 適切　　**商業地域、工業地域**および**工業専用地域**は、地方公共団体の条例で日影規制（日影による中高層の建築物の高さの制限）の対象区域として指定することはできません。ただし、日影規制（日影による中高層の建築物の高さの制限）の対象区域外にある高さが10mを超える建築物で、冬至日において、対象区域内の土地に日影を生じさせるものは、当該対象区域内にある建築物とみなして、日影規制が適用されます。

4. 適切　　3.の解説参照。

4 4 が不適切

テキスト5章　1) P479、2) 3) P482-483、4) P484

1. 適切　　不動産取得税は**相続**により不動産を取得した場合には**課税されません**が、**贈与**により取得した場合は**課税されます**。

2. 適切　　所有権移転登記に係る登録免許税の税率は、贈与は20／1,000、相続は4／1,000と贈与の方が高く、相続の方が低く設定されています。

3. 適切　　なお、**表題登記は義務**とされています。

4. **不適切**　消費税は、事業者が事業として対価を得て行う資産の譲渡、貸付、役務の提供に対して課税されます。なお、土地の譲渡、貸付は原則、非課税とされます。つまり、個人が**不動産会社（事業者）から居住用建物を購入する場合、消費税が課税されます**。

21 [2019年5月]

不動産の取得に係る税金に関する次の記述のうち、最も不適切なものはどれか。

1. 不動産取得税は、相続により不動産を取得した場合には課されない。
2. 所定の要件を満たす戸建て住宅（認定長期優良住宅を除く）を新築した場合、不動産取得税の課税標準の算定に当たっては、1戸につき最高1,200万円を価格から控除することができる。
3. 不動産に抵当権設定登記をする際の登録免許税の課税標準は、当該不動産の相続税評価額である。
4. 所有権移転登記に係る登録免許税の税率は、登記原因が贈与による場合と相続による場合では異なる。

22  [2020年9月]

不動産に係る固定資産税および都市計画税に関する次の記述のうち、最も不適切なものはどれか。

1. 固定資産税の納税義務者は、年の中途にその対象となる土地または家屋を売却した場合であっても、その年度分の固定資産税の全額を納付する義務がある。
2. 住宅用地に係る固定資産税の課税標準については、住宅用地で住宅1戸当たり300m²以下の部分について課税標準となるべき価格の6分の1の額とする特例がある。
3. 都市計画税は、都市計画区域のうち、原則として市街化調整区域内に所在する土地または家屋の所有者に対しては課されない。
4. 都市計画税の税率は各地方自治体の条例で定められるが、100分の0.3を超えることはできない。

| **3** | が不適切 | テキスト5章　1) P479、2) P480、3) P482、4) P483 |

1. 適切　　不動産取得税は**相続**により取得した場合には**課税されません**が、**贈与**により取得した場合は**課税されます**。なお、所有権移転登記に係る登録免許税は、相続・贈与のいずれによる取得の場合も課税されます。

2. 適切　　要件を満たす新築住宅は、自己居住用のほか、貸付用住宅でも適用されます。

3. **不適切**　抵当権設定登記の登録免許税は**債権金額**（根抵当権の場合は極度額）が課税標準となります。なお、所有権の保存登記、移転登記の登録免許税は**固定資産税評価額**が課税標準となります。

4. 適切　　所有権移転登記に係る登録免許税の税率は、贈与は20／1,000、相続は4／1,000と**贈与の方が高く、相続の方が低く**設定されています。

| **2** | が不適切 | テキスト5章　1) 2) P486、3) 4) P487 |

1. 適切　　固定資産税および都市計画税は、毎年**1月1日**における所有者に課税されるため、年の途中に売買等により所有者が変わっても、納税義務者は変わりません。

2. **不適切**　固定資産税における小規模住宅用地（住宅用地で住宅1戸あたり**200m²以下**の部分）の課税標準は、課税標準となるべき価格の**6分の1**、一般住宅用地（住宅用地で1戸あたり200m²超の部分）の課税標準は、課税標準となるべき価格の3分の1となります。

3. 適切　　都市計画税は、都市計画区域のうち、原則として**市街化区域内**に所在する土地・家屋の所有者に対して課税されます。

4. 適切　　なお、下げることはできても、上げることができない税率の上限を制限税率といいます。

23   [2020年1月]

不動産に係る固定資産税および都市計画税に関する次の記述のうち、最も適切なものはどれか。

1. 土地および家屋に係る固定資産税の標準税率は1.4％と定められているが、各市町村は条例によってこれと異なる税率を定めることができる。
2. 都市計画税は、都市計画区域のうち、原則として市街化調整区域内に所在する土地または家屋の所有者に対して課される。
3. 地方税法において、固定資産税における小規模住宅用地（住宅用地で住宅1戸当たり200m^{2}以下の部分）の課税標準については、課税標準となるべき価格の3分の1の額とする特例がある。
4. 地方税法において、所定の要件を満たす新築住宅に係る固定資産税は、1戸当たり120m^{2}以下の床面積に相当する部分の税額について、一定期間にわたり5分の1に軽減される特例がある。

24   [2020年9月]

個人が土地を譲渡した場合の譲渡所得に関する次の記述のうち、最も不適切なものはどれか。

1. 譲渡所得のうち、土地を譲渡した日の属する年の1月1日における所有期間が10年以下のものについては短期譲渡所得に区分される。
2. 譲渡所得の金額の計算上、取得費が不明な場合には、譲渡収入金額の5％相当額を取得費とすることができる。
3. 譲渡するために直接要した仲介手数料は、譲渡所得の金額の計算上、譲渡費用に含まれる。
4. 土地の譲渡に係る譲渡所得の金額は、当該土地の所有期間の長短にかかわらず、他の所得の金額と合算せず、分離して税額が計算される。

1 が適切

テキスト5章　1) 3) P486、2) 4) P487

1. 適切　固定資産税の税率は条例で上げることも下げることもできます。このような税率を標準税率といいます。なお、都市計画税の税率0.3％は、条例で下げることはできますが、上げることはできません。

2. 不適切　都市計画税は、都市計画区域のうち、原則として**市街化区域内**に所在する土地・家屋の所有者に対して課税されます。

3. 不適切　固定資産税における小規模住宅用地（住宅用地で住宅1戸あたり**200m²以下**の部分）の課税標準は、課税標準となるべき価格の**6分の1**、一般住宅用地（住宅用地で1戸あたり200m²超の部分）の課税標準は、課税標準となるべき価格の3分の1となります。

4. 不適切　所定の要件を満たす新築住宅に係る固定資産税は、1戸あたり**120m²以下**の床面積に相当する部分の税額について、一定期間にわたり**2分の1**に軽減される特例があります。

1 が不適切

テキスト5章　1) P491、2) P490、3) P489、4) P489、P491

1. 不適切　不動産の譲渡に係る所得について、その土地を譲渡した日の属する年の**1月1日**における所有期間が**5年以下**の場合には**短期譲渡所得**に区分され、**5年を超える**場合には**長期譲渡所得**に区分されます。

なお、総合課税の譲渡所得は、譲渡日時点の所有期間が5年以下は短期譲渡所得、5年超は長期譲渡所得に区分されます。

2. 適切　取得費が不明である場合のほか、取得費が譲渡収入金額の5％未満である場合も、概算取得費（譲渡収入金額の5％相当額）を取得費とすることができます。

3. 適切　その他、譲渡するための建物取り壊し費用等も譲渡費用に含まれます。

4. 適切　なお、原則の税率は、長期譲渡所得は所得税15.315％、住民税5％、短期譲渡所得は所得税30.63％、住民税9％です。

25 ☒☒☐ 重要度 A [2019年9月]

居住用財産を譲渡した場合の3,000万円の特別控除（以下「3,000万円特別控除」という）および居住用財産を譲渡した場合の長期譲渡所得の課税の特例（以下「軽減税率の特例」という）に関する次の記述のうち、最も不適切なものはどれか。

1. 3,000万円特別控除は、居住用財産を居住の用に供さなくなった日から3年を経過する日の属する年の12月31日までに譲渡しなければ、適用を受けることはできない。
2. 3,000万円特別控除は、譲渡した居住用財産の所有期間が、譲渡した日の属する年の1月1日において10年を超えていなければ、適用を受けることはできない。
3. 軽減税率の特例は、譲渡した居住用財産の所有期間が、譲渡した日の属する年の1月1日において10年を超えていなければ、適用を受けることはできない。
4. 軽減税率の特例では、課税長期譲渡所得金額のうち6,000万円以下の部分の金額について軽減税率が適用される。

26 ☐☐☑ 重要度 A [2019年5月]

居住用財産を譲渡した場合の3,000万円の特別控除（以下「3,000万円特別控除」という）および居住用財産を譲渡した場合の長期譲渡所得の課税の特例（以下「軽減税率の特例」という）に関する次の記述のうち、最も適切なものはどれか。

1. 3,000万円特別控除は、居住用財産を居住の用に供さなくなった日の属する年の翌年12月31日までに譲渡しなければ、適用を受けることができない。
2. 3,000万円特別控除は、居住用財産を配偶者に譲渡した場合でも、適用を受けることができる。
3. 軽減税率の特例では、課税長期譲渡所得金額のうち1億円以下の部分の金額について軽減税率が適用される。
4. 軽減税率の特例は、譲渡した居住用財産の所有期間が、譲渡した日の属する年の1月1日において10年を超えていなければ、適用を受けることができない。

2 が不適切　　　　　　　　　　　　　　テキスト5章　1) P492、2) 3) 4) P493

1. 適切　　居住用財産の譲渡の特例の共通の要件として、**居住の用に供さなく
なった日の属する年の3年後の12月31日までに譲渡**すること、**配偶
者、直系血族、生計を一にする親族への譲渡でないこと**等があります。

2. **不適切**　譲渡する居住用財産の所有期間について、**3,000万円特別控除には
要件がありません**が、**軽減税率の特例**は譲渡する年の1月1日時点で
10年超であることが要件とされます。

3. 適切　　2.の解説参照。

4. 適切　　軽減税率の特例の適用を受けた場合、課税長期譲渡所得金額のうち、
6,000万円以下の部分の税率は**所得税10.21％、住民税4％**に軽減
されます。

4 が適切　　　　　　　　　　　　　　テキスト5章　1) 2) P492、3) 4) P493

1. 不適切　居住用財産の譲渡の特例の共通の要件として、**居住の用に供さなく
なった日の属する年の3年後の12月31日までに譲渡**すること、**配偶
者、直系血族、生計を一にする親族への譲渡**でないこと等があります。

2. 不適切　1.の解説参照。

3. 不適切　軽減税率の特例の適用を受けた場合、課税長期譲渡所得金額のうち、
6,000万円以下の部分の税率は**所得税10.21％、住民税4％**に軽減
されます。

4. **適切**　**軽減税率の特例**は譲渡する年の1月1日時点で**10年超**であることが
要件とされます。なお、3,000万円特別控除には所有期間要件があり
ません。要件を満たせば、**3,000万円特別控除と軽減税率の特例は
併用できます**。

27 重要度 C [2022年9月]

「居住用財産の買換え等の場合の譲渡損失の損益通算及び繰越控除」(以下「本特例」という)に関する次の記述のうち、最も適切なものはどれか。

1. 納税者が本特例の適用を受けるためには、譲渡した居住用財産の所有期間が、譲渡した日の属する年の1月1日時点で10年を超えていなければならない。
2. 本特例のうち、譲渡損失の損益通算の特例の適用を受けるためには、買換資産を取得した日の属する年の12月31日時点において、買換資産に係る住宅借入金等の金額を有していなければならない。
3. 本特例のうち、譲渡損失の損益通算の特例の適用を受けるためには、納税者のその年分の合計所得金額が3,000万円以下でなければならない。
4. 納税者が本特例の適用を受けた場合、買換資産に係る住宅借入金等の金額を有していたとしても、住宅借入金等特別控除の適用を受けることはできない。

2 が適切　　　　　　　　　　　　　　テキスト5章　1）2）P496、3）4）P497

1. 不適切　買い換えた場合の特例、買い換えない場合の譲渡損失の損益通算および繰越控除は、いずれも、譲渡した居住用財産の所有期間が、譲渡した日の属する年の1月1日時点で**5年超**であることが要件となっています。

2. **適切**　なお、**買い換えない場合**の譲渡損失の損益通算および繰越控除は、**譲渡した日の前日において、譲渡資産に係る借入金残高を有していることが要件**となっています。

3. 不適切　納税者の**合計所得金額が3,000万円以下**でなければならないのは、損益通算の年ではなく、**翌年以降3年間の繰越控除の年**です。

4. 不適切　買い換えた場合の特例、買い換えない場合の**譲渡損失の損益通算および繰越控除**は、いずれも、所定の要件を満たせば、**住宅借入金等特別控除と併用することができます**。なお、譲渡した住宅についての**居住用財産の譲渡益が発生した場合の特例**と買換えで取得した住宅についての**住宅借入金等特別控除は併用**できません。

不動産の有効活用と投資分析

28 [2019年1月]

不動産の有効活用の手法等の一般的な特徴に関する次の記述のうち、最も適切なものはどれか。

1. 事業受託方式は、土地有効活用の企画、建設会社の選定、当該土地上に建設された建物の管理・運営および建設資金の調達のすべてをデベロッパーに任せる方式である。
2. 建設協力金方式は、建設する建物を借り受ける予定のテナント等から、建設資金の全部または一部を借り受けてビルや店舗等を建設する方式である。
3. 等価交換方式では、土地所有者は建物の建設資金を負担する必要はないが、土地の所有権の一部を手放すことにより、当該土地上に建設された建物の全部を取得することができる。
4. 定期借地権方式では、土地を一定期間貸し付けることによる地代収入を得ることができ、借地期間中の当該土地上の建物の所有名義は土地所有者となる。

29 [2018年5月]

土地の有効活用の手法の一般的な特徴についてまとめた下表の空欄（ア）～（エ）にあてはまる語句に関する次の記述のうち、最も適切なものはどれか。なお、本人とは有効活用する土地の所有者のことである。

有効活用の手法	土地の所有名義（有効活用後）	建物の所有名義	本人の建設資金負担の要否
事業受託方式	本人	（ア）	あり
建設協力金方式	（イ）	本人	なし
等価交換方式	本人、デベロッパー	本人、デベロッパー	なし
定期借地権方式	（ウ）	借地人	（エ）

1. （ア）の空欄には「デベロッパー」があてはまる。
2. （イ）の空欄には「テナント」があてはまる。
3. （ウ）の空欄には「借地人」があてはまる。
4. （エ）の空欄には「なし」があてはまる。

5
章 ● 不動産

学科試験

---

2 が適切　　　　　　　　　　　　　テキスト5章　1) P500、2) P502、3) 4) P501

1. 不適切　事業受託方式では、調査・企画、建物の設計・施工、建物の管理・運営をデベロッパーが行うため、土地所有者の業務の負担が軽減されます。なお、**資金調達は土地所有者**が自ら行います。

2. **適切**　建設協力金方式は、建物の建築資金の全部または一部をテナントが差し入れた建設協力金により調達します。

3. 不適切　等価交換方式は、土地所有者が土地の一部をデベロッパーに譲渡し、その対価をもって土地上にデベロッパーが建設した**建物の一部**（全部ではない）を譲り受ける譲渡方式です。なお、土地所有者に建物の建設資金の負担はありません。

4. 不適切　定期借地権方式では、土地を貸し付ける事業方式ですので、**建物の所有名義は借地人**となります。

---

4 が適切　　　　　　　　　　　　　テキスト5章　1) P500、2) P502、3) 4) P501

1. 不適切　（ア）の空欄には「**本人**」があてはまります。事業受託方式は、デベロッパーのサポートを受けるため、業務負担は軽減されますが、土地、建物の所有、資金調達はいずれも土地所有者となります。

2. 不適切　（イ）の空欄には「**本人**」があてはまります。建設協力金方式は、事業受託方式と似ていますが、テナントから調達した建設協力金により建物を建築する点で異なります。

3. 不適切　（ウ）の空欄には「**本人**」があてはまります。定期借地権方式は、土地を貸し付ける事業方式ですので、土地所有者は変わりません。

4. **適切**　（エ）の空欄には「**なし**」があてはまります。定期借地権方式は、建物は借地人が建築するため、本人の建設資金の負担はありません。

30   [2020年1月]

不動産の投資判断の手法等に関する次の記述のうち、最も適切なものはどれか。

1. IRR法（内部収益率法）による投資判断においては、内部収益率が対象不動産に対する投資家の期待収益率を上回っている場合、その投資は有利であると判定することができる。
2. 収益還元法のうち直接還元法は、連続する複数の期間に発生する純収益および復帰価格を、その発生時期に応じて現在価値に割り引き、それぞれを合計して対象不動産の収益価格を求める手法である。
3. NPV法（正味現在価値法）による投資判断においては、投資額の現在価値の合計額が対象不動産から得られる収益の現在価値の合計額を上回っている場合、その投資は有利であると判定することができる。
4. NOI利回り（純利回り）は、対象不動産から得られる年間の総収入を総投資額で除して算出される利回りである。

1 が適切　　　　　　　　　　　　　　　テキスト5章　1) 3) P506、2) P505、4) P504

1. **適切**　　IRR法（内部収益率法）は「**割合**」によって採算を判定します。**内部収益率が期待収益率を上回る場合（期待以上**である場合）、その投資は**有利**であると判定することができます。

2. 不適切　　収益還元法のうち直接還元法は、「**1年間の純収益（賃貸による純収益）÷還元利回り**」により求める方法です。選択肢は、収益還元法のうちDCF法により価格を求める方法です。

3. 不適切　　NPV法（正味現在価値法）は「**金額**」によって採算を判定します。投資判断においては、**投資不動産から得られる収益の現在価値の合計額（期待収益率により割り戻した現在価値）が投資額の現在価値の合計額を上回る場合**、その投資は**有利**であると判定することができます。選択肢のように、「投資額が収益の現在価値の合計額を上回る」＝「収益の現在価値の合計額が投資額を下回る」ということですので、その投資は有利とはいえません。

4. 不適切　　NOI利回りとは、対象不動産から得られる年間の総収入から諸経費を差し引いた純収益を総投資額で除して算出される利回りをいいます（**純収益÷総投資額×100（％）**）。

31 [2019年5月]

不動産の投資判断手法等に関する次の記述のうち、最も不適切なものはどれか。

1. DCF法は、連続する複数の期間に発生する純収益および復帰価格を、その発生時期に応じて現在価値に割り引いて、それぞれを合計して対象不動産の収益価格を求める手法である。
2. IRR法（内部収益率法）による投資判断においては、対象不動産に対する投資家の期待収益率が対象不動産の内部収益率を上回っている場合、その投資は有利であると判定することができる。
3. 借入金併用型投資では、投資収益率が借入金の金利を上回っている場合には、レバレッジ効果により自己資金に対する投資収益率の向上が期待できる。
4. NOI利回りは、対象不動産から得られる年間純収益を総投資額で除して算出される利回りであり、不動産の収益性を測る指標である。

| **2** | が不適切 | テキスト5章　1) 2) P506、3) P505、4) P504 |

1. **適切**　純収益を「賃貸による収益」、復帰価格を「売却価格」と考えて、賃貸収益と売却価格を期待収益率で現在価値に割り戻して価格を求めます。

2. **不適切**　IRR法（内部収益率法）は**「割合」**によって採算を判定します。**内部収益率が期待収益率を上回る場合（期待以上**である場合）、その投資は**有利**であると判定することができます。「期待収益率が内部収益率を上回る」＝「内部収益率（不動産の収益率）が期待収益率を下回る」ため、有利でないと判定します。

3. **適切**　レバレッジ効果とは、「てこ」のように、小さい力（自己資金）で大きな効果（収益）を上げることです。

4. **適切**　NOI利回りとは、対象不動産から得られる年間の総収入から諸経費を差し引いた純収益を総投資額で除して算出される利回りをいいます（**純収益÷総投資額×100（%）**）。

実技試験[日本FP協会] 資産設計提案業務

第1問 重要度 A [2021年1月]

下記＜資料＞は、長岡さんが購入を検討しているマンションの登記事項証明書の一部である。この登記事項証明書に関する次の（ア）〜（エ）の記述について、適切なものには○、不適切なものには×を解答欄に記入しなさい。

＜資料＞

全部事項証明書（建物）

表題部（専有部分の建物の表示）			不動産番号	××××××××××××
家屋番号	××三丁目20番7の707			余白
建物の名称	707			余白
①種類	②構造	③床面積 m²	原因及びその日付［登記の日付］	
居宅	鉄筋コンクリート造1階建	7階部分　72　45	平成24年○月○○日新築 ［平成24年○月○○日］	

表題部（敷地権の表示）			
①土地の符号	②敷地権の種類	③敷地権の割合	原因及びその日付［登記の日付］
1	所有権	65475分の985	平成24年○月○○日敷地権 ［平成24年○月○○日］

所有者	△△区××三丁目7番2号　株式会社LX不動産

権利部（甲区）（所有権に関する事項）			
順位番号	登記の目的	受付年月日・受付番号	権利者その他の事項
1	所有権保存	平成24年○月○○日 第○○○○○号	原因　平成24年○月○○日売買 所有者　△△区××一丁目4番1-101 　　　　関根健二

※下線のあるものは抹消事項であることを示す。

（ア）「権利部（甲区）」には、所有権の移転登記のほか、差押え等が記載される。
（イ）登記記録上、このマンションの707号室の現在の所有者は、株式会社LX不動産であることがわかる。
（ウ）長岡さんが金融機関からの借入れによりこのマンションの707号室を購入して金融機関が抵当権を設定した場合、抵当権設定に関する登記事項は「権利部（甲区）」に記載される。
（エ）登記事項証明書は、法務局において手数料を納付することにより、誰でも交付の請求をすることができる。

正解	（ア）◯	（イ）✕	（ウ）✕	（エ）◯

テキスト5章　（ア）（イ）（ウ）P436、（エ）P439

（ア）適切　　（ウ）の解説を参照。

（イ）不適切　表題部の株式会社LX不動産の部分に**下線がある**ため、抹消され
　　　　　　ていることがわかります。現在所有者は、権利部甲区から「関根
　　　　　　健二」さんと推定されます。

（ウ）不適切　権利部**甲区**は**所有権（差押えも含む）**に関する事項、権利部**乙区**
　　　　　　は所有権以外の権利に関する事項（**抵当権**、**賃借権**等）が記載さ
　　　　　　れます。

（エ）適切　　登記事項要約書、登記事項証明書の交付請求は**誰でも**法務局で
　　　　　　行うことができます。

第2問

[2019年5月]

下記＜資料＞は、井上さんが購入を検討している物件の登記事項証明書の一部である。この登記事項証明書に関する次の（ア）～（エ）の記述について、正しいものには〇、誤っているものには×を解答欄に記入しなさい。

＜資料＞

(A)（所有権以外の権利に関する事項）			
順位番号	登記の目的	受付年月日・受付番号	権利者その他の事項
1	抵当権設定	平成24年8月22日第337△2号	原因 平成24年8月7日保証委託契約に基づく求償債権平成24年8月22日設定 債権額 金3,500万円 損害金 年14％（年365日日割計算） 債務者 〇〇市△△区一丁目×番3号 　　　　細井孝 抵当権者 東京都千代田区△△三丁目□□ 　　　　KY株式会社

(ア) KY株式会社の抵当権の設定に関する事項が記載されている欄（A）は、「権利部（乙区）」である。

(イ) 登記事項証明書は、法務局などにおいて手数料を納付すれば、誰でも交付の請求をすることができる。

(ウ) 上記＜資料＞から、抵当権の設定当時、細井孝さんがこの土地の所有者であったことが確認できる。

(エ) 細井孝さんがKY株式会社への債務を完済すると、当該抵当権の登記は自動的に抹消される。

正解　(ア) ◯　(イ) ◯　(ウ) ✕　(エ) ✕

テキスト5章　(ア)(ウ)(エ) P436、(イ) P439

(ア) 正しい　所有権に関する権利は権利部甲区、所有権以外の権利（抵当権）は権利部乙区に記録されます。

(イ) 正しい　**なお、「所有者のみ」「所有者の承諾を得た者のみ」「市町村役場」などでひっかける問題も出題されます。**

(ウ) 誤り　債務者が細井さんであることはわかりますが、土地の所有者であったか否かは、権利部甲区を確認する必要があります。

(エ) 誤り　債務が完済した後、抵当権を抹消するには、抹消登記の申請をしなければなりません。

473

第3問 　　　　　　　　　　　　　　　　　　　　　　　　　[2020年9月]

公的な土地評価に関する下表の空欄（ア）〜（エ）にあてはまる語句の組み合わせとして、最も適切なものはどれか。

価格の種類	公示価格	基準地標準価格	固定資産税評価額	相続税路線価
所管	国土交通省	都道府県	市町村（東京23区は東京都）	国税庁
評価時点	毎年1月1日	毎年（ア）	原則として基準年度の前年1月1日。（イ）に1度評価替え	毎年1月1日
評価割合	–	–	公示価格の（ウ）程度	公示価格の（エ）程度

1. （ア）4月1日　　（イ）2年（ウ）7割（エ）8割
2. （ア）4月1日　　（イ）3年（ウ）8割（エ）7割
3. （ア）7月1日　　（イ）2年（ウ）8割（エ）7割
4. （ア）7月1日　　（イ）3年（ウ）7割（エ）8割

正解 **4** が適切　　　　　　　　　　　　　　　テキスト5章　P432-433

価格の種類	公示価格	基準地標準価格	固定資産税評価額	相続税路線価
所管	国土交通省	都道府県	市町村（東京23区は東京都）	国税庁
評価時点	毎年1月1日	毎年（ア 7月1日）	原則として基準年度の前年1月1日。（イ 3年）に1度評価替え	毎年1月1日
評価割合	－	－	公示価格の（ウ 7割）程度	公示価格の（エ 8割）程度

以上より、4.が正解となります。

レック先生のワンポイント

評価替えの頻度（毎年、3年ごと）、評価時点（1月1日、7月1日）、評価割合（7割、8割）を押さえましょう！

第4問

[2020年9月]

鶴見さんは、所有しているアパートを賃貸するに当たり、FPの榎田さんに借家契約の説明を受けた。借地借家法に基づく借家契約に関する下表の空欄（ア）～（エ）に入る最も適切な語句を語群の中から選び、その番号のみを解答欄に記入しなさい。なお、同じ語句を何度選んでもよいこととする。

		普通借家契約	定期借家契約
契約方法		制限はない	（ ア ）
契約の更新		（ イ ）	（ ウ ）
契約期間	1年未満の場合	（ エ ）	1年未満の契約も有効である
契約期間	1年以上の場合	制限はない	制限はない

〈語群〉
1. 制限はない　2. 公正証書等の書面による　3. 賃貸人に正当事由がない限り更新される　4. 期間満了により終了し、更新されない　5. 期間の定めのない契約とみなされる　6. 1年未満の契約期間も有効である

正解　（ア）2　（イ）3　（ウ）4　（エ）5　　テキスト5章　P455

		普通借家契約	定期借家契約
契約方法		制限はない	（ア　公正証書等の書面による）
契約の更新		（イ　賃貸人に正当事由がない限り更新される）	（ウ　期間満了により終了し、更新されない）
契約期間	1年未満の場合	（エ　期間の定めのない契約とみなされる）	1年未満の契約も有効である
契約期間	1年以上の場合	制限はない	制限はない

 レック先生のワンポイント

普通借家契約と定期借家契約の共通点、相違点を整理しておきましょう。

第5問 重要度 　　　　　　　[2020年9月]

建築基準法に従い、下記＜資料＞の土地に耐火建築物を建てる場合、建築面積の最高限度（ア）と延べ面積（床面積の合計）の最高限度（イ）の組み合わせとして、正しいものはどれか。なお、＜資料＞に記載のない条件については一切考慮しないこと。

＜資料＞

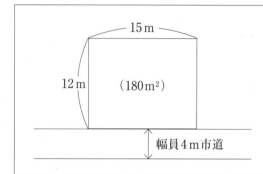

1. （ア）108 m² 　　（イ）360 m²
2. （ア）126 m² 　　（イ）360 m²
3. （ア）108 m² 　　（イ）288 m²
4. （ア）126 m² 　　（イ）288 m²

| 正解 **4** が正しい | テキスト5章　P467-471 |

(ア) 建築物の建築面積の最高限度は「**敷地面積×建蔽率**」により求めます。建蔽率80％以外の**防火地域内に耐火建築物を建築する場合は建蔽率が10％加算**されますので、建蔽率は「60％＋10％＝70％」となり、建築面積の最高限度は180m²×70％＝126m²となります。

(イ) 建築物の延べ面積の最高限度は「**敷地面積×容積率**」により求めます。なお、前面道路の幅員が12m未満の場合、前面道路の幅員×法定乗数（設問の場合、4/10）により求めた容積率と指定容積率の**低い方**が適用されます。
4（m）×4/10＝160％＜200％　→　160％を適用
したがって、延べ面積の最高限度は、180m²×160％＝288m²となります。

以上より、4.が正解となります。

第6問   [2020年1月]

建築基準法に従い、下記<資料>の甲土地に建物を建てる場合の建築面積の最高限度として、正しいものはどれか。なお、<資料>に記載のない条件については一切考慮しないこととする。

<資料>

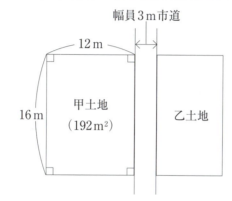

・第一種住居地域
・建蔽率6／10
・容積率15／10
・前面道路の幅員に対する法定乗数4／10
※甲土地・乙土地が面する道路は建築基準法第42条第2項に該当する道路で、甲土地・乙土地はともにセットバックを要する。また、道路中心線は現況道路の中心に位置するものとする。なお、特定行政庁が指定する幅員6m指定区域ではない。

1. 73.6 m²
2. 105.6 m²
3. 110.4 m²
4. 115.2 m²

正解 3 が正しい　　　　　　　　　　　テキスト5章　P472

反対側が宅地である幅員3m道路に接する甲土地は、**道路中心線から水平距離2mのセットバックを必要**とします。セットバック部分は、建築面積、延べ面積の計算上、**敷地面積に算入しません**ので、
甲土地の敷地面積は16m×（12m－0.5m）＝184m²となります。

建築面積の最高限度は、「敷地面積×建蔽率」により求めます。
設問の場合、建蔽率は60％ですので、184m²×60％＝110.4m²となり、3.が正解となります。

 レック先生のワンポイント

反対側が川や崖地の場合、反対側から4mの位置を道路境界線となります。反対側の状況で答えが変わりますので、しっかり問題をチェックしましょう。

第7問

[2021年1月]

下記<資料>は、野村さんが購入を検討している中古マンションのインターネット上の広告（抜粋）である。この広告の内容等に関する次の（ア）～（エ）の記述について、適切なものには○、不適切なものには×を解答欄に記入しなさい。

<資料>

所在地	埼玉県□□市○○町3-15	交通	△△線◇◇駅から徒歩5分
用途地域	準住居地域・第二種住居地域	価格	4,250万円（消費税込み）
間取り	3LDK		
専有面積	82.7m²（壁心）	バルコニー面積	12.12m²
所在階数	3階	築年月	2015年5月
管理費	11,000円／月	修繕積立金	9,700円／月
土地権利	所有権	取引形態	媒介

○○ハイツ305号室

（ア）この広告の物件の専有面積として記載されている壁心面積は、登記簿上の内法面積より小さい。

（イ）この物件のように、建物の敷地が2つの用途地域にまたがる場合、制限のより厳しい用途地域における用途制限が適用される。

（ウ）この物件を購入した場合、野村さんは管理組合の構成員になるかどうかを選択できる。

（エ）この広告の物件を購入する場合、現在の区分所有者が管理費を滞納していると、新たな区分所有者となる野村さんは、滞納分の管理費の支払い義務を引き継ぐ。

正解　(ア) ✗　(イ) ✗　(ウ) ✗　(エ) ○

テキスト5章　(ア) P449、(イ) P465、(ウ)(エ) P459

(ア) 不適切　マンションの場合、**広告**では**壁心**面積（内壁と外壁の中心線で囲まれた面積）で記載されていますが、**登記**面積は**内法**面積（内側線で囲まれた面積）で記載されます。壁心面積のほうが内法面積よりも大きくなります。なお、住宅ローン控除は登記面積で判断されます。

(イ) 不適切　建物の敷地が2つの**用途地域**にわたる場合、**過半の属する**用途地域の制限が敷地全体に適用されます。より**厳しい**制限が適用されるのは**防火制限**（原則）です。

(ウ) 不適切　区分所有者は**必ず**管理組合の**構成員**となります。

(エ) 適切　管理組合は、滞納管理費を**旧所有者、新所有者**のいずれにも**請求**できます。

レック先生のワンポイント

その他、駅からの時間（道路距離）、取引形態（態様）等もよく問われます。

第8問

[2019年9月]

不動産取得税に関する次の記述の空欄（ア）～（エ）にあてはまる語句を語群の中から選び、その番号のみを解答欄に記入しなさい。

> 不動産取得税は、不動産の所有権を取得した者に対して、その不動産が所在する（ア）が課税するもので、課税標準は原則として（イ）である。ただし、（ウ）を原因とする取得の場合、課税対象とならない。また、一定の条件を満たした新築住宅（認定長期優良住宅ではない）を取得した場合、課税標準から1戸当たり（エ）を控除することができる。

〈語群〉

1. 市町村　　　2. 都道府県　　　3. 国税局
4. 公示地価　　5. 相続税評価額　6. 固定資産税評価額
7. 売買　　　　8. 贈与　　　　　9. 相続
10. 1,200万円　11. 1,300万円　　12. 1,500万円

正解　（ア）2　（イ）6　（ウ）9　（エ）10

テキスト5章　（ア）（イ）（ウ）P479、（エ）P480

課税主体	都道府県（ア）
課税・非課税	課税　　売買、交換、**贈与**、新築、増改築等 非課税　**相続**（ウ）、法人の合併等
計算式	課税標準（**固定資産税評価額**（イ））×税率 税率　土地　3% 　　　建物　住宅3%　他4%
新築住宅用建物	原則　　　　　　　　固定資産税評価額－**1,200万円**（エ） 認定長期優良住宅　　固定資産税評価額－1,300万円

 レック先生のワンポイント

実技試験だけでなく、学科試験でもよく出題されます。確実に得点しましょう。

第9問

[2021年5月]

個人事業を営む倉田さんは、自宅を購入するに当たり、FPで税理士でもある落合さんに、消費税について質問をした。下記の空欄（ア）～（ウ）にあてはまる語句を語群の中から選び、その番号のみを解答欄に記入しなさい。なお、同じ語句を何度選んでもよいこととする。

倉田さん：マンションを購入する予定ですが、土地部分の代金に消費税はかかりますか。
落合さん：土地部分の代金には、消費税が（ ア ）。
倉田さん：転居に当たって、事務所を借りる予定です。借主は私です。事務所の賃料に消費税はかかりますか。
落合さん：事務所の賃料には、消費税が（ イ ）。
倉田さん：住宅ローンの諸費用についてはどうですか。
落合さん：消費税の対象になるものとして、例えば（ ウ ）があります。

〈語群〉
1. かかります　　2. かかりません　　3. 融資事務手数料　　4. 保証料
5. 火災保険料

正解　（ア）2　（イ）1　（ウ）3　　　　テキスト5章　P484

（ア）消費税は事業者が事業として対価を得て行う資産の譲渡、貸付、役務の提供に課税されます。しかし、土地は「消費されない資産」ですので、**土地の譲渡および貸付（1カ月未満の短期貸付を除く）は消費税がかかりません。**

（イ）建物は使用すると価値が減少する（消費される）ため、**建物の譲渡および貸付は原則として消費税が課税**されます。なお、**住宅の貸付（1カ月未満の短期貸付を除く）は**、社会的配慮から**消費税が課税されません。**

（ウ）融資事務は「役務の提供」ですので、その手数料には消費税が課税されます。なお、保証や保険は「消費」ではありませんので、消費税が課税されません。

第10問 [2021年1月]

固定資産税に関する次の記述の空欄（ア）～（エ）に入る語句の組み合わせとして、適切なものはどれか。

> 固定資産税は、（ ア ）が、毎年（ イ ）現在の土地や家屋等の所有者に対して課税する。課税標準は固定資産税評価額だが、一定の要件を満たす住宅が建っている住宅用地（小規模住宅用地）は、住戸一戸当たり（ ウ ）以下の部分について、課税標準額が固定資産税評価額の（ エ ）になる特例がある。

1. （ア）市町村（東京23区は都）　（イ）1月1日　（ウ）200㎡
   （エ）6分の1
2. （ア）市町村（東京23区は都）　（イ）4月1日　（ウ）240㎡
   （エ）3分の1
3. （ア）都道府県　（イ）1月1日　（ウ）240㎡
   （エ）6分の1
4. （ア）都道府県　（イ）4月1日　（ウ）200㎡
   （エ）3分の1

正解 **1** が適切　　　　　　　　　　　　テキスト5章　P486-488

ポイント：不動産の保有にかかる税金（固定資産税と都市計画税）

	固定資産税	都市計画税
課税主体	市町村（東京23区は東京都）（ア）	
課税対象	土地・家屋・償却資産	原則、市街化区域内にある土地・家屋
納税義務者	1月1日（イ）時点の固定資産課税台帳に登録されている所有者	
税額（原則）	固定資産税評価額×1.4%	固定資産税評価額×0.3%
200m²（ウ）以下の住宅用地の課税標準	固定資産税評価額の6分の1（エ）	固定資産税評価額の3分の1
住宅用建物の税額軽減	購入当初数年間、床面積120m²までの部分につき2分の1	－

以上より、1.が正解となります。

レック先生のワンポイント

実技試験では、固定資産税の特徴を問う問題を中心に出題されていますが、学科試験では固定資産税と都市計画税の共通点、相違点を問う問題が高頻度で出題されています。

第11問   重要度 B [2022年9月]

下記<資料>は、天野さんが購入を検討している投資用マンションの概要である。この物件の表面利回り（年利）と実質利回り（年利）の組み合わせとして、正しいものはどれか。なお、<資料>に記載のない事項については一切考慮しないこととし、計算結果については小数点以下第3位を四捨五入すること。

<資料>

購入費用総額：3,000万円（消費税と仲介手数料等取得費用を含めた金額）	
想定される収入：賃料　　月額130,000円	
想定される支出：	
管理費・修繕積立金　月額20,000円	
管理業務委託費　　　月額 5,000円	
火災保険料　　　　　年額15,000円	
固定資産税等税金　　年額50,000円	
修繕費　　　　　　　年額30,000円	

1. 表面利回り（年利）：5.20％　実質利回り（年利）：3.88％
2. 表面利回り（年利）：5.20％　実質利回り（年利）：0.40％
3. 表面利回り（年利）：4.20％　実質利回り（年利）：3.88％
4. 表面利回り（年利）：4.20％　実質利回り（年利）：0.40％

正解 **1** が正しい　　　　　　　　　　　　テキスト5章　P503-504

表面利回りは「年間収入÷購入費用総額×100（％）」で求めます。
130,000円×12カ月÷3,000万円×100＝5.2％

実質利回りは「（年間賃料収入－年間支出）÷購入費用総額×100」で求めます。
　　年間賃料収入＝130,000円×12カ月＝1,560,000円
　　年間支出　　＝20,000円×12カ月＋5,000円×12カ月＋15,000円
　　　　　　　　　＋50,000円＋30,000円＝395,000円
　　実質利回り　＝（1,560,000円－395,000円）÷3,000万円×100
　　　　　　　　＝3.883％→3.88％（小数点以下第3位四捨五入）

以上より、1.が正解となります。

レック先生のワンポイント

月額記載と年額記載の金額が混在しますので、注意して解きましょう。

第12問

[2019年5月]

柴田さんは、保有しているマンションを賃貸している。下記<資料>に基づいて計算した本年分の所得税に係る不動産所得の金額として、正しいものはどれか。なお、<資料>以外の収入および支出等はないものとし、青色申告特別控除は考慮しないこととする。

<資料：本年分の賃貸マンションに係る収入および支出等>

・賃料収入（総収入金額）　144万円
・支出
　　銀行へのローン返済金額　60万円（元金40万円、利息20万円）
　　管理費等　12万円
　　管理業務委託費　72,000円
　　火災保険料　1万円
　　固定資産税　12万円
　　修繕費　8万円
・減価償却費　33万円
※支出等のうち必要経費となるものは、すべて本年分の所得に係る必要経費に該当するものとする。

1. 308,000円
2. 438,000円
3. 508,000円
4. 838,000円

正解 **3** が正しい　　　　　　　　　　テキスト4章　P332-333

不動産所得の金額は「総収入金額－必要経費」により算出します。
不動産賃貸に必要となる支出等は必要経費となりますが、設問の支出等のうち、銀行へのローン返済金額のうち、**元金**40万円は**必要経費になりません**。
一方、減価償却費は現金支出を伴いませんが、必要経費に算入します。
以上より、不動産所得の金額は
144万円－（20万円＋12万円＋7.2万円＋1万円＋12万円＋8万円＋33万円）＝50.8万円　となり、3.が正解となります。

 レック先生のワンポイント

不動産**所得**の計算では、減価償却費を差し引き、借入金の元本返済部分は差し引きません。
不動産**収支**の計算では、減価償却費は差し引きませんが、借入金の元本返済部分を差し引きます。

第13問   ［2020年1月］

岡さんは、8年前に相続により取得し、その後継続して居住している自宅の土地および建物の売却を検討している。売却に係る状況が下記＜資料＞のとおりである場合、所得税における課税長期譲渡所得の金額として、正しいものはどれか。

＜資料＞

・取得費：土地および建物とも不明であるため概算取得費とする。
・譲渡価額（合計）：5,200万円
・譲渡費用（合計）：200万円
※居住用財産を譲渡した場合の3,000万円特別控除の特例の適用を受けるものとする。
※所得控除は考慮しないものとする。

1. 1,930万円
2. 1,740万円
3. 1,660万円
4. 1,480万円

正解 2 が正しい　　　　テキスト4章　P343

個人が、3,000万円特別控除を適用して、自らの居住用財産を譲渡する場合の譲渡所得金額は、

譲渡収入金額－（取得費＋譲渡費用）－特別控除（3,000万円を限度） で求めます。

・取得費：不明の場合は、**概算取得費（譲渡収入金額の5％）** を計上することができ、設問の場合は、5,200万円×5％＝260万円となります。

したがって、譲渡所得金額は、
5,200万円－（260万円＋200万円）－3,000万円＝1,740万円となり、所得控除を考慮しないため、課税長期譲渡所得金額も同額となりますので、2.が正解となります。

実技試験[金財] 個人資産相談業務

第1問
[2022年9月]

次の設例に基づいて、下記の各問（《問1》～《問3》）に答えなさい。

《設 例》

　Aさん（51歳）は、上場企業に勤務する会社員である。本年3月、X市内の実家（甲土地および建物）で1人暮らしをしていた母親が死亡した。法定相続人は、長女のAさんのみであり、相続に係る申告・納税等の手続は完了している。

　Aさんは、Y市内の自宅に夫Bさん（53歳）および長男Cさん（18歳）と一緒に暮らしているため、相続後に空き家となっている実家（建物は築47年で老朽化）の売却を検討している。しかし、先日、不動産会社を通じて、食品スーパーのZ社から、「甲土地は、駅に近く、商業性の高い場所なので、新規出店をさせてほしい。Aさんには、建設協力金方式での有効活用を検討してもらえないだろうか」との提案があったことで、甲土地の有効活用にも興味を持ち始めている。

<甲土地の概要>

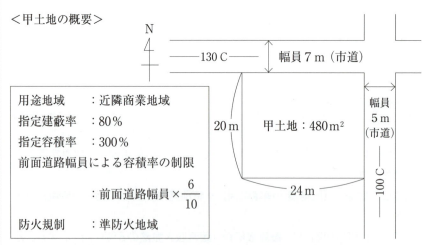

・甲土地は、建蔽率の緩和について特定行政庁が指定する角地である。
・指定建蔽率および指定容積率とは、それぞれ都市計画において定められた数値である。
・特定行政庁が都道府県都市計画審議会の議を経て指定する区域ではない。

※上記以外の条件は考慮せず、各問に従うこと。

問 1 重要度 B

「被相続人の居住用財産（空き家）に係る譲渡所得の特別控除の特例」（以下、「本特例」という）に関する以下の文章の空欄①～③に入る最も適切な語句または数値を、下記の〈語句群〉のなかから選び、その記号を解答用紙に記入しなさい。

「本特例の適用を受けるためには、相続した家屋について、（ ① ）年5月31日以前に建築されたこと、相続開始直前において被相続人以外に居住をしていた人がいなかったことなどの要件を満たす必要があり、マンションなどの区分所有建物登記がされている建物（ ② ）。

本特例の適用を受けるためには、家屋を取り壊して更地で譲渡するか、または、家屋を一定の耐震基準を満たすようにリフォームしてから、その家屋のみを譲渡するか、もしくはその家屋とともに敷地を譲渡する必要があります。なお、2024年1月1日以降の譲渡では、旧耐震基準の建物があるまま譲渡した場合でも、譲渡の翌年2月15日までに、「新耐震基準に適合する場合」、「全部が取壊し、除却、滅失した場合」も対象となります。ただし、いずれの場合であっても、その譲渡の対価の額が（ ③ ）以下でなければなりません」

〈語句群〉
イ．1978　ロ．1981　ハ．1985
ニ．は対象となりません　ホ．も対象となります
ヘ．3,000万円　ト．5,000万円　チ．1億円

正解　①ロ　②ニ　③チ　　　テキスト5章　P498-499

①旧耐震基準の住宅が対象となります。

②区分所有建物登記がされている建物（マンション等）は対象外です。

③なお、譲渡対価は全員分を合計した金額で判定します。

問2 重要度

建設協力金方式の一般的な特徴等に関する次の記述①～③について、適切なものには○印を、不適切なものには×印を解答用紙に記入しなさい。

① 「建設協力金方式とは、AさんがZ社から建設資金を借り受けて、Z社の要望に沿った店舗を建設し、その店舗をZ社に賃貸する手法です。借り受けた建設資金は、通常、賃料の一部で返済していくことになります」

② 「建設協力金方式により、Aさんが店舗をZ社に賃貸した後、その賃貸期間中にAさんの相続が開始した場合、相続税額の計算上、店舗は貸家として評価され、甲土地は貸家建付地として評価されます」

③ 「建設協力金方式により、Aさんが店舗をZ社に賃貸した後、その賃貸期間中にAさんの相続が開始した場合、所定の要件を満たせば、甲土地は、貸付事業用宅地等として『小規模宅地等についての相続税の課税価格の計算の特例』の適用を受けることができます」

正解　① ○　② ○　③ ○

テキスト5章　①P502、
②6章　P570-571、③6章　P572-573

①適切　建設協力金方式は、テナントから受ける賃料の一部で建設協力金を返済します。

②適切　なお、貸家は「固定資産税評価額×（1－借家権割合×賃貸割合）」、貸家建付地は「自用地評価額×（1－借地権割合×借家権割合×賃貸割合）」で評価します。

③適切　貸付事業用宅地等として200㎡まで50％の評価減の対象となります。

問3 重要度

甲土地上に準耐火建築物を建築する場合における次の①、②を求めなさい（計算過程の記載は不要）。

① 建蔽率の上限となる建築面積
② 容積率の上限となる延べ面積

正解 ① **480**（㎡） ② **1,440**（㎡） テキスト5章 ①P468、②P470-471

①建蔽率の上限となる建築面積は「**敷地面積×建蔽率**」により求めます。
設問では、**準防火**地域内に**準耐火**建築物を建築するため10％加算、特定行政庁指定の角地であるため10％加算となり、建蔽率は100％となりますので、建築面積の最高限度は480㎡×100％＝480㎡となります。

②容積率の上限となる延べ面積は「**敷地面積×容積率**」によって求めます。
なお、前面道路の幅員が**12ｍ未満**である場合、指定容積率と前面道路の幅員に応じて求めた容積率の**低い方**が適用されます。
設問の場合、指定容積率300％＜7×6／10＝42／10 → 300％を適用

以上より、最大延べ面積は480㎡×300％＝1,440㎡となります。

 レック先生のワンポイント

建蔽率緩和の条件について、
・特定行政庁が指定する角地であるか否か
・防火地域内に耐火建築物等を建築する場合であるか
・準防火地域内に耐火建築物等または準耐火建築物等を建築する場合であるか
を読み取りましょう。

| | [2020年9月] |

第2問

次の設例に基づいて、下記の各問（《問1》～《問3》）に答えなさい。

――――――――――《設 例》――――――――――

Aさん（62歳）は、5年前に父親の相続により取得した甲土地および乙土地を所有している。父親の存命中から、甲土地は月極駐車場、乙土地は地元建設会社の資材置場として賃貸している。Aさんは、甲土地と乙土地を一体とした有効活用（賃貸マンションの建築等）の方法を検討している。

＜甲土地および乙土地の概要＞

| 用途地域 ：近隣商業地域 |
| 指定建蔽率 ：80% |
| 指定容積率 ：400% |
| 前面道路幅員による容積率の制限 |
| ：前面道路幅員×$\dfrac{6}{10}$ |
| 防火規制 ：防火地域 |

| 用途地域 ：第一種住居地域 |
| 指定建蔽率 ：60% |
| 指定容積率 ：300% |
| 前面道路幅員による容積率の制限 |
| ：前面道路幅員×$\dfrac{4}{10}$ |
| 防火規制 ：準防火地域 |

幅員8m（市道）
―― 300 C ――
15 m
甲土地
400 m²
幅員6 m（市道）
5 m
乙土地
260 m²
13 m
200 C
20 m
N

・甲土地のうち、近隣商業地域に属する部分は300m²、第一種住居地域に属する部分は100m²である。
・甲土地、甲土地と乙土地を一体とした土地は、建蔽率の緩和について特定行政庁が指定する角地である。

・指定建蔽率および指定容積率とは、それぞれ都市計画において定められた数値である。
・特定行政庁が都道府県都市計画審議会の議を経て指定する区域ではない。
・甲土地および乙土地は、三大都市圏以外の地域に所在する。

※上記以外の条件は考慮せず、各問に従うこと。

問 1   重要度 A

甲土地と乙土地を一体とした土地に耐火建築物を建築する場合、建蔽率の上限となる建築面積と容積率の上限となる延べ面積を計算した次の＜計算の手順＞の空欄①〜④に入る最も適切な数値を解答用紙に記入しなさい。なお、問題の性質上、明らかにできない部分は「□□□」「ⓐ・ⓑ・ⓒ・ⓓ」で示してある。

＜計算の手順＞
1. 建蔽率の上限となる建築面積
　（1）近隣商業地域の部分
　　　$300\,m^2 \times (\,①\,)\% = (ⓐ)\,m^2$
　（2）第一種住居地域の部分
　　　$360\,m^2 \times □□□\% = (ⓑ)\,m^2$
　（3）建蔽率の上限となる建築面積
　　　$(ⓐ)\,m^2 + (ⓑ)\,m^2 = (\,②\,)\,m^2$

2. 容積率の上限となる延べ面積
　（1）近隣商業地域の部分
　　　・指定容積率：400％
　　　・前面道路幅員による容積率の制限：□□□％
　　　したがって、上限となる容積率は、□□□％である。
　　　延べ面積の限度：$300\,m^2 \times □□□\% = (ⓒ)\,m^2$
　（2）第一種住居地域の部分
　　　・指定容積率：300％
　　　・前面道路幅員による容積率の制限：□□□％
　　　したがって、上限となる容積率は、□□□％である。
　　　延べ面積の限度：$360\,m^2 \times (\,③\,)\% = (ⓓ)\,m^2$
　（3）容積率の上限となる延べ面積
　　　$(ⓒ)\,m^2 + (ⓓ)\,m^2 = (\,④\,)\,m^2$

| 正解 | ① **100** (%) | ② **588** (㎡) | ③ **300** (%) | ④ **2,280** (㎡) |

テキスト5章　① P467-469、② P470-471

①②**敷地が防火地域の内外**にわたり、**敷地内の建築物の全部が耐火建築物で**あるときは、すべて**防火地域**にあるものとして建蔽率の緩和規定を適用します。

近隣商業地域部分は、建蔽率**80％**かつ**防火**地域内に**耐火**建築物を建築するため、建蔽率に制限はなく**100％**（①）、第一種住居地域部分は、**防火**地域内にあるものとして**耐火**建築物を建築するため**10％**加算、**特定行政庁が指定する角地**であるため**10％**加算となり、建蔽率は60％＋10％＋10％＝80％となります。

建蔽率の上限となる建築面積は「敷地面積×建蔽率」により求めます。

建築物の敷地が建蔽率の異なる地域にわたる場合、**それぞれ「敷地面積×建蔽率」を計算し、合計**して求めます。

近隣商業地域部分：300m²×100％＝300m²

第一種住居地域部分：360m²×80％＝288m²

合計　300m²＋288m²＝588m²（②）

③④**前面道路の幅員**（複数の道路に面する場合は幅員が**最大のもの**）が**12m未満**の場合、「前面道路の幅員×法定乗数により求めた容積率」と「指定容積率」のいずれか**低い方**を適用します。設問の場合、8m道路を基準に計算します。

近隣商業地域部分：指定容積率400％＜前面道路幅員による容積率8×6／10＝48／10→400％を適用

第一種住居地域部分：指定容積率300％＜前面道路幅員による容積率8×4／10＝32／10→300％（③）を適用

容積率の上限となる延べ面積は「敷地面積×容積率」により求めます。

建築物の敷地が容積率の異なる地域にわたる場合、**それぞれ「敷地面積×容積率」を計算し、合計**して求めます。

近隣商業地域部分：300m²×400％＝1,200m²

第一種住居地域部分：360m²×300％＝1,080m²

合計　1,200m²＋1,080m²＝2,280m²（④）

問2 重要度

甲土地と乙土地を一体とした土地（以下、「対象地」という）の有効活用に関する次の記述①〜③について、適切なものには○印を、不適切なものには×印を解答用紙に記入しなさい。

① 「対象地に建築物を建築する場合、用途地域による建築物の制限については、その敷地の全部について、敷地の過半の属する第一種住居地域の建築物の用途に関する規定が適用されます」

② 「賃貸マンションを建築する方法として等価交換方式という手法があります。この方式は、Aさんが所有する土地の上に、事業者が建設資金を負担してマンション等を建設し、完成した建物の住戸等をAさんと事業者がそれぞれの出資割合に応じて取得する手法です」

③ 「対象地に賃貸マンションを建築する場合、当該建築物の中にある駐車場の床面積については、当該建築物の各階の床面積の合計の3分の1を限度として、容積率算定上の延べ面積から除外することができます」

正解　①○　②○　③×　　テキスト5章　①P474、②P501、③P470

①適切　敷地が異なる用途地域にわたる場合、敷地の**過半**の属する地域の制限が適用されます。

②適切　等価交換方式は、土地所有者は土地を出資し、デベロッパーが建設資金を負担してマンション等を建築する方式で、土地所有者は資金調達を必要としない事業方式です。

③不適切　駐車場の床面積は、各階の床面積の合計の**5分の1**を限度として容積率の計算上、延べ面積から除外することができます。

問3 ☒☒☐　　　　　　　　　　　　　　　　　　　重要度 **B**

甲土地と乙土地を一体とした土地（以下、「対象地」という）の有効活用に関する以下の文章の空欄①～③に入る最も適切な語句を、下記の〈語句群〉のなかから選び、その記号を解答用紙に記入しなさい。

Ⅰ 「対象地の面する道路に付された『300C』『200C』の数値は、1m²当たりの価額を千円単位で表示した相続税路線価です。数値の後に表示されている『C』の記号（アルファベット）は、借地権割合が（①）であることを示しています」

Ⅱ 「正面と側方に路線がある宅地（角地）の価額は、『（正面路線価×奥行価格補正率＋側方路線価×奥行価格補正率×（②））×地積』の算式により評価します。対象地の場合、正面路線は幅員8m市道になります」

Ⅲ 「Aさんが対象地に賃貸マンションを建設した場合、相続税額の計算上、対象地は貸家建付地として評価されます。仮に、対象地の自用地価額を2億円、借地権割合（①）、借家権割合30％、賃貸割合100％とした場合、当該土地の相続税評価額は（③）となります」

> ### 〈語句群〉
>
> イ. 60％　　ロ. 70％　　ハ. 80％　　ニ. 3,600万円　　ホ. 4,200万円
>
> ヘ. 1億5,800万円　　ト. 1億6,400万円　　チ. 側方路線影響加算率
>
> リ. 二方路線影響加算率　　ヌ. 不整形地補正率

| 正解 | ① ロ | ② チ | ③ ヘ | テキスト6章　① P566、② P566-567、③ P568-570 |

①路線価図の数値はその路線に面する宅地の1m²あたりの価格（千円単位）、英字は借地権割合を示します。借地権割合はA（90％）、B（80％）、C（70％）、D（60％）、E（50％）、F（40％）、G（30％）となります。

②複数の路線に面する場合、「路線価×奥行価格補正率」が高い方を正面、その他を側方路線価（角地等の側方）または二方路線価（二方路線の裏面）として評価します。

正面路線の「正面路線価×奥行価格補正率」に、

側方路線は「側方路線価×奥行価格補正率×側方路線影響加算率（②）」、

裏面路線は「裏面路線価×奥行価格補正率×二方路線影響加算率」を加算して評価します。

③土地所有者が賃貸マンションを建築した場合、その敷地は貸家建付地として評価されます。

貸家建付地の評価額は「**自用地価額×（1－借地権割合×借家権割合×賃貸割合）**」で求めます。

2億円×（1－70％×30％×100％）＝1億5,800万円

（1－21＝79％×2億）

第3問

[2021年9月]

次の設例に基づいて、下記の各問（《問1》～《問3》）に答えなさい。

《設 例》

会社員のAさん（57歳）は、8年前に父親の相続によりM市内（三大都市圏）にある甲土地（440㎡）を取得している。甲土地は、父親の代から月極駐車場（青空駐車場）として賃貸しているが、数台の空きがあり、収益性は高くない。

Aさんは、先日、ハウスメーカーのX社から「2年後、甲土地から徒歩10分の最寄駅近くに有名私立大学のキャンパスが移転してきます。需要が見込めますので、賃貸アパートを建築しませんか。弊社に一括賃貸（普通借家契約・マスターリース契約（特定賃貸借契約））していただければ、弊社が入居者の募集・建物管理等を行ったうえで、賃料を保証させていただきます」と提案を受けた。

Aさんは、X社の提案を積極的に検討したいと思っているが、賃貸アパートを経営した経験はなく、判断できないでいる。

<甲土地の概要>

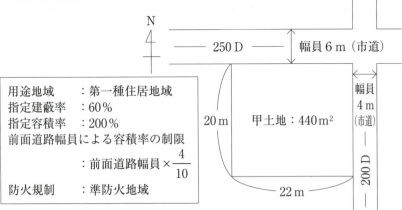

- 甲土地は、建蔽率の緩和について特定行政庁が指定する角地である。
- 指定建蔽率および指定容積率とは、それぞれ都市計画において定められた数値である。
- 特定行政庁が都道府県都市計画審議会の議を経て指定する区域ではない。

※上記以外の条件は考慮せず、各問に従うこと。

問1   重要度

甲土地上に耐火建築物を建築する場合における次の①、②を求めなさい（計算過程の記載は不要）。

① 建蔽率の上限となる建築面積
② 容積率の上限となる延べ面積

正解　① **352**（㎡）　② **880**（㎡）　テキスト5章　① P467-468、② P470-471

①建蔽率の上限となる建築面積は「敷地面積×建蔽率」により求めます。
準防火地域に**耐火建築物**等を建築するため10％加算、**特定行政庁が指定する角地**であるため10％加算となり、建蔽率は60％＋10％＋10％＝80％となります。
440㎡×80％＝352㎡

②容積率の上限となる延べ面積は「敷地面積×容積率」により求めます。
前面道路の幅員（複数の道路に面する場合は幅員が**最大**のもの）が12m未満の場合、「前面道路の幅員×法定乗数により求めた容積率」と「指定容積率」のいずれか**低い**方を適用します。設問の場合、6m道路を基準に計算します。
指定容積率200％＜前面道路幅員による容積率6×4／10＝24／10→200％を適用
440㎡×200％＝880㎡

問2   重要度

X社が提案する賃貸アパートの自己建設方式に関する次の記述①～③について、適切なものには○印を、不適切なものには×印を解答用紙に記入しなさい。

① 「Aさん自身が不動産賃貸事業の業務のすべてを行うのであれば、賃貸経営から得られる収益をすべて享受することができますが、専門的な知識や経験の有無、相応の手間と時間を要することを考えると、業務の全部または一部を外部の専門業者に委託することが現実的な選択であると思います」

② 「X社に一括賃貸（普通借家契約・マスターリース契約（特定賃貸借契約））することで、賃料収入が保証されることはメリットだと思います。普通借家契約の場合、借地借家法の規定により、X社から賃料の減額請求をされることはありません」

③ 「Aさんが金融機関から融資を受けて賃貸アパートを建築する場合、借入金による事業リスクを考慮する必要があります。DSCR（借入金償還余裕率）の値が1.0未満のときは、賃料収入だけでは借入金の返済が困難であることを示しています」

正解 ① ○ ② × ③ ○   テキスト5章　P500-502

①適切　　なお、事業受託方式はデベロッパーが調査・企画から建物の設計・施工、建物完成後の管理・運営を行う点で、自己建設方式と異なります。

②不適切　賃料保証を行うマスターリース契約（特定賃貸借契約）を活用した契約であっても、普通借家契約の場合は、入居者に直接賃貸する場合と同様に、**転貸業者（サブリース業者）から賃料の減額請求を受ける可能性**があります。

③適切　　DSCR（借入金償還余裕率）は、「**1年間の純収益÷1年間の元利金返済額**」により求められ、1未満である場合は、1年間の純収益では借入金の元利金返済額を手当てできないことを示します。

問3

Aさんが甲土地に賃貸アパートを建築した場合における賃貸事業開始後の甲土地の相続税評価額に関する次の記述①～③について、適切なものには○印を、不適切なものには×印を解答用紙に記入しなさい。

① 「甲土地は、地積規模の大きな宅地の評価の規定の適用を受けることができます」
② 「甲土地は、貸家建付地として、『自用地価額×（1－借地権割合×借家権割合×賃貸割合）』の算式により評価されます」
③ 「対象地の面する道路に付された『250D』『200D』の数値は、1㎡当たりの価額を千円単位で表示した相続税路線価です。数値の後に表示されている『D』の記号（アルファベット）は、借地権割合が70％であることを示しています」

正解 ① × ② ○ ③ ×　　　テキスト6章　P564-575

①不適切　地積規模の大きな宅地の評価の規定（**適用されると、通常の評価方法よりも評価額が低くなる規定**）は「**3大都市圏は500㎡以上、その他の地域は1,000㎡以上であること**」等の適用要件があります。当該土地の面積は440㎡ですので、適用対象外となります。

②適切　なお、建物は貸家として「**固定資産税評価額×（1－借家権割合×賃貸割合）**」で評価されます。

③不適切　路線価図の数値はその路線に面する宅地の1㎡あたりの価格（千円単位）、英字は借地権割合を示します。借地権割合はA（90％）、B（80％）、C（70％）、D（60％）、E（50％）、F（40％）、G（30％）となります。設例の場合、借地権割合を示す記号が「D」であるため、60％となります。

第4問　[2019年1月]

次の設例に基づいて、下記の各問（《問1》～《問3》）に答えなさい。

《設 例》

Aさん（60歳）は、8年前に父親の相続により取得した自宅（建物とその敷地である甲土地）および賃貸アパート（建物とその敷地である乙土地）を所有している。

自宅は、建物の老朽化が激しく、管理にも手間がかかるため、Aさんは駅前のマンションを購入して移り住むことを考えている。また、賃貸アパートは建築から30年近くが経過し、キッチン等の水回りが古いタイプということもあり、入居率が思うように上がっていない。この際、自宅同様、賃貸アパートも処分して、マンションの購入資金に充当しようと考えている。

先日、Aさんが知り合いの不動産会社の社長に相談したところ、「Aさん宅の周辺は商業性があり、都心へのアクセスもよい。甲土地と乙土地を一体とした有効活用の方法を検討してみてはどうか」とアドバイスを受けた。

甲土地および乙土地の概要は、以下のとおりである。

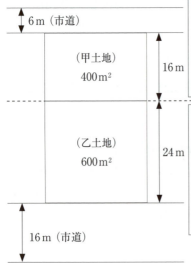

＜甲土地および乙土地の概要＞

用途地域　　　　　　：第一種住居地域
指定建蔽率　　　　　：60％
指定容積率　　　　　：300％
前面道路幅員による容積率の制限
　　　　　　　　　　：前面道路幅員×$\frac{4}{10}$
防火規制　　　　　　：準防火地域

用途地域　　　　　　：近隣商業地域
指定建蔽率　　　　　：80％
指定容積率　　　　　：400％
前面道路幅員による容積率の制限
　　　　　　　　　　：前面道路幅員×$\frac{6}{10}$
防火規制　　　　　　：防火地域

※指定建蔽率および指定容積率とは、それぞれ都市計画において定められた数値である。
※特定行政庁が都道府県都市計画審議会の議を経て指定する区域ではない。

※上記以外の条件は考慮せず、各問に従うこと。

問1 重要度

Aさんが、自宅と賃貸アパートを取り壊し、甲土地と乙土地を一体とした土地に耐火建築物を建築する場合、建蔽率の上限となる建築面積と容積率の上限となる延べ面積を求める次の＜計算の手順＞の空欄①～③に入る最も適切な数値を解答用紙に記入しなさい。なお、問題の性質上、明らかにできない部分は「□□□」「ⓐ・ⓑ・ⓒ・ⓓ」で示してある。

＜計算の手順＞
1. 建蔽率の上限となる建築面積
   （1）甲土地（第一種住居地域）の部分
       400 m² × □□□％ =（ⓐ）m²
   （2）乙土地（近隣商業地域）の部分
       600 m² ×（ ① ）％ =（ⓑ）m²
   （3）建蔽率の上限となる建築面積
       ⓐ + ⓑ =（ ② ）m²

2. 容積率の上限となる延べ面積
   （1）甲土地（第一種住居地域）の部分
       延べ面積の限度：400 m² × □□□％ =（ⓒ）m²
   （2）乙土地（近隣商業地域）の部分
       延べ面積の限度：600 m² × □□□％ =（ⓓ）m²
   （3）容積率の上限となる延べ面積
       ⓒ + ⓓ =（ ③ ）m²

| 正解 | ① **100** (%) | ② **880** (㎡) | ③ **3,600** (㎡) |

テキスト5章　①② P467-469、③ P470-472

①②敷地が防火地域の内外にわたり、敷地内の建築物の全部が耐火建築物であるときは、すべて**防火地域**にあるものとして建蔽率の緩和規定を適用します。

第一種住居地域部分は、**防火**地域内にあるものとして**耐火**建築物を建築するため10％加算となり、建蔽率は60％＋10％＝70％となります。

近隣商業地域部分は、建蔽率**80％**かつ**防火**地域内に**耐火**建築物を建築するため、建蔽率に制限はなく100％（①）となります。

建蔽率の上限となる建築面積は「敷地面積×建蔽率」により求めます。

建築物の敷地が建蔽率の異なる地域にわたる場合、それぞれ「敷地面積×建蔽率」を計算し、合計して求めます。

第一種住居地域部分：400m² × 70％ ＝ 280m²

近隣商業地域部分：600m² × 100％ ＝ 600m²

合計　280m² ＋ 600m² ＝ 880m²（②）

③設問の場合、前面道路の幅員（複数の道路に面する場合は幅員が**最大**のもの）が**12m以上**であるため、前面道路の幅員による容積率制限はありません。

容積率の上限となる延べ面積は「敷地面積×容積率」により求めます。

建築物の敷地が容積率の異なる地域にわたる場合、それぞれ「敷地面積×容積率」を計算し、合計して求めます。

第一種住居地域部分：400m² × 300％ ＝ 1,200m²

近隣商業地域部分：600m² × 400％ ＝ 2,400m²

合計　1,200m² ＋ 2,400m² ＝ 3,600m²

問2

自宅（建物およびその敷地である甲土地）の譲渡に関する以下の文章の空欄①～④に入る最も適切な語句または数値を、下記の〈語句群〉のイ～ルのなかから選び、その記号を解答用紙に記入しなさい。

Ⅰ 「Aさんが居住用財産を譲渡した場合に、居住用財産を譲渡した場合の3,000万円の特別控除の適用を受けるためには、家屋に自己が居住しなくなった日から（ ① ）年を経過する日の属する年の12月31日までの譲渡であること等の要件を満たす必要があります」

Ⅱ 「Aさんが居住用財産を譲渡した場合の長期譲渡所得の課税の特例の適用を受けた場合、課税長期譲渡所得金額が（ ② ）円以下の部分について軽減税率が適用されます。本特例の適用を受けるためには、譲渡した年の1月1日において譲渡した居住用財産の所有期間が（ ③ ）年を超えていなければなりません。なお、本特例と居住用財産を譲渡した場合の3,000万円の特別控除は併用して適用を受けることができます」

Ⅲ 「Aさんが自宅を譲渡し、マンションを購入した場合、譲渡した年の1月1日において譲渡した居住用財産の所有期間が（ ③ ）年を超えていること、譲渡価額が（ ④ ）円以下であること等の要件を満たせば、特定の居住用財産の買換えの場合の長期譲渡所得の課税の特例の適用を受けることができます」

〈語句群〉
イ. 1　ロ. 2　ハ. 3　ニ. 5　ホ. 10　ヘ. 20　ト. 2,000万
チ. 4,000万　リ. 6,000万　ヌ. 8,000万　ル. 1億

正解	① ハ	② リ	③ ホ	④ ル

テキスト5章　① P492、②③ P493、④ P494

①なお、居住用財産の譲渡の特例のすべての共通要件として、他に「**配偶者、直系血族、生計を一にする親族に対する譲渡でないこと**」もよく出題されます。

②③譲渡した年の1月1日時点の所有期間が10（③）**年超**である居住用財産の譲渡において、3,000万円特別控除後の課税長期譲渡所得金額のうち、**6,000万円**（②）**以下**の部分の税率は、所得税**10.21%**、住民税は**4%**に軽減されます。

④特定の居住用財産の買換えの場合の特例の要件は以下のとおりです。

主な譲渡資産の要件	主な買換資産の要件
譲渡した年の1月1日時点の所有期間が10（③）年超 譲渡した者の居住期間が通算**10年以上** 譲渡価額が**1億**（④）**円以下**	建物の床面積が**50m²以上**であること 敷地面積が**500m²以下**であること

510

問3 重要度

甲土地および乙土地の有効活用の手法に関する次の記述①〜③について、適切なものには○印を、不適切なものには×印を解答用紙に記入しなさい。

① 「等価交換方式とは、Aさんが所有する土地の上に、事業者が建設資金を負担してマンション等を建設し、完成した建物の住戸等をAさんと事業者がそれぞれの出資割合に応じて取得する手法です。Aさんとしては、自己資金を使わず、収益物件を取得できるという点にメリットがあります」

② 「建設協力金方式とは、入居するテナント（事業会社）から、Aさんが建設資金を借り受けて、テナントの要望に沿った店舗等を建設し、その建物をテナントに賃貸する手法です。借主であるテナントのノウハウを利用して計画を実行できる点はメリットですが、借主が撤退するリスクなどを考えておく必要があります」

③ 「事業用定期借地権方式とは、借主が土地を契約で一定期間賃借し、借主が建物を建設する手法です。賃貸借期間満了後、土地はAさんに返還されますが、Aさんが残存建物を買い取らなければならないという点にデメリットがあります」

正解　① ○　② ○　③ ×　　　　　　　テキスト5章　P500-502

①適切　　なお、等価交換方式は土地の一部を手放して、建物を取得する方式であるため、土地を手放したくない人には適さない事業方式です。

②適切　　建設協力金方式では、テナントの要望に沿った店舗等を建設するため、建物の汎用性は低くなります。

③不適切　定期借地権方式のうち、一般定期借地権と事業用定期借地権等は借地権者が建物を所有しており、契約期間満了後に建物を取り壊し、**土地を更地にして返還**することになりますので、土地所有者は建物を買い取る必要はありません。なお、普通借地契約の存続期間が満了する場合、借地権者は土地所有者に時価で建物を買い取るべきことを請求できます。

第5問

[2022年5月]

次の設例に基づいて、下記の各問（《問1》～《問3》）に答えなさい。

《設 例》

　Aさん（69歳）は、5年前に父親の相続によって甲土地（650㎡）を含む複数の土地を取得している。甲土地は、父親の代からアスファルト敷きの月極駐車場として賃貸しているが、収益性は高くない。
　Aさんは、先日、ハウスメーカーのX社から、「甲土地は、最寄駅から徒歩3分の好立地にあり、住宅需要が見込めるので、自己建設方式による賃貸マンションでの有効活用をお勧めします。弊社（X社）が、マスターリース契約（特定賃貸借契約）により、建築後のマンションを一括賃借したうえで、サブリース契約で第三者への賃貸・管理を行います。Aさんにお支払いする賃料は保証します」との提案を受けた。
　Aさんは、甲土地の収益性を高めるために、X社の提案を検討することにした。

<甲土地の概要>

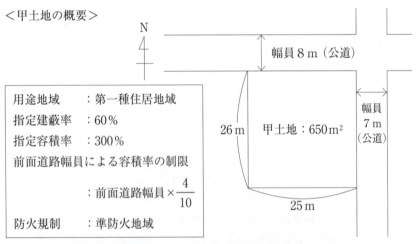

- 甲土地は、建蔽率の緩和について特定行政庁が指定する角地である。
- 指定建蔽率および指定容積率とは、それぞれ都市計画において定められた数値である。
- 特定行政庁が都道府県都市計画審議会の議を経て指定する区域ではない。

※上記以外の条件は考慮せず、各問に従うこと。

問1 重要度

甲土地上に耐火建築物を建築する場合における次の①、②を求めなさい（計算過程の記載は不要）。

① 建蔽率の上限となる建築面積
② 容積率の上限となる延べ面積

正解　① **520**（㎡）　② **1,950**（㎡）

テキスト5章　① P467-469、② P470-472

①建蔽率の上限となる建築面積は「敷地面積×建蔽率」により求めます。
準防火地域に耐火建築物等を建築するため10％加算、特定行政庁が指定する角地であるため10％加算となり、建蔽率は60％＋10％＋10％＝80％となります。
650㎡×80％＝520㎡

②容積率の上限となる延べ面積は「敷地面積×容積率」により求めます。
前面道路の幅員（複数の道路に面する場合は幅員が最大のもの）が12m未満の場合、「前面道路の幅員×法定乗数により求めた容積率」と「指定容積率」のいずれか低い方を適用します。設問の場合、8m道路を基準に計算します。
指定容積率300％＜前面道路幅員による容積率8×4／10＝32／10→300％を適用
650㎡×300％＝1,950㎡

問2 重要度

X社が提案する自己建設方式による賃貸マンション事業に関する次の記述①～③について、適切なものには○印を、不適切なものには×印を解答用紙に記入しなさい。

① 「マスターリース契約（特定賃貸借契約）において、賃料が保証されている場合、その契約が定期借家契約でない限り、賃貸住宅の管理業務等の適正化に関する法律や借地借家法に基づき、AさんがX社から経済事情等により賃料の減額請求を受けることはありません」

② 「Aさんが甲土地に賃貸マンションを建設した場合、相続税額の計算上、甲土地は貸家建付地として評価されます。仮に、甲土地の自用地価額を1億円、借地権割合を60％、借家権割合を30％、賃貸割合を100％とした場合の相続税評価額は、8,200万円です」

③ 「仮に、Aさんが金融機関から融資を受けて賃貸マンションを建設した場合、相続税の課税価格の計算上、Aさんの相続開始時における当該借入金残高は、債務控除の対象となります」

正解 ① ✕   ② ○   ③ ○

テキスト5章 ①P456、
②6章 P570、③6章 P537

① 不適切　賃料保証を行うマスターリース契約（特定賃貸借契約）を活用した契約であっても、普通借家契約の場合は、入居者に直接賃貸する場合と同様に、**転貸業者（サブリース業者）から賃料の減額請求を受ける可能性**があります。

② 適切　土地所有者が賃貸マンションを建築した場合、その敷地は貸家建付地として評価されます。
貸家建付地の評価額は「**自用地価額×（1－借地権割合×借家権割合×賃貸割合）**」で求めます。
1億円×（1－60％×30％×100％）＝8,200万円

③ 適切　他の借入金と同様に賃貸マンションの建設のための借入金残高は債務控除の対象となります。

514

問3 重要度 C

賃貸マンションの事業計画とリスク対策に関する次の記述①～③について、適切なものには○印を、不適切なものには×印を解答用紙に記入しなさい。

① 「賃貸マンションの賃料収入を想定する際にはレンタブル比が重要です。一般に、賃貸マンションのグレードが高いほど、また規模が大きくなるほど、レンタブル比は低くなる傾向があり、レンタブル比が低いほど投資効率が高いことを示しています」

② 「借入金の返済には、元金均等返済と元利均等返済の2つの方法があり、元金均等返済の場合、毎年の支払利息は同額になります。そのため、賃貸マンションの所有者は毎年、不動産所得の金額の計算上、一定額の支払利息を必要経費に算入することができます」

③ 「賃貸マンションの地震リスクに備えるため、火災保険に地震保険を付帯することをお勧めします。地震保険の保険金額は、火災保険の保険金額の60～80%の範囲で設定することができます」

正解 ① ✗ ② ✗ ③ ✗

テキスト5章 ①P503、
②1章 P27、③2章 P176-177

①不適切　レンタブル比とは、専有面積の総床面積に対する割合（収益を生む面積の割合）をいい、**グレードが高いほど、規模が大きいほど、レンタブル比が低く**なります。つまり、面積の観点だけでいえば、**レンタブル比が低いほど、投資効率は低く**なります。

②不適切　元金均等返済は、毎回の元金部分の返済が一定となり、**支払利息は返済期間が進むにつれて少なく**なります。

③不適切　賃貸マンションは、住宅に該当するため、**火災保険に地震保険を付帯**することができます。地震保険の保険金額は、火災保険の保険金額の**30%から50%**の範囲で設定します。

第6章 傾向と対策

相続と贈与の法律や税務とその計算で必要となる財産評価も出題されます。

頻出問題のキーワード

<学科試験>
相続人、相続分、養子、親族、遺言、遺産分割、贈与契約、贈与税の課税・非課税財産、贈与税の基礎控除、配偶者控除、相続時精算課税制度、贈与税の申告、宅地の評価、相続税の課税・非課税財産、債務控除、生前贈与加算、相続税の延納・物納、財産評価(金融資産・建物・宅地)、非上場株式(事業承継対策、非上場株式の納税猶予・免除)

<実技試験>
【日本FP協会】相続人、相続分、遺留分、贈与税の計算(基礎控除、配偶者控除、相続時精算課税制度)、住宅取得等資金の非課税、路線価方式による評価額の計算、小規模宅地等の特例、相続税の課税価格、相続開始後の手続

【金財】●個人資産相談業務:相続分、遺留分、遺言、相続税の計算(生命保険金の非課税、基礎控除、相続税の総額、配偶者の税額軽減、2割加算)、相続後の手続、贈与税の基礎控除・非課税財産、相続時精算課税制度、宅地の評価、小規模宅地等の特例
●生保顧客資産相談業務:生命保険金の非課税、相続税の基礎控除、相続税の総額、配偶者の税額軽減、小規模宅地等の特例、相続後の手続、遺言、遺留分、非上場株式、空き家の譲渡所得の特別控除、贈与税の基礎控除、相続時精算課税制度、非課税財産

相続・事業承継

学科試験問題&解答
相続の基礎知識
相続税
贈与税
財産の評価
事業承継対策
実技試験問題&解答
[日本FP協会] 資産設計提案業務
[金財] 個人資産相談業務・生保顧客資産相談業務

※金財の実技試験は、「個人資産相談業務」「生保顧客資産相談業務」など4つがありますが、共通する科目での出題傾向は似ています。本書では効率よくかつ幅広く論点を学習するため、試験問題を分けず、横断式で出題しています。
※解説は特に断りがない限り、所得税の税率には復興特別所得税を含めて表記しています。

相続の基礎知識

1 ［2021年9月］

親族等に係る民法の規定に関する次の記述のうち、最も適切なものはどれか。

1. 特別養子縁組が成立しても、養子と実方の父母との親族関係は終了しない。
2. 直系血族および兄弟姉妹は、互いに扶養をする義務があるが、家庭裁判所は、特別の事情があるときは、3親等内の親族間においても扶養の義務を負わせることができる。
3. 本人の配偶者の兄弟姉妹は、3親等の姻族であり、親族である。
4. 夫婦は、夫婦間の協議によってのみ、離婚をすることができる。

2 ［2022年5月］

親族等に係る民法の規定に関する次の記述のうち、最も不適切なものはどれか。

1. 25歳以上の者は、配偶者を有していなくても、特別養子縁組により養親となることができる。
2. 特別養子縁組の成立には、原則として、養子となる者の父母の同意がなければならない。
3. 本人からみて、配偶者の妹は、2親等の姻族であり、親族に該当する。
4. 協議離婚後の財産分与について、当事者間に協議が調わない場合、当事者は、原則として、家庭裁判所に対して協議に代わる処分を請求することができる。

| **2** | が適切 | テキスト6章 P519 |

1. **不適切** 特別養子縁組が成立した場合、**養子と実方の父母との親族関係は終了**します。

2. **適切** 近親者間では扶養義務があるということです。

3. **不適切** 親族とは、6親等内の血族、配偶者、3親等内の姻族をいいます。本人からみて、配偶者の兄弟姉妹は、2親等の姻族であり、親族です。

4. **不適切** 離婚は、**協議**のほか、**調停、裁判**によってもすることができます。

| **1** | が不適切 | テキスト6章 P519 |

1. **不適切** 25歳以上の者であり、20歳以上の配偶者を有する者は、特別養子縁組により養親となることができます。

2. **適切** 記述のとおりです。

3. **適切** 親族とは、6親等内の血族、配偶者、3親等内の姻族をいいます。

4. **適切** 記述のとおりです。

3   [2018年9月]

民法で規定する相続の承認および放棄に関する次の記述のうち、最も適切なものはどれか。

1. 相続の放棄をしようとする者が一人でもいる場合は、相続の開始があったことを知った時から原則として3ヵ月以内に、共同相続人全員が、家庭裁判所に対して、相続の放棄をする旨を申述しなければならない。
2. 推定相続人が相続の開始前に相続の放棄をしようとする場合は、家庭裁判所に対してその旨を申述して許可を受ける必要がある。
3. 限定承認をしようとする場合、相続の開始があったことを知った時から原則として3ヵ月以内に、その旨を家庭裁判所に相続人全員が共同して申述しなければならない。
4. 相続人が相続の放棄をした場合、放棄をした者の子が、放棄をした者に代わって相続人となる。

4 [2020年1月]

民法上の相続分に関する次の記述のうち、最も適切なものはどれか。

1. 相続人が被相続人の配偶者、長男および長女の合計3人である場合、配偶者、長男および長女の法定相続分はそれぞれ3分の1である。
2. 相続人が被相続人の配偶者および父の合計2人である場合、配偶者の法定相続分は4分の3、父の法定相続分は4分の1である。
3. 相続人が被相続人の配偶者および兄の合計2人である場合、配偶者の法定相続分は3分の2、兄の法定相続分は3分の1である。
4. 相続人が被相続人の長男および孫（相続開始時においてすでに死亡している長女の代襲相続人）の合計2人である場合、長男および孫の法定相続分はそれぞれ2分の1である。

3 が適切　　　　　　　　　　　　　　　　テキスト6章　P520、P526-527

1. **不適切**　相続の放棄は**単独**で家庭裁判所に対して申述することができます。

2. **不適切**　相続の放棄は相続の開始前にはできません。**相続の開始があったことを知ったときから3カ月以内**に家庭裁判所に対して申述します。

3. **適切**　限定承認は**相続放棄者を除く全員**が共同して家庭裁判所に申述します。

4. **不適切**　相続人となるべき子、兄弟姉妹が**死亡**している場合、**欠格・廃除**により相続権を失っている場合、**その者の子が代襲相続人となります**が、相続の**放棄**をした場合、その者はいなかったものとして扱い、**代襲相続は発生しません**。

---

4 が適切　　　　　　　　　　　　　　　　テキスト6章　P520、P522

1. **不適切**　相続人が被相続人の配偶者、長男および長女の合計3人である場合、配偶者の法定相続分は**2分の1**、長男および長女の法定相続分はそれぞれ**4分の1**となります。

2. **不適切**　相続人が被相続人の配偶者および父の合計2人である場合、配偶者の法定相続分は**3分の2**、父の法定相続分は**3分の1**となります。

3. **不適切**　相続人が被相続人の配偶者および兄の合計2人である場合、配偶者の法定相続分は**4分の3**、兄の法定相続分は**4分の1**となります。

4. **適切**　相続人が被相続人の長男および孫（相続開始時においてすでに死亡している長女の代襲相続人）の合計2人である場合、長男および孫の法定相続分はそれぞれ**2分の1**となります。

5   [2019年1月]

民法で規定する相続人および相続分に関する次の記述のうち、最も適切なものはどれか。

1. 養子（特別養子ではない）の相続分は、実子の相続分の2分の1である。
2. 代襲相続人の相続分は、被代襲者が受けるべきであった相続分の2分の1である。
3. 被相続人と父母の一方のみを同じくする兄弟姉妹の相続分は、父母の双方を同じくする兄弟姉妹の相続分と同じである。
4. 被相続人の弟Aさんが推定相続人である場合、Aさんが被相続人の相続開始以前に死亡していたときには、Aさんの子Bさんが代襲して相続人となる。

6    [2020年1月]

遺産分割に関する次の記述のうち、最も適切なものはどれか。

1. 共同相続された預貯金は遺産分割の対象となり、相続開始と同時に当然に法定相続分に応じて分割されるものではない。
2. 代償分割は、現物分割を困難とする事由がある場合に、共同相続人が家庭裁判所に申し立て、その審判を受けることにより認められる分割方法である。
3. 相続財産である不動産を、共同相続人間で遺産分割するために譲渡して換価した場合、その譲渡による所得は、所得税において非課税所得とされている。
4. 被相続人は、遺言によって、相続開始の時から10年間、遺産の分割を禁ずることができる。

4 が適切

テキスト6章 P519-520、P522

1. **不適切** 実子と養子、嫡出子と嫡出でない子の相続分は、いずれも**同じ**です。

2. **不適切** 代襲相続人の相続分は、被代襲者が受けるべきであった相続分と**同じ**です。

3. **不適切** 父母の一方を同じくする兄弟姉妹（半血兄弟姉妹）の相続分は、父母の双方を同じくする兄弟姉妹**（全血兄弟姉妹）の相続分の2分の1**となります。

4. **適切** 相続人となるべき子、兄弟姉妹が死亡している場合、欠格・廃除により相続権を失っている場合、その者の子が代襲相続人となります。なお、相続の放棄をした場合、その者はいなかったものとして扱い、代襲相続は発生しません。

1 が適切

テキスト6章 P524-525

1. **適切** **預貯金債権は遺産分割の対象**となります。なお、死亡保険金や死亡退職金は、受取人固有の財産であり、遺産分割の対象となりません。

2. **不適切** 代償分割は、多くの相続財産（主に、土地や建物のように分割が困難な財産）を取得した者が、他の相続人に対して自分の財産を交付することにより、他の相続人の相続分を満たす遺産分割の方法です。家庭裁判所の審判を必要としません。

3. **不適切** 相続財産である不動産を、共同相続人間で分割するために譲渡して換価した場合、その譲渡による所得は、所得税において**譲渡所得**とされます。

4. **不適切** 被相続人は、遺言によって、相続開始のときから**5年間**を超えない期間を定めて、遺産の分割を禁ずることができます。

7 　重要度 A　　　　　　　　　　　　　　　　　　　　　　　[2020年9月]

民法上の遺言に関する次の記述のうち、最も不適切なものはどれか。

1. 遺言は、未成年者であっても、満15歳以上の者で、かつ、遺言をする時にその能力があれば、法定代理人の同意を得ることなく単独ですることができる。
2. 遺言者が自筆証書遺言を作成し、財産目録を添付する場合、所定の要件を満たせば、その目録は自書することを要しない。
3. 公正証書遺言を作成した遺言者は、その遺言を自筆証書遺言によって撤回することはできない。
4. 公正証書遺言を作成する場合において、遺言者の配偶者は証人として立ち会うことはできない。

8 　重要度 A　　　　　　　　　　　　　　　　　　　　　　　[2019年9月]

民法上の遺言および遺留分に関する次の記述のうち、最も不適切なものはどれか。

1. 遺言は、満15歳以上で、かつ、遺言をする能力があれば、誰でもすることができる。
2. 遺言者は、いつでも、遺言の方式に従って、遺言の全部または一部を撤回することができる。
3. 被相続人の兄弟姉妹に遺留分は認められない。
4. 遺留分権利者は、相続の開始があったことを知った時から3ヵ月以内に限り、家庭裁判所の許可を受けて遺留分の放棄をすることができる。

3 　が不適切　　　　　　　　　　　　　　　　　テキスト6章　P527-529

1. 適切　　「未成年者は単独で遺言できない」というひっかけ問題に気をつけましょう。

2. 適切　　自筆証書遺言では、全文を自書することが原則とされますが、添付する**財産目録はパソコンで作成したものや、コピーでもよい**とされ、自筆でない財産目録の全ページに署名、押印が必要となります。

3. **不適切**　遺言の方式を問わず、前に作成した遺言を新しく作成する遺言で**撤回**することが**できます**。

4. 適切　　公正証書によって遺言をするには証人**2人以上**の立会いが必要です。なお、**推定相続人・受遺者やその配偶者・直系血族**等はその証人になることができません。

4 　が不適切　　　　　　　　　　　　　　　　　テキスト6章　P527-529

1. 適切　　「未成年者は単独で遺言できない」というひっかけ問題に気をつけましょう。

2. 適切　　遺言の方式を問わず、前に作成した遺言を**新しく作成する遺言で撤回**することが**できます**。

3. 適切　　遺留分は、相続人のうち、直系卑属、直系尊属、配偶者には認められていますが、**兄弟姉妹には遺留分がありません。**

4. **不適切**　遺留分は**相続開始前**においても、**家庭裁判所の許可**を受けて、**放棄**することが**できます**。相続放棄・限定承認は、相続の開始を知ったときから3カ月以内に行う点と混同しないようにしましょう。

525

9   重要度 C　　　　　　　　　　　　　　　　　　　　［2021年5月］

民法および法務局における遺言書の保管等に関する法律に関する次の記述のうち、最も適切なものはどれか。

1. 被相続人の配偶者が配偶者居住権を取得するためには、あらかじめ被相続人が遺言で配偶者居住権を配偶者に対する遺贈の目的としておく必要があり、配偶者が、相続開始後の共同相続人による遺産分割協議で配偶者居住権を取得することはできない。
2. 各共同相続人は、遺産の分割前において、遺産に属する預貯金債権のうち、相続開始時の債権額の3分の1に法定相続分を乗じた額（1金融機関当たり150万円を上限）の払戻しを受ける権利を単独で行使することができる。
3. 遺言者が自筆証書遺言を作成する場合において、自筆証書遺言に財産目録を添付するときは、その目録も自書しなければ無効となる。
4. 遺言者が自筆証書遺言を作成して自筆証書遺言書保管制度を利用した場合、その相続人は、相続開始後、遅滞なく家庭裁判所にその検認を請求しなければならない。

2 が適切　　　　　　　　　　　　　　　テキスト6章　P521、P527-528

1. 不適切　配偶者居住権は、**遺贈**や**遺産分割協議等**によっても取得することができます。

2. **適切**　相続人は、遺産分割前であっても、**預貯金債権×1／3×法定相続分（1金融機関当たり150万円を限度）** の払戻しを受ける権利を単独で行使することができます。

3. 不適切　自筆証書遺言における財産目録は、**コピーやパソコンでの作成でもよい**とされますが、**全ページに署名**、**押印**が必要となります。

4. 不適切　自筆証書遺言を**法務局で保管**している場合、遺言者の死亡後、**家庭裁判所の検認は不要**となります。

相続税

10 重要度 ［2020年9月］

相続税の課税財産に関する次の記述のうち、最も不適切なものはどれか。

1. 被相続人が交通事故により死亡し、加害者が加入していた自動車保険契約に基づき、相続人が受け取った対人賠償保険の保険金は、相続税の課税対象となる。
2. 契約者（＝保険料負担者）および被保険者を被相続人とする生命保険契約に基づき、相続の放棄をした者が受け取った死亡保険金は、相続税の課税対象となる。
3. 被相続人から相続時精算課税による贈与により取得した財産は、その者が相続または遺贈により財産を取得したかどうかにかかわらず、相続税の課税対象となる。
4. 相続または遺贈により財産を取得した者が、相続開始前3年以内に被相続人から暦年課税による贈与により取得した財産は、原則として相続税の課税対象となる。

1 **が不適切**　　　　　　　　　　　　　　テキスト6章　P533-535

1. **不適切**　被相続人が自動車事故により死亡し、加害者が加入していた自動車保険契約に基づき、被相続人の遺族である相続人が受け取った対人賠償保険金は、**非課税**であり、相続税の課税対象となりません。

2. 適切　　契約者（＝保険料負担者）および被保険者を被相続人とする生命保険契約に基づき支払われる死亡保険金は、受取人が相続人であるか否かにかかわらず、**相続税の課税対象**となります。なお、**相続人が受け取る死亡保険金は「500万円×法定相続人の数」の金額が非課税**となります。

3. 適切　　**相続時精算課税制度**を適用して生前贈与を受けた財産は、**贈与時期や相続財産等の取得の有無を問わず**、相続税の課税価格に加算されます（2024年以降は年間110万円以下の部分を除く）。

4. 適切　　**暦年課税制度**を適用して生前贈与を受けた財産のうち、相続税の課税価格に加算されるのは、**被相続人から相続または遺贈により財産を取得した者が、相続開始前3年以内に贈与を受けた財産**に限られます。

　　　　　なお、2027年以降の相続から加算範囲が徐々に広がり（2024年以降の贈与が対象）、加算対象が3年超となり、2031年以降に発生する相続からは相続開始前7年以内が対象となります。
　　　　　2027年以降、相続税の課税価格に加算される価額は以下のとおりとなります。
　　　　　相続開始前3年以内の贈与財産：**贈与時**の価額
　　　　　相続開始前3年より前の贈与財産：贈与時の価額の合計額－100万円

11 重要度 **B** [2019年9月]

相続税の非課税財産に関する次の記述のうち、最も不適切なものはどれか。

1. 被相続人の死亡によって被相続人に支給されるべきであった死亡退職金で、被相続人の死亡後3年以内に支給が確定したものを相続人が取得した場合は、死亡退職金の非課税金額の規定の適用を受けることができる。

2. 被相続人の死亡によって相続人に支給される弔慰金は、被相続人の死亡が業務上の死亡である場合、被相続人の死亡当時における普通給与の5年分に相当する金額まで相続税の課税対象とならない。

3. 相続の放棄をした者が受け取った死亡保険金については、死亡保険金の非課税金額の規定の適用を受けることができない。

4. 死亡保険金の非課税金額の規定による非課税限度額は、「500万円×法定相続人の数」の算式により計算した金額である。

| **2** | が不適切 | テキスト6章　P533-535 |

1. **適切**　被相続人の死亡により支給される死亡退職金のうち、**死亡後3年以内に支給が確定したもの**を相続人が受け取った場合、「**500万円×法定相続人の数」の金額が非課税**となります。

2. **不適切**　被相続人の**業務上の死亡**により、相続人等が受け取る弔慰金は、死亡時の普通給与の**36カ月分**、**業務外の死亡**の場合の弔慰金は、死亡時の普通給与の**6カ月分**が相続税非課税となり、超える部分は死亡退職金として扱います。

3. **適切**　相続税の対象となる死亡保険金を相続人が受け取った場合、「**500万円×法定相続人の数」の金額が非課税**となりますが、**相続を放棄した者や相続人でない者が受け取った場合は、非課税金額の規定の適用を受けることはできません。**

4. **適切**　なお、非課税金額の計算上、法定相続人の数は

・普通養子（配偶者の連れ子養子等を除く）は、**実子がいる場合は1人まで、実子がいない場合は2人まで**

・相続を放棄した者がいても、**相続の放棄がなかったものとする（放棄者を含む）**

のルールのもと、カウントします。

531

12 重要度 B　　　[2020年9月]

相続人が負担した次の費用等のうち、相続税の課税価格の計算上、相続財産の価額から債務控除することができるものはどれか。なお、相続人は債務控除の適用要件を満たしているものとする。

1. 被相続人の所有不動産に係る固定資産税で、相続開始時点で納税義務は生じているが、納期限がまだ到来していない未払いのもの
2. 被相続人が生前に購入した墓碑の買入代金で、相続開始時点で未払いのもの
3. 香典返しの費用で、社会通念上相当と認められるもの
4. 被相続人に係る四十九日の法要に要した費用で、社会通念上相当と認められるもの

13 重要度 B　　　[2019年1月]

本年中に発生する相続における相続税の計算に関する次の記述のうち、最も不適切なものはどれか。なお、各選択肢において、ほかに必要とされる要件等は満たしているものとする。

1. すでに死亡している被相続人の子を代襲して相続人となった被相続人の孫は、相続税額の2割加算の対象となる。
2. 相続人が被相続人から暦年課税方式により相続開始前3年以内に贈与を受け、相続税の課税価格に加算された贈与財産について納付していた贈与税額は、その者の相続税額から控除することができる。
3. 相続人が未成年者の場合、その者の相続税額から控除される未成年者控除額は、原則として、その者が18歳に達するまでの年数（年数に1年未満の期間があるときは切上げ）に10万円を乗じた金額である。
4. 相続開始時の相続人が被相続人の配偶者のみで、その配偶者がすべての遺産を取得した場合、「配偶者に対する相続税額の軽減」の適用を受ければ、相続により取得した財産額の多寡にかかわらず、配偶者が納付すべき相続税額は生じない。

1 が債務控除できる

テキスト6章 P537

1. **債務控除できる** 相続発生時点で確定している未払いの公租公課は債務控除の対象となります。

2. 債務控除できない 墓碑は相続税非課税ですので、その未払い費用も債務控除の対象外となります。

3. 債務控除できない 受け取る香典で社会通念上相当と認められるものは贈与税非課税ですので、香典返しの費用も債務控除の対象外となります。

4. 債務控除できない 通夜・本葬費用で通常必要と認められるものは債務控除の対象となりますが、初七日、四十九日の法会費用は債務控除の対象外となります。

1 が不適切

テキスト6章 P540、P542-543

1. **不適切** 相続税の2割加算の対象となるのは、**配偶者、子、父母、代襲相続人である孫以外**の者（兄弟姉妹や代襲相続人でない孫等）です。

2. 適切 なお、相続時精算課税制度により贈与を受け、相続税の課税価格に加算された贈与財産について納付していた贈与税額も、その者の相続税額から控除することができ、相続税よりも多い場合には還付を受けることができます。

3. 適切 なお、障害者控除は「85歳に達するまでの年数（年数に1年未満の期間があるときは切り上げ）×10万円（特別障害者の場合は20万円）」となります。

4. 適切 相続または遺贈により、**法定相続分または1億6,000万円のいずれか多い金額まで**財産を取得しても相続税はかかりませんので、相続人が配偶者のみである場合、法定相続分は全部となり、相続税はかからないことになります。なお、相続税の申告をしなければ適用できません。

14 重要度 A [2018年9月]

相続税の申告と納付に関する次の記述のうち、最も適切なものはどれか。

1. 相続税の計算において、「配偶者に対する相続税額の軽減」の規定の適用を受けると配偶者の納付すべき相続税額が0（ゼロ）となる場合、相続税の申告書を提出する必要はない。
2. 相続税を金銭で納付するために、相続により取得した土地を譲渡した場合、その譲渡に係る所得は、所得税の課税対象とならない。
3. 期限内申告書に係る相続税の納付は、原則として、相続人がその相続の開始があったことを知った日の翌日から10ヵ月以内にしなければならない。
4. 相続税は金銭により一時に納付することが原則であるが、それが困難な場合には、納税義務者は、任意に延納または物納を選択することができる。

3 が適切

テキスト6章　P545-547

1. 不適切　**配偶者の税額軽減や小規模宅地等についての相続税の課税価格の計算の特例**の適用を受けた結果、相続税額がゼロとなる場合でも、**相続税の申告は必要**となります。

2. 不適切　相続により取得した土地を譲渡した場合、その譲渡に係る所得は、譲渡所得として、**所得税の課税対象**となります。なお、相続開始の翌日から、相続税の申告期限の翌日以後3年を経過する日までに譲渡した場合、譲渡所得の金額の計算上、その者が負担した相続税額のうち、その土地に対応する部分の金額を取得費に加算することができます（相続税取得費加算の特例）。

3. **適切**　相続税の申告書の提出期限および納付期限は、原則として**相続の開始があったことを知った日の翌日から10カ月以内**です。なお、被相続人の所得税の申告（準確定申告）の期限は、原則として**相続の開始があったことを知った日の翌日から4カ月以内**です。

4. 不適切　相続税は一括金銭納付が原則ですが、**一括納付が困難である場合は延納**を選択でき、**延納によっても納付が困難な部分は物納**を選択することができます。

15 [2020年9月]

不動産に係る相続対策等に関する次の記述のうち、最も不適切なものはどれか。

1. 相続により土地を取得した者がその相続に係る相続税を延納する場合、担保として不適格なものでなければ、取得した土地を延納の担保として提供することができる。
2. 相続税は金銭による一括納付が原則であるが、一括納付が困難な場合には、納税義務者は、任意に延納または物納を選択することができる。
3. 「小規模宅地等についての相続税の課税価格の計算の特例」の適用を受けた宅地等を物納する場合の収納価額は、特例適用後の価額である。
4. 相続時精算課税制度は、所定の要件を満たせば、「直系尊属から住宅取得等資金の贈与を受けた場合の贈与税の非課税の特例」と併用して適用を受けることができる。

贈与税

16   [2021年1月]

贈与に関する次の記述のうち、最も適切なものはどれか。

1. 民法上、贈与は、当事者の一方がある財産を無償で相手方に与える意思表示をすることにより効力が生じ、相手方が受諾する必要はない。
2. 民法上、書面によらない贈与において、いまだその履行がなされていない場合であっても、各当事者が一方的にこれを解除することはできない。
3. 相続税法上、書面によらない贈与における財産の取得時期は、原則として、履行の有無にかかわらず、受贈者が当該贈与を受ける意思表示をした時とされる。
4. 相続時精算課税制度の適用を受けた場合、その適用を受けた年以後は、その特定贈与者からの贈与について暦年課税に変更することはできない。

2 が不適切

テキスト6章 P545-547

1. 適切　延納の担保は要件を満たせば、相続により取得した財産でなくても、**相続人の財産でなくてもよい**とされています。

2. **不適切**　相続税は一括金銭納付が原則ですが、**一括納付が困難である場合は延納**を選択でき、**延納によっても納付が困難な部分は物納を選択**することができます。つまり、延納または物納を任意に選択できるわけではありません。

3. 適切　小規模宅地等についての相続税の課税価格の計算の特例の適用を受けた宅地等を物納する場合の収納価額は、**特例適用後**の価額となります。

4. 適切　所定の要件を満たせば、直系尊属から住宅取得等資金の贈与を受けた場合の贈与税の非課税の特例は、**贈与税の基礎控除または相続時精算課税制度の特別控除と併用**することができます。

4 が適切

テキスト6章 P548-549、P557

1. 不適切　贈与契約は、通常、無償で相手方に与える片務契約ですが、**双方の意思表示が一致して成立**します。

2. 不適切　書面によらない贈与は、**履行の終わった部分を除き、各当事者が解除**することができます。なお、書面による贈与は、原則、解除できません。

3. 不適切　書面によらない贈与における財産の取得時期は、**原則として履行があったとき**とされます。なお、書面による贈与における財産の取得時期は、契約書の効力が発生したときとなります。

4. **適切**　特定贈与者からの贈与について、**一旦、相続時精算課税制度の適用を受けた場合、取り消すことはできません**。

17　重要度 A　　　[2020 年 9 月]

贈与に関する次の記述のうち、最も不適切なものはどれか。

1. 贈与は、当事者の一方がある財産を無償で相手方に与える意思を表示し、相手方が受諾をすることによって、その効力を生ずる。
2. 定期の給付を目的とする贈与は、贈与者または受贈者の死亡によって、その効力を失う。
3. 負担付贈与については、贈与者は、その負担の限度において、売買契約の売主と同様の担保責任を負う。
4. 死因贈与によって取得した財産は、贈与税の課税対象となる。

18　重要度 A　　　[2019 年 1 月]

贈与税の非課税財産に関する次の記述のうち、最も不適切なものはどれか。

1. 個人が法人からの贈与により取得した財産は、贈与税の課税対象とならない。
2. 個人から受ける社交上必要と認められる香典・見舞金等の金品で、贈与者と受贈者との関係等に照らして社会通念上相当と認められるものは、贈与税の課税対象とならない。
3. 扶養義務者から生活費として受け取った金銭を、投資目的の株式の運用に充てたとしても、その金銭は、贈与税の課税対象とならない。
4. 相続により財産を取得した者が、その相続開始の年に被相続人から贈与により取得した財産は、原則として相続税の課税対象となり、贈与税の課税対象とならない。

4 が不適切

テキスト6章　P548-549

1. **適切** 贈与契約は、通常、無償で相手方に与える片務契約ですが、**双方の意思表示が一致して成立**します。

2. **適切** なお、定期贈与は「毎年○○円、○年間にわたって贈与する」のような契約をいいます。

3. **適切** なお、負担付贈与は「アパートとその借入金を合わせて贈与する」「介護の世話を条件に、○○を贈与する」のような契約をいいます。通常の贈与とは異なり、双方が義務（債務）を負うため、贈与者も、その負担の限度において、**売買契約の売主と同じ担保責任**を負います。

4. **不適切** 死因贈与は「死んだら○○を贈与する」という契約ですので、相続や遺贈と同じように**相続税**の課税対象となります。

---

3 が不適切

テキスト6章　P555-561

1. **適切** 個人が法人から贈与を受けた財産は、一時所得または給与所得として**所得税**の課税対象となり、贈与税非課税となります。

2. **適切** 個人から受け取る社交上必要と認められる香典で、贈与者と受贈者との関係等に照らして社会通念上相当と認められるものは、贈与税の課税対象となりません（なので、香典返戻費用も相続税の債務控除の対象となりません）。

3. **不適切** 扶養義務者から贈与を受けた通常の**生活費**として認められるものは、**通常、贈与税非課税**となりますが、生活費の目的に充てず、**投資目的の株式の運用に充てた場合、贈与税の課税対象**となります。

4. **適切** **相続または遺贈により財産を取得した者**が、被相続人から相続開始年に贈与を受けた財産は、原則として**相続税**の課税対象となり、贈与税の課税対象となりません。なお、**相続または遺贈により財産を取得していない者**が、被相続人から相続開始年に贈与を受けた財産は、**贈与税**の課税対象となります。

19 重要度 B [2018年9月]

贈与税の課税財産に関する次の記述のうち、最も不適切なものはどれか。

1. 契約者（＝保険料負担者）が母、被保険者が父、保険金受取人が子である生命保険契約において、父の死亡により子が受け取った死亡保険金は、子が母から贈与により取得したものとして贈与税の課税対象となる。
2. 子が、父の所有する土地を使用貸借によって借り受けて、その土地の上に自己資金で建物を建築して自己の居住の用に供した場合には、子が父から借地権相当額を贈与により取得したものとして、贈与税の課税対象となる。
3. 父が、その所有する土地の名義を無償で子の名義に変更した場合には、原則として、子が父からその土地を贈与により取得したものとして、贈与税の課税対象となる。
4. 離婚による財産分与として取得した財産は、その価額が婚姻中の夫婦の協力によって得た財産の額等を考慮して社会通念上相当な範囲内である場合、原則として、贈与税の課税対象とならない。

20 重要度 B [2021年9月]

直系尊属から住宅取得等資金の贈与を受けた場合の贈与税の非課税の特例（以下「本特例」という）に関する次の記述のうち、最も不適切なものはどれか。

1. 受贈者の配偶者の父母（義父母）から住宅取得資金の贈与を受けた場合、本特例の適用を受けることができない。
2. 受贈者が自己の居住の用に供する家屋とともにその敷地の用に供される土地を取得する場合において、その土地の取得の対価に充てるための金銭については、本特例の適用を受けることができない。
3. 新築した家屋が店舗併用住宅で、その家屋の登記簿上の床面積の2分の1超に相当する部分が店舗の用に供される場合において、その家屋の新築の対価に充てるための金銭については、本特例の適用を受けることができない。
4. 住宅取得資金の贈与者が死亡した場合において、その相続人が贈与を受けた住宅取得資金のうち、本特例の適用を受けて贈与税が非課税とされた金額については、その贈与が暦年課税または相続時精算課税制度のいずれの適用を受けていたとしても、相続税の課税価格に加算されない。

2 が不適切　　　　　　　　　　　　　　　　テキスト6章　P551-552

1. 適切　　契約者、被保険者、死亡保険金受取人が異なる生命保険契約の死亡保険金は、贈与税の課税対象となります。

2. **不適切**　**個人間の土地の使用貸借は、贈与税の課税対象となりません。**したがって、親の土地を子が使用貸借により借り受け、子が自宅を建築した場合でも、親の土地は自用地として評価されます。

3. 適切　　**所有者名義を変更すると、土地の贈与とみなされ、**贈与税の課税対象となります。使用貸借の場合と混同しないようにしましょう。

4. 適切　　離婚による財産分与として取得した財産は、その価額が婚姻中の夫婦の協力によって得た財産の額等を考慮して社会通念上相当な範囲内である場合、原則として贈与税非課税となります。

2 が不適切　　　　　　　　　　　　　　　　テキスト6章　P558-559

1. 適切　　本特例は、受贈者の父母からの贈与が対象となり、受贈者の**配偶者の父母からの贈与は対象外**となります。

2. **不適切**　受贈者が自己の居住の用に供する家屋とともにその敷地の用に供される**土地を取得する対価に充てる金銭も、本特例の適用**を受けることができます。

3. 適切　　床面積要件を満たす店舗併用住宅で、**2分の1以上を居住の用**（居住用以外の部分が2分の1以下）に供することが要件ですので、その家屋の登記簿上の床面積の2分の1超に相当する部分が店舗の用に供される場合は、本特例の適用を受けることができません。

4. 適切　　なお、基礎控除または相続時精算課税制度の特別控除部分は相続税の課税価格に加算されます。

541

21 重要度 A　　　　　　　　　　　　　　　　　［2019年1月］

贈与税の配偶者控除（以下「本控除」という）に関する次の記述のうち、最も適切なものはどれか。なお、各選択肢において、本控除の適用を受けるためのほかに必要とされる要件はすべて満たしているものとする。

1. 受贈者が本控除の適用を受けるためには、贈与時点において、贈与者との婚姻期間が20年以上であることが必要とされている。
2. 配偶者が所有する居住用家屋およびその敷地の用に供されている土地のうち、土地のみについて贈与を受けた者は、本控除の適用を受けることができない。
3. 本控除の適用を受け、その贈与後3年以内に贈与者が死亡して相続が開始し、受贈者がその相続により財産を取得した場合、本控除に係る控除額相当額は、受贈者の相続税の課税価格に加算される。
4. 本控除の適用を受けた場合、贈与税額の計算上、贈与により取得した財産の合計額から、基礎控除額も含めて最高2,000万円の配偶者控除額を控除することができる。

1 が適切   テキスト6章　P556

1. **適切**　　贈与税の配偶者控除は、贈与時点において**婚姻期間20年以上**であることが要件となっています。なお、相続税の配偶者の税額軽減には、婚姻期間要件はありません。

2. 不適切　贈与税の配偶者控除は、自ら居住の用に供する**居住用不動産（土地、建物の両方または片方、一部でもよい）または居住用不動産を取得するための資金**の贈与を受けた場合に適用を受けられます。

3. 不適切　贈与税の配偶者控除の適用を受け、その**贈与後3年以内に贈与者が死亡**して相続が開始し、受贈者がその相続により財産を取得した場合でも、**贈与税の配偶者控除に係る控除額相当額（2,000万円を限度）は、受贈者の相続税の課税価格に加算されません。**なお、2027年以降の相続から生前贈与加算の対象が徐々に広がり（3年超）、2031年以降に発生する相続からは相続開始前7年以内が対象となります。ただし、今までと同様に配偶者控除の部分は加算されません。

4. 不適切　贈与税の配偶者控除の適用を受けることができる場合、**基礎控除額110万円とは別に最高2,000万円を控除**することが**できます。**

22 [2019年5月]

贈与税の計算に関する次の記述のうち、最も適切なものはどれか。

1. 暦年課税による贈与に係る贈与税額の計算上、基礎控除額は、受贈者が個人である場合には、贈与者1人当たり年間110万円である。
2. 暦年課税による贈与に係る贈与税額の計算上、適用される税率は、超過累進税率である。
3. 相続時精算課税制度の適用を受けた贈与財産に係る贈与税額の計算上、認められる特別控除額の限度額は、特定贈与者ごとに累計で2,000万円である。
4. 相続時精算課税制度の適用を受けた贈与財産に係る贈与税額の計算上、適用される税率は、一律10%である。

23 [2018年9月]

贈与税の計算に関する次の記述のうち、最も適切なものはどれか。

1. 父と母のそれぞれから同一の年において財産の贈与を受け、いずれの贈与についても暦年課税の適用を受けた場合の贈与税額の計算においては、贈与税の課税価格から基礎控除額として最高220万円を控除することができる。
2. 贈与税の配偶者控除の適用を受ける場合の贈与税額の計算においては、贈与税の課税価格から基礎控除額を控除することができない。
3. 相続時精算課税制度を選択した場合、特定贈与者からの贈与により取得した財産に係る贈与税額の計算上、贈与税の税率は、贈与税の課税価格に応じた超過累進税率である。
4. 相続時精算課税制度を選択した場合における贈与税額の計算において、贈与税の課税価格から控除する特別控除額は、特定贈与者ごとに累計で2,500万円である。

2 が適切

テキスト6章 P551-552、P557

1. **不適切** 複数の者から暦年課税により贈与を受けた場合、**受贈者が贈与を受けた合計額から基礎控除110万円を控除**することができます。贈与者ごとに110万円の基礎控除が適用されるわけではありません。

2. **適切** 暦年課税による贈与税額の計算上、贈与税の課税価格から基礎控除等を控除した残額に応じた超過累進税率を乗じます。なお、特例贈与財産（原則、18歳以上の者が、父母や祖父母等の直系尊属から贈与を受ける場合）と一般贈与財産（特例贈与財産以外。例：夫婦間、兄弟間、第三者間等）では、税額の計算が異なります。

3. **不適切** 相続時精算課税制度を選択した場合の贈与税の税額は、特定贈与者ごとに、贈与財産の価額から累計**2,500万円の特別控除額**を控除した後の残額に**一律20%**の税率を乗じて計算します。**2024年以降、特別控除前に年間110万円を控除できます。**

4. **不適切** 3.の解説参照。

---

4 が適切

テキスト6章 P551-561

1. **不適切** 複数の者から暦年課税により贈与を受けた場合、**受贈者が贈与を受けた合計額から基礎控除110万円を控除**することができます。贈与者ごとに110万円の基礎控除が適用されるわけではありません。

2. **不適切** 贈与税の配偶者控除の適用を受けることができる場合、**基礎控除額110万円とは別に最高2,000万円を控除**することができます。

3. **不適切** 本年中に相続時精算課税制度を選択した場合の贈与税の税額は、特定贈与者ごとに、贈与財産の価額から累計**2,500万円の特別控除額**を控除した後の残額に**一律20%**の税率を乗じて計算します。なお、**2024年以降、特別控除前に年間110万円を控除できます。**

4. **適切** 3.の解説参照。

24   [2019年5月]

不動産等に係る相続対策に関する次の記述のうち、最も不適切なものはどれか。

1. 相続人が代償分割により他の相続人から交付を受けた代償財産は、相続税の課税対象となる。
2. 相続により土地を取得し相続税が課された者が、その土地を当該相続の開始があった日の翌日から相続税の申告期限の翌日以後3年を経過する日までに譲渡した場合、譲渡所得の金額の計算上、その者が負担した相続税額のうち、その土地に対応する部分の金額を取得費に加算することができる。
3. 「直系尊属から住宅取得等資金の贈与を受けた場合の贈与税の非課税」の適用に当たっては、贈与者についての年齢要件はないが、受贈者は贈与を受けた年の1月1日において18歳以上でなければならない。
4. 配偶者から居住用不動産の贈与を受け、贈与税の配偶者控除の適用を受ける場合、贈与税額の計算上、その取得した居住用不動産の価額から、基礎控除額との合計で最高2,000万円を控除することができる。

25   [2020年1月]

贈与税の申告と納付に関する次の記述のうち、最も不適切なものはどれか。

1. 贈与税の申告書の提出期間は、原則として、贈与を受けた年の翌年2月1日から3月15日までである。
2. 贈与税の配偶者控除の適用を受けることにより納付すべき贈与税額が算出されない場合であっても、当該控除の適用を受けるためには、贈与税の申告書を提出する必要がある。
3. 贈与税の納付は、金銭による一括納付が原則であるが、所定の要件を満たせば物納が認められる。
4. 贈与税を延納する場合、延納税額が100万円以下で、かつ、延納期間が3年以下であるときは、延納の許可を受けるに当たって担保を提供する必要はない。

| **4** | が不適切 | テキスト6章　P533-535、P551-557 |

1. 適切　　代償分割により他の相続人から交付を受けた代償財産は、**相続税**の課税対象となります。

2. 適切　　相続税取得費加算の特例は、相続の開始があった日の翌日から、相続税の申告期限の翌日以後3年を経過する日までに譲渡した場合に適用できます。

3. 適切　　本特例は、贈与年の1月1日時点で18歳以上であり、贈与を受ける年の合計所得金額が2,000万円以下（床面積40m²以上50m²未満の場合は1,000万円以下）である受贈者が適用を受けられます。

4. **不適切**　贈与税の配偶者控除の適用を受けることができる場合、**基礎控除額110万円とは別に最高2,000万円を控除**することができます。

| **3** | が不適切 | テキスト6章　P562 |

1. 適切　　**贈与税**の申告書の提出期間は原則として贈与を受けた年の**翌年2月1日から3月15日まで**、**所得税**の申告書の提出期間は、原則として所得が発生した年の**翌年2月16日から3月15日まで**です。

2. 適切　　その他、直系尊属から住宅取得等資金の贈与を受ける場合も贈与税の申告が必要となります。

3. **不適切**　贈与税は金銭一括納付を原則とし、一括納付が困難な場合は延納が認められます。**贈与税は相続税と異なり、物納は認められません。**

4. 適切　　なお、贈与税を延納するには、納付すべき贈与税額が10万円を超えていることが要件とされています。

財産の評価

26 重要度 C　　　　　　　　　［2022年9月］

相続税・贈与税の税額を計算する場合の財産の評価に関する次の記述の空欄（ア）～（ウ）にあてはまる語句の組み合わせとして、最も適切なものはどれか。

- 相続税法では、財産評価の原則として、特別の定めのあるものを除き、相続、遺贈または贈与により取得した財産の価額は、当該財産の取得の時における時価によるとされている。また、「特別の定めのあるもの」として、地上権および永小作権、（　ア　）、給付事由が発生している（　イ　）に関する権利、給付事由が発生していない（　イ　）に関する権利、立木の評価方法を規定している。
- 財産評価基本通達では、「時価」とは、課税時期において、それぞれの財産の現況に応じ、（　ウ　）取引が行われる場合に通常成立すると認められる価額をいい、その価額は、この通達の定めによって評価した価額によるとされている。

1. （ア）配偶者居住権等　　（イ）定期金
   （ウ）不特定多数の当事者間で自由な

2. （ア）賃借権　　　　　　（イ）生命保険契約
   （ウ）不特定多数の当事者間で自由な

3. （ア）配偶者居住権等　　（イ）生命保険契約
   （ウ）当事者同士の相対

4. （ア）賃借権　　　　　　（イ）定期金
   （ウ）当事者同士の相対

1 が適切　テキスト6章　P521、P552、P564

（ア）なお、**配偶者居住権は財産価値が評価の対象となります**が、**配偶者短期居住権には財産価値はありません。**

（イ）定期金に関する権利とは、例えば、**年金を受給する権利、死亡保険金を分割で受け取る権利等**をいいます。

（ウ）**多くの人にとって適正な価額**と考えましょう。

27 　☑☑☑　　重要度 **B**　　　　　　　　　　[2019年5月]

相続税における宅地の評価に関する次の記述のうち、最も適切なものはどれか。

1. 登記上2筆の土地である宅地の価額は、これを一体として利用している場合であっても、原則として、2画地として別々に評価しなければならない。

2. 宅地の評価方法には、路線価方式と倍率方式とがあり、いずれの方式を採用するかは、納税者が任意に選択することができる。

3. 路線価図において、路線に「200D」と記載されている場合、「200」はその路線に面する標準的な宅地1m²当たりの価額が200千円であることを示し、「D」はその路線に面する宅地の借地権割合が60％であることを示している。

4. 倍率方式とは、宅地の固定資産税評価額に奥行価格補正率等の補正率を乗じて算出した金額によって、宅地の価額を評価する方式である。

3 が適切

テキスト6章　P564-568

1. **不適切**　宅地は、登記記録上の1筆ごとではなく、**1利用単位ごと（画地ごと）** に評価します。

2. **不適切**　**市街地的形態**を形成する地域にある宅地は**路線価**方式により評価し、**それ以外の地域**にある宅地は**倍率方式**により評価します。**納税者が任意に選択できるわけではありません。**

3. **適切**　路線価図の路線の数値部分は**1m²当たりの価額（千円単位）**、英字部分は借地権割合（A：90%、B：80%、C：70%、D：60%、E：50%、F：40%、G：30%）を示します。

4. **不適切**　倍率方式によって評価する宅地の価額は、**宅地の形状に応じた補正も織り込み済み**となっています。

28   [2022年5月]

普通住宅地区に所在している下記＜資料＞の宅地の相続税評価額（自用地評価額）として、最も適切なものはどれか。なお、記載のない事項については考慮しないものとする。

＜資料＞

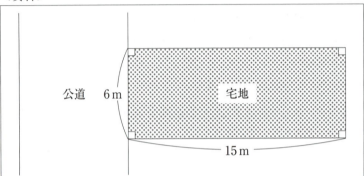

1. 85,554千円
2. 87,300千円
3. 88,200千円
4. 90,000千円

1 が適切

テキスト6章　P566-568

路線価方式による価額は＝**1㎡あたりの価額×面積**により求めます。

1㎡当たりの価額は＝**路線価×各種補正率**によって求めます。

設問の場合、奥行価格補正率1.00、間口狭小補正率0.97、奥行長大補正率0.98であるため、1㎡あたりの価額は1,000千円×1.00×0.97×0.98＝950.6千円となります。

したがって、宅地の相続税評価額は950.6千円×90㎡＝85,554千円となります。

以上より、1.が正解となります。

29　重要度 B　[2021年1月]

宅地および宅地の上に存する権利に係る相続税における評価に関する次の記述のうち、最も不適切なものはどれか。なお、評価の対象となる宅地は、借地権の取引慣行のある地域にあるものとする。また、宅地の上に存する権利は、定期借地権および一時使用目的の借地権等を除くものとする。

1. Aさんが、借地権の設定に際して通常の権利金を支払って賃借した宅地の上にAさん名義の自宅を建築して居住していた場合において、Aさんの相続が開始したときには、相続税額の計算上、その賃借している宅地の上に存するAさんの権利の価額は、借地権として評価する。

2. Bさんが所有する従前宅地であった土地を、車庫などの施設がない青空駐車場として提供していた場合において、Bさんの相続が開始したときには、相続税額の計算上、その土地の価額は、貸宅地として評価する。

3. Cさんが所有する宅地の上にCさん名義のアパートを建築して賃貸していた場合において、Cさんの相続が開始したときには、相続税額の計算上、そのアパートの敷地の用に供されている宅地の価額は、貸家建付地として評価する。

4. Dさんが、借地権の設定に際して通常の権利金を支払って賃借した宅地の上にDさん名義のアパートを建築して賃貸していた場合において、Dさんの相続が開始したときには、相続税額の計算上、その賃借している宅地の上に存するDさんの権利の価額は、貸家建付借地権として評価する。

| **2** | が不適切 | | テキスト6章　P568-570 |

1. 適切　　Aさんの権利は**借地権**（普通借地権の場合＝自用地評価額×借地権割合）として評価します。

2. **不適切**　車庫などの施設がない青空駐車場として提供している土地の価額は、借地権が発生しないため、Bさんが所有する土地は**自用地**として評価します。

3. 適切　　土地所有者が貸家を建てて貸し付けているため、土地は**貸家建付地**（自用地評価額×（1－借地権割合×借家権割合×賃貸割合））として評価します。

4. 適切　　借地権者が貸家を建てて貸し付けているため、**貸家建付借地権**（自用地評価額×借地権割合×（1－借家権割合×賃貸割合））として評価します。

　レック先生のワンポイント

> 自用地と貸宅地、貸家建付地の定義について整理しておきましょう。

30 重要度 B [2019年9月]

相続税における家屋等の評価に関する次の記述のうち、最も不適切なものはどれか。

1. 借家権は、この権利が権利金等の名称をもって取引される慣行のない地域においては、評価しない。
2. 貸家の価額は、「自用家屋としての評価額×借家権割合×借地権割合×賃貸割合」の算式により計算した金額により評価する。
3. 自用家屋の価額は、「その家屋の固定資産税評価額×1.0」の算式により計算した金額により評価する。
4. 構築物の価額は、原則として、「(再建築価額－建築の時から課税時期までの期間に応ずる償却費の額の合計額または減価の額)×70％」の算式により計算した金額により評価する。

31 重要度 B [2019年5月]

各種金融資産の相続税評価に関する次の記述のうち、最も不適切なものはどれか。

1. 外貨定期預金の価額の円貨換算については、原則として、取引金融機関が公表する課税時期における対顧客直物電信買相場（TTB）またはこれに準ずる相場による。
2. 金融商品取引所に上場されている利付公社債の価額は、次式により計算された金額によって評価する。

   $$評価額 = \left(課税時期の最終価格 + \begin{array}{c}源泉所得税相当額控除\\後の既経過利息の額\end{array}\right) \times \frac{券面額}{100円}$$

3. 相続開始時において、保険事故がまだ発生していない生命保険契約に関する権利の価額は、課税時期における既払込保険料相当額により評価する。
4. 金融商品取引所に上場されている不動産投資信託の受益証券の価額は、上場株式に関する評価の定めに準じて評価する。

| **2** | が不適切 | テキスト6章　P568-571 |

1. 適切　　普通借地権が「自用地評価額×借地権割合」により評価される点と大きく異なります。

2. **不適切**　貸家の価額は、「**自用家屋としての評価額×（1－借家権割合×賃貸割合）**」により評価します。

3. 適切　　自用家屋の価額は、「固定資産税評価額×1.0」により評価します。

4. 適切　　なお、建築中の家屋の価額は、その家屋の費用現価の100分の70に相当する金額によって評価します。

この問題で、自用家屋と貸家、借家権の評価について整理しておきましょう。

| **3** | が不適切 | テキスト6章　P576-581 |

1. 適切　　なお、TTBは、顧客が外貨を円に換える際に適用されるレートです。

2. 適切　　評価額の計算式を言葉で説明すると、死亡時点で換金した場合の時価となります。

3. **不適切**　相続開始時において、保険事故が発生していない生命保険契約に関する権利の価額は、**解約返戻金相当額**によって評価します。

4. 適切　　上場株式、ETF、REITは、課税時期の最終価格、課税時期の属する月の毎日の最終価格の平均額、課税時期の属する月の前月の毎日の最終価格の平均額、課税時期の属する月の前々月の毎日の最終価格の平均額のうち、最も**低い**価格で評価します。

32 [2019年1月]

相続税における取引相場のない株式の評価に関する次の記述のうち、最も適切なものはどれか。

1. 配当還元方式による株式の価額は、その株式の1株当たりの年配当金額を5％で還元した元本の金額によって評価する。
2. 会社規模が小会社である会社の株式の原則的評価方式は、純資産価額方式であるが、納税義務者の選択により、類似業種比準方式と純資産価額方式の併用方式で評価することもできる。
3. 類似業種比準価額を計算する場合の類似業種の株価は、課税時期の属する月以前3ヵ月間の各月の類似業種の株価のうち最も低いものとするが、納税義務者の選択により、課税時期の属する月以前3年間の類似業種の平均株価によることもできる。
4. 純資産価額を計算する場合の「評価差額に対する法人税額等に相当する金額」の計算上、法人税等の割合は、40％となっている。

33 [2022年9月]

相続税における取引相場のない株式の評価に関する次の記述のうち、最も適切なものはどれか。

1. 会社規模が小会社である会社の株式の価額は、純資産価額方式によって評価し、類似業種比準方式と純資産価額方式の併用方式によって評価することはできない。
2. 会社規模が中会社である会社の株式の価額は、類似業種比準方式、または純資産価額方式のいずれかによって評価する。
3. 同族株主が取得した土地保有特定会社に該当する会社の株式は、原則として、類似業種比準方式によって評価する。
4. 同族株主のいる会社において、同族株主以外の株主が取得した株式は、その会社規模にかかわらず、原則として、配当還元方式によって評価する。

2 が適切　　　　　　　　　　　　　　テキスト6章　P577-579

1. **不適切**　配当還元方式による株式の価額は、その株式の1株当たりの年配当金額を**10％**で還元した元本の金額によって評価します。

2. **適切**　なお、大会社は「類似業種比準価額または純資産価額」、中会社、小会社は「純資産価額または併用方式」によって評価します。

3. **不適切**　類似業種比準価額を計算する場合の類似業種の株価は、**課税時期の属する月、前月、前々月、前年、課税時期以前2年間平均の5つのうち、最も低い株価**とすることができます。

4. **不適切**　純資産価額を計算する場合の「評価差額に対する法人税額等に相当する金額」の計算上、法人税等の割合は**37％**となっています。

4 が適切　　　　　　　　　　　　　　テキスト6章　P577-579

1. **不適切**　会社規模が**小会社**である会社の株式の価額は、「**純資産価額**方式」または「類似業種比準方式と純資産価額方式の**併用方式**」によって評価します。

2. **不適切**　会社規模が**中会社**である会社の株式の価額は、「**純資産価額**方式」または「類似業種比準方式と純資産価額方式の**併用方式**」によって評価します。「類似業種比準方式」または「純資産価額方式」のいずれかによって評価するのは会社規模が大会社である場合です。

3. **不適切**　**同族株主が取得**した**土地保有特定会社や株式等保有特定会社**に該当する会社の株式は、原則として、**純資産価額**方式によって評価します。

4. **適切**　同族株主のいる会社において、**同族株主以外の株主が取得**した株式は、その会社規模にかかわらず、原則として、**配当還元**方式によって評価します。

事業承継対策

34   ［2019年5月］

相続税の納税資金対策および事業承継対策に関する次の記述のうち、最も不適切なものはどれか。

1. 「非上場株式等についての贈与税の納税猶予及び免除の特例」の適用を受ける場合、相続時精算課税制度の適用を受けることはできない。
2. オーナー経営者への役員退職金の支給は、自社株式の評価額を引き下げる効果が期待できることに加え、相続時における納税資金の確保にもつながる。
3. オーナー経営者の死亡により相続人へ支払う死亡退職金は、死亡後3年以内に支給額が確定した場合、相続税において退職手当金等の非課税限度額の適用を受けることができる。
4. 納付すべき相続税額について、延納によっても金銭で納付することを困難とする事由がある場合には物納が認められているが、物納に充てることができる財産の種類には申請順位があり、第1順位には国債、地方債、不動産、上場株式などが挙げられる。

1 が不適切

テキスト6章 P584-586

1. **不適切** 非上場株式等についての贈与税の納税猶予及び免除の特例の適用を受けるときは、**相続時精算課税制度の適用を受けることができます。**

2. 適切 役員退職金の支給は、評価引下げ対策、納税資金対策として効果があります。

3. 適切 なお、被相続人の死亡によって被相続人に支給されるべきであった退職手当金で、被相続人の死亡後3年を超えてから支給が確定したものは、受け取った者の一時所得となります。

4. 適切 物納の第1順位は国債、地方債、不動産、上場株式等、第2順位は非上場株式等です。

561

35 　重要度 B　　　　　　　　　　　　　　　　　　　　　　　　　[2018年5月]

取引相場のない株式に係る類似業種比準価額に関する次の記述のうち、最も適切なものはどれか。なお、類似業種比準価額の計算に影響を与える他の要素については、考慮しないものとする。

1. A社は土地を売却する予定であり、売却すると多額の売却損の発生が予想されるため、この土地の売却により類似業種比準価額を引き下げることができると考えている。
2. B社は、類似業種比準価額の計算上、配当、利益および純資産という3つの比準要素のウエイトが「1：3：1」であるため、今後は、配当や純資産の引下げに努めるよりもウエイトの高い利益の引下げ（圧縮）に努めた方が、類似業種比準価額の引下げ効果は大きいと考えている。
3. C社はこれまで無配であったが、今期、創業30年の記念配当を実施する予定であり、この配当を実施すると、比準要素のうちの配当がゼロからプラスになるため、類似業種比準価額が上昇するのではないかと考えている。
4. D社の株式評価上の会社規模は、現在、中会社であるが、類似業種比準価額の計算上の斟酌率は会社規模が大きいほど小さくなるため、会社規模を大会社にさせて類似業種比準価額を引き下げたいと考えている。

36 　重要度 C　　　　　　　　　　　　　　　　　　　　　　　　　[2021年9月]

会社法に関する次の記述のうち、最も適切なものはどれか。

1. 公開会社とは、その発行する全部または一部の株式に譲渡制限のない株式会社のことであり、金融商品取引所に上場することが義務付けられている。
2. 株式会社は、設立時に最低資本金額として100万円が必要である。
3. 株式会社が取締役会を設置する場合、2人以上の取締役を置かなければならない。
4. 株式会社が特定の株主から自己株式を有償で取得する場合、株主総会の特別決議が必要となる。

1 が適切　　　　　　　　　　　　　　　　　　　　テキスト6章　P577-579

1. **適切**　多額の売却損の発生が予想される土地の売却は、利益と純資産が少なくなるため、類似業種比準価額を引き下げる効果があります。

2. 不適切　類似業種比準価額の計算上、配当、利益、純資産という3つの比準要素のウェイトは「**1：1：1**」です。

3. 不適切　記念配当や特別配当は、1株当たりの配当金額に反映されませんので、**記念配当を実施しても類似業種比準価額に影響しません。**

4. 不適切　類似業種比準価額の計算上の斟酌率は大会社は0.7、中会社は0.6、小会社は0.5と、**会社規模が大きいほど大きくなります。**

4 が適切　　　　　　　　　　　　　　　　　　　　　　テキスト6章　P589

1. 不適切　公開会社とは、その発行する全部または一部の株式に譲渡制限のない株式会社のことをいいますが、**金融商品取引所に上場することは義務付けられていません。**

2. 不適切　株式会社の設立時の**最低資本金額の規定はありません。**

3. 不適切　株式会社が**取締役会を設置しない**場合は**1人以上**、**取締役会を設置**する場合は**3人以上**の取締役を置かなければなりません。

4. **適切**　「取締役会の決議が必要」「株主総会の普通決議が必要」でひっかける問題に気をつけましょう。

実技試験[日本FP協会] 資産設計提案業務

第1問

[2020年1月]

松尾さんは、相続開始後の手続き等について、FPで税理士でもある大地さんに質問をした。下記の空欄（ア）～（エ）に入る適切な語句を語群の中から選び、その番号のみを解答欄に記入しなさい。なお、同じ語句を何度選んでもよいこととする。

> 松尾さん：「相続開始後の手続きについて教えてください。相続税の申告と納税はいつまでに行う必要がありますか。」
> 大地さん：「相続税の申告と納税は、相続の開始があったことを知った日の翌日から（ア）以内に行うことになっています。」
> 松尾さん：「相続の放棄をするときは、どのような手続きをするのですか。」
> 大地さん：「相続放棄をする場合、相続の開始があったことを知った時から原則として（イ）以内に、（ウ）にその旨の申述を行います。」
> 松尾さん：「準確定申告についても教えてください。」
> 大地さん：「納税者に相続が発生した場合、相続人は、被相続人の所得税の確定申告をして、所得税を納付する必要があります。準確定申告の期限は、相続の開始があったことを知った日の翌日から（エ）以内です。」

<語群>
1. 1ヵ月　　2. 3ヵ月　　3. 4ヵ月　　4. 6ヵ月
5. 10ヵ月　6. 8ヵ月　　7. 1年
8. 家庭裁判所　9. 簡易裁判所　10. 地方裁判所

正解 (ア) 5　(イ) 2　(ウ) 8　(エ) 3

テキスト6章　(ア)P545、(イ)(ウ)P525-527　4章　(エ)P383

ポイント：相続開始後の手続期限・提出先

相続の限定承認・放棄	相続開始があったことを知ったときから**3カ月**（イ）以内に**家庭裁判所**（ウ）で手続きをしなければならない
所得税の準確定申告	相続開始があったことを知った日の翌日から**4カ月**（エ）以内に被相続人の住所地を管轄する所轄税務署長に申告書を提出する
相続税の期限内申告	相続開始があったことを知った日の翌日から**10カ月**（ア）以内に被相続人の住所地を管轄する所轄税務署長に申告書を提出する

レック先生のワンポイント

相続開始後の手続き期限、手続き場所は穴埋めの定番問題ですので、確実に得点できるように整理しておきましょう。

第2問 [2022年9月]

下記の＜親族関係図＞の場合において、民法の規定に基づく法定相続分に関する次の記述の空欄（ア）～（ウ）に入る適切な語句または数値を語群の中から選び、解答欄に記入しなさい。なお、同じ語句または数値を何度選んでもよいこととする。

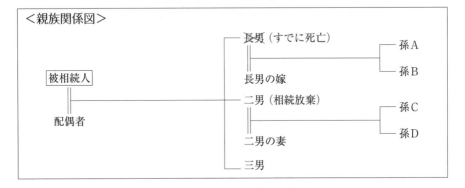

［相続人の法定相続分］
・被相続人の配偶者の法定相続分は（ ア ）。
・被相続人の孫Cおよび孫Dの各法定相続分は（ イ ）。
・被相続人の三男の法定相続分は（ ウ ）。

＜語群＞				
なし	1／2	1／3	1／4	1／6
1／8	1／10	2／3	3／4	1／12

正解 （ア）1／2　（イ）なし　（ウ）1／4　テキスト6章　P520、522

設問の場合、配偶者と子が相続人ですので、配偶者および子の法定相続分はそれぞれ1／2（ア）です。
子は、長男、二男、三男の3人いますが、二男は相続を放棄しており、初めから相続人ではなかったものとみなされます。相続放棄をした二男の子（被相続人の孫）は代襲相続できませんので、法定相続分はありません（イ）。
以上より、子は2人として計算しますので、2分の1を長男（実際には、A・Bが代襲相続）、三男で二等分しますので、三男の法定相続分は1／2×1／2＝1／4（ウ）となります。

第3問 重要度   [2019年5月]

下記＜相続関係図＞において、民法の規定に基づく法定相続分および遺留分に関する次の記述の空欄（ア）～（ウ）に入る適切な語句または数値を語群の中から選び、解答欄に記入しなさい。なお、同じ語句または数値を何度選んでもよいこととする。

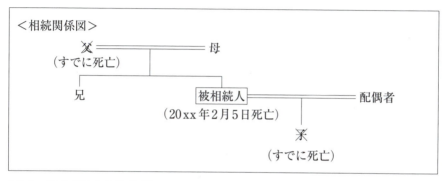

[各人の法定相続分と遺留分]
・被相続人の配偶者の法定相続分は（ア）。
・被相続人の兄の法定相続分は（イ）。
・被相続人の母の遺留分は（ウ）。

＜語群＞				
なし	1／2	1／3	1／4	1／6
1／8	1／9	2／3	3／4	

正解 （ア）2／3　（イ）なし　（ウ）1／6

テキスト6章　（ア）（イ）P522、（ウ）P529

設問の場合、**配偶者と母（直系尊属）が法定相続人**ですので、配偶者の法定相続分は2／3（ア）、直系尊属の法定相続分は1／3となります。つまり、兄の法定相続分はありません（イ）。
配偶者と直系尊属が法定相続人である場合、**遺留分は相続財産の1／2**ですので、配偶者の遺留分は2／3×1／2＝1／3、母の遺留分は1／3×1／2＝1／6（ウ）となります。

第4問

[2021年5月]

下記＜親族関係図＞の場合において、民法の規定に基づく法定相続分および遺留分に関する次の記述の空欄（ア）～（ウ）に入る適切な語句または数値を語群の中から選び、解答欄に記入しなさい。なお、同じ語句または数値を何度選んでもよいこととする。

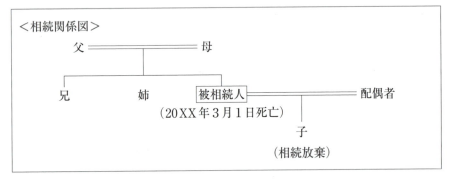

［各人の法定相続分と遺留分］
・被相続人の配偶者の法定相続分は（ア）。
・被相続人の兄の法定相続分は（イ）。
・被相続人の母の遺留分は（ウ）。

＜語群＞				
なし	1／2	1／3	2／3	1／4
1／6	1／8	1／12	1／16	

正解	（ア）**2／3**	（イ）**なし**	（ウ）**1／12**

テキスト6章　（ア）（イ）P522、（ウ）P529

相続放棄がなければ、配偶者と子が法定相続人となりますが、子が相続放棄しているため、配偶者と直系尊属が法定相続人となります。

配偶者の法定相続分は2／3（ア）、直系尊属の法定相続分は1／3であり、父と母で等分すると1／6となります。以上より、兄の法定相続分は「なし」（イ）となります。

配偶者と直系尊属が法定相続人である場合、遺留分は相続財産の1／2ですので、配偶者の遺留分は、2／3×1／2＝1／3、父および母の遺留分はそれぞれ1／6×1／2＝1/12（ウ）となります。

第5問  [2019年9月]

相続税において相続財産から控除できる債務等に関する次の（ア）～（エ）の記述のうち、適切なものには○、不適切なものには×を解答欄に記入しなさい。

（ア）被相続人に課される未払いの所得税、住民税、固定資産税等は、相続財産から控除することができる。
（イ）葬式などの前後の出費で、通常葬式に欠かせないお通夜などにかかった費用については、葬式費用として相続財産から控除することができる。
（ウ）香典返しのためにかかった費用については、葬式費用として相続財産から控除することができない。
（エ）四十九日の法要のためにかかった費用については、原則として、葬式費用として相続財産から控除することができる。

正解　（ア）○　（イ）○　（ウ）○　（エ）×　　　テキスト6章　P537

ポイント：債務控除、葬式費用

控除できる	本葬・通夜費用（イ）で通常必要なもの 被相続人の借入債務 確定している未払金（税金（ア）、医療費）
控除できない	墓地等の未払金 団信付ローン 香典返戻費用（ウ） 法要費用（エ） 遺言執行費用

レック先生のワンポイント

債務控除できるもの、できないものは、比較的整理しやすく、得点しやすい論点です。

第6問 重要度 ［2018年5月］

下記の相続事例（本年4月24日相続開始）における相続税の課税価格の合計額として、正しいものはどれか。

＜課税価格の合計額を算出するための財産等の相続税評価額＞
土地：4,000万円（小規模宅地等の評価減特例適用後：800万円）
建物：1,200万円
現預金：1,000万円
死亡保険金：1,800万円（生命保険金等の非課税限度額控除前）
債務および葬式費用：500万円

＜相続人関係図＞

※小規模宅地等の評価減特例の適用対象となる要件はすべて満たしており、その適用を受けるものとする。
※死亡保険金はすべて被相続人の配偶者が受け取っている。
※長男は、被相続人より4年前の5月に有価証券100万円の贈与を受けている。
※すべての相続人は、相続により財産を取得している。
※相続時精算課税制度を選択した相続人はおらず、相続を放棄した者もいない。
※債務および葬式費用は被相続人の配偶者がすべて負担している。

1. 2,800万円
2. 2,900万円
3. 4,300万円
4. 6,000万円

正解 **1** が正しい　　　　　　　テキスト6章　P533-535

本問の相続税の課税価格は、本来の相続財産＋みなし相続財産－非課税財産－債務・葬儀費用＋相続開始前3年以内の贈与財産＋相続時精算課税制度による贈与した財産により求めます。

土地：小規模宅地等の評価減特例**適用後**の800万円が課税価格に算入されます。

建物：1,200万円

現預金：1,000万円

死亡保険金

相続税の対象となる死亡保険金を相続人が受け取った場合は、**「500万円×法定相続人の数」の金額が非課税**となります。なお、設問の場合、法定相続人は配偶者、長男、二男の3人ですので、500万円×3人＝1,500万円が相続税非課税となり、1,800万円－1,500万円＝300万円が相続税の課税価格に算入されます。

債務・葬式費用：500万円を差し引きます。

なお、相続または遺贈により財産を取得した者が**暦年課税**方式により**相続開始前3年以内に贈与**を受けた財産、**相続時精算課税**により相続開始前（時期制限なし）に贈与を受けた財産は相続税の課税価格に加算されます。
長男が贈与を受けた有価証券100万円は、暦年課税方式であり、相続開始の4年前の贈与ですので、加算されません。

以上より、相続税の課税価格は以下のとおりとなります。
800万円＋1,200万円＋1,000万円＋300万円－500万円＝2,800万円
となり、1.が正解となります。

レック先生のワンポイント

なお、2027年以降の相続から生前贈与加算の対象が徐々に広がり（3年超）、2031年以降に発生する相続からは相続開始前7年以内が対象となります。

第7問

[2021年1月]

五十嵐智子さん（50歳）は、本年11月に夫から居住用不動産（財産評価額3,500万円）の贈与を受けた。智子さんが贈与税の配偶者控除の適用を受けた場合の本年分の贈与税額として、正しいものはどれか。なお、本年においては、このほかに智子さんが受けた贈与はないものとする。また、納付すべき贈与税額が最も少なくなるように計算すること。

＜贈与税の速算表＞

（イ）18歳以上の者が直系尊属から贈与を受けた財産の場合（原則）

基礎控除後の課税価格		税率	控除額
	200万円 以下	10%	－
200万円 超	400万円 以下	15%	10万円
400万円 超	600万円 以下	20%	30万円
600万円 超	1,000万円 以下	30%	90万円
1,000万円 超	1,500万円 以下	40%	190万円
1,500万円 超	3,000万円 以下	45%	265万円
3,000万円 超	4,500万円 以下	50%	415万円
4,500万円 超		55%	640万円

（ロ）上記（イ）以外の場合

基礎控除後の課税価格		税率	控除額
	200万円 以下	10%	－
200万円 超	300万円 以下	15%	10万円
300万円 超	400万円 以下	20%	25万円
400万円 超	600万円 以下	30%	65万円
600万円 超	1,000万円 以下	40%	125万円
1,000万円 超	1,500万円 以下	45%	175万円
1,500万円 超	3,000万円 以下	50%	250万円
3,000万円 超		55%	400万円

1. 3,660,000円
2. 4,100,000円
3. 4,505,000円
4. 5,000,000円

正解 **3** が正しい　　　　　　　　　　　　　テキスト6章　P556

贈与税の配偶者控除（**2,000万円**を限度）は**基礎控除110万円とは別に控除**できますので、3,500万円のうち、2,110万円までは贈与税がかからず、課税対象となるのは、3,500万円－2,110万円＝1,390万円となります。
夫婦間の贈与ですので（ロ）の税率表が適用され、贈与税は1,390万円×45％－175万円＝450.5万円となります。

レック先生のワンポイント

贈与税の計算問題は、以下のパターンがあります。
・贈与税の配偶者控除の対象となるケース（2,110万円まで贈与税はかかりません（一般贈与）
・相続時精算課税制度と暦年贈与（特例贈与）
・相続時精算課税制度と暦年贈与（一般贈与）
いずれのパターンの過去問も解いて慣れておきましょう。

第8問   重要度 A [2020年1月]

志田孝一さん（37歳）は、父（68歳）と叔父（65歳）から下記＜資料＞の贈与を受けた。孝一さんの本年分（2023年分）の贈与税額を計算しなさい。なお、父からの贈与については、前年から相続時精算課税制度の適用を受けている。また、解答に当たっては、解答用紙に記載されている単位に従うこと。

＜資料＞

［前年中の贈与］
・父から贈与を受けた金銭の額：1,000万円
［本年中の贈与］
・父から贈与を受けた金銭の額：1,800万円
・叔父から贈与を受けた金銭の額：700万円

※前年中および本年中に上記以外の贈与はないものとする。
※上記の贈与は、住宅取得等資金や結婚・子育てに係る資金の贈与ではない。

＜贈与税の速算表＞
（イ）18歳以上の者が直系尊属から贈与を受けた財産の場合（原則）

基礎控除後の課税価格		税率	控除額
	200万円 以下	10％	－
200万円 超	400万円 以下	15％	10万円
400万円 超	600万円 以下	20％	30万円
600万円 超	1,000万円 以下	30％	90万円
1,000万円 超	1,500万円 以下	40％	190万円
1,500万円 超	3,000万円 以下	45％	265万円
3,000万円 超	4,500万円 以下	50％	415万円
4,500万円 超		55％	640万円

（ロ）上記（イ）以外の場合

基礎控除後の課税価格		税率	控除額
	200万円 以下	10％	－
200万円 超	300万円 以下	15％	10万円
300万円 超	400万円 以下	20％	25万円
400万円 超	600万円 以下	30％	65万円
600万円 超	1,000万円 以下	40％	125万円
1,000万円 超	1,500万円 以下	45％	175万円
1,500万円 超	3,000万円 以下	50％	250万円
3,000万円 超		55％	400万円

正解	**172**（万円）		テキスト6章　P557-558

＜相続時精算課税制度による贈与（父からの贈与）＞

　本問の場合、相続時精算課税制度では累計で2,500万円までは贈与税がかかりませんが、**2,500万円を超える部分は一律20%**の贈与税が課税されます。前年に1,000万円の贈与を受けているため、残りの特別控除1,500万円を上回る部分に対する贈与に対して課税されます。したがって、設問における父親からの贈与に対する贈与税は、

　（1,800万円－1,500万円）×20%＝60万円となります。

＜暦年課税制度による贈与（叔父からの贈与）＞

　1年間に贈与を受けた財産の価額が基礎控除額（110万円）以下であれば贈与税はかかりませんが、110万円を超える部分は超過累進税率により課税されます。**叔父は直系尊属ではないため**、（ロ）の表の税率が適用されます。

　したがって、叔父からの贈与に対する贈与税は

　（700万円－110万円）×30%－65万円＝112万円となります。

上記より、贈与税は60万円＋112万円＝172万円となります。

仮に設問の本年が2024年である場合、
相続時精算課税制度でも年間110万円までは贈与税がかかりません。
贈与税額＝｛（課税価格－年間110万円）－特別控除2,500万円の残額｝×20%

本年の父からの贈与（1,800万円）が2024年である場合の相続時精算課税の贈与税は以下のとおりです（他に相続時精算課税による贈与がない場合）。
｛（1,800万円－110万円）－特別控除1,500万円（※）｝×20%＝38万円
※2,500万円－前年までの特別控除1,000万円＝1,500万円

第9問   重要度 C [2018年9月]

贈与税の配偶者控除（以下「本特例」という）に関する次の記述の空欄（ア）～（エ）に入る語句の組み合わせとして、正しいものはどれか。

- 本特例は、婚姻期間が（ア）以上ある配偶者からの居住用不動産または居住用不動産を取得するための金銭の贈与が適用対象である。
- 本特例の適用を受けると、贈与を受けた財産の価格から、贈与税の基礎控除110万円（イ）、最高2,000万円まで控除することができる。
- 本特例の適用を受けるためには、贈与を受けた年の（ウ）までに、贈与により取得した居住用不動産または贈与を受けた金銭で取得した居住用不動産に、贈与を受けた者が現実に住んでおり、その後も引き続き住む見込みでなければならない。
- 本特例の適用を受けた財産の贈与を受けた後、3年以内に贈与者の相続が開始した場合、贈与されたその財産は相続財産に（エ）。

1. （ア）20年　（イ）を含めて　（ウ）12月31日　（エ）加算される
2. （ア）25年　（イ）とは別に　（ウ）12月31日　（エ）加算されない
3. （ア）20年　（イ）とは別に　（ウ）翌年3月15日　（エ）加算されない
4. （ア）25年　（イ）を含めて　（ウ）翌年3月15日　（エ）加算される

| 正解 | 3 | が正しい | | テキスト6章 （ア）（イ）（ウ）P556、（エ）P535 |

ポイント：贈与税の配偶者控除

婚姻期間	20年（ア）以上
適用	同じ配偶者間で一生に1回
控除額	基礎控除とは別に（イ）最高2,000万円
入居要件	贈与を受けた年の翌年3月15日（ウ）までに居住し、引き続き住む見込み
生前贈与加算	加算されない（エ）（2,000万円を限度）
贈与税の申告	必要

以上より、3.が正解となります。

 レック先生のワンポイント

贈与税の配偶者控除と、直系尊属から住宅取得等資金の贈与を受けた場合の贈与税の非課税制度の違いを整理しておきましょう。

	贈与税の計算における配偶者控除	相続税の計算における配偶者の税額軽減
婚姻期間要件	**20年以上**	**なし**
税金がかからない金額の範囲	課税価格で、**基礎控除110万円とは別に2,000万円**まで	課税価格で、配偶者の法定相続分または**1億6,000万円**のいずれか**多い方**の金額まで
申告の要否	**必要** 贈与を受けた年の**翌年2月1日から3月15日**まで	**必要** 相続開始があったことを知った日の翌日から10カ月以内。

 レック先生のワンポイント

婚姻期間20年以上の夫婦における居住用不動産の贈与において、適用できる贈与税の配偶者控除と相続時に適用できる配偶者の税額軽減の特徴を整理しておきましょう。

第10問 [2021年9月]

青山さんは、自宅の取得に当たり、FPで税理士でもある谷口さんに「直系尊属から住宅取得等資金の贈与を受けた場合の贈与税の非課税」について質問をした。下記の空欄（ア）～（エ）に入る適切な語句を語群の中から選び、その番号のみを解答欄に記入しなさい。

> 青山さん：「マンションを購入する契約をしたいので、『直系尊属から住宅取得等資金の贈与を受けた場合の贈与税の非課税』制度を利用して資金援助を受けたいと考えています。」
>
> 谷口さん：「非課税の適用を受けるためには、いくつかの要件があります。例えば、取得したマンションの専有部分の床面積が、40㎡（所得要件あり）以上（ア）以下であることなどです。」
>
> 青山さん：「床面積の要件は満たしているので大丈夫そうですね。あと、資金援助について祖父からの贈与を検討していますが、両親以外の者からの贈与であってもこの制度を適用することはできますか。」
>
> 谷口さん：「祖父からの資金援助については、この特例制度の適用を（イ）。」
>
> 青山さん：「この特例制度の適用を受けたい場合、他に気を付けることはありますか。」
>
> 谷口さん：「例えば、贈与税の確定申告の期間は、原則として、贈与を受けた年の翌年（ウ）から3月15日までとなります。」
>
> 青山さん：「納税額が0円の場合でも、贈与税の確定申告が必要ですか。」
>
> 谷口さん：「（エ）。」

<語群>
1. 240㎡　　2. 280㎡　　3. 330㎡
4. 受けることができます　　5. 受けることはできません
6. 2月1日　　7. 2月16日
8. その場合でも、申告が必要です　　9. その場合には、申告は不要です

正解　（ア）1　（イ）4　（ウ）6　（エ）8

テキスト6章　（ア）（イ）P558-559、（ウ）（エ）P562

贈与者	父母または祖父母（イ）
受贈者	贈与を受ける年の1月1日において**18歳**以上 贈与を受ける年の合計所得金額が**2,000万円**（床面積40㎡以上50㎡未満の場合は**1,000万円**）以下
取得する住宅の床面積要件	床面積**50㎡**（贈与を受ける年の合計所得金額が1,000万円以下の場合は**40㎡**）以上**240㎡**（ア）以下
贈与税の申告	贈与税がかからない場合でも、贈与を受けた年の**2月1日**（ウ）から**3月15日**までに贈与税の申告書が必要（エ）
生前贈与加算	非課税となった部分の金額は、**加算されない**
その他	暦年課税の基礎控除、相続時精算課税の特別控除と**併用することができる**

レック先生のワンポイント

住宅取得等資金の非課税制度は穴埋め問題が頻出です。しっかり整理しておきましょう。

第11問 重要度 A [2020年1月]

下記＜資料＞の宅地（貸家建付地）に係る路線価方式による相続税評価額の計算式として、正しいものはどれか。

＜資料＞

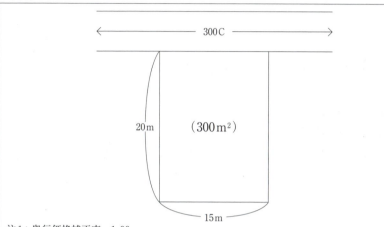

注1：奥行価格補正率　1.00
注2：借地権割合　70％
注3：借家権割合　30％
注4：この宅地には宅地所有者の所有する賃貸マンションが建っており、現在満室（すべて賃貸中）となっている。
注5：その他の記載のない条件は一切考慮しないものとする。

1．300,000円 × 1.00 × 300m²
2．300,000円 × 1.00 × 300m² × 70％
3．300,000円 × 1.00 × 300m² ×（1－70％）
4．300,000円 × 1.00 × 300m² ×（1－70％ × 30％ × 100％）

正解 が正しい　　　　　テキスト6章　P564-570

1. **自用地**評価額（自宅敷地、店舗敷地、青空駐車場の敷地、使用貸借により貸し付けている宅地）。
2. **普通借地権**の評価額。
3. **貸宅地**の評価額。
4. 貸家建付地の評価額。

宅地の評価額は、「**路線価×奥行価格補正率×面積**」により求めます。
設問の場合、「**300C**」は**1m²あたり30万円**、借地権割合70％を表します。
貸家建付地の評価額は、**自用地評価額×（1－借地権割合×借家権割合×賃貸割合）** により求めますので、設問の場合は、
300,000円×1.00×300m²×（1－70％×30％×100％）により求めますので、4.が正解となります。

　レック先生のワンポイント

> 路線価方式による評価額の計算は、自用地、普通借地権、貸家建付地の3つを中心に出題されています。
> 貸宅地も含めて、計算式はしっかり整理しておきましょう。

第12問  ［2021年1月］

相続税における「小規模宅地等の評価減の特例」に関する下表の空欄（ア）～（ウ）に入る正しい数値を語群の中から選び、その数値を解答欄に記入しなさい。なお、同じ数値を何度選んでもよいこととする。

宅地等の区分	適用限度面積	減額割合
特定事業用宅地等	（ア）m²	80％
特定居住用宅地等	（イ）m²	80％
特定同族会社事業用宅地等	400 m²	80％
貸付事業用宅地等	200 m²	（ウ）％

＜語群＞
50　　80　　100　　200　　240　　300　　330　　400

正解　（ア）400　（イ）330　（ウ）50　　テキスト6章　P572-573

ポイント：小規模宅地等の課税価格の計算の特例の減額割合、減額面積

特定事業用宅地等 特定同族会社事業用宅地等	400 m²（ア）まで80％減
特定居住用宅地等	330 m²（イ）まで80％減
貸付事業用宅地等	200 m²まで50％減（ウ）

実技試験［金財］ 個人資産相談業務・生保顧客資産相談業務

第1問

[2022年9月　生保]

次の設例に基づいて、下記の各問（《問1》～《問3》）に答えなさい。

《設 例》

会社員のAさん（57歳）は、妻と子の3人で首都圏にあるM市に住んでいる。本年7月19日に、故郷であるX市内の自宅（実家）で1人暮らしをしていた父Cさんが死亡した。父Cさんの相続に係る相続人は、Aさんおよび姉Bさん（62歳）の2人である。

父Cさんは、生前に遺言書を作成していなかった。Aさんは、姉Bさんと相談して、遺産分割を行う予定であるが、相続税の申告等、わからないことが多い。

また、Aさんおよび姉Bさんは、それぞれが所有する自宅に居住しており、X市に戻る予定はない。築46年の実家の建物は老朽化が激しく、管理にも手間がかかるため、実家（敷地および建物）については、相続手続の終了後、売却したいと思っている。また、賃貸アパート（敷地および建物）については、Aさんが相続により取得し、貸付事業を承継する予定である。父Cさんの相続財産は、以下のとおりである。

<父Cさんの主な相続財産（相続税評価額）>
① 現預金　　　　　　：　4,000万円
② 自宅（実家）
　　敷地（350㎡）　：　7,000万円
　　建物（1976年築）：　　300万円
③ 賃貸アパート（全室、賃貸中）
　　敷地（300㎡）　：　5,400万円
　　建物（6室）　　：　2,000万円
④ 死亡保険金　　　　：　1,000万円（契約者（＝保険料負担者）・被保険者：父
　　　　　　　　　　　　　　Cさん、死亡保険金受取人：Aさん）

※賃貸アパートの敷地は、「小規模宅地等についての相続税の課税価格の計算の特例」適用前の金額である。

※上記以外の条件は考慮せず、各問に従うこと。

584

問1 重要度

父Cさんの相続における相続税の総額を試算した下記の表の空欄①〜③に入る最も適切な数値を求めなさい。なお、相続税の課税価格の合計額は1億7,000万円とし、問題の性質上、明らかにできない部分は「□□□」で示してある。

（a）相続税の課税価格の合計額	1億7,000万円
（b）遺産に係る基礎控除額	（①）万円
課税遺産総額（（a）−（b））	□□□万円
相続税の総額の基となる税額	
Aさん	（②）万円
姉Bさん	□□□万円
（c）相続税の総額	（③）万円

＜資料＞相続税の速算表（一部抜粋）

法定相続分に応ずる取得金額			税率	控除額
万円超		万円以下		
	〜	1,000	10％	−
1,000	〜	3,000	15％	50万円
3,000	〜	5,000	20％	200万円
5,000	〜	10,000	30％	700万円
10,000	〜	20,000	40％	1,700万円

| 正解 | ① **4,200** (万円) | ② **1,220** (万円) | ③ **2,440** (万円) |

テキスト6章　① P539、②③ P541

①相続税の計算における遺産に係る基礎控除額は「**3,000万円＋600万円×法定相続人の数**」により求めます。設問の場合、法定相続人の数は2人ですので、3,000万円＋600万円×2人＝4,200万円となります。

（参考）
課税遺産総額＝1億7,000万円－4,200万円＝1億2,800万円

②③相続税の総額は、課税遺産総額を法定相続人が法定相続分どおりに財産を取得するものとして、課税価格を求め、その課税価格に税率を乗じて税額を求めます。

第1ステップ　**法定相続人の法定相続分**を求めます。
第2ステップ　「**課税遺産総額×法定相続分**」に対して、**相続税率を乗じて、**相続税を求めます。
第3ステップ　全部の金額を合計します。

第1ステップ
Aさんおよび姉Bさんは父の子ですので、法定相続分は各1／2です。

第2ステップ
Aさん　　1億2,800万円×1／2＝6,400万円
　　　　　相続税額：6,400万円×30％－700万円＝1,220万円
姉Bさん　Aさんと同じ　　1,220万円

第3ステップ
相続税の総額　1,220万円×2人＝2,440万円

問2 重要度

父Cさんの相続に関する以下の文章の空欄①～③に入る最も適切な数値を解答用紙に記入しなさい。

Ⅰ「父Cさんが本年分の所得税について確定申告書を提出しなければならない場合に該当するとき、相続人は、原則として、相続の開始があったことを知った日の翌日から（ ① ）カ月以内に準確定申告書を提出しなければなりません」

Ⅱ「相続税の申告書の提出期限は、原則として、相続の開始があったことを知った日の翌日から（ ② ）カ月以内です。申告書の提出先は、父Cさんの死亡時の住所地を所轄する税務署長です」

Ⅲ「Aさんが父Cさんの貸付事業を相続税の申告期限までに承継する等の所定の要件を満たせば、賃貸アパートの敷地は、貸付事業用宅地等として『小規模宅地等についての相続税の課税価格の計算の特例』の適用を受けることができます。Aさんが当該敷地（相続税評価額5,400万円）について本特例の適用を受けた場合に減額される金額は、（ ③ ）万円となります」

正解　① 4（カ月）　② 10（カ月）　③ 1,800（万円）

テキスト4章　①P383　6章　②P545、③P572-573

①②下表参照。
ポイント：相続開始後の手続き

	手続先	手続期限
限定承認・放棄	家庭裁判所	相続開始を知ったときから3か月以内
所得税準確定申告	被相続人の納税地の税務署	相続開始を知った日の翌日から4（①）カ月以内
相続税の申告	被相続人の住所地の税務署	相続開始を知った日の翌日から10（②）カ月以内

③貸付事業用宅地等は200㎡まで50％の評価減の対象となります。設問の場合、5,400万円÷300㎡×200㎡×50％＝1,800万円が減額の対象となります。

（参考）Aさんおよび姉Bさんは父Cさんと同居しておらず、それぞれ所有する自宅に居住しているため、父Cさんの自宅の敷地については、評価減の対象となりません。

問3 重要度 B

「被相続人の居住用財産（空き家）に係る譲渡所得の特別控除の特例」（以下、「本特例」という）に関する次の記述①～④について、適切なものには○印を、不適切なものには×印を解答用紙に記入しなさい。

① 「仮に、実家の敷地および建物をＡさんと姉Ｂさんが共有名義で取得し、本特例の適用を受けた場合、各人がそれぞれ最高3,000万円の特別控除の適用を受けることができます」

② 「Ａさんが老朽化した実家の建物を取り壊して更地で譲渡した場合、本特例の適用を受けることができません。本特例の適用を受けることを検討しているのであれば、建物は現況の空き家のままにしておいてください」

③ 「本特例の適用を受けるためには、相続税の申告期限までに譲渡を行う必要があります」

④ 「本特例と『相続財産に係る譲渡所得の課税の特例（相続税の取得費加算の特例）』は、重複して適用を受けることができますので、適用を受けるための要件を確認し、適用漏れがないようにしてください」

正解	① 〇	② ✕	③ ✕	④ ✕	テキスト5章 P498-499

①適切 被相続人の居住用財産（空き家）に係る譲渡所得の特別控除は、**1人ごとに最高3,000万円**を控除できます。なお、譲渡対価1億円の要件は譲渡者ごとではなく、全体で判定します。

②不適切 相続した1981年5月31日以前に建築された家屋を
・**新耐震基準に適合するリフォーム**をして譲渡する
・**家屋を取り壊して譲渡**する
・2024年1月1日以降の譲渡では、建物を旧耐震基準のまま譲渡した場合、譲渡の翌年2月15日までに「新耐震基準に適合する」または「全部を取り壊し、除却、滅失した」
場合に対象となります。

③不適切 **相続開始から3年後の年の12月31日まで**、かつ特例措置の適用期限（現行では2027年12月31日）までに譲渡することが要件となっています。

④不適切 被相続人の居住用家屋（**空き家**）に係る譲渡所得の特別控除（3,000万円）と相続税取得費加算の特例は、**選択適用**です。なお、居住用財産（**マイホーム**）の場合は、3,000万円特別控除と相続税取得費加算の特例は**併用できます**。

第2問

[2021年1月 生保]

次の設例に基づいて、下記の各問（《問1》～《問3》）に答えなさい。

《設 例》

　Aさんは、本年12月28日に病気により75歳で死亡した。Aさんは、生前に自筆証書遺言を作成し、自筆証書遺言書保管制度により法務局（遺言書保管所）に保管しており、財産は妻Bさん（72歳）、長女Dさん（44歳）、孫Gさん（17歳）および孫Hさん（15歳）に取得させ、疎遠になっていた長男Cさん（47歳）には財産は取得させない内容となっている。Aさんの親族関係図や相続財産は、以下のとおりである。なお、二女Eさんは、Aさんの相続開始前に死亡している。

＜Aさんの親族関係図＞

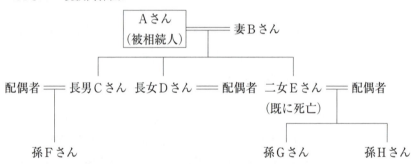

＜Aさんの主な相続財産（相続税評価額）＞
1. 現預金　　　　　：　9,500万円
2. 自宅
　　①敷地（440㎡）：　8,000万円（注）
　　②建物　　　　　：　　600万円
3. 死亡保険金　　　：　3,500万円（契約者（＝保険料負担者）・被保険者：Aさん、死亡保険金受取人：妻Bさん）

（注）「小規模宅地等についての相続税の課税価格の計算の特例」適用前の金額

※上記以外の条件は考慮せず、各問に従うこと。

問1 重要度 A

Aさんの相続に関する次の記述①～③について、適切なものには○印を、不適切なものには×印を解答用紙に記入しなさい。

① 「相続税の申告書の提出期限は、原則として、相続の開始があったことを知った日の翌日から4カ月以内です。申告書の提出先は、Aさんの死亡時の住所地を所轄する税務署長になります」
② 「孫Gさんおよび孫HさんはAさんの孫にあたりますが、二女Eさんの代襲相続人ですので、相続税額の2割加算の対象にはなりません」
③ 「法務局（遺言書保管所）に保管されている自筆証書遺言は相続開始後、相続人が遅滞なく、家庭裁判所に提出して、その検認の請求をしなければなりません」

正解　① ✕　② ○　③ ✕　　テキスト6章　①P545、②P542、③P527-528

①不適切　相続税の申告書の提出期限は、原則として相続の開始があったことを知った日の翌日から**10カ月**以内、提出先は**死亡時の被相続人の住所地を管轄する税務署長**です。なお、所得税の申告書の提出期限は、原則として、相続の開始があったことを知った日の翌日から4カ月以内です。3カ月、4カ月、10カ月の手続き期限は整理しておきましょう。

ポイント：相続開始後の手続き

	手続先	手続期限
限定承認・放棄	家庭裁判所	相続開始を知ったときから3か月以内
所得税準確定申告	被相続人の納税地の税務署	相続開始を知った日の翌日から4か月以内
相続税の申告	被相続人の住所地の税務署	相続開始を知った日の翌日から10か月以内

②適切　配偶者、子（代襲相続人である孫を含む）、父母以外の人が相続または遺贈により財産を取得した場合、2割加算の対象となります。「**代襲相続人である孫**」は2割加算対象外、「**代襲相続人でない孫**」は孫養子も含めて2割加算対象です。

③不適切　**自筆証書遺言**を**法務局**に**保管**している場合は、家庭裁判所の検認は**不要**です。**自宅に保管**している自筆証書遺言は、発見後、遅滞なく**家庭裁判所の検認の請求**をしなければなりません。
なお、**公正証書遺言**は、遺言者の死亡後、家庭裁判所の検認は**不要**です。

問2 重要度

Aさんの相続に関する以下の文章の空欄①～③に入る最も適切な語句または数値を、下記の〈語句群〉のなかから選び、その記号を解答用紙に記入しなさい。

ⅰ）『遺留分』
「遺言により取得する財産がないとされた長男Cさんが遺留分侵害額請求権を行使する場合、長男Cさんの遺留分の額は、遺留分を算定するための財産の価額に（ ① ）を乗じた額となります」

ⅱ）『死亡保険金』
「妻Bさんが受け取る死亡保険金（3,500万円）のうち、相続税の課税価格に算入される金額は（ ② ）万円です」

ⅲ）『小規模宅地等についての相続税の課税価格の計算の特例』
「妻Bさんが自宅の敷地を相続により取得し、特定居住用宅地等として小規模宅地等についての相続税の課税価格の計算の特例の適用を受けた場合、その敷地のうち（ ③ ）m² までを限度面積として、評価額の80％相当額を減額した金額を、相続税の課税価格に算入すべき価額とすることができます」

〈語句群〉
イ．200　　ロ．330　　ハ．400　　ニ．500　　ホ．1,000　　ヘ．1,500
ト．6分の1　　チ．8分の1　　リ．12分の1

| 正解 | ① リ | ② ホ | ③ ロ | テキスト6章　①P529、②P535、③P572-573 |

①相続人である配偶者、子（代襲相続人である孫を含む）、直系尊属には遺留
　分が認められており（兄弟姉妹は対象外）、配偶者と子が遺留分権利者であ
　る場合の遺留分は、**相続財産の1／2**となります。
　法定相続分は、
　妻Bさん1／2、
　長男Cさん、長女Dさん各1／6、
　孫Gさん、孫Hさん各1／12ですので、
　遺留分は、
　妻Bさん　　　　　　　1／2×1／2＝1／4
　長男Cさん、長女Dさん　1／6×1／2＝1／12（①）
　孫Gさん、孫Hさん　　　1／12×1／2＝1／24
　となります。

②契約者（保険料負担者）と被保険者が同一である生命保険契約の死亡保険
　金は相続税の対象となり、相続人が受け取る死亡保険金は、「**500万円×法
　定相続人の数**」の金額が非課税となります。
　設問の場合、法定相続人の数は前問解説のとおり、妻Bさん、長男Cさん、
　長女Dさん、孫Gさん、孫Hさんの5人ですので、
　500万円×5人＝2,500万円が非課税となり、
　死亡保険金3,500万円のうち、課税価格に算入される金額は
　3,500万円－2,500万円＝1,000万円となります。

③特定**居住用**宅地等に該当する自宅の敷地を配偶者が相続により取得した場
　合は、**330m²**までの部分について評価額が**80%**減額されます。
　ポイント：小規模宅地等についての相続税の課税価格の計算の特例

特定事業用宅地等 特定同族会社事業用宅地等	400m²まで80%減
特定居住用宅地等	330m²まで80%減
貸付事業用宅地等	200m²まで50%減

593

問3 重要度

Aさんの相続における相続税の総額を試算した下記の表の空欄①～④に入る最も適切な数値を求めなさい。なお、相続税の課税価格の合計額は1億5,000万円とし、問題の性質上、明らかにできない部分は「□□□」で示してある。

（a）相続税の課税価格の合計額	1億5,000万円
（b）遺産に係る基礎控除額	（①）万円
課税遺産総額（a）-（b）	□□□万円
相続税の総額の基となる税額	
妻Bさん	□□□万円
長男Cさん	（②）万円
長女Dさん	□□□万円
孫Gさん	（③）万円
孫Hさん	□□□万円
（c）相続税の総額	（④）万円

<資料>相続税の速算表

法定相続分に応ずる取得金額			税率	控除額
万円超		万円以下		
	～	1,000	10％	－
1,000	～	3,000	15％	50万円
3,000	～	5,000	20％	200万円
5,000	～	10,000	30％	700万円
10,000	～	20,000	40％	1,700万円
20,000	～	30,000	45％	2,700万円
30,000	～	60,000	50％	4,200万円
60,000	～		55％	7,200万円

| 正解 | ① **6,000**（万円） | ② **175**（万円） | ③ **75**（万円） | ④ **1,200**（万円） |

テキスト6章　P539-541

①相続税の計算における遺産に係る基礎控除額は「**3,000万円＋600万円×法定相続人の数**」により求めます。設問の場合、法定相続人の数は5人ですので、3,000万円＋600万円×5人＝6,000万円となります。

（参考）

課税遺産総額＝1億5,000万円－6,000万円＝9,000万円

②③④相続税の総額は、課税遺産総額を**法定相続人が法定相続分どおり**に財産を取得するものとした金額を求め、その金額に税率を乗じて税額を求めます。

第1ステップ　**法定相続人の法定相続分**を求めます。

第2ステップ　**「課税遺産総額×法定相続分」に対して、相続税率を乗じて、**相続税を求めます。

第3ステップ　全部の金額を合計します。

前問解説のとおり、

第1ステップ

　　法定相続分は、

　　妻Bさん1／2、

　　長男Cさん、長女Dさん各1／6、

　　孫Gさん、孫Hさん各1／12です。

第2ステップ

　　妻Bさん　9,000万円×1／2＝4,500万円

　　　　　　　　4,500万円×20％－200万円＝700万円

　　長男Cさん、長女Dさん　9,000万円×1／6＝1,500万円

　　　　　　　　　　　　　　1,500万円×15％－50万円＝175（②）万円

　　　　　　　　　　　　　　175万円×2人＝350万円

　　孫Gさん、孫Hさん　　9,000万円×1／12＝750万円

　　　　　　　　　　　　　　750万円×10％＝75万円（③）

　　　　　　　　　　　　　　75万円×2人＝150万円

第3ステップ

　　相続税の総額＝700万円＋350万円＋150万円＝1,200（④）万円

第3問

[2020年9月　生保]

次の設例に基づいて、下記の各問（《問1》～《問3》）に答えなさい。

《設 例》

　非上場企業のX株式会社（以下、「X社」という）の代表取締役社長であるAさん（71歳）の推定相続人は、妻Bさん（69歳）、長女Cさん（43歳）および二女Dさん（40歳）の3人である。Aさんは、数年のうちに、X社の専務取締役である長女Cさんに事業を承継させたいと考えている。Aさんは、X社株式の移転方法として、非上場株式等についての贈与税の納税猶予及び免除の特例（事業承継税制の特例）の活用を検討している。

＜X社の概要＞
(1) 業種　食料品製造業
(2) 資本金等の額　5,000万円（発行済株式総数1,000,000株、すべて普通株式で
　　　　　　　　　　　　　　　1株につき1個の議決権を有している）
(3) 株主構成

　　Aさん　　　　800,000株
　　妻Bさん　　　100,000株
　　長女Cさん　　100,000株

(4) 株式の譲渡制限あり
　　※X社は、相続その他の一般承継によりX社株式を取得した者に対し、当該株式をX社に売り渡すことを請求することができる旨を定款で定めている。
(5) 年商25億円／経常利益8,000万円／従業員数100人
　　※X社株式の相続税評価額の計算上の規模区分は「大会社」であり、特定の評価会社には該当しない。

＜Aさんの主な所有財産（相続税評価額）＞

現預金等	：	5,000万円
X社株式	：	1億7,000万円
自宅敷地（330m²）	：	3,000万円（注）
自宅建物	：	1,000万円
X社本社敷地（600m²）	：	3,000万円（注）
X社本社建物	：	4,000万円
合計		3億3,000万円

(注)「小規模宅地等についての相続税の課税価格の計算の特例」適用後の金額

※上記以外の条件は考慮せず、各問に従うこと。

問1 重要度 B

Aさんの相続等に関する以下の文章の空欄①～④に入る最も適切な語句または数値を、下記の〈語句群〉のなかから選び、その記号を解答用紙に記入しなさい。

Ⅰ「X社株式の相続税評価額は、原則として類似業種比準方式により評価されます。類似業種比準価額は、類似業種の株価ならびに1株当たりの配当金額、1株当たりの（ ① ）、1株当たりの純資産価額の3つの比準要素を基に計算されます」

Ⅱ「長女CさんにX社株式を移転する方法として、非上場株式等についての贈与税の納税猶予及び免除の特例の活用、相続時精算課税制度の活用、長女CさんがAさんから買い取る等が考えられます。相続時精算課税は、（ ② ）万円を超える金額（2024年以降は、別途、年間110万円を控除した後の金額）について20％の税率で贈与税が課されますが、その後、X社株式の評価額が上昇しても、相続財産に加算されるX社株式の価額は原則、贈与時の価額とされるなどのメリットがあります」

Ⅲ「納税資金の確保を目的として、契約者（＝保険料負担者）および被保険者をAさん、死亡保険金受取人を長女Cさんとする終身保険に加入することも検討事項の1つとなります。終身保険に加入後、Aさんの相続が開始した場合、長女Cさんが受け取る死亡保険金は、（ ③ ）万円を限度として、死亡保険金の非課税金額の規定の適用を受けることができます」

Ⅳ「長女CさんがX社本社敷地を相続により取得した場合、所定の要件を満たすことにより、特定同族会社事業用宅地等として『小規模宅地等についての相続税の課税価格の計算の特例』の適用を受けることができます。特定同族会社事業用宅地等に該当するX社本社敷地は、400m²までを限度面積として、評価額の（ ④ ）％相当額を減額した金額を、相続税の課税価格に算入すべき価額とすることができます」

〈語句群〉
イ．50　ロ．80　ハ．90　ニ．110　ホ．500　ヘ．1,000
ト．1,500　チ．2,000　リ．2,500　ヌ．売上金額　ル．利益金額
ヲ．資本金等の額

正解	① ル	② リ	③ ト	④ ロ

テキスト6章　① P577、② P557-558、③ P535、④ P572-573

①類似業種比準価額は、**配当、利益、簿価純資産**の3つの比準要素を使って求めます。

②2023年中は相続時精算課税制度の特別控除額は累計で**2,500万円**であり、2,500万円を超える部分は一律**20%**の税率により贈与税が課税されます。なお、**2024年以降、特別控除前に年間110万円を控除できます**。

③契約者（保険料負担者）と被保険者が同一である生命保険契約の死亡保険金は相続税の対象となり、相続人が受け取る死亡保険金は、**「500万円×法定相続人の数」の金額が非課税**となります。
設問の場合、法定相続人の数は、妻Bさん、長女Cさん、二女Dさんの3人であるため、500万円×3人＝1,500万円を限度として非課税となります。

④特定事業用宅地等、特定同族会社事業用宅地等、特定居住用宅地等の減額割合は**80%**、貸付事業用宅地等の減額割合は**50%**です。

問2   重要度 B

非上場株式等についての贈与税の納税猶予及び免除の特例（以下、「本特例」という）に関する次の記述①～③について、適切なものには○印を、不適切なものには×印を解答用紙に記入しなさい。

① 「本特例の適用を受けた場合、本特例の対象となる非上場株式等の贈与に係る贈与税額の全額の納税が猶予されます」
② 「長女CさんがAさんからX社株式の贈与を受けた場合、本特例による納税猶予の対象となる株式は、長女Cさんがその受贈前から既に保有していたX社株式を含めて、発行済議決権株式総数の3分の2に達するまでの部分に限られます」
③ 「本特例の対象となる贈与者は代表権を有しているAさんに限られますので、長女CさんがAさんおよび妻BさんからX社株式の贈与を受けた場合、妻Bさんから贈与を受けたX社株式は本特例の適用の対象とはなりません」

正解　① ○　② ✕　③ ✕　　　　テキスト6章　P585-586

後継者不足等を背景になかなか事業承継が進まない状況を背景として、2018年から期間限定で、事業承継税制の納税猶予および免除の範囲が広がり、要件が緩和されています。

①適切　現在は時限措置により、相続税、贈与税ともに**全額**の納税が猶予されます（本則は、贈与税100％猶予、相続税は80％猶予）。

②不適切　現在は時限措置により、特例対象となる**全株式**について適用されます（本則は、発行済議決権株式総数の3分の2に達するまでの部分）。

③不適切　制度開始当初は、以前に代表者であった者からの相続、贈与に限定されていましたが、現在は、**前代表者以外からの相続、贈与も対象**となります。

ポイント：非上場株式等についての相続税・贈与税の納税猶予および免除の特例

	相続税	贈与税
対象株式数	全部（②）	
猶予割合	100％（①）	
贈与者、被相続人	前代表者以外でもよい、複数でもよい（③）	
適用対象者（後継者）	一定要件のもと、最大3人	

問3   重要度

本年現時点において、Aさんの相続が開始した場合における相続税の総額を試算した下記の表の空欄①～③に入る最も適切な数値を求めなさい。なお、相続税の課税価格の合計額は3億3,000万円とし、問題の性質上、明らかにできない部分は「□□□」で示してある。

(a) 相続税の課税価格の合計額	3億3,000万円
(b) 遺産に係る基礎控除額	(①) 万円
課税遺産総額（(a)-(b)）	□□□万円
相続税の総額の基となる税額	
妻Bさん	□□□万円
長女Cさん	(②) 万円
二女Dさん	□□□万円
(c) 相続税の総額	(③) 万円

＜資料＞相続税の速算表

法定相続分に応ずる取得金額			税率	控除額
万円超		万円以下		
	～	1,000	10％	－
1,000	～	3,000	15％	50万円
3,000	～	5,000	20％	200万円
5,000	～	10,000	30％	700万円
10,000	～	20,000	40％	1,700万円
20,000	～	30,000	45％	2,700万円
30,000	～	60,000	50％	4,200万円
60,000	～		55％	7,200万円

| 正解 | ① **4,800** (万円) | ② **1,415** (万円) | ③ **6,770** (万円) |

テキスト6章　P539-541

①相続税の計算における遺産に係る基礎控除額は「**3,000万円＋600万円×法定相続人の数**」により求めます。設問の場合、前問解説のとおり、法定相続人の数は3人ですので、3,000万円＋600万円×3人＝4,800万円となります。

(参考)

課税遺産総額＝3億3,000万円－4,800万円＝2億8,200万円

②③相続税の総額は、課税遺産総額を法定相続人が法定相続分どおりに財産を取得するものとした金額を求め、その金額に税率を乗じて税額を求めます。

第1ステップ　**法定相続人の法定相続分**を求めます。

第2ステップ　「**課税遺産総額×法定相続分**」に対して、**相続税率を乗じて、**相続税を求めます。

第3ステップ　全部の金額を合計します。

第1ステップ

　法定相続分は、

　妻Bさん1／2、長女Cさん、二女Dさんは各1／4です。

第2ステップ

　妻Bさん　2億8,200万円×1／2＝1億4,100万円

　　　　　　1億4,100万円×40％－1,700万円＝3,940万円

　長女Cさん、二女Dさん

　　　　　　2億8,200万円×1／4＝7,050万円

　　　　　　7,050万円×30％－700万円＝1,415（②）万円

　　　　　　1,415万円×2人＝2,830万円

第3ステップ

　相続税の総額＝3,940万円＋2,830万円＝6,770(③)万円

第**4**問

[2021年9月 個人]

次の設例に基づいて、下記の各問（《問1》～《問3》）に答えなさい。

――――――――――《設 例》――――――――――

　Ａさん（75歳）は、妻を10年前に亡くし、現在は長男Ｂさん（45歳）家族と
Ｘ市内の自宅で同居している。独身の二男Ｃさん（40歳）は他県に所在する企
業に勤務しており、当地で持家（マンション）に住んでいる。二男Ｃさんは、
Ｘ市に戻る意思はない。

　Ａさんは、自宅および自宅に隣接する賃貸アパート等の財産を同居する長男
Ｂさんに承継してもらいたいと考えているが、自身の相続が起こった際に遺産
分割で争いが生じるのではないかと心配している。なお、賃貸アパートは、土
地の有効活用と相続対策を考えて、2015年2月に自己資金で建築し、同年3月
から全室賃貸中である。

＜Ａさんの家族構成（推定相続人）＞

　長男Ｂさん：会社員。妻と子2人がおり、Ａさんと同居している。

　二男Ｃさん：会社員。持家（マンション）に住んでいる。

＜Ａさんの主な所有財産（相続税評価額）＞

1. 現預金　　　　　　：　　　5,000万円
2. 自宅
   ①敷地（250m²）　：　　　6,000万円（注1）
   ②建物　　　　　　：　　　2,500万円
3. 賃貸アパート（全室賃貸中）
   ①敷地（250m²）　：　　　5,000万円（注1）（注2）
   ②建物（6室）　　：　　　3,000万円
   合計　　　　　　　：　2億1,500万円

（注1）「小規模宅地等についての相続税の課税価格の計算の特例」適用前の金額
（注2）貸家建付地としての評価額

※上記以外の条件は考慮せず、各問に従うこと。

問1 重要度

本年現時点において、Aさんに相続が開始した場合における相続税の総額を試算した下記の表の空欄①～③に入る最も適切な数値を求めなさい。なお、相続税の課税価格の合計額は1億6,000万円とし、問題の性質上、明らかにできない部分は「□□□」で示してある。

(a) 相続税の課税価格の合計額	1億6,000万円
(b) 遺産に係る基礎控除額	(①) 万円
課税遺産総額((a)－(b))	□□□万円
相続税の総額の基となる税額	
長男Bさん	(②) 万円
二男Cさん	□□□万円
(c) 相続税の総額	(③) 万円

<資料>相続税の速算表(一部抜粋)

法定相続分に応ずる取得金額			税率	控除額
万円超		万円以下		
	～	1,000	10%	－
1,000	～	3,000	15%	50万円
3,000	～	5,000	20%	200万円
5,000	～	10,000	30%	700万円
10,000	～	20,000	40%	1,700万円

| 正解 | ① **4,200** (万円) | ② **1,070** (万円) | ③ **2,140** (万円) |

テキスト6章　P539-541

①相続税の計算における遺産に係る基礎控除額は「**3,000万円＋600万円×法定相続人の数**」により求めます。設問の場合、法定相続人の数は長男Bさん、二男Cさんの2人ですので、3,000万円＋600万円×2人＝4,200万円となります。

（参考）
課税遺産総額＝1億6,000円－4,200万円＝1億1,800万円

②③相続税の総額は、課税遺産総額を法定相続人が法定相続分どおりに財産を取得するものとした金額を求め、その金額に税率を乗じて税額を求めます。

第1ステップ　法定相続人の**法定相続分**を求めます。

第2ステップ　「**課税遺産総額×法定相続分**」に対して、相続税率を乗じて、相続税を求めます。

第3ステップ　全部の金額を合計します。

第1ステップ
　法定相続分は、長男Bさん、二男Cさんは各1／2です。
第2ステップ
　長男Bさんの相続税額：1億1,800万円×1/2＝5,900万円
　　　　　　　　　　　　5,900万円×30％－700万円＝1,070（②）万円
　二男Cさん　長男と同じ
第3ステップ
　相続税の総額＝1,070万円×2人＝2,140（③）万円

問2   重要度

Aさんの相続に関する次の記述①〜③について、適切なものには○印を、不適切なものには×印を解答用紙に記入しなさい。

①「遺産分割をめぐる争いを防ぐ手段として、遺言書の作成をお勧めします。自筆証書遺言については、その方式が緩和されたことにより、遺言書の全文をパソコンで作成することが可能になりました」

②「公正証書遺言は、証人２人以上の立会いのもと、遺言者が遺言の趣旨を公証人に口授し、公証人がこれを筆記して作成しますが、長男Bさん、その妻子および二男Cさんは証人になることができません」

③「二男Cさんが、Aさんの生前に家庭裁判所に遺留分の放棄をする旨を申し立てることは可能です」

| 正解 | ① × | ② ○ | ③ ○ | テキスト6章　P526-528 |

①不適切　自筆証書遺言は原則、全文、日付、氏名を自書し、押印して作成しますが、**財産目録はパソコン等での作成も認められます**。

②適切　遺言者の**推定相続人、受遺者、その配偶者や直系血族**等は証人となることはできません。

③適切　なお、相続の放棄は、**相続開始後にのみ手続きできます**。

問3 重要度

Aさんの相続等に関する以下の文章の空欄①～④に入る最も適切な語句または数値を、下記の〈語句群〉のなかから選び、その記号を解答用紙に記入しなさい。

Ⅰ「遺言により自宅および賃貸アパートを長男Bさんに相続させた場合、二男Cさんの遺留分を侵害する可能性があります。仮に、遺留分を算定するための財産の価額を2億円とした場合、二男Cさんの遺留分の額は（ ① ）万円となります」

Ⅱ「長男Bさんが自宅の敷地および建物を相続により取得し、自宅の敷地（相続税評価額：6,000万円）のすべてについて『小規模宅地等についての相続税の課税価格の計算の特例』の適用を受けた場合、相続税の課税価格に算入すべき価額を（ ② ）万円とすることができます」

Ⅲ「長男Bさんが賃貸アパートの敷地および建物を相続により取得し、賃貸アパートの敷地（相続税評価額：5,000万円）のすべてについて『小規模宅地等についての相続税の課税価格の計算の特例』の適用を受けた場合、相続税の課税価格に算入すべき価額を（ ③ ）万円とすることができます」

Ⅳ「自宅の敷地と賃貸アパートの敷地について『小規模宅地等についての相続税の課税価格の計算の特例』の適用を受けようとする場合、適用対象面積は調整されます。Aさんの相続においては、（ ④ ）の敷地を優先して『小規模宅地等についての相続税の課税価格の計算の特例』の適用を受けたほうが相続税評価額の軽減幅は大きくなります」

〈数値群〉
イ．1,000　ロ．1,200　ハ．2,000　ニ．2,500　ホ．3,000
ヘ．4,000　ト．4,800　チ．5,000　リ．自宅　ヌ．賃貸アパート

正解	① **チ**	② **ロ**	③ **ホ**	④ **リ**

テキスト6章　① P529、②③④ P572-574

①法定相続分は、長男Bさん、二男Cさんともに1／2となります。また、**子が相続人である場合の遺留分は相続財産の1／2**となりますので、長男Bさん、二男Cさんの遺留分は各1／4となります。

したがって、二男Cさんの遺留分は2億円×1／4＝5,000万円となります。

②**特定居住用宅地等**に該当する場合は、**330㎡**までの部分について評価額が**80％減額**されます。設問の場合、自宅敷地は250㎡であるため、敷地全体が80％減額となります。設問の場合、6,000万円×0.8＝4,800万円が減額され、相続税の課税価格に算入すべき価額は、6,000万円－4,800万円＝1,200万円となります。

③**貸付事業用宅地等**に該当する場合は、**200㎡**までの部分について評価額が**50％減額**されます。設問の場合、賃貸アパートの敷地は250㎡であるため、敷地全体が50％減額となるわけではありません。設問の場合、5,000万円×（200㎡／250㎡）×0.5＝2,000万円の減額となり、相続税の課税価格に算入すべき価額は5,000万円－2,000万円＝3,000万円となります。

④「特定居住用宅地等・特定事業用等宅地等」と「貸付事業用宅地等」について小規模宅地等の特例の適用を受ける場合、**適用面積について一定の調整**を行います。②、③より、自宅の敷地を優先して適用すると有利です。

（参考）

設問の場合、1㎡あたりの減額効果が大きく、適用面積が広い方を優先適用すると有利です。

1㎡あたりの減額効果：自宅敷地　6,000万円÷250㎡×0.8＝19.2万円

　　　　　　　　　　　賃貸アパートの敷地　5,000万円÷250㎡×0.5＝10万円

減額対象面積　　　　：自宅敷地　250㎡

　　　　　　　　　　　賃貸アパートの敷地　200㎡

最大限の減額効果　　：自宅敷地部分　19.2万円×250㎡＝4,800万円

　　　　　　　　　　　賃貸アパートの敷地　10万円×200㎡＝2,000万円

第5問

[2019年1月　個人]

次の設例に基づいて、下記の各問（《問1》～《問3》）に答えなさい。

《設 例》

　Aさんは、妻Bさんとの2人暮らしである。Aさんは、大学卒業後、大手自動車メーカーに就職し、関連会社に転籍してからの期間を含め、43年間勤務した。5年前に退職してからは、年金収入に加えて、上場株式の配当収入もあり、生活は安定している。

　昨年、長女CさんがDさんと離婚した。長女Cさんは、仕事の都合上、別の都市にある賃貸マンションで子2人と暮らしている。Aさんは、長女Cさんや孫たちの将来の生活や学費等について面倒を見てやりたいと思っており、現金の贈与を検討している。

＜Aさんの親族関係図＞

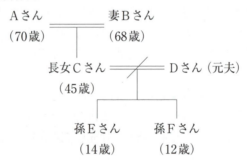

＜Aさんが所有する財産（相続税評価額）＞
① 預貯金　　　　：　　8,000万円
② 上場株式　　　：　　7,000万円
③ 自宅
　　敷地（400m²）：　　6,000万円
　　建物　　　　　：　　1,500万円
※自宅の敷地は、「小規模宅地等についての相続税の課税価格の計算の特例」適用前の金額である。

※上記以外の条件は考慮せず、各問に従うこと。

問1 重要度 B

生前贈与に関する以下の文章の空欄①～③に入る最も適切な数値を、解答用紙に記入しなさい。

Ⅰ「Aさんが生前贈与を実行するにあたっては、暦年課税制度による贈与、相続時精算課税制度による贈与、教育資金や結婚・子育て資金の非課税制度を活用した贈与などが考えられます。仮に、長女Cさんが暦年課税（各種非課税制度の適用はない）により、本年中にAさんから現金700万円の贈与を受けた場合、贈与税額は（ ① ）万円となります」

Ⅱ「直系尊属から教育資金の一括贈与を受けた場合の贈与税の非課税制度の適用を受けた場合、受贈者1人につき（ ② ）万円までは贈与税が非課税となります。非課税拠出額の限度額は、受贈者ごとに（ ② ）万円となりますが、学習塾などの学校等以外の者に対して直接支払われる金銭については500万円が限度となります」

Ⅲ「直系尊属から教育資金の一括贈与を受けた場合の贈与税の非課税制度の適用後、受贈者であるAさんのお孫さんが（ ③ ）歳に達すると、原則として教育資金管理契約は終了します。そのとき、当該贈与財産から教育資金に充当した金額を控除した残額がある場合、当該残額はその年分の贈与税の課税価格に算入されるため、贈与税の申告義務が発生した場合は、その申告をする必要があります」

<資料>贈与税の速算表（一部抜粋）

基礎控除後の課税価格			特例贈与財産		一般贈与財産	
			税率	控除額	税率	控除額
万円超		万円以下				
	～	200	10%	—	10%	—
200	～	300	15%	10万円	15%	10万円
300	～	400	15%	10万円	20%	25万円
400	～	600	20%	30万円	30%	65万円
600	～	1,000	30%	90万円	40%	125万円

| 正解 | ① **88** (万円) | ② **1,500** (万円) | ③ **30** (歳) |

テキスト6章　① P554-555、②③ P560-561

①長女Cさん（45歳）がAさん（父）から贈与を受ける場合は**特例贈与**に該当します。
基礎控除額を差し引いてから、贈与税率を乗じて、控除額を控除します。
（700万円－110万円）×20％－30万円＝88万円
特例贈与（直系尊属から18歳以上の子・孫への贈与）→原則、タテの関係
一般贈与（その他）→ヨコ（夫婦間・兄弟間等）・ナナメ（叔父・叔母等）の
関係と理解すると覚えやすいです。

②教育資金の一括贈与の非課税拠出額の限度額は**1,500万円**（うち、学校等以外に支払われる金銭等は**500万円**）、結婚・子育て資金の一括贈与の非課税拠出額の限度額は**1,000万円**（うち、結婚に際して支出する費用は**300万円**が限度）となっています。

③30歳に到達すると原則として教育資金管理契約は終了します。例外として、学校に在学中、教育訓練給付講座を受講中である場合、最長40歳まで非課税扱いは継続されます。

問2 ☒ⓞ☑ 重要度

相続時精算課税制度（以下、「本制度」という）に関する次の記述①～③について、適切なものには○印を、不適切なものには×印を解答用紙に記入しなさい。

①「本年中（2023年中）にＡさんが長女Ｃさんに現金を贈与する場合、本制度の活用が考えられます。本制度を選択した場合、累計で3,500万円までの贈与について贈与税は課されませんが、その額を超える部分については、一律20％の税率により贈与税が課されます」

②「本制度における受贈者は、贈与をする年の1月1日において18歳以上でなければなりません。したがって、現時点において、Ａさんが孫Ｅさんおよび孫Ｆさんに現金を贈与する場合、本制度を活用することはできません」

③「Ａさんからの贈与について、長女Ｃさんが本制度を選択した場合、その後に行われるＡさんからの贈与について、暦年課税を選択することはできません」

正解 ① ✕　② ○　③ ○　　　　テキスト6章 P557-558

①不適切　相続時精算課税制度の特別控除額は累計で**2,500万円**であり、本年中は2,500万円を超える部分は**一律20％**の税率により贈与税が課税されます。なお、**2024年以降、特別控除前に年間110万円を控除**できます。

②適切　年齢要件は、贈与した年の1月1日時点で、**贈与者**は**60歳以上**、**受贈者**は**18歳以上**となります。

③適切　当事者間で一旦、相続時精算課税制度を選択すると、取り消すことはできません。

問3 重要度

Aさんの相続等に関する以下の文章の空欄①～③に入る最も適切な数値を、下記の〈数値群〉のイ～ルのなかから選び、その記号を解答用紙に記入しなさい。

Ⅰ「Aさんの相続が本年現時点で開始した場合、Aさんの相続における遺産に係る基礎控除額は（ ① ）万円となります。課税価格の合計額が遺産に係る基礎控除額を上回りますが、小規模宅地等についての相続税の課税価格の計算の特例や配偶者に対する相続税額の軽減の適用を受けることで相続税額を軽減することができます」

Ⅱ「妻Bさんが自宅の敷地および建物を相続した場合、小規模宅地等についての相続税の課税価格の計算の特例の適用を受けることができます。その場合、自宅の敷地（相続税評価額6,000万円）について、課税価格に算入すべき価額を（ ② ）万円とすることができます」

Ⅲ「生命保険に加入していないのであれば、契約者（＝保険料負担者）および被保険者をAさん、死亡保険金受取人を相続人とする終身保険に加入されることをお勧めします。終身保険に加入後、Aさんの相続が開始した場合、相続人が受け取る死亡保険金は（ ③ ）万円を限度として、死亡保険金の非課税金額の規定の適用を受けることができます」

〈数値群〉
イ．990　　ロ．1,000　　ハ．1,200　　ニ．1,500　　ホ．2,000　　ヘ．2,040
ト．3,000　　チ．3,960　　リ．4,200　　ヌ．4,800　　ル．5,400

| 正解 | ① リ | ② ヘ | ③ ロ | テキスト6章　①P539、②P572-573、③P535 |

①相続税の計算における遺産に係る基礎控除額は「**3,000万円＋600万円×法定相続人の数**」により求めます。設問の場合、法定相続人の数は妻Ｂさん、長女Ｃさんの2人ですので、3,000万円＋600万円×2人＝4,200万円となります。

②**特定居住用宅地等**に該当する自宅の敷地を**配偶者が相続により取得**した場合は、**330m²**までの部分について評価額が**80％減額**されます。
設問では、自宅敷地は6,000万円、400m²ですので、
1m²あたりの減額は6,000万円÷400m²×80％＝12万円、
減額される金額は12万円×330m²＝3,960万円となるため、
課税価格に算入すべき価額は、6,000万円－3,960万円＝2,040万円となります。

レック先生のワンポイント

「減額される金額」を出題するパターンもあれば、「課税価格に算入される金額」を出題するパターンもあります。

③相続税の対象となる生命保険金を相続人が受け取る場合は「**500万円×法定相続人の数**」の金額が非課税となります。設問の法定相続人の数は①の解説のとおり2人ですので、500万円×2人＝1,000万円が非課税となります。

「総合問題」はその名の通り、各分野の知識を総合して解く問題です。「ライフプランニングと資金計画」をベースに、連携したそれぞれの知識が試されますから、以下のキーワードをもとに復習して挑みましょう。

頻出問題のキーワード

総合問題Ⅰ
教育資金（奨学金と教育ローン）、住宅資金（繰上げ返済、ペアローン、収入合算）、遺族年金、老後資金準備（つみたてNISA等とiDeCo）、消費税の計算、社会保険料、健康保険の傷病手当金、収入保障保険

総合問題Ⅱ
個人バランスシート、退職所得、老後の年金、事業所得、退職後の公的医療保険、雇用保険の給付、相続税の計算（非課税金額、課税価格、相続税の総額）、相続後の金融資産の計算

特別編

総合問題

実技試験問題&解答
[日本FP協会] 資産設計提案業務

総合問題Ⅰ ［日本FP協会］ 資産設計提案業務

第1問

[2021年1月]

次の設例に基づいて、下記の各問（《問1》～《問5》）に答えなさい。

《設 例》

布施三四郎さんは、民間企業に勤務する会社員である。三四郎さんと妻の輝美さんは、今後の資産形成や家計の見直しなどについて、FPで税理士でもある谷口さんに相談をした。なお、下記のデータはいずれも本年度1月1日現在のものである。

［家族構成］

氏名	続柄	生年月日	年齢	職業等
布施 三四郎	本人	19xx年5月25日	42歳	会社員（正社員）
輝美	妻	19xx年6月10日	40歳	会社員（正社員）
大貴	長男	20xx年4月15日	17歳	高校2年生

［収入金額（前年）］
三四郎さん：給与収入550万円（手取り額）。給与収入以外の収入はない。
輝美さん　：給与収入250万円（手取り額）。給与収入以外の収入はない。

［金融資産（時価）］
・三四郎さん名義
　銀行預金（普通預金）：100万円
　銀行預金（定期預金）：100万円
・輝美さん名義
　銀行預金（普通預金）：50万円
　銀行預金（定期預金）：50万円

［住宅ローン］
契約者：三四郎さん
借入先：PS銀行
借入時期：2010年12月
借入金額：3,200万円
返済方法：元利均等返済（ボーナス返済なし）
金利：固定金利型（年2.0％）
返済期間：35年間

［生命保険等］
定期保険A：保険金額2,500万円。保険契約者（保険料負担者）および被保険者は三四郎さんである。
学資保険B：満期保険金200万円。保険契約者（保険料負担者）は三四郎さん、被保険者は大貴さんである。18歳満期。
火災保険C：保険金額2,000万円。保険の目的は建物、保険契約者は三四郎さん。

問1

三四郎さんは、大貴さんの大学受験を控え、大学の入学に係る費用等についてFPの谷口さんに質問をした。谷口さんが大学の入学費用について説明する際に使用した下記<資料>の空欄（ア）～（ウ）にあてはまる語句の組み合わせとして、最も適切なものはどれか。なお、学校納付金とは、入学金、寄付金、学校債など、入学時に学校に支払った費用をいう。また、受験費用とは、受験料および受験のための交通費・宿泊費で、受験したすべての学校・学部に係るものをいう。

<資料：国公立・私立別にみた入学費用（子ども1人当たりの費用）>

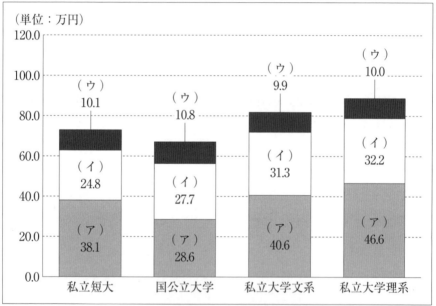

（出所：日本政策金融公庫「教育費負担の実態調査結果（2021年度）」を基に作成）

1. （ア）学校納付金　（イ）入学しなかった学校への納付金　（ウ）受験費用
2. （ア）学校納付金　（イ）受験費用　（ウ）入学しなかった学校への納付金
3. （ア）受験費用　（イ）入学しなかった学校への納付金　（ウ）学校納付金
4. （ア）受験費用　（イ）学校納付金　（ウ）入学しなかった学校への納付金

正解 **2** が適切 テキスト1章 P23-24

ポイント1：学校納付金、受験費用、入学しなかった学校への納付金のうち、学校納付金（ア）が最も多くなると推定します。

ポイント2：入学しなかった学校への納付金は、国公立合格発表は、私立大学の後であり、私立大学との併願により、入学しなかった学校への納付金（入学金等）が相対的に多くなると推測すると、国公立大学のうち、私立大学よりも多く支出しているのは、（イ）ではなく、（ウ）であるので、「入学しなかった学校への納付金（入学金等）」と推測すると解答できます。

問2 重要度

三四郎さんは、大貴さんの大学進学を控えて奨学金や教育ローンに関心を持ち、FPの谷口さんに質問をした。谷口さんが日本学生支援機構の貸与型奨学金（第一種・第二種）および日本政策金融公庫の教育一般貸付（国の教育ローン）について説明する際に使用した下表の空欄（ア）～（エ）にあてはまる語句の組み合わせとして、最も適切なものはどれか。なお、記載のない事項については一切考慮しないこととする。

	日本学生支援機構の貸与型奨学金	日本政策金融公庫の教育一般貸付
貸付（貸与）対象者	（ア）	主に学生・生徒の保護者
申込み時期	決められた募集期間内	（イ）
利息	[第一種奨学金] 無利息 [第二種奨学金]（ ウ ）を上限とする利息付き（在学中は無利息）	在学期間内は利息のみの返済とすることが可能
貸付可能額（貸与額）	[第一種奨学金] 月額2万円、3万円、4.5万円から選択（国公立大学、自宅通学の場合） [第二種奨学金] 月額2万円から12万円（1万円単位）	子ども1人当たり（エ）以内 ※一定の要件に該当する場合は450万円以内

1. （ア）主に学生・生徒の保護者 （イ）いつでも可能
   （ウ）金利5% （エ）350万円
2. （ア）主に学生・生徒の保護者 （イ）決められた募集期間内
   （ウ）金利3% （エ）300万円
3. （ア）学生・生徒本人 （イ）決められた募集期間内
   （ウ）金利5% （エ）300万円
4. （ア）学生・生徒本人 （イ）いつでも可能
   （ウ）金利3% （エ）350万円

正解 **4** が適切　　　　　　　　　　　　　テキスト1章　P23-24

ポイント：日本学生支援機構の奨学金と日本政策金融公庫の教育一般貸付

	日本学生支援機構の貸与型奨学金	日本政策金融公庫の教育一般貸付
貸付（貸与）対象者	（ア **学生・生徒本人**）	主に学生・生徒の**保護者**
貸付（貸与）基準	保護者（家計支持者）の収入（所得）が一定額以下	子の数に応じた世帯年収（所得）が一定額以下
申込み時期	**決められた募集期間内**	いつでも可能（イ）
資金の受取り方	毎月定額	一括
貸付け可能額（貸与額）	第一種奨学金 国公立・私立／自宅・自宅外で異なる 第二種奨学金 月額2万円～12万円（1万円単位）	学生・生徒1人あたり（エ **350万円**）以内 ※一定の要件に該当する場合は450万円以内
返還（返済）開始	卒業後	**借入月の翌月または翌々月の返済希望日**
利息	[第一種奨学金] 無利息 [第二種奨学金] （ウ **3%**）を上限とする利息付き（在学中は無利息）	在学期間内は利息のみの返済とすることが可能

以上より、4.が正解となります。

レック先生のワンポイント

> 日本学生支援機構の貸与型奨学金と日本政策金融公庫の教育一般貸付の比較表は、少しずつ穴埋め箇所を変えて高頻度で出題されます。過去問題を解いて、確実に得点を取りましょう。

問3

三四郎さんは、つみたてNISA（2024年以降は新NISAのつみたて投資枠）とiDeCo（個人型確定拠出年金）についてFPの谷口さんに質問をした。谷口さんがつみたてNISA（2024年以降は新NISAのつみたて投資枠）とiDeCoの概要を説明する際に使用した下表の空欄（ア）～（エ）に入る正しい数値を語群の中から選び、その番号のみを解答欄に記入しなさい。

＜つみたてNISA（2024年以降は新NISAのつみたて投資枠）とiDeCoの概要＞

	つみたてNISA（2024年以降は新NISAのつみたて投資枠）	iDeCo
年間投資限度額および年間拠出限度額	2023年は（ア）万円 2024年以降は（イ）万円	原則として自営業者（ウ）万円、公務員14.4万円など、加入者の区分によって異なる
運用資金の引出し	いつでも引出し可	原則（エ）歳までは引出しができない
税制	・所得控除の適用はない ・運用益が非課税	・掛金全額が所得控除の対象となる ・運用益は非課税 ・受取方法により、退職所得控除または公的年金等控除の対象となる
運用対象	長期の積立・分散投資に適した一定の投資信託、ETF	定期預金、生命保険、投資信託等

＜語群＞
1. 20　　2. 24　　3. 27.6　　4. 40　　5. 60
6. 65　　7. 80　　8. 81.6　　9. 100　　10. 120

正解 (ア) 4　(イ) 10　(ウ) 8　(エ) 5

テキスト1章　P85-87、3章　P295-296

ポイント

つみたてNISA（2024年以降は新NISAのつみたて投資枠）とiDeCo

	つみたてNISA（2024年以降は新NISAのつみたて投資枠）	iDeCo
年間投資限度額 年間拠出限度額	2023年は**40（ア）万円** 2024年以降は**120（イ）万円**	公務員14.4万円、企業年金がない会社員27.6万円 自営業者81.6（ウ）**万円** など、加入者の区分によって異なる
運用資金の引き出し	いつでも引出しできる	原則60（エ）**歳**までは中途引出しができない
税制上のメリット	・所得控除の適用はない ・運用益が非課税	・掛金全額が**小規模企業共済等掛金控除**の対象 ・運用益は非課税 ・老齢給付金は、受取方法により退職所得控除または公的年金等控除の対象
運用対象	長期の積立、分散投資に適した一定の株式投資信託、ETF等	定期預金、生命保険、投資信託等

レック先生のワンポイント

少しずつ穴埋め箇所を変えて高頻度で出題されます。過去問題を解いて確実に得点を取りましょう。

問4

輝美さんは、三四郎さんが死亡した場合の公的年金の遺族給付について、FPの谷口さんに相談をした。仮に三四郎さんが、本年度1月に42歳で在職中に死亡した場合、三四郎さんの死亡時点において輝美さんが受け取ることができる公的年金の遺族給付の額として、正しいものはどれか。なお、遺族給付の額の計算に当たっては、下記<資料>の金額を使用することとする。

<資料>

遺族厚生年金の額：600,000円
中高齢寡婦加算額：596,300円（本年度価額）
遺族基礎年金の額：795,000円（本年度価額）
遺族基礎年金の子の加算額（対象の子1人当たり）
　第1子・第2子：228,700円（本年度価額）
　第3子以降：76,200円（本年度価額）

※三四郎さんは、20歳から大学卒業まで国民年金に加入し、大学卒業後の22歳から死亡時まで継続して厚生年金保険に加入しているものとする。
※家族に障害者に該当する者はなく、記載以外の遺族給付の受給要件はすべて満たしているものとする。

1. 1,023,700円
2. 1,395,000円
3. 1,623,700円
4. 2,220,000円

正解 **3** が正しい　　　　　　　　　　　　　テキスト1章　P76-80

遺族基礎年金
　18歳に達した後、最初の3月末までの未婚の子（障害等級1級、2級の状態にある場合は20歳未満の未婚の子）のある配偶者または子に対して、子が18歳に到達する年度末まで支給されます。
　設問の場合、家族に障害者はおらず、子が1人（17歳）ですので、配偶者に支給される金額は遺族基礎年金の基本額（795,000円）に1人分の子の加算を加えた額となります。
　795,000円＋228,700円＝1,023,700円

遺族厚生年金
　厚生年金被保険者等が死亡した場合、その者によって生計を維持されている遺族（設問の場合は配偶者）が受給できます。支給額は600,000円です。

遺族厚生年金の中高齢寡婦加算
　遺族厚生年金を受給できる妻で、「①夫の死亡当時、40歳以上65歳未満」または「②40歳時に18歳に達した後、最初の3月末までの未婚の子（障害等級1級、2級の状態にある場合は20歳未満の未婚の子）がいる」場合に、40歳から65歳に達するまで受給できます。輝美さんは「②」の要件に該当しますが、中高齢寡婦加算は遺族基礎年金を受給している期間中は支給停止となりますので、死亡時点では支給されません。
　遺族基礎年金と中高齢寡婦加算は同時に支給されないと理解しておきましょう。

遺族給付の額は、1,023,700円＋600,000円＝1,623,700円となり、3.が正解となります。

レック先生のワンポイント

　会社員の夫が死亡した場合、遺族基礎年金、遺族厚生年金（中高齢寡婦加算）がいつから支給されるのかを整理しておきましょう。

問5　☑☑☑　　　　　　　　　　　　　　　　　　　重要度 A

三四郎さんの弟の秀和さんは会社員だが、自らのスキルアップを図るため翌年4月に36歳で会社を自己都合退職し、再就職までの間、雇用保険の基本手当を受給することを考えている。雇用保険の基本手当に関する次の（ア）～（エ）の記述について、適切なものには○、不適切なものには×を解答欄に記入しなさい。なお、秀和さんは、現在の会社に23歳で就職した以後、継続して雇用保険に加入しており、雇用保険の基本手当の受給要件はすべて満たしているものとする。また、秀和さんには、この他に雇用保険の加入期間はなく、障害者等の就職困難者には該当しないものとし、延長給付については考慮しないものとする。

・基本手当を受給できる期間は、原則として（a）である。
・秀和さんの場合、基本手当の所定給付日数は（b）である。
・秀和さんの場合、基本手当は、求職の申込みをした日以後、7日間の待期期間および原則（c）の給付制限期間を経た後、支給が開始される。
・基本手当を受け取るには、（d）に1回ずつ、ハローワークに出向いて、失業の認定を受けなければならない。

＜資料：基本手当の所定給付日数＞
［一般の受給資格者（特定受給資格者・一部の特定理由離職者以外の者）］

離職時の年齢	被保険者として雇用された期間			
全年齢	1年未満	1年以上 10年未満	10年以上 20年未満	20年以上
	－	90日	120日	150日

［特定受給資格者（倒産・解雇等による離職者）・一部の特定理由離職者］

離職時の年齢	被保険者として雇用された期間				
	1年未満	1年以上 5年未満	5年以上 10年未満	10年以上 20年未満	20年以上
30歳未満	90日	90日	120日	180日	－
30歳以上35歳未満		120日	180日	210日	240日
35歳以上45歳未満		150日		240日	270日
45歳以上60歳未満		180日	240日	270日	330日
60歳以上65歳未満		150日	180日	210日	240日

（ア）空欄（a）にあてはまる語句は、「離職の日の翌日から1年間」である。

（イ）空欄（b）にあてはまる語句は、「240日」である。

（ウ）空欄（c）にあてはまる語句は、「1ヵ月」である。

（エ）空欄（d）にあてはまる語句は、「4週間」である。

| 正解 | (ア) ◯ | (イ) ✕ | (ウ) ✕ | (エ) ◯ | テキスト1章　P51-52 |

（ア）適切　　下表参照。

（イ）不適切　所定給付日数は、離職事由で異なります。設問は「自己都合退職」ですので、一般の受給資格者に該当し、23歳から36歳まで（10年以上20年未満）働いていたため、所定給付日数は120日となります。「離職事由」と「被保険者期間」を（倒産・解雇の場合は離職時の年齢を含めて）資料で読み取ることで解答できます。

（ウ）不適切　下表参照。

（エ）適切　　下表参照。

ポイント：自己都合退職の場合の基本手当

手続先	公共職業安定所
受給資格要件	原則として、離職日以前の2年間に被保険者期間が通算して**12カ月**以上あること
待期期間と給付制限期間	7日間の待期期間に加えて、**原則2カ月（ ウ ）（最長3カ月）**の給付制限期間
失業の認定	**4週間（ エ ）**ごとに失業の認定を受ける
受給期間	原則として、離職日の翌日から**1年間（ ア ）**。ただし、妊娠、出産等の理由により引き続き**30日**以上職業につくことができない場合、申出により最長で**4年間**まで延長される

レック先生のワンポイント

雇用保険の基本手当も高頻度で穴埋め問題が出題されます。穴埋め箇所を変えて出題されますので、過去問題を解いて、確実に得点しましょう。

| | | | | 総合問題Ⅰ |

第2問 [2019年9月]

次の設例に基づいて、下記の各問（《問1》～《問5》）に答えなさい。

─── 《設 例》 ───

　佐野幸一郎さんは、民間企業に勤務する会社員である。幸一郎さんと妻の恵美さんは、今後の資産形成などについて、FPで税理士でもある阿久津さんに相談をした。なお、下記のデータはいずれも本年9月1日現在のものである。

［家族構成］

氏名	続柄	生年月日	年齢	職業等
佐野　幸一郎	本人	19xx年2月4日	34歳	会社員（正社員）
恵美	妻	19xx年5月22日	33歳	会社員（正社員）
玲奈	長女	20xx年8月6日	6歳	保育園児

［収入金額（前年）］
幸一郎さん：給与収入480万円。給与収入以外の収入はない。
恵美さん：給与収入420万円。給与収入以外の収入はない。

［自宅］
賃貸マンションに居住しており、家賃は月額10万円（管理費込み）である。
マイホームとして販売価格4,800万円（うち消費税160万円）のマンションを購入する予定である。

［金融資産（時価）］
幸一郎さん名義
銀行預金（普通預金）：350万円
銀行預金（定期預金）：100万円

恵美さん名義
銀行預金（普通預金）：150万円
銀行預金（定期預金）：100万円

［負債］
幸一郎さんと恵美さんに負債はない。

［保険］
収入保障保険A：年金月額15万円。保険契約者（保険料負担者）および被保険者は幸一郎さん、年金受取人は恵美さんである。
医療保険B：入院給付金日額5,000円。契約者（保険料負担者）および被保険者は幸一郎さんである。

問1 重要度 B

幸一郎さんと恵美さんはマンション購入に当たり、夫婦での借入れを検討している。夫婦で住宅ローンを借りる場合の主な組み方について、FPの阿久津さんがまとめた下表における恵美さんの住宅借入金等特別控除（以下「住宅ローン控除」という）の適用についての空欄（ア）～（ウ）にあてはまる語句の組み合わせとして、最も適切なものはどれか。なお、借入方法以外の住宅ローン控除の適用要件はすべて満たしているものとする。

	借入人等		住宅ローン控除	
	幸一郎さん	恵美さん	幸一郎さん	恵美さん
ペアローン	借入人 （債務負担者）	借入人 （債務負担者）	受けられる	（ア）
収入合算（連帯保証）	借入人 （債務負担者）	連帯保証人	受けられる	（イ）
収入合算（連帯債務）	借入人 （債務負担者）	連帯債務者	受けられる	（ウ）

1. （ア）受けられない　（イ）受けられない　（ウ）受けられない
2. （ア）受けられる　　（イ）受けられない　（ウ）受けられる
3. （ア）受けられない　（イ）受けられる　　（ウ）受けられない
4. （ア）受けられる　　（イ）受けられる　　（ウ）受けられる

正解 **2** が適切　　　　　　　　　テキスト4章　P377-380

	借入人等	住宅ローン控除	団体信用生命保険
ペアローン	幸一郎：借入人 恵美：借入人	幸一郎：受けられる 恵美：**受けられる** （ア）	幸一郎：対象 恵美：**対象**
収入合算 （連帯保証）	幸一郎：借入人 恵美：連帯保証人	幸一郎：受けられる 恵美：**受けられない** （イ）	幸一郎：対象 恵美：**対象外**
収入合算 （連帯債務）	幸一郎：借入人 恵美：連帯債務者	幸一郎：受けられる 恵美：**受けられる** （ウ）	幸一郎：対象 恵美：金融機関等による

以上より、2.が正解となります。

レック先生のワンポイント

> ペアローン、収入合算（連帯保証）、収入合算（連帯債務）の住宅ローン控除、団体信用生命保険の違いを整理しておきましょう。

問2 重要度 B

FPの阿久津さんは、個人に対する所得税の仕組みについて幸一郎さんから質問を受けた。阿久津さんが下記＜イメージ図＞を使用して行った所得税に関する次の（ア）〜（エ）の説明のうち、適切なものには○、不適切なものには×を解答欄に記入しなさい。

＜イメージ図＞

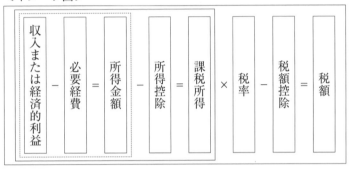

(出所：財務省「所得税の基本的な仕組み」)

(ア)「幸一郎さんが住宅ローンを組んでマンションを購入したことにより受けられる住宅ローン控除（住宅借入金等特別控除）は、税額控除として、一定金額を所得税額から控除することができます。」

(イ)「幸一郎さんが収入保障保険や医療保険の保険料を支払ったことにより受けられる生命保険料控除は、所得控除として、一定金額を所得金額から控除することができます。」

(ウ)「幸一郎さんがふるさと納税をしたことにより受けられる寄附金控除は、税額控除として、一定金額を所得税額から控除することができます。」

(エ)「幸一郎さんが地震保険料を支払ったことにより受けられる地震保険料控除は、所得控除として、一定金額を所得金額から控除することができます。」

正解 (ア)○ (イ)○ (ウ)✕ (エ)○

テキスト4章　(ア)P377、(イ)P367、(ウ)P372、(エ)P368

(ア) 適切　下表参照。
(イ) 適切　下表参照。
(ウ) 不適切　下表参照。
(エ) 適切　下表参照。

ポイント：所得控除・税額控除

所得控除	家族構成	基礎控除、配偶者（特別）控除、扶養控除、障害者控除、勤労学生控除、寡婦控除、ひとり親控除
	将来への備え	社会保険料控除、小規模企業共済等掛金控除、生命保険料控除（イ）、地震保険料控除（エ）
	困った場合	雑損控除、医療費控除
	助ける場合	寄附金控除（ウ）
税額控除		配当控除、住宅ローン控除（ア）など

レック先生のワンポイント

ふるさと納税による寄附金控除は、住民税では「税額控除」ですが、所得税では「所得控除」です。

問3

幸一郎さんは、契約中の収入保障保険Ａの保障額について、FPの阿久津さんに質問をした。阿久津さんが説明の際に使用した下記＜イメージ図＞を基に、本年10月1日に幸一郎さんが死亡した場合に支払われる年金総額として、正しいものはどれか。なお、年金は毎月受け取るものとする。

＜イメージ図＞

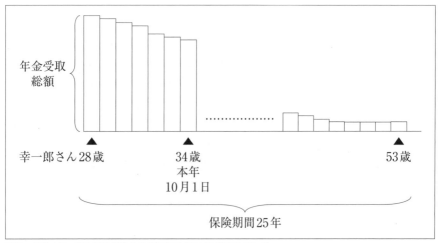

※幸一郎さんは、収入保障保険Ａを6年前10月1日に契約している。
※保険期間は25年、保証期間は5年である。

1. 900万円
2. 3,420万円
3. 4,500万円
4. 5,400万円

正解 **2** が正しい　　　　　　　　　　　　　テキスト2章　P129

設例に「年金月額15万円」とあり、本年10月1日に死亡した場合、残りの保険期間は19年（53歳－34歳）あるため、収入保障保険から、「15万円×12月×19年＝3,420万円」の年金総額が支払われますので、2.が正解となります。

レック先生のワンポイント

> 設例で保障内容を確認し、イメージ図で残りの保険期間を確認すると解くことができます。

問4 重要度 B

幸一郎さんは、本年8月に病気（私傷病）療養のため休業したことから、健康保険から支給される傷病手当金についてFPの阿久津さんに相談をした。幸一郎さんの休業に関する状況は下記＜資料＞のとおりである。＜資料＞に基づき、幸一郎さんに支給される傷病手当金に関する次の記述の（ア）～（ウ）に入る適切な語句を語群の中から選び、その番号のみを解答欄に記入しなさい。なお、幸一郎さんは、全国健康保険協会管掌健康保険（協会けんぽ）の被保険者である。また、記載以外の傷病手当金の受給要件はすべて満たしているものとする。

＜資料＞

[幸一郎さんの8月中の勤務状況]

2日	3日	4日	5日	6日	7日	8日	9日	10日
出勤	休業	休業	出勤	休業	休業	休業	休業	休業

▲ 休業開始日

[幸一郎さんのデータ]
・傷病手当金の支給開始日以前の継続した12ヵ月間の各月の標準報酬月額を平均した額は、360,000円である。
・上記の休業した日について、1日当たり3,000円の給与が支給された。
・上記の休業した日以外の日については、通常どおり出勤している。
・上記の休業した日については、労務不能と認められている。

[傷病手当金の1日当たりの支給額]
支給開始日以前の継続した12ヵ月間の各月の標準報酬月額の平均額÷30日×2／3

・幸一郎さんへの傷病手当金は、（ ア ）より支給が開始される。
・幸一郎さんへ支給される傷病手当金は、1日当たり（ イ ）である。
・傷病手当金が支給される期間は、支給開始日から通算で（ ウ ）を限度に支給される。

＜語群＞

1. 8月7日	2. 8月8日	3. 8月9日
4. 5,000円	5. 6,000円	6. 8,000円
7. 1年	8. 1年6ヵ月	9. 2年

正解 **（ア）3** **（イ）4** **（ウ）8**　　　　　テキスト1章 P40

健康保険の被保険者が病気やケガのため、仕事を休み（自宅療養も含む）、勤務先から給与を受けられない場合、3日連続した待期期間（土日祝等の休業日も含む）の経過後、4日目から通算1年6カ月（ウ）を限度に支給されます。

設問の場合、休業開始後、待期期間が完成する前（8月5日）に出勤しているため、待期期間が完成するのは8月6日から連続3日間休業した8月8日であり、8月9日（ア）から支給されます。

傷病手当金の1日当たりの支給額は

「支給開始日以前の継続した12カ月の各月の標準報酬月額の平均額÷30日×2／3」となりますので、

36万円÷30日×2／3＝8,000円となります。

なお、休業した日について、1日当たり給与3,000円が支給されているため、幸一郎さんへの支給額は8,000円−3,000円＝5,000円（イ）となります。

ポイント：傷病手当金

支給期間	連続した3日間の欠勤の後、4日目から通算1年6カ月を限度
支給額	支給開始日以前の継続した12カ月の被保険者期間の標準報酬月額の平均額÷30×2／3 3分の2よりも少ない報酬が支給されている場合、報酬分を差引き差額が支給される

637

問 5 重要度

幸一郎さんの弟の克樹さんは、自らのスキルアップを図るため本年9月に32歳で会社を自己都合退職し、転職先が決まるまでは雇用保険の基本手当を受給することを考えている。雇用保険の基本手当に関する次の記述の空欄（ア）～（ウ）にあてはまる語句の組み合わせとして、正しいものはどれか。なお、克樹さんは、退職した会社に24歳から勤務し、継続して雇用保険に加入しており、基本手当の受給要件はすべて満たしているものとする。また、克樹さんには、このほかに雇用保険の加入期間はなく、障害者等の就職困難者には該当しないものとし、延長給付については考慮しないものとする。

- 克樹さんの場合、基本手当の所定給付日数は（ ア ）である。
- 基本手当の受給期間内に、負傷、疾病等により、引き続いて30日以上職業に就くことができない場合は、申出により受給期間を最大（ イ ）まで延長することができる。
- 克樹さんの場合、基本手当は、求職の申込み日以後、7日間の待期期間および（ ウ ）の給付制限期間を経て支給が開始される。

<資料：基本手当の所定給付日数>
[一般の受給資格者（特定受給資格者・一部の特定理由離職者以外の者）]

離職時の年齢	被保険者として雇用された期間			
	1年未満	1年以上 10年未満	10年以上 20年未満	20年以上
全年齢	－	90日	120日	150日

[特定受給資格者（倒産・解雇等による離職者）・一部の特定理由離職者]

離職時の年齢	被保険者として雇用された期間				
	1年未満	1年以上 5年未満	5年以上 10年未満	10年以上 20年未満	20年以上
30歳未満	90日	90日	120日	180日	－
30歳以上35歳未満	90日	120日	180日	210日	240日
35歳以上45歳未満	90日	150日	180日	240日	270日
45歳以上60歳未満	90日	180日	240日	270日	330日
60歳以上65歳未満	90日	150日	180日	210日	240日

1. （ア） 90日　　（イ）2年間　　（ウ）1ヵ月
2. （ア）180日　　（イ）2年間　　（ウ）2ヵ月
3. （ア）180日　　（イ）4年間　　（ウ）1ヵ月
4. （ア） 90日　　（イ）4年間　　（ウ）2ヵ月

正解 **4** が正しい　　　　　　　　　　　テキスト1章　P51-52

(ア) 所定給付日数は、離職事由で異なります。設問は「自己都合退職」ですので、一般の受給資格者に該当し、24歳から32歳まで（10年未満）働いていたため、所定給付日数は90日となります。
「離職事由」と「被保険者期間」（倒産・解雇の場合は離職時の年齢）を資料で読み取ることで解答できます。

(イ)(ウ) 下表参照。

ポイント：自己都合退職の場合の基本手当

手続先	公共職業安定所
受給資格要件	原則として、離職日以前の2年間に被保険者期間が通算して**12ヵ月以上**あること
待期期間と給付制限期間	7日間の待期期間に加えて、原則**2ヵ月（ウ）**（5年以内に3回以上受給の場合は3ヵ月）の給付制限期間
失業の認定	**4週間**ごとに失業の認定を受ける
受給期間	原則として、離職日の翌日から**1年間** ただし、妊娠、出産等の理由により引き続き**30日以上**職業につくことができない場合、申出により最長で**4年間（イ）**まで延長される

以上より、4.が正解となります。

レック先生のワンポイント

雇用保険の基本手当も高頻度で穴埋め問題が出題されます。毎回、穴埋め箇所を変えて出題されますので、過去問題を解いて、確実に得点できるよう、整理しておきましょう。

第3問 [2021年5月]

次の設例に基づいて、下記の各問（《問1》～《問6》）に答えなさい。

――――――――――――《設 例》――――――――――――

　荒木健司さんは、民間企業に勤務する会社員である。健司さんと妻の梨花さんは、今後の資産形成や家計の見直しなどについて、FPで税理士でもある福岡さんに相談をした。なお、下記のデータはいずれも本年4月1日現在のものである。

[家族構成]

氏名	続柄	生年月日	年齢	職業等
荒木　健司	本人	19XX年10月13日	35歳	会社員（正社員）
梨花	妻	19XX年12月26日	34歳	会社員（派遣社員）
翼	長男	20XX年 7月15日	5歳	保育園児

[収入金額（前年）]

健司さん：給与収入500万円。給与収入以外の収入はない。

梨花さん：給与収入400万円。給与収入以外の収入はない。

[自宅]

賃貸マンションに居住しており、家賃は月額9万円（管理費込み）である。

マイホームとして販売価格4,000万円（うち消費税200万円）のマンションを購入する予定である。

[金融資産（時価）]

健司さん名義

　銀行預金（普通預金）：130万円

　銀行預金（定期預金）：500万円

梨花さん名義

　銀行預金（普通預金）：50万円

　銀行預金（定期預金）：400万円

［負債］
健司さんと梨花さんに負債はない。

［保険］
低解約返戻金型終身保険Ａ：保険金額300万円。保険契約者（保険料負担者）
　　　　　　　　　　　　および被保険者は健司さんである。
団体定期保険Ｂ（加入検討中）：保険金額2,000万円。保険契約者は健司さんの
　　　　　　　　　　　　勤務先、保険料負担者および被保険者は健司さ
　　　　　　　　　　　　んである。

問1　☒☑☐　重要度 B

荒木さん夫妻は、本年6月にマンションを購入する予定である。荒木さん夫妻が＜設例＞のマンションを購入する場合の販売価格のうち、土地（敷地の共有持分）の価格を計算しなさい。なお、消費税の税率は10%とし、計算結果については万円未満を四捨五入すること。また、解答に当たっては、解答用紙に記載されている単位に従うこと。

正解　**1,800万円**　　テキスト5章　P484

事業者からマンションを購入する場合、**消費税が課税されるのは建物部分のみ**であり、土地部分は非課税です。
設問の場合、消費税200万円、消費税率10%であることから、
建物本体の価格は200万円÷0.1＝2,000万円となりますので、
土地（敷地の共有持分）の価格は、4,000万円－（2,000万円＋200万円）
＝1,800万円となります。

レック先生のワンポイント

実技試験第9問の最初に高頻度で出題されます。「消費税が課税されるのは建物部分のみ」という知識だけで解くことができます。

問2 重要度 C

健司さんは、勤務先の会社を通じて加入する団体定期保険（任意加入型）について、FPの福岡さんに質問をした。福岡さんが行った団体定期保険（任意加入型）の一般的な説明として、最も不適切なものはどれか。

1. 「一般に、従業員本人とともにその家族も加入できます。」
2. 「保険料の支払いは、一般に給与天引きとなります。」
3. 「申込みに際しては、会社の健康診断書データの提出が必要です。」
4. 「1年ごとに更新を行うため、契約内容の見直しを毎年行うことができます。」

正解 **3** が不適切　　　　　　　　　　テキスト2章　P138

1. 適切　　記述のとおりです。
2. 適切　　記述のとおりです。
3. **不適切**　**告知は必要**ですが、診査や健康診断書データの提出は不要です。
4. 適切　　記述のとおりです。

 レック先生のワンポイント

> 通常の定期保険よりも、募集手数料がかからない分、保険料は割安である点も出題されます。

問3 重要度 B

健司さんと梨花さんはマンション購入に当たり、夫婦での借入れを検討している。夫婦で住宅ローンを借りる場合の主な組み方について、借入希望先の銀行からもらった下記＜資料＞の空欄（ア）～（ウ）にあてはまる語句の組み合わせとして、最も適切なものはどれか。なお、住宅借入金等特別控除（以下「住宅ローン控除」という）の適用を受けるための要件はすべて満たしているものとする。

＜資料＞

共働きのご夫婦の住宅ローンの借入方法（単独の場合・収入合算で主債務者を健司さんとする場合・ペアローンの場合の例）

	単独	収入合算（連帯保証）	ペアローン	
契約者（主たる債務者）	健司さん	健司さん	健司さん	梨花さん
連帯保証人	−	梨花さん	梨花さん	健司さん
返済（口座引落し）	健司さん	健司さん	健司さん	（ア）
団体信用生命保険加入者	健司さん	（イ）	健司さん	梨花さん
住宅ローン控除	健司さん	（ウ）	健司さん	梨花さん

※ペアローンに加えて、さらに収入合算をつけることはできません。
※連帯債務、夫婦連生団体信用生命保険のお取り扱いはありません。
※住宅ローン控除の適用条件や控除額など、制度についての詳細は国税庁ホームページなどでご確認ください。

1. （ア）健司さん　　（イ）健司さん・梨花さん　　（ウ）健司さん・梨花さん
2. （ア）健司さん　　（イ）健司さん　　（ウ）健司さん・梨花さん
3. （ア）梨花さん　　（イ）健司さん・梨花さん　　（ウ）健司さん
4. （ア）梨花さん　　（イ）健司さん　　（ウ）健司さん

正解 **4** が正しい　　　　　　　　　テキスト4章 P377-380

(ア) ペアローンの返済は2人とも負担します。
(イ) 収入合算（連帯保証）において、団体信用生命保険に加入するのは主たる債務者のみです。
(ウ) 収入合算（連帯保証）において、住宅ローン控除を適用できるのは、主たる債務者のみです。
以上より、正解は4.となります。

ポイント：ペアローンと収入合算（連帯保証）の違い

	借入人等	住宅ローン控除	団体信用生命保険
ペアローン	2人とも主たる債務者	それぞれ受けられる	それぞれ加入できる
収入合算（連帯保証）	主たる債務者と連帯保証人	主たる債務者のみ受けられる	主たる債務者のみ加入できる

レック先生のワンポイント

ペアローン、収入合算（連帯保証）の住宅ローン控除、団体信用生命保険の違いを整理しておきましょう。

問4

健司さんは、生命保険の解約返戻金について、FPの福岡さんに質問をした。福岡さんが生命保険の解約返戻金相当額について説明する際に使用した下記のイメージ図のうち、一般的な低解約返戻金型終身保険の解約返戻金相当額の推移に係る図として、最も適切なものはどれか。

1.

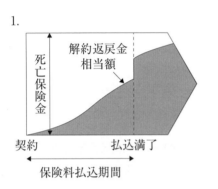

2.

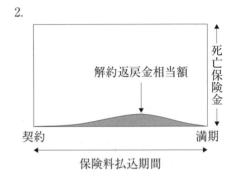

3.

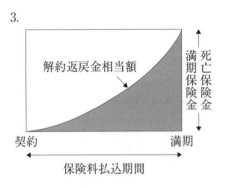

4.

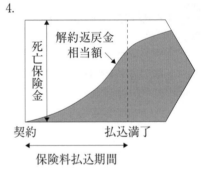

正解 **1** が適切　　　　　　　　　　　　テキスト2章 P130-133

1. 低解約返戻型終身保険。保険料払込期間中の解約返戻金を低く抑える分、保険料が安く設定されています。

2. 定期保険。ある程度解約返戻金がある定期保険も、保険期間満了時の解約返戻金はゼロとなります。

3. 養老保険。保険期間満了まで被保険者が生存していると、死亡・高度障害保険金と同額の満期保険金が支払われます。

4. 終身保険。保険期間の経過につれて、解約返戻金は増えていきますが、養老保険とは異なり、死亡・高度障害保険金と同額までは増えないことが一般的です。

 レック先生のワンポイント

> 過去には、養老保険、終身保険、定期保険のほか、個人年金保険が出題されています。

| 問 5 | ☑ ☑ ☑ | 重要度 **B** |

梨花さんは、第二子の出産に備えて、育児・介護休業法（育児休業、介護休業等育児又は家族介護を行う労働者の福祉に関する法律）に基づく育児休業等期間中の社会保険料の免除について、FPの福岡さんに質問をした。育児休業等期間中の社会保険料の免除に関する次の説明の空欄（ア）～（ウ）にあてはまる語句の組み合わせとして適切なものはどれか。なお、梨花さんは、現在の会社に就職してから継続して全国健康保険協会管掌健康保険（協会けんぽ）および厚生年金保険の被保険者である。

> 「育児・介護休業法による満3歳未満の子を養育するための育児休業等期間に係る健康保険・厚生年金保険の保険料は、（ ア ）が育児休業等取得者申出書を日本年金機構（事務センターまたは年金事務所）へ提出することにより、（ イ ）が免除されます。
>
> 保険料の免除期間は、育児休業等を開始した日の属する月から、育児休業等が終了する日の翌日が属する月の前月までとなります。なお、この免除期間は、将来、被保険者の年金額を計算する際は、（ ウ ）として扱われます。」

1. （ア）被保険者　　（イ）被保険者・事業主の両方の負担分
　　（ウ）保険料の未納期間
2. （ア）被保険者　　（イ）被保険者の負担分　　（ウ）保険料を納めた期間
3. （ア）事業主　　（イ）被保険者の負担分　　（ウ）保険料の未納期間
4. （ア）事業主　　（イ）被保険者・事業主の両方の負担分
　　（ウ）保険料を納めた期間

正解 **4** が適切　　　　　　　　　　　　テキスト1章　P58

（ア）（イ）
事業主（ア）が申し出ることにより、**被保険者および事業主の両方（イ）** の健康保険および厚生年金保険の保険料が免除されます。なお、**産前産後休業も同様**です。

（ウ）この免除期間は、**保険料納付済期間（ウ）** として扱われます。産前産後休業も同様です。

レック先生のワンポイント

出産・育児関係は、他にも、雇用保険の育児休業給付、公的医療保険の出産育児一時金、出産手当金も出題されていますので、整理しておきましょう。

問6　　重要度 A

梨花さんは、健司さんが万一死亡した場合の公的年金の遺族給付について、FPの福岡さんに質問をした。健司さんが仮に、在職中の本年5月に35歳で死亡した場合、健司さんの死亡時点において梨花さんが受け取ることができる遺族給付に関する次の記述の空欄（ア）〜（ウ）に入る適切な語句を語群の中から選び、その番号のみを解答欄に記入しなさい。なお、健司さんは、大学を卒業し22歳で現在の会社に就職してから死亡時まで継続して厚生年金保険に加入しているものとする。また、家族に障害者に該当する者はなく、記載以外の遺族給付の受給要件はすべて満たしているものとする。

「健司さんが本年5月に死亡した場合、梨花さんには遺族基礎年金と遺族厚生年金が支給されます。梨花さんに支給される遺族基礎年金の額は、老齢基礎年金の満額に相当する額に翼さんを対象とする子の加算額を加えた額です。また、遺族厚生年金の額は、原則として死亡した者の被保険者期間に基づく老齢厚生年金の報酬比例部分相当額の（ア）に相当する額ですが、梨花さんに支給される遺族厚生年金は短期要件に該当するものであるため、健司さんの被保険者期間が（イ）に満たない場合は（イ）として計算されます。なお、翼さんが（ウ）到達年度の末日（3月31日）を経過すると梨花さんの遺族基礎年金は失権しますが、このとき梨花さんは40歳以上であるため、以後の遺族厚生年金に梨花さんが65歳に達するまでの間、中高齢寡婦加算額が加算されます。」

<語群>
1. 2分の1　　2. 3分の2　　3. 4分の3
4. 240月　　 5. 300月　　 6. 360月
7. 16歳　　　8. 18歳　　　9. 20歳

正解 (ア) 3　(イ) 5　(ウ) 8　　　テキスト1章　(ア)(イ)P79、(ウ)P76

(ア) 遺族厚生年金は死亡時点で計算した報酬比例部分の年金額の**4分の3**となります。

(イ) 厚生年金保険の被保険者が死亡した場合で、厚生年金保険の被保険者期間が**300月に満たない場合**、**300月**あるものとして計算した額が最低保障されます。

(ウ) 設問の場合、**18歳**到達年度末までの未婚の子がいる期間にわたり、遺族基礎年金が支給されます。

レック先生のワンポイント

2級試験の多くは、会社員である夫が死亡し、生計を維持されている妻と子がいるケースが出題されますので、この受給パターンはしっかり理解しておきましょう。

総合問題Ⅱ [日本FP協会] 資産設計提案業務

第1問
[2021年1月]

次の設例に基づいて、下記の各問（《問1》～《問4》）に答えなさい。

《設 例》

　国内の上場企業に勤務する近藤正之さんは、今後の生活のことなどに関して、FPで税理士でもある羽田さんに相談をした。なお、下記のデータは本年度1月1日現在のものである。

Ⅰ．家族構成（同居家族）

氏名	続柄	生年月日	年齢	備考
近藤　正之	本人	19xx年12月22日	55歳	会社員
景子	妻	19xx年 4月28日	52歳	パート勤務
美樹	長女	20xx年 8月27日	18歳	高校生
和人	長男	20xx年 5月12日	16歳	高校生

Ⅱ．近藤家の親族関係図

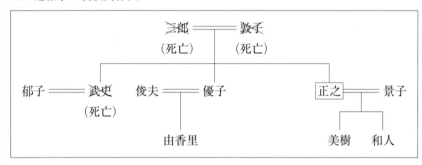

Ⅲ．近藤家（正之さんと景子さん）の財産の状況

[資料1：保有資産（時価）]　　　　　　　　　　　　　　　　　　（単位：万円）

	正之	景子
金融資産		
預貯金等	1,560	300
株式・投資信託	770	
生命保険（解約返戻金相当額）	［資料3］を参照	［資料3］を参照
不動産		
土地（自宅の敷地権）	770	770
建物（自宅の家屋）	715	715
その他（動産等）	120	100

注1：不動産はマンションであり、正之さんと景子さんの共有である（持分50％ずつ）。

[資料2：負債残高]

住宅ローン：880万円（債務者は正之さん）

自動車ローン：80万円（債務者は正之さん）

[資料3：生命保険]　　　　　　　　　　　　　　　　　　　　　　（単位：万円）

保険種類	保険契約者	被保険者	死亡保険金受取人	保険金額	解約返戻金相当額
定期保険A	正之	正之	景子	300	−
定期保険特約付終身保険B	正之	正之	景子		
（終身保険部分）				400	180
（定期保険部分）				2,000	−
変額個人年金保険C	正之	正之	景子	300	350
終身保険D	正之	景子	正之	200	50

注2：解約返戻金相当額は、現時点（本年度1月1日）で解約した場合の金額である。
注3：変額個人年金保険Cは、据置期間中に被保険者が死亡した場合には、一時払保険料相当額（300万円）と被保険者死亡時における解約返戻金相当額のいずれか大きい金額が死亡保険金として支払われるものである。
注4：すべての契約において、保険契約者が保険料を全額負担している。
注5：契約者配当および契約者貸付については考慮しないこと。

Ⅳ．その他

上記以外の情報については、各設問において特に指示のない限り一切考慮しないこと。

問1

FPの羽田さんは、まず現時点（本年度1月1日）における近藤家（正之さんと景子さん）のバランスシート分析を行うこととした。下表の空欄（ア）に入る数値を計算しなさい。

＜近藤家（正之さんと景子さん）のバランスシート＞　　　　　　（単位：万円）

[資産]		[負債]	
金融資産		住宅ローン	×××
預貯金等	×××	自動車ローン	×××
株式・投資信託	×××	負債合計	×××
生命保険（解約返戻金相当額）	×××		
不動産			
土地（自宅の敷地権）	×××		
建物（自宅の家屋）	×××	[純資産]	（ア）
その他（動産等）	×××		
資産合計	×××	負債・純資産合計	×××

正解　5,440（万円）　　　　　　　　　　　　　テキスト1章　P12

純資産は「**資産－負債**」により求めます。

生命保険は**解約返戻金**で計上しますので、設問の場合、180万円＋350万円＋50万円＝580万円となります。

純資産は以下のとおり、5,440万円となります。

＜近藤家（正之さんと景子さん）のバランスシート＞　　　　　　（単位：万円）

[資産]		[負債]	
金融資産		住宅ローン	880
預貯金等	1,860	自動車ローン	80
株式・投資信託	770	負債合計	960
生命保険（解約返戻金相当額）	580		
不動産			
土地（自宅の敷地権）	1,540	[純資産]	（ア 5,440）
建物（自宅の家屋）	1,430		
その他（動産等）	220		
資産合計	6,400	負債・純資産合計	6,400

問2 重要度 B

下記<資料>は、正之さんの兄である武史さんの遺産等の明細である。武史さんの妻である郁子さんが取得した死亡保険金および死亡退職金のうち、相続税の課税価格の合計額に算入される金額として、正しいものはどれか。なお、武史さんの死亡時には、すでに三郎さんおよび敦子さんは死亡していたものとする。また、武史さんの相続に際しては、優子さんと正之さんは相続を放棄している。

<資料：武史さんの遺産等の明細（相続税評価額）>

金融資産	4,000万円
不動産	3,000万円
死亡保険金	1,200万円 ※保険契約者（保険料負担者）および被保険者は武史さん、保険金受取人は郁子さんである。
死亡退職金	2,500万円 ※死亡退職金受取人は郁子さんである。

1. 700万円
2. 1,000万円
3. 2,200万円
4. 2,700万円

| 正解 | **2** | が正しい | | テキスト2章　P156、6章　P533-542 |

契約者（保険料負担者）と被保険者が同一である生命保険契約の死亡保険金は相続税の対象となり、**相続人が受け取る死亡保険金は、「500万円×法定相続人の数」の金額が非課税**となります。

設問の場合、武史さんが死亡した場合の法定相続人の数は、配偶者郁子さん、兄弟姉妹の優子さん、正之さんの3人ですので、500万円×3人＝1,500万円が非課税となります（相続放棄した者も含めてカウントします）。

死亡保険金は1,200万円（＜1,500万円）ですので、全額が非課税となります。

また、相続人が受け取る死亡退職金も**同額が別枠で非課税**となりますので、2,500万円－1,500万円＝1,000万円が相続税の課税価格に算入されます。

以上より、相続税の課税価格に算入される死亡保険金、死亡退職金は1,000万円となり、2.が正解となります。

ポイント：死亡保険金と死亡退職金の非課税

	要件	ひっかけポイント
死亡保険金	・契約者（保険料負担者）と被保険者が同一である生命保険契約 ・**相続人**が受け取る	・契約形態が左記以外 ・相続**放棄した者**、相続**人以外**が受け取る
死亡退職金	・死亡後3年以内に支給が確定したもの ・**相続人**が受け取る	・死亡後3年を超えてから支給が確定したもの ・相続を**放棄した者**が受け取る

656

問3 重要度 A

正之さんは、60歳で定年退職し、すぐに再就職しない場合の公的医療保険について、FPの羽田さんに質問をした。退職後の公的医療保険制度に関する次の説明の空欄（ア）～（エ）にあてはまる語句の組み合わせとして、最も適切なものはどれか。なお、現在、正之さんは全国健康保険協会管掌健康保険（協会けんぽ）の被保険者であり、景子さん、美樹さんおよび和人さんはその被扶養者である。また、正之さんは障害者ではない。

「協会けんぽの被保険者が定年などによって会社を退職し、すぐに再就職しない場合は、協会けんぽの任意継続被保険者になるか、住所地の市区町村の国民健康保険に加入して一般被保険者となるかなどの選択肢が考えられます。

協会けんぽの任意継続被保険者になるには、退職日の翌日から（ア）以内に、住所地の協会けんぽ都道府県支部において加入手続きをしなければなりません。任意継続被保険者の保険料は、退職前の被保険者資格を喪失した際の標準報酬月額、または協会けんぽの全被保険者の標準報酬月額の平均額に基づく標準報酬月額のいずれか低い額に、都道府県支部ごとに定められた保険料率を乗じて算出し、その（イ）を任意継続被保険者本人が負担します。なお、被扶養者の有無やその数は、保険料に影響しません。

一方、国民健康保険の被保険者になるには、原則として退職日の翌日から（ウ）以内に、住所地の市区町村において加入手続きを行います。国民健康保険の保険料（保険税）は、市区町村ごとに算出方法が異なりますが、一つの世帯に被保険者が複数いる場合は、（エ）が保険料を徴収されます。」

1. （ア）14日　（イ）半額　（ウ）20日　（エ）世帯主
2. （ア）20日　（イ）半額　（ウ）14日　（エ）加入者それぞれ
3. （ア）14日　（イ）全額　（ウ）20日　（エ）加入者それぞれ
4. （ア）20日　（イ）全額　（ウ）14日　（エ）世帯主

正解 **4** が適切 テキスト1章 P41-42

ポイント：健康保険任意継続被保険者

被保険者期間	継続して**2カ月**以上
手続き	退職日の翌日から**20日**（ア）以内
加入期間	最長**2年**
保険料負担	**全額**（イ）**自己負担**

ポイント：健康保険と国民健康保険

	健康保険	国民健康保険
加入者	被保険者 一定の要件を満たす者は被扶養者	加入者全員が被保険者
保険料	標準報酬月額、標準賞与額に基づいて計算 （被扶養者はかからない） 在職中（**労使折半**）は被保険者の報酬から徴収 任意継続被保険者（**全額**（イ）**自己負担**）は個別納付	均等割、所得割等、市区町村の定める方法に基づいて計算 （収入がない被保険者もかかる） 世帯主（エ）が納付
退職後の手続き	任意継続被保険者となる場合、退職の翌日から**20日**（ア）以内	退職の翌日から**14日**（ウ）以内

以上より、4.が正解となります。

レック先生のワンポイント

退職後の公的医療保険（任意継続被保険者と国民健康保険、後期高齢者医療制度）の違いを整理しておきましょう。

問 4 重要度 B

景子さんは、自分や正之さんの老後の健康について不安を感じており、高齢者が加入する医療制度や介護保険制度の仕組みについて、FPの羽田さんに質問をした。後期高齢者医療制度および介護保険制度の概要について説明する際に使用した下表の空欄（ア）～（ウ）に入る適切な語句を語群の中から選び、その番号のみを解答欄に記入しなさい。

	後期高齢者医療制度	介護保険制度
保険者（運営主体）	後期高齢者医療広域連合	（ア）
被保険者	75歳以上の者 一定の障害状態にある旨の認定を受けた（イ）以上75歳未満の者	第1号被保険者：（イ）以上の者 第2号被保険者：40歳以上（イ）未満の医療保険加入者
保険料の徴収	（ア）が徴収	第1号被保険者：（ア）が徴収 第2号被保険者：医療保険者が医療保険料と併せて徴収
自己負担割合	被保険者の所得等に応じ医療費の1割または2割あるいは3割	被保険者の所得等に応じサービス利用料の1割または2割あるいは3割
高額負担を軽減する制度	高額療養費：原則として（ウ）の医療費の自己負担額（保険適用分）が一定の上限額を超えるとき ※入院時の食事代等は対象外	高額介護サービス費：原則として（ウ）の介護サービスの利用者負担額（保険適用分）が一定の上限額を超えるとき ※住宅改修費等は対象外
	高額医療・高額介護合算療養費制度： 同一世帯内で、1年間における後期高齢者医療の自己負担額と介護保険の利用者負担額の合算額（保険適用分）が、一定の上限額および支給基準額の合計額を超えるとき ※高額療養費等が支給される場合は、その額を差し引いた額が対象	

<語群>
1. 国民健康保険団体連合会　2. 国　　3. 市町村および特別区
4. 60歳　　　　　　　　　5. 65歳　6. 70歳
7. 1回　　　　　　　　　　8. 1ヵ月　9. 1年間

正解 （ア）3　（イ）5　（ウ）8　　　　　　　　　テキスト1章　P44-46

	後期高齢者医療制度	介護保険制度
保険者	**後期高齢者医療広域連合**	**市町村および特別区（ア）**
被保険者	75歳以上の者、一定の障害状態にある旨の認定を受けた**65歳（イ）**以上75歳未満の者	第1号被保険者　**65歳（イ）以上の者** 第2号被保険者　40歳以上**65歳（イ）**未満の医療保険加入者
保険料の徴収	**市町村および特別区（ア）**が徴収 （**被保険者単位**）	第1号被保険者：**市町村および特別区（ア）**が徴収 第2号被保険者：医療保険者が医療保険料と併せて徴収
自己負担割合（原則）	現役並み所得者：医療費の**3割** 上記以外の者：**所得に応じて1割または2割**	65歳以上の一定以上所得者：サービス利用料の2割または3割 上記以外の者：サービス利用料の1割
高額負担を軽減する制度	高額療養費：原則として**1カ月**（同一月）（ウ）の医療費の自己負担額（保険適用分）が一定の上限額を超えるとき ※入院時の食事代等は対象外	高額介護サービス費：原則として**1カ月**（同一月）（ウ）の介護サービスの利用者負担額（保険適用分）が一定の上限額を超えるとき ※住宅改修費等は対象外
	高額医療・高額介護合算制度 同一世帯内で、**1年間**（8月～翌年7月）における後期高齢者医療の自己負担額と介護保険の利用者負担額の合算額（保険適用分）が、一定の上限額および支給基準額の合計額を超えるとき ※高額療養費などが支給される場合は、その額を差し引いた額が対象	

レック先生のワンポイント

後期高齢者医療制度と介護保険制度は、表や文章の穴埋め、○×等で出題されます。

660

第2問　　　　　　　　　　　　　　　　　　　　　[2022年9月]

次の設例に基づいて、下記の各問（《問1》～《問4》）に答えなさい。

《設 例》

　物品販売業（松尾商店）を営む自営業者（青色申告者）の松尾孝一さんは、今後の生活や事業などに関して、FPで税理士でもある沼田さんに相談をした。なお、下記のデータは本年9月1日現在のものである。

Ⅰ．家族構成（同居家族）

氏名	続柄	生年月日	年齢	備考
松尾　孝一	本人	19xx年 7月21日	56歳	自営業
祥子	妻	19xx年10月11日	53歳	パートタイマー（注1）
亜美	長女	20xx年 6月21日	22歳	大学生
和人	長男	20xx年12月22日	17歳	高校生

注1：祥子さんは株式会社PW工業に勤務している。

Ⅱ．松尾家の親族関係図

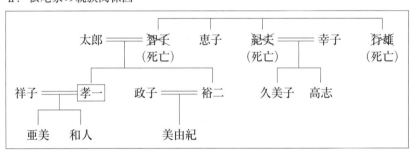

注2：智子さんと紀夫さんは数年前に、行雄さんは本年8月に死亡している。

Ⅲ．松尾家（孝一さんと祥子さん）の財産の状況
[資料1：保有資産（時価）]　　　　　　　　　　　　　　　（単位：万円）

	孝一	祥子
金融資産		
現金および預貯金	2,850	360
投資信託	220	－
生命保険（解約返戻金相当額）	[資料3]を参照	[資料3]を参照
事業用資産（不動産以外）（注3）		
商品・備品等	420	
不動産		
土地（店舗兼自宅の敷地）	2,300	
建物（店舗兼自宅の家屋）	3,680	
その他（動産等）	200	100

注3：記載以外の事業用資産については考慮しないこと。

［資料2：負債残高］

住宅ローン：380万円（債務者は孝一さん。団体信用生命保険付き）

事業用借入：3,820万円（債務者は孝一さん）

［資料3：生命保険］　　　　　　　　　　　　　　　　　　　　　　（単位：万円）

保険種類	保険契約者	被保険者	死亡保険金受取人	保険金額	解約返戻金相当額
定期保険A	孝一	孝一	祥子	1,000	－
定期保険特約付終身保険B	孝一	孝一	祥子		
（終身保険部分）				200	120
（定期保険部分）				2,000	－
終身保険C	孝一	孝一	祥子	400	280
終身保険D	孝一	祥子	孝一	200	180
終身保険E	祥子	孝一	祥子	300	150

注4：解約返戻金相当額は、現時点（本年9月1日）で解約した場合の金額である。

注5：終身保険Cには、主契約とは別に保険金額400万円の災害割増特約が付保されている。

注6：すべての契約において、保険契約者が保険料を全額負担している。

注7：契約者配当および契約者貸付については考慮しないこと。

Ⅳ．その他

上記以外の情報については、各設問において特に指示のない限り一切考慮しないこと。

| 問1 | ☒☒☐ | 重要度 **B** |

孝一さんは、現在加入している生命保険で十分な保障を得られているか不安を持っている。そこで、自分が交通事故等の不慮の事故で死亡したときに支払われる死亡保険金で負債を全額返済した場合、現金および預貯金がいくら残るのかについて、FPの沼田さんに試算してもらうことにした。この試算に関する沼田さんの次の説明の空欄（ア）に入る金額として、正しいものはどれか。なお、保有している投資信託は含めずに計算すること。

「現時点（本年9月1日時点）で孝一さんが交通事故等の不慮の事故で死亡した場合、孝一さんの死亡により支払われる死亡保険金と松尾家（孝一さんと祥子さん）が保有する現金および預貯金の合計額から、返済すべき負債の全額を差し引いた金額は（ ア ）になります。」

1. 3,290万円
2. 3,310万円
3. 3,690万円
4. 3,890万円

| 正解 | **3** | が正しい | テキスト2章 P124-125 |

孝一さんが不慮の事故により死亡した場合に支払われる死亡保険金

定期保険A　　　　　　　　1,000万円

定期保険特約付終身保険B　2,200万円

終身保険C　　　　　　　　400万円＋災害割増特約400万円＝800万円

終身保険E　　　　　　　　300万円

孝一さんの死亡により支払われる保険金

＝1,000万円＋2,200万円＋800万円＋300万円＝4,300万円

預貯金等　　　　　　　　　2,850万円＋360万円＝3,210万円

返済すべき負債　事業用借入　3,820万円

（住宅ローンには団体信用生命保険が付保されているため、考慮しません）

以上より、死亡保険金と現金および預貯金の合計額から、返済すべき負債の全額を差し引いた金額は、

4,300万円＋3,210万円－3,820万円＝3,690万円となり、3.が正解となります。

問2 重要度 C

孝一さんの父である太郎さんが保有する土地Aおよび土地Bの明細は、下記＜資料＞のとおりである。仮に孝一さんが土地Aおよび土地Bを相続により取得した場合、小規模宅地等に係る相続税の課税価格の計算の特例（小規模宅地等の特例）の適用対象となる面積の上限として、最も適切なものはどれか。なお、太郎さんは、土地Aおよび土地B以外に土地（借地権等を含む）は保有していない。

＜資料＞

土地A
　面積：220㎡
　用途：太郎さんの自宅の敷地（自宅家屋も太郎さんが所有）。なお、同居者はいない。
　取得後の予定：相続税の申告後に売却する予定。

土地B
　面積：300㎡
　用途：賃貸アパートの敷地（アパート（建物）も太郎さんが所有）
　取得後の予定：賃貸アパート経営を継続する予定

土地A	土地B
220㎡	300㎡

1. ゼロ（適用なし）
2. 200㎡
3. 300㎡
4. 420㎡

| 正解 | **2** | が正しい | テキスト6章　P572-573 |

土地A（220m²）

太郎さんの自宅の敷地には、**同居者はおらず、別居の孝一さんは自宅を保有している**ため、特定居住用宅地等としての評価減は適用できません。

土地B（300m²）

貸付事業用宅地を親族が取得し、**申告期限まで所有し続け、事業を継続**する場合には、貸付事業用宅地等として**200m²まで50％**の減額の対象となります。

以上より、特例の対象となる面積の上限は200m²ですので、2.が正解となります。

問3 重要度 A

孝一さんは国民年金の第1号被保険者であり、20歳から6年間、国民年金保険料の未納期間がある。このため、今後60歳になるまで国民年金保険料を納付し続けても老齢基礎年金は満額に達しないので、FPの沼田さんに年金額を増やす方法について相談をした。孝一さんの老齢年金に関する次の記述の空欄（ア）〜（ウ）にあてはまる数値の組み合わせとして、最も適切なものはどれか。

＜沼田さんの説明＞

「孝一さんが老齢年金の額を増やすには、まず60歳から（ ア ）歳になるまでの間、国民年金に任意加入し、保険料を納付する方法が考えられます。
また、国民年金保険料に加えて付加保険料を納付すると、付加年金を受給することができます。付加年金の受給額は、（ イ ）円に付加保険料を納付した月数を乗じた額となります。
さらに孝一さんが66歳に達した日以降、老齢年金の支給繰下げの申し出をすると、年金額を増やして受給することができます。支給繰下げを申し出た場合の年金額の増額率は、（ ウ ）％に繰り下げた月数を乗じた率となります。」

1. （ア）65　（イ）200　（ウ）0.7
2. （ア）65　（イ）400　（ウ）0.5
3. （ア）66　（イ）200　（ウ）0.5
4. （ア）66　（イ）400　（ウ）0.7

正解 1 が正しい　　　テキスト1章　（ア）P58、（イ）P66、（ウ）P65

（ア）受給資格期間は満たしているものの、満額の老齢基礎年金を受給できない場合、最長で65歳に達するまで、国民年金に任意加入することができます。
（イ）月額400円の付加保険料を納付すると、65歳から「**200円×付加保険料納付月数**」の付加年金を受給できます。
（ウ）繰下げ支給は1カ月につき0.7％の増額、最高84％の増額となります（2022年4月1日以降に70歳に到達する者の場合）。

問4

祥子さんは今の職場で長く働き続けたいと考えており、雇用保険制度について、FPの沼田さんに質問をした。沼田さんの次の説明について、空欄（ア）～（ウ）に入る適切な語句を語群から選び、その番号のみを解答欄に記入しなさい。

> 「パートタイマーとして働いている人も、1週間の所定労働時間が（ア）以上で、継続して31日以上雇用される見込みがある人は、雇用保険に加入しなければなりません。
> 雇用保険の加入年齢に上限はなく、（イ）未満の人は一般被保険者とされ、（イ）以上の人は高年齢被保険者とされます。
> 被保険者が失業した場合に支給される求職者給付も、離職したときの年齢により内容が異なります。（イ）に達する前に離職した一般被保険者には、離職理由や雇用保険の加入期間により原則として90日～330日にわたる基本手当が支給され、（イ）以後に離職した高年齢被保険者には基本手当の30日分または50日分の（ウ）が一時金で支給されます。」

<語群>
1. 8時間　　　　　　2. 20時間　　　　　　3. 30時間
4. 60歳　　　　　　 5. 65歳　　　　　　　6. 70歳
7. 高年齢求職者給付金　　8. 高年齢雇用継続基本給付金
9. 高年齢再就職給付金

正解　（ア）2　（イ）5　（ウ）7　　テキスト1章　（ア）（イ）P50、（ウ）P52

（ア）なお、労災保険には所定労働時間の要件はありません。
（イ）（ウ）下表参照。

	65歳（イ）未満	65歳（イ）以上
被保険者	一般被保険者	高年齢被保険者
求職者給付	基本手当 4週間ごとに失業認定	高年齢求職者給付金（ウ） 一時金

第3問

[2018年5月]

次の設例に基づいて、下記の各問（《問1》～《問6》）に答えなさい。

―― 《設 例》 ――

物品販売業（妹尾商店）を営む自営業者の妹尾圭一さん（青色申告者）は、今後の生活のことや事業のことなどに関して、FPで税理士でもある野村さんに相談をした。なお、下記のデータは本年4月1日現在のものである。

Ⅰ．家族構成（同居家族）

氏名	続柄	生年月日	年齢	備考
妹尾 圭一	本人	19xx年 8月17日	57歳	自営業
純子	妻	19xx年10月14日	53歳	パートタイマー
桃子	長女	20xx年 6月22日	14歳	中学生
公子	母	19xx年10月18日	82歳	（注1）

注1：公子さんは圭一さんが営む妹尾商店の事業に従事している。

Ⅱ．妹尾家の親族関係図

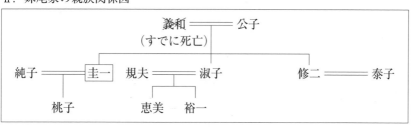

Ⅲ．妹尾家（圭一さんと純子さん）の財産の状況

［資料1：保有資産（時価）］ （単位：万円）

	圭一	純子
金融資産 　預貯金等	2,890	600
生命保険（解約返戻金相当額）	［資料3］を参照	［資料3］を参照
事業用資産（注2） 　棚卸資産（商品） 　車両・器具備品等	460 530	
不動産 　建物（自宅） 　土地（自宅） 　投資用マンション	820 2,500	1,850
その他（動産等）	320	150

注2：記載以外の事業用資産については考慮しないこと。

［資料2：負債残高］

住宅ローン：700万円（債務者は圭一さん。団体信用生命保険が付保されている）

事業用借入（証書貸付）：7,000万円（債務者は圭一さん）

［資料3：生命保険］ （単位：万円）

保険種類	保険契約者	被保険者	死亡保険金受取人	保険金額	解約返戻金相当額	保険期間
定期保険A	圭一	圭一	純子	1,000	-	2024年まで
定期保険特約付終身保険B	圭一	圭一	純子		300	
（終身保険部分）				500		終身
（定期保険部分）				5,000		2024年まで
定期保険特約付終身保険C	圭一	圭一	純子		150	
（終身保険部分）				300		終身
（定期保険部分）				3,000		2027年まで
終身保険D	圭一	純子	圭一	300	280	終身
終身保険E	純子	圭一	純子	240	200	終身
終身保険F	純子	桃子	純子	500	400	終身

注3：解約返戻金相当額は、現時点（本年4月1日）で解約した場合の金額である。
注4：すべての契約において、保険契約者が保険料を全額負担している。
注5：契約者配当および契約者貸付については考慮しないこと。

［資料4：妹尾商店の財務データ（前年分の青色申告決算書から抜粋）］

<損益計算書>

売上（収入）金額	10,400万円
売上原価	8,040万円
必要経費	
利子割引料	280万円
減価償却費	120万円
その他の必要経費	1,040万円
青色事業専従者給与（注6）	240万円
青色申告特別控除額	65万円※
	※e-Taxを利用

注6：青色事業専従者給与は、母の公子さんに対して支給したもので、税務上の適正額である。

Ⅳ．その他

上記以外の情報については、各設問において特に指示のない限り一切考慮しないこと。

問1 重要度 A

FPの野村さんは、まず現時点における妹尾家（圭一さんと純子さん）のバランスシート分析を行うこととした。下表の空欄（ア）に入る数値を計算しなさい。

＜妹尾家（圭一さんと純子さん）のバランスシート＞　　　　　　（単位：万円）

[資産]		[負債]	
金融資産		住宅ローン	×××
預貯金等	×××	事業用借入	×××
生命保険（解約返戻金相当額）	×××		
事業用資産			
棚卸資産（商品）	×××	負債合計	×××
車両・器具備品等	×××		
不動産			
建物（自宅）	×××		
土地（自宅）	×××	[純資産]	（ア）
投資用マンション	×××		
その他（動産等）	×××		
資産合計	×××	負債・純資産合計	×××

| 正解 | **3,750** (万円) | | テキスト1章　P12-13 |

純資産は「**資産－負債**」により求めます。

生命保険は**解約返戻金**で計上しますので、設問の場合、300万円＋150万円＋280万円＋200万円＋400万円＝1,330万円となります。

純資産は以下のとおり、3,750万円となります。

[資産]		[負債]	
金融資産		住宅ローン	700
預貯金等	3,490	事業用借入	7,000
生命保険（解約返戻金相当額）	1,330		
事業用資産			
棚卸資産（商品）	460	負債合計	7,700
車両・器具備品等	530		
不動産			
建物（自宅）	820		
土地（自宅）	2,500	[純資産]	(3,750)
投資用マンション	1,850		
その他（動産等）	470		
資産合計	11,450	負債・純資産合計	11,450

問2 重要度 B

＜設例＞の［資料４］に基づいて計算した、前年分の圭一さん（妹尾商店）の事業所得の金額として、正しいものはどれか。

1. 615万円
2. 680万円
3. 735万円
4. 855万円

正解 **1** が正しい　　　　　　　　　　　　　　　テキスト４章　P390-391

青色申告者の事業所得は**収入－必要経費－青色申告特別控除**により求めます。
必要経費には、**売上原価、利子割引料、減価償却費、その他必要経費、青色事業専従者給与**が含まれます。
10,400万円－（8,040万円＋280万円＋120万円＋1,040万円＋240万円）－65万円＝615万円　となり、1.が正解となります。

 レック先生のワンポイント

> ひっかけ問題としては「借入金の元本の返済部分」等、必要経費にならないものが明細に含まれていることが考えられます。

問3

圭一さんは、長女の桃子さんがまだ中学生であり、かつ、事業用の借入金も多いことから、現在加入している生命保険で十分な保障を得られるのか心配している。そこで、自分が死亡した場合に支払われる死亡保険金で負債の全額を返済した後に残る保険金について、FPの野村さんに試算してもらうことにした。これに関する野村さんの次の説明の空欄（ア）、（イ）に入る適切な語句を語群の中から選び、その番号のみを解答欄に記入しなさい。なお、現在加入中の生命保険契約に関しては、保険期間の満了により消滅するものを除き、中途解約はせず、同一内容で有効に継続しているものとする。また、今後、新たな生命保険に加入することもないものとする。

「仮に現時点で圭一さんが死亡した場合、支払われる死亡保険金の合計額から、返済すべき負債額を差し引いた金額は（ ア ）となります。また、2025年に圭一さんが死亡した場合、純子さんに支払われる死亡保険金の合計額は（ イ ）となります。」

<語群>
1. 2,340万円　　2. 3,040万円　　3. 3,340万円
4. 3,540万円　　5. 4,040万円　　6. 4,340万円

正解　(ア) 2　(イ) 5　　　　　　　　　　　テキスト2章　P124-125

(ア) 圭一さんが死亡した場合に支払われる死亡保険金は「**圭一さんが被保険者である生命保険**」を確認します。
保険A 1,000万円＋保険B 5,500万円＋保険C 3,300万円＋保険E 240万円＝10,040万円

返済すべき負債の金額
事業用借入7,000万円
※住宅ローンは圭一さんを被保険者とする**団体信用生命保険がついていますので、考慮しません。**

以上より、10,040万円－7,000万円＝3,040万円となります。

(イ) 定期保険Aと定期保険特約付終身保険Bの定期保険特約は2024年に終了しますので、2025年に圭一さんが死亡した場合に支払われる死亡保険金は、保険B 500万円＋保険C 3,300万円＋保険E 240万円＝4,040万円となります。

レック先生のワンポイント

このタイプの類似問題では、
・事故で死亡した場合（災害割増特約、傷害特約からも死亡保険金が支払われます）
・死亡保険金と預貯金等、株式・投資信託で借入金を返済すると、金融資産がいくら残るのか（死亡保険金＋預貯金等－借入債務）
などがあります。他の過去問題も確認しておきましょう。

問4   重要度

公子さんが加入している生命保険の明細は下表のとおりである。仮に現時点で公子さんが死亡した場合に支払われる死亡保険金のうち、相続税の課税価格に算入される金額（死亡保険金のうちの非課税金額を控除した後の金額）として、正しいものはどれか。なお、相続放棄はないものとする。

（単位：万円）

保険種類	保険契約者 （保険料負担者）	被保険者	死亡保険金受取人	保険金額	保険期間
終身保険W	公子	公子	修二	1,000	終身
終身保険X	公子	公子	桃子	600	終身
終身保険Y	公子	公子	恵美	400	終身
終身保険Z	公子	公子	裕一	400	終身

1. 0円
2. 900万円
3. 1,400万円
4. 1,500万円

正解 **3** が正しい　　　　　　テキスト2章　P156、6章　P535

契約者（保険料負担者）と被保険者が同じである生命保険の死亡保険金は相続税の対象となり、終身保険W、X、Y、Zはいずれも相続税の課税対象となります。

相続税の対象となる死亡保険金を**相続人**が受け取る場合、「**500万円×法定相続人の数**」の金額が非課税となります。
公子さんが被相続人である場合の相続人および法定相続人は、圭一さん、淑子さん、修二さんの3人です。
設問の場合、終身保険Wは非課税の対象となりますが、終身保険X、Y、Zは受取人が相続人ではないため、非課税の対象となりません。
また、非課税金額は500万円×3人＝1,500万円となりますが、終身保険Wの死亡保険金は1,000万円ですので、終身保険Wの死亡保険金は相続税の課税価格に算入されません。また、残りの非課税金額500万円は（もったいないですが）適用されません。

終身保険W　1,000万円－1,000万円＝0　残りの非課税金額は消滅
終身保険X　600万円
終身保険Y　400万円
終身保険Z　400万円
相続税の課税価格に算入される金額＝0＋600万円＋400万円＋400万円＝1,400万円　となり、3.が正解となります。

レック先生のワンポイント

> 難易度が高い問題ですが、生命保険金の非課税金額を正確に理解するのに最適な問題です。

問5 重要度

圭一さんは、自分が万一病気やケガのため障害を負った場合の障害年金について、FPの野村さんに質問をした。仮に圭一さんが障害の原因となった傷病について、本年6月1日に初めて医師等の診療を受けた場合（以下、その診療を受けた日を「初診日」という）、圭一さんが受給できる障害年金に関して、野村さんが行った次の説明の空欄（ア）〜（ウ）に入る適切な語句を語群の中から選び、その番号のみを解答欄に記入しなさい。なお、圭一さんは記載以外の障害年金の受給要件を満たすものとする。

「圭一さんが障害年金を受給できるか否かの障害の程度の認定は、初診日から起算して（ ア ）を経過した日または（ ア ）以内に治った場合はその治った日（その症状が固定し、治療の効果が期待できない状態に至った日を含む）に行います。初診日において、国民年金の第1号被保険者である圭一さんは、障害基礎年金を受給できる可能性があります。障害基礎年金は障害等級が（ イ ）の状態である場合に受給でき、仮に圭一さんが1級と認定された場合、老齢基礎年金の（ ウ ）に桃子さんを対象とする子の加算額が加算された額が支給されます。」

＜語群＞
1. 6ヵ月　　　　　2. 1年6ヵ月　　　　3. 3年
4. 1級または2級　 5. 1級から3級まで　 6. 1級から6級まで
7. 満額　　　　　 8. 満額の1.25倍の額　9. 満額の2倍の額

正解 (ア) 2　(イ) 4　(ウ) 8　　　　　　　　テキスト1章　P73-75

ポイント：障害年金

	障害基礎年金	障害厚生年金
受給要件	・原則、初診日に被保険者であること ・障害認定日（症状固定日または初診日から**1年6カ月（ア）経過した日**）に一定の障害状態であること ・保険料納付要件を満たすこと	
保険料納付要件	初診日の前日において、次のいずれかを満たすこと ・初診日の属する月の前々月までに保険料納付済期間と保険料免除期間等を合算した期間が公的年金の被保険者となるべき期間全体の3分の2以上あること（滞納期間等が3分の1以下）。 ・2026年（令和8年）4月1日前に初診日がある場合、初診日の属する月の前々月までの1年間に保険料滞納期間がないこと。	
給付対象	障害等級**1級または2級（イ）** 1級の年金額＝2級（老齢基礎年金の満額）×**1.25（ウ）**	障害等級**1級～3級** 1級の年金額＝2級×1.25
加算	**子の加算**	1級・2級障害の場合、**配偶者の加算**

 レック先生のワンポイント

出題頻度は高くありませんが、「1級障害と2級障害の障害給付の違い」「障害基礎年金と障害厚生年金の違い」はしっかり整理しておきましょう。

問6 重要度

圭一さんの弟の修二さん（53歳・会社員）は、病気療養のため本年3月に24日間入院した。退院する際に支払った保険診療分の医療費（窓口での自己負担分）が27万円であった場合、下記＜資料＞に基づく高額療養費として修二さんに支給される額（多数該当は考慮しない）として、正しいものはどれか。なお、修二さんは全国健康保険協会管掌健康保険（協会けんぽ）の被保険者であり、修二さんの標準報酬月額は41万円であるものとする。また、病院に「健康保険限度額適用認定証」の提示はしていないものとし、同月中に＜資料＞以外の医療費はないものとする。

＜資料＞

[本年3月分の高額療養費の算定]

協会けんぽが負担（療養の給付）	高額療養費	自己負担限度額

窓口での自己負担分 27万円

1ヵ月当たりの総医療費（保険診療分）

[医療費の1ヵ月当たりの自己負担限度額（70歳未満の人）]

所得区分	自己負担限度額（月額）
①標準報酬月額 83万円以上	252,600円＋（総医療費－842,000円）×1％
②標準報酬月額 53万円～79万円	167,400円＋（総医療費－558,000円）×1％
③標準報酬月額 28万円～50万円	80,100円＋（総医療費－267,000円）×1％
④標準報酬月額 26万円以下	57,600円
⑤低所得者 （住民税非課税者等）	35,400円

1. 80,130円
2. 86,430円
3. 170,820円
4. 183,570円

680

正解 **4** が正しい　　　　　　　　　　　　　　テキスト1章　P38-39

1カ月間の医療費の自己負担額が一定額を超える場合、超える部分が高額療養費として支給されます。

設問の場合、標準報酬月額は41万円ですので、**80,100円＋（総医療費－267,000円）×1%**により計算した額が自己負担限度額となります。53歳の修二さんの医療費の**自己負担割合は3割**であるため、総医療費は、27万円（窓口での自己負担分）÷0.3＝90万円です。

修二さんの自己負担限度額は、

80,100円＋（900,000円－267,000円）×1%＝86,430円。

修二さんに高額療養費として支給される額は、

270,000円－86,430円＝183,570円となり、4.が正解となります。

> **過去問題の掲載（引用）について**
> 過去問題は、概ね実際に出題された試験の問題の通りに掲載していますが、年度表記や法改正などの必要な改訂を行っておりますので、試験実施団体から公開されている試験問題とは記述が異なる場合があります。
> 一般社団法人金融財政事情研究会　ファイナンシャル・プランニング技能検定
> 2級FP技能検定実技試験（個人資産相談業務、中小事業主資産相談業務、生保顧客資産相談業務、損保顧客資産相談業務）
> 平成29年9月許諾番号 1709K000001

FP2級・AFP 合格のトリセツ 速習問題集 2023-24年版

2021年9月15日　第1版　第1刷発行
2023年5月30日　第3版　第1刷発行

　　　　　　編著者●株式会社　東京リーガルマインド
　　　　　　　　　　LEC FP試験対策研究会

　　　　　　発行所●株式会社　東京リーガルマインド
　　　　　　　　　　〒164-0001　東京都中野区中野4-11-10
　　　　　　　　　　　　　　　　アーバンネット中野ビル
　　　　　　　　　　LECコールセンター　📞0570-064-464
　　　　　　　　　　　　受付時間　平日9：30～20：00／土・祝10：00～19：00／日10：00～18：00
　　　　　　　　　　　　※このナビダイヤルは通話料お客様ご負担となります。
　　　　　　　　　　書店様専用受注センター　TEL 048-999-7581 / FAX 048-999-7591
　　　　　　　　　　　　受付時間　平日9：00～17：00／土・日・祝休み
　　　　　　　　　　www.lec-jp.com/

　　　　　　　　　印刷・製本●情報印刷株式会社

©2023 TOKYO LEGAL MIND K.K., Printed in Japan　　　　ISBN978-4-8449-9778-8
複製・頒布を禁じます。
本書の全部または一部を無断で複製・転載等することは，法律で認められた場合を除き，著作者及び出版者の権利侵害になりますので，その場合はあらかじめ弊社あてに許諾をお求めください。
なお，本書は個人の方々の学習目的で使用していただくために販売するものです。弊社と競合する営利目的での使用等は固くお断りいたしております。
落丁・乱丁本は，送料弊社負担にてお取替えいたします。出版部（TEL03-5913-6336）までご連絡ください。

3・2級FPコース・講座 ご案内

LECのお勧めカリキュラム！

3・2級FP・AFP合格コース

3・2級FP・AFP対策パック
全42回【105.5時間】
通学／通信

ゼロから初めて実戦力まで習得！
3級・2級FPを取得するカリキュラム

3級FPスピード合格講座	2級FP・AFP養成講座	2級FP重点マスター講座	2級FP公開模擬試験	2級FP技能検定
全12回【30時間】通信　INPUT	全21回【52.5時間】通学／通信　INPUT	全8回【19.5時間】通信　OUTPUT	全1回【210分】会場受験／自宅受験　公開模試	

★日本FP協会のAFP認定研修

2級FP・AFP合格コース

2級FP・AFP対策パック
全30回【75.5時間】
通学／通信

2級の基礎知識をバランス良く習得！
しっかりと合格を目指すカリキュラム

2級FP・AFP養成講座	2級FP重点マスター講座	2級FP公開模擬試験	2級FP技能検定
全21回【52.5時間】通学／通信　INPUT	全8回【19.5時間】通信　OUTPUT	全1回【210分】会場受験／自宅受験　公開模試	

★日本FP協会のAFP認定研修

3級FP合格コース

3級FP合格パック
全13回【33時間】
通信

FPの基礎力を学習！
3級のFP合格を目指すカリキュラム

3級FPスピード合格講座	3級FP公開模擬試験	3級FP技能検定
全12回【30時間】通信　INPUT	全1回【計180分】自宅受験　公開模試	

各種講座のご案内

インプット講座 〔通信〕
3級FPスピード合格講座
全12回／計30時間

FPの基礎知識を身につける

初めて学習する方も、わかりやすい講義とテキストで、無理なく合格レベルに到達することを目標とする講座です。

※実技試験は日本FP協会実施の「資産設計提案業務」、金融財政事情研究会実施の「個人資産相談業務」に対応しています。

公開模試 〔通信〕
3級FP公開模擬試験
全1回／3時間

厳選問題で本試験をシミュレーション！

試験前に欠かせない！学習到達度をチェックするための模擬試験です。

※採点、成績表の発行、および、解説講義はございません。

インプット講座 〔通学/通信〕
2級FP・AFP養成講座
全21回／52.5時間

基礎知識をバランスよく習得！

出題が広範囲にわたる2級FP（AFP）の知識を、ムダなくバランス良く習得できるLECのメイン・インプット講座です。

※本講座は日本FP協会のAFP認定研修です。

アウトプット講座 〔通信〕
2級FP重点マスター講座
全8回／19.5時間

アウトプット対策の決定版！

徹底した過去問分析に基づいた問題演習を行います。アウトプット対策はこれで万全です！

公開模試 〔通学/通信〕
2級FP公開模擬試験
全1回／3.5時間

本試験と同レベル問題で実力をチェック！

厳選した問題で本試験シミュレーション＆実力診断を！（学科または実技のみの受験申込可能）

※解説講義はございません。

2級FP技能士取得者向け　AFP認定研修講座　全2回（1講義：2.5時間）

2級または1級FP技能士取得者を対象に日本FP協会のAFP認定研修に特化した通信講座です。本講座を受講・修了することで、AFP資格を取得することができます。LECのAFP認定研修は「提案書」を分りやすく作成できるようにプログラムされており、安心して講座を受講することができます。また、CFP®の受験資格を取得することができます。

● **対象者**
2級以上のFP技能士資格を既にお持ちの方で、AFP資格の取得を目指す方

● **使用教材**
・FP総論・受講のご案内
・提案書アドバイザー

● **講座の特長**
・わかりやすい！「提案書アドバイザー」テキストと充実の講義
・インターネットの質問が無料です！何回でも利用がOK

● **受講形態【通信】**

講義形態	教材
Web+音声DL+スマホ	Webアップ版※
	教材発送
DVD	教材発送

※Webアップ版はインターネットでの質問はできません。

最新情報や講座申込受付はこちらまで

https://www.lec-jp.com/fp/

2級FP・AFP公開模擬試験

（全1回・計210分　会場受験／自宅受験）

FP最新情報はこちら

日本FP協会「資産設計提案業務」・金融財政事情研究会「個人資産相談業務」に対応

本試験と同形式・同レベルの問題で実力をチェック!

- 本試験と同形式・同レベルのオリジナル問題で実施する「公開模擬試験」。試験直前の総仕上げができます。
- 時間配分など本試験をシミュレーションすることにより、本番で実力を発揮しやすくなります。
- 学習到達度や苦手科目・弱点を把握することにより、ラストスパートで実力UPを図れます。
- 個人成績表付き!試験までの学習の指標に活用度大。

使用教材

本試験と同形式・同レベルの問題に、解説が付いています!

- オリジナル問題冊子
- 解答・解説冊子
- 個人成績表(Web)

※学科または実技のみの受験もできます。
※模擬試験の解説講義はありません。

問題冊子　解答・解説冊子

おためしWeb受講制度
FP講座をおためしで受講してみよう!

おためしWeb受申込はこちら

\スマホもOK!／

☑講義の様子

☑講師との相性

☑便利な機能

LECの講義を無料でためせる!

おためしWeb受講制度とは

各種試験対策のさまざまな講座の一部分を、Web講義にて無料で受講していただくことができる、大変おススメの制度です。

FPおためWeb講座 ラインナップ　下記の講座をご用意しています。

- 3級FPスピードマスター講座
- 2級FP・AFP養成講座
- CFP®受験対策講座
- 1級FP学科試験対策講座

講義画面

企業様の**FP資格取得**もお手伝いします!

銀行・証券会社・保険会社・不動産会社にて、多くの導入実績・合格実績あり!

LECでは、企業様における人材育成も幅広くお手伝いしております。FP資格の取得に関しても、LECの持つ様々なリソースを活用し、貴社のニーズに合わせたサービスをご提案いたします。

研修のご提供形式

講師派遣型・オンライン型講義

貴社専用のスケジュールやカリキュラム、会場で、細やかなニーズに合わせた講義をご提供します。講師派遣型のみでなく、ビデオ会議システムを使ったオンライン講義もご提供可能となっており、従業員様の居住地に関わらず、リアルタイム&双方向の講義をご提供します。

オリジナルWeb通信型講義

受講させたいご参加者様のスケジュール調整が難しいものの、貴社オリジナルのカリキュラムで講義を受けさせたい場合には、弊社内のスタジオでオリジナル収録したWeb動画による講義のご提供が可能です。パソコンのみでなくスマートフォンでも受講ができ、インターネット環境があればいつでもどこでも、受講期間中であれば何度でもご受講いただけます。

法人提携割引

「企業として費用負担はできないが、FP資格取得のための自己啓発の支援はしてあげたいという」場合には、LECのFP講座(通学・通信)を割引価格にてお申込みいただける法人提携割引をご提案いたします。提携の費用は無料となっており、お申込書を一枚ご提出いただくだけで貴社従業者様がLEC講座をお得にお申込みいただけます。

LEC通信/通学講座を割引価格で受講することができます!

実施形式・スケジュール・ご予算など、柔軟にご提案いたします。お気軽にお問い合わせください。

<企業様向け FP取得支援サービス>

https://partner.lec-jp.com/biz/license/fp/

LEC東京リーガルマインド

LEC法人事業本部 ☎03-5913-6047 03-5913-6387
〒164-0001 東京都中野区中野4-11-10 アーバンネット中野ビル　平日:9:00~18:00　土日祝:休　 hojin@lec-jp.com

LEC Webサイト ▷▷▷ www.lec-jp.com/

情報盛りだくさん！

資格を選ぶときも，
講座を選ぶときも，
最新情報でサポートします！

▶**最**新情報
各試験の試験日程や法改正情報，対策講座，模擬試験の最新情報を日々更新しています。

▶**資**料請求
講座案内など無料でお届けいたします。

▶**受**講・受験相談
メールでのご質問を随時受付けております。

▶**よ**くある質問
LECのシステムから，資格試験についてまで，よくある質問をまとめました。疑問を今すぐ解決したいなら，まずチェック！

▶**書**籍・問題集（LEC書籍部）
LECが出版している書籍・問題集・レジュメをこちらで紹介しています。

充実の動画コンテンツ！

ガイダンスや講演会動画，
講義の無料試聴まで
Webで今すぐCheck！

▶**動**画視聴OK
パンフレットやWebサイトを見てもわかりづらいところを動画で説明。いつでもすぐに問題解決！

▶**W**eb無料試聴
講座の第1回目を動画で無料試聴！気になる講義内容をすぐに確認できます。

スマートフォン・タブレットから簡単アクセス！ ▷▷▷

自慢のメールマガジン配信中！（登録無料）

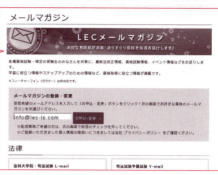

LEC講師陣が毎週配信！ 最新情報やワンポイントアドバイス，改正ポイントなど合格に必要な知識をメールにて毎週配信。

www.lec-jp.com/mailmaga/

LEC E学習センター

新しい学習メディアの導入や，Web学習の新機軸を発信し続けています。また，LECで販売している講座・書籍などのご注文も，いつでも可能です。

online.lec-jp.com/

LEC電子書籍シリーズ

LECの書籍が電子書籍に！ お使いのスマートフォンやタブレットで，いつでもどこでも学習できます。
※動作環境・機能につきましては，各電子書籍ストアにてご確認ください。

www.lec-jp.com/ebook/

LEC書籍・問題集・レジュメの紹介サイト LEC書籍部 www.lec-jp.com/system/book/

- LECが出版している書籍・問題集・レジュメをご紹介
- 当サイトから書籍などの直接購入が可能(*)
- 書籍の内容を確認できる「チラ読み」サービス
- 発行後に判明した誤字等の訂正情報を公開

＊商品をご購入いただく際は，事前に会員登録(無料)が必要です。
＊購入金額の合計・発送する地域によって，別途送料がかかる場合がございます。

※資格試験によっては実施していないサービスがありますので，ご了承ください。

LEC 全国学校案内

＊講座のお問合せ，受講相談は最寄りのLEC各校へ

LEC本校

■ 北海道・東北

札 幌本校 ☎011(210)5002
〒060-0004 北海道札幌市中央区北4条西5-1　アスティ45ビル

仙 台本校 ☎022(380)7001
〒980-0022 宮城県仙台市青葉区五橋1-1-10　第二河北ビル

■ 関東

渋谷駅前本校 ☎03(3464)5001
〒150-0043 東京都渋谷区道玄坂2-6-17　渋東シネタワー

池 袋本校 ☎03(3984)5001
〒171-0022 東京都豊島区南池袋1-25-11　第15野萩ビル

水道橋本校 ☎03(3265)5001
〒101-0061 東京都千代田区神田三崎町2-2-15　Daiwa三崎町ビル

新宿エルタワー本校 ☎03(5325)6001
〒163-1518 東京都新宿区西新宿1-6-1　新宿エルタワー

早稲田本校 ☎03(5155)5501
〒162-0045 東京都新宿区馬場下町62　三朝庵ビル

中 野本校 ☎03(5913)6005
〒164-0001 東京都中野区中野4-11-10　アーバンネット中野ビル

立 川本校 ☎042(524)5001
〒190-0012 東京都立川市曙町1-14-13　立川MKビル

町 田本校 ☎042(709)0581
〒194-0013 東京都町田市原町田4-5-8　町田イーストビル

横 浜本校 ☎045(311)5001
〒220-0004 神奈川県横浜市西区北幸2-4-3　北幸GM21ビル

千 葉本校 ☎043(222)5009
〒260-0015 千葉県千葉市中央区富士見2-3-1　塚本大千葉ビル

大 宮本校 ☎048(740)5501
〒330-0802 埼玉県さいたま市大宮区宮町1-24　大宮GSビル

■ 東海

名古屋駅前本校 ☎052(586)5001
〒450-0002 愛知県名古屋市中村区名駅4-6-23　第三堀内ビル

静 岡本校 ☎054(255)5001
〒420-0857 静岡県静岡市葵区御幸町3-21　ペガサート

■ 北陸

富 山本校 ☎076(443)5810
〒930-0002 富山県富山市新富町2-4-25　カーニープレイス富山

■ 関西

梅田駅前本校 ☎06(6374)5001
〒530-0013 大阪府大阪市北区茶屋町1-27　ABC-MART梅田ビル

難波駅前本校 ☎06(6646)6911
〒556-0017 大阪府大阪市浪速区湊町1-4-1
大阪シティエアターミナルビル

京都駅前本校 ☎075(353)9531
〒600-8216 京都府京都市下京区東洞院通七条下ル2丁目
東塩小路町680-2　木村食品ビル

四条烏丸本校 ☎075(353)2531
〒600-8413　京都府京都市下京区烏丸通仏光寺下ル
大政所町680-1　第八長谷ビル

神 戸本校 ☎078(325)0511
〒650-0021 兵庫県神戸市中央区三宮町1-1-2　三宮セントラルビル

■ 中国・四国

岡 山本校 ☎086(227)5001
〒700-0901 岡山県岡山市北区本町10-22　本町ビル

広 島本校 ☎082(511)7001
〒730-0011 広島県広島市中区基町11-13　合人社広島紙屋町アネクス

山 口本校 ☎083(921)8911
〒753-0814 山口県山口市吉敷下東 3-4-7　リアライズⅢ

高 松本校 ☎087(851)3411
〒760-0023 香川県高松市寿町2-4-20　高松センタービル

松 山本校 ☎089(961)1333
〒790-0003 愛媛県松山市三番町7-13-13　ミツネビルディング

■ 九州・沖縄

福 岡本校 ☎092(715)5001
〒810-0001 福岡県福岡市中央区天神4-4-11　天神ショッパーズ福岡

那 覇本校 ☎098(867)5001
〒902-0067 沖縄県那覇市安里2-9-10　丸姫産業第2ビル

■ ＥＹＥ関西

ＥＹＥ 大阪本校 ☎06(7222)3655
〒530-0013　大阪府大阪市北区茶屋町1-27　ABC-MART梅田ビル

ＥＹＥ 京都本校 ☎075(353)2531
〒600-8413　京都府京都市下京区烏丸通仏光寺下ル
大政所町680-1　第八長谷ビル

【LEC公式サイト】www.lec-jp.com/

スマホから簡単アクセス！

*提携校はLECとは別の経営母体が運営をしております。
*提携校は実施講座およびサービスにおいてLECと異なる部分がございます。

LEC提携校

■ 北海道・東北

八戸中央校【提携校】 ☎0178(47)5011
〒031-0035　青森県八戸市寺横町13　第1朋友ビル　新教育センター内

弘前校【提携校】 ☎0172(55)8831
〒036-8093　青森県弘前市城東中央1-5-2
まなびの森　弘前城東予備校内

秋田校【提携校】 ☎018(863)9341
〒010-0964　秋田県秋田市八橋鯲沼町1-60
株式会社アキタシステムマネジメント内

■ 関東

水戸校【提携校】 ☎029(297)6611
〒310-0912　茨城県水戸市見川2-3092-3

所沢校【提携校】 ☎050(6865)6996
〒359-0037　埼玉県所沢市くすのき台3-18-4　所沢K・Sビル
合同会社LPエデュケーション内

東京駅八重洲口校【提携校】 ☎03(3527)9304
〒103-0027　東京都中央区日本橋3-7-7　日本橋アーバンビル
グランデスク内

日本橋校【提携校】 ☎03(6661)1188
〒103-0025　東京都中央区日本橋茅場町2-5-6　日本橋大江戸ビル
株式会社大江戸コンサルタント内

■ 東海

沼津校【提携校】 ☎055(928)4621
〒410-0048　静岡県沼津市新宿町3-15　萩原ビル
M-netパソコンスクール沼津校内

■ 北陸

新潟校【提携校】 ☎025(240)7781
〒950-0901　新潟県新潟市中央区弁天3-2-20　弁天501ビル
株式会社大江戸コンサルタント内

金沢校【提携校】 ☎076(237)3925
〒920-8217　石川県金沢市近岡町845-1　株式会社アイ・アイ・ピー金沢内

福井南校【提携校】 ☎0776(35)8230
〒918-8114　福井県福井市羽水2-701　株式会社ヒューマン・デザイン内

■ 関西

和歌山駅前校【提携校】 ☎073(402)2888
〒640-8342　和歌山県和歌山市友田町2-145
KEG教育センタービル　株式会社KEGキャリア・アカデミー内

■ 中国・四国

松江殿町校【提携校】 ☎0852(31)1661
〒690-0887　島根県松江市殿町517　アルファステイツ殿町
山路イングリッシュスクール内

岩国駅前校【提携校】 ☎0827(23)7424
〒740-0018　山口県岩国市麻里布町1-3-3　岡村ビル　英光学院内

新居浜駅前校【提携校】 ☎0897(32)5356
〒792-0812　愛媛県新居浜市坂井町2-3-8　パルティフジ新居浜駅前店内

■ 九州・沖縄

佐世保駅前校【提携校】 ☎0956(22)8623
〒857-0862　長崎県佐世保市白南風町5-15　智翔館内

日野校【提携校】 ☎0956(48)2239
〒858-0925　長崎県佐世保市椎木町336-1　智翔館日野校内

長崎駅前校【提携校】 ☎095(895)5917
〒850-0057　長崎県長崎市大黒町10-10　KoKoRoビル
minatoコワーキングスペース内

沖縄プラザハウス校【提携校】 ☎098(989)5909
〒904-0023　沖縄県沖縄市久保田3-1-11
プラザハウス　フェアモール　有限会社スキップヒューマンワーク内

※上記は2023年4月1日現在のものです。

書籍の訂正情報について

このたびは, 弊社発行書籍をご購入いただき, 誠にありがとうございます。
万が一誤りの箇所がございましたら, 以下の方法にてご確認ください。

1 訂正情報の確認方法

書籍発行後に判明した訂正情報を順次掲載しております。
下記Webサイトよりご確認ください。

www.lec-jp.com/system/correct/

2 ご連絡方法

上記Webサイトに訂正情報の掲載がない場合は, 下記Webサイトの
入力フォームよりご連絡ください。

lec.jp/system/soudan/web.html

フォームのご入力にあたりましては,「Web教材・サービスのご利用について」の
最下部の「ご質問内容」に下記事項をご記載ください。

- ・対象書籍名（○○年版, 第○版の記載がある書籍は併せてご記載ください）
- ・ご指摘箇所（具体的にページ数と内容の記載をお願いいたします）

ご連絡期限は, 次の改訂版の発行日までとさせていただきます。
また, 改訂版を発行しない書籍は, 販売終了日までとさせていただきます。

※上記「2 ご連絡方法」のフォームをご利用になれない場合は, ①書籍名, ②発行年月日, ③ご指摘箇所, を記載の上, 郵送にて下記送付先にご送付ください。確認した上で, 内容理解の妨げとなる誤りについては, 訂正情報として掲載させていただきます。なお, 郵送でご連絡いただいた場合は個別に返信しておりません。

送付先：〒164-0001 東京都中野区中野4-11-10 アーバンネット中野ビル
株式会社東京リーガルマインド 出版部 訂正情報係

- ・誤りの箇所のご連絡以外の書籍の内容に関する質問は受け付けておりません。
  また, 書籍の内容に関する解説, 受験指導等は一切行っておりませんので, あらかじめご了承ください。
- ・お電話でのお問合せは受け付けておりません。

講座・資料のお問合せ・お申込み

LECコールセンター ☎ 0570-064-464

受付時間：平日9:30～20:00/土・祝10:00～19:00/日10:00～18:00

※このナビダイヤルの通話料はお客様のご負担となります。
※このナビダイヤルは講座のお申込みや資料のご請求に関するお問合せ専用ですので, 書籍の正誤に関するご質問をいただいた場合, 上記「2 ご連絡方法」のフォームをご案内させていただきます。